마지막
목격자들

마지막 목격자들

Last Witnesses

– 어린이 목소리를 위한 솔로

스베틀라나 알렉시예비치 지음

연진희 옮김

글항아리

일러두기

- 번역 대본으로는 브레먀Время 출판사에서 출간한 스베틀라나 알렉시예비치의 산문 5부작 '유토피아의 목소리Голос Утопии' 가운데 두 번째 책인 『Последние свидетели』(2016)를 사용했다. 본래 이 책은 1985년 『옥차브리Октябрь』지에 실렸다가, 『마지막 목격자들: 아이답지 않은 이야기들을 담은 책』이라는 단행본으로 출간된 바 있다. 그러나 2013년 '유토피아의 목소리' 두 번째 책으로 재출간될 때는 5부작에 속한 다른 책들과 마찬가지로 저자 본인의 수정, 삭제, 가필 등을 거쳤다. 2016년 판본은 작가의 노벨상 수상을 알리는 소개문이 덧붙여졌을 뿐 2013년 판본의 내용과 동일하다.

- 본문에서 러시아어를 병기할 때는 독자의 편의를 위해 로마자로 전환했다.

- 러시아어의 고유명사와 도량형 표기는 국립국어원 외래어 표기법을 따랐다. 그러나 구개음화([d]와 [t] 뒤에 [ya] [yo] [i] [i'] 모음이 따를 때는 각각 [z]와 [ts]로 자음의 음가가 변경되는 현상, 예: 티토프→치토프)가 적용되는 경우는 발음상 편의를 위해 예외로 했다. 단, 영어 등의 외국어에서 차용된 러시아어에는 구개음화를 적용하지 않았다(예: 파르티잔 등).

- 본문 하단 각주는 옮긴이 주다.

머리말을 대신하여

인용문 하나

대★조국전쟁*(1941~1945) 동안 소련의 어린이가 수백만 명 죽었다. 러시아인, 벨라루스인, 우크라이나인, 유대인, 타타르인,** 라트비아인, 집시, 카자흐스탄인, 우즈베키스탄인, 아르메니아인, 타지크인***……

『드루지바 나로도프』지誌, 1985년, No. 5

러시아 대문호의 질문 한 가지

언젠가 도스토옙스키가 한 가지 질문을 던졌다. "평화와 행복, 심지어 영원한 화합을 위한 변명이라는 게 과연 존재할 수 있을까? 죄

---

* 러시아에서는 1812년에 나폴레옹 군대와 치른 전쟁을 '1812년 조국전쟁', 나치 독일과 치른 전쟁을 '대조국전쟁'이라 일컫는다.

** 대부분 튀르크계 종족으로 튀르크어를 쓰며 이슬람교를 신봉한다. 오늘날 타타르스탄 공화국의 주민 대다수를 이루며, 그 밖에 폴란드, 우크라이나, 벨라루스, 러시아 등에도 분포해 있다. 타타르인의 언어와 종교 및 문화는 거주지의 문화로부터 영향을 받아 지역별로 다른 모습을 띠기도 한다. 19세기 후반까지만 해도 타타르라는 명칭은, 몽골족과 튀르크계 민족을 포함하여 아시아의 스텝과 사막에 사는 유목 민족을 총칭했다.

*** 이란계의 후손으로 중앙아시아에 사는 민족이다. 주로 타지키스탄에 살지만, 아프가니스탄, 우즈베키스탄, 카자흐스탄, 중화민국, 이란 등지에도 분포해 있다.

없는 어린아이가 그것을 위해, 혹은 그 견고한 토대를 위해 한 방울이라도 눈물을 흘리게 된다면……" 그 자신은 이렇게 답했다. "어떤 진보도, 어떤 혁명도, 어떤 전쟁도 그 눈물에 대한 명분은 될 수 없다. 언제나 눈물이 더 중요하다. 오직 그 작은 눈물 한 방울이……"

"아빠는 뒤돌아보기를 두려워했어요……"

제냐 벨케비치—여섯 살

현재—노동자

1941년 6월……

기억해요. 난 아주 어렸지만 모든 것을 기억해요……

평화로운 생활에 대한 마지막 기억은 옛날이야기예요. 밤이면 엄마는 이야기책을 읽어주셨죠. 내가 가장 좋아한 이야기는 황금 물고기*에 관한 것이었어요. 난 언제나 황금 물고기에게 소원을 빌었답니다. "황금 물고기야…… 작은 황금 물고기야……" 여동생도 빌었죠. 그 아이는 나와 달리 "창꼬치의 명령에 따라, 나의 바람에 따라……"라고 빌었어요. 우리 바람은, 여름에 할머니 댁으로 아빠와 함께 가는 것이었어요. 아빠는 매우 쾌활한 분이셨죠.

아침에 무서운 기분이 들어 잠에서 깼어요. 어떤 낯선 소리 때문에요……

아빠와 엄마는 우리가 잔다고 생각했지만, 나와 여동생은 나란히 누워서 자는 척하고 있었어요. 난 봤어요. 아빠가 엄마에게 오랫동

---

* 제냐가 언급한 이야기는, 푸시킨이 지은 「어부와 물고기 이야기Skazka o rybake i rybke」(1833)인 듯하다. 황금 물고기를 잡았다가 놓아준 가난한 늙은 어부가, 욕심 많은 아내의 성화에 못 이겨 분수에 맞지 않는 소원들을 황금 물고기에게 빌다가 다시 가난한 생활로 되돌아간다는 이야기다.

안 입을 맞추었어요. 얼굴에도, 손에도 입을 맞추었죠. 깜짝 놀랐어요. 아빠가 엄마에게 그런 식으로 입을 맞추는 모습을 이제껏 한 번도 본 적이 없었거든요. 부모님은 손을 잡고 안마당으로 나갔어요. 나는 창문으로 달려갔죠. 엄마는 아빠 목에 매달려 놓아주지 않았어요. 아빠는 엄마를 떼어놓고 달려갔어요. 엄마가 아빠를 쫓아가더니, 꽉 붙잡고서 뭐라고 부르짖었어요. 그 순간, 나도 큰 소리로 외쳤어요. "아빠! 아빠!"

여동생과 남동생 바샤가 잠에서 깼어요. 여동생은 내가 우는 모습을 보고는 "아빠!" 하고 소리쳤어요. 우리는 다 함께 현관 계단으로 뛰쳐나갔죠. "아빠!" 아버지는 우리를 봤어요. 내가 지금 기억하기로는, 두 손으로 머리를 가린 채 떠났어요. 심지어 뛰어갔답니다. 아빠는 뒤돌아보기를 두려워했어요.

해가 내 얼굴을 비췄어요. 몹시 따뜻했어요…… 지금도 믿어지지 않아요. 아버지가 그날 아침 전쟁터로 떠났다는 것이…… 나는 몹시 어렸지만. 지금 생각해보면, 아빠를 마지막으로 보고 있다는 사실을 깨달았던 것 같아요. 이제는 더 이상 만날 수 없네요. 난 너무도…… 너무도 어렸어요……

내 기억 속에서는 이런 식으로 연결되어 있었어요. 전쟁이란 아버지가 없는 시간이라고……

그다음에는 검은 하늘과 검은 비행기를 기억해요. 대로변에 우리 엄마가 두 팔을 벌린 채 누워 있어요. 우리가 엄마에게 일어나라고 애원해도, 엄마는 일어나지 않아요. 일어나지 않아요. 군인들이 엄마를 비옷에 싸서 바로 그 자리에, 모래땅 속에 묻었어요. 우리는 울부짖으며 애원했죠. "우리 엄마를 구덩이에 묻지 마세요! 엄마는 깨어 있어요. 우리와 함께 계속 갈 거라고요." 커다란 딱정벌레 같은 것이 모래땅 위로 느릿느릿 기어다녔어요…… 엄마가 땅속에서 그 벌레들과 어떻게 지낼지, 상상조차 할 수 없었어요. 나중에 어떻게 엄마를 찾지? 어떻게 다시 만나지? 우리 아빠한테는 누가 편지를 쓰지?

한 군인이 물었어요. "꼬마 아가씨, 이름이 뭐니?" 난 이름을 잊고 말았어요. "애야, 성은 뭐니?" 기억이 나지 않았어요…… 우리는 계속 엄마의 흙무덤 옆에 앉아 있었죠. 밤이 되어서야 누군가 우리를 거두어 첼레가*에 태웠어요. 첼레가에는 아이들이 가득하더군요. 전부, 우리를 데려간 그 할아버지가 길에서 거둔 아이들이었죠. 낯선 마을에 도착했어요. 낯선 사람들이 우리를 농가에 나누어 보냈어요.

난 오랫동안 말을 하지 않았어요. 그저 눈으로 보기만 했죠.

그다음으로 기억나는 것은 여름이에요. 찬란한 여름. 낯선 여자가 내 머리를 쓰다듬어요. 난 울음을 터뜨려요. 그러고는 말을 하기 시작해요…… 엄마와 아빠에 대해 말하죠. 아빠가 어떻게 뒤도 돌아보지 않고 우리를 떠났는지…… 엄마가 어떻게 누워 있었는지…… 딱정벌레가 어떻게 모래땅 위를 기어다녔는지……

여자가 내 머리를 쓰다듬어요. 그 순간 깨달았어요. 그 여자가 엄마와 닮았다는 걸……

---

* telega. 바퀴 달린 평상처럼 생긴 사륜수레를 말이 끌도록 한 운송 수단이다. 화물 운송을 위한 전용 수단이다.

"내가 처음이자 마지막으로 피운 담배였습니다……"

게나 유시케비치—열두 살

현재—언론인

전쟁 첫날의 아침……

태양. 평소와는 다른 정적. 이해할 수 없는 침묵.

이웃에 사는 군인의 아내가 눈물을 펑펑 쏟으며 안마당으로 나왔습니다. 그 여자는 엄마에게 뭐라고 소곤거리면서, 입을 다물라고 신호했죠. 두 사람 다 무슨 일이 일어나고 있는지 입 밖에 내어 말하기를 두려워했습니다. 심지어 이미 누군가에게 자신들의 대화가 전해졌다는 것을 알았을 때도 그러더군요. 두 분은 밀고자라는, 유언비어 유포자라는 말을 듣지나 않을까 두려워했습니다. 하지만 그분들이 두려워한 것은…… 무시무시한 전쟁이었을 겁니다. 지금은 그런 생각이 듭니다…… 물론 아무도 믿지 않았죠. 그게 무슨 말이야! 아군이 국경을 지키고, 우리의 지도자는 크렘린에 있는데! 적들이 침범할 수 없을 정도로 아군이 조국을 철통같이 방어하고 있단 말이야! 그때 난 그렇게 생각했답니다…… 난 피오네르*였거든요.

사람들이 라디오 채널을 돌렸습니다. 스탈린의 연설을 기다렸지요. 그의 목소리가 절실했거든요. 하지만 스탈린은 침묵했습니다.

---

* 소련 및 구공산권 국가에 있던 소년단으로, 단원들은 목에 빨간 스카프를 둘렀다. 대개 9~14세의 어린이로 구성되었다.

그 후에 몰로토프*가 연설을 하더군요. 다들 귀를 기울였습니다. 몰로토프는 말했죠. "전쟁이 일어났습니다." 그 사람이 무슨 말을 하든 아무래도 상관없었습니다. 아직 아무도 그의 말을 믿지 않았거든요. 스탈린은 어디에 있는가?

비행기들이 도시를 향해 날아왔습니다…… 이제껏 본 적 없는 수십 대의 비행기. 열십자 표시가 있었습니다. 비행기가 하늘을 덮고 해를 가렸지요. 끔찍했습니다! 비행기가 포탄을 뿌려댔습니다…… 폭발음이 그칠 새 없이 들렸지요. 사격 소리. 모든 것이 현실이 아닌 꿈속에서 일어나는 것 같았습니다. 나는 이미 어린아이가 아니었습니다. 그때 느낀 감정을 기억합니다. 온몸을 타고, 모든 말과 생각을 타고 슬금슬금 기어다니던 두려움을요. 우리는 집에서 뛰쳐나와 길을 따라 어딘가로 달려갔습니다…… 도시는 이미 사라지고 폐허만이 존재하는 것 같았지요. 연기, 불. 누군가가 이렇게 말했습니다. 묘지에는 포탄을 떨어뜨리지 않을 테니, 묘지로 가야 해. 뭐하러 죽은 사람들에게 포탄을 떨어뜨리겠어? 우리 지구地區에는 고목들이 늘어선 커다란 유대인 묘지가 있었답니다. 다들 그곳으로 달려갔지요. 그곳에는 수천 명의 사람이 모여 있었습니다. 돌을 끌어안은 사람도 있고, 묘석 뒤에 몸을 숨긴 사람도 있었지요.

그곳에서 엄마와 나는 밤까지 머물렀습니다. 주위에 '전쟁'이라는

* 뱌체슬라프 미하일로비치 몰로토프Vyacheslav Mikhailovich Molotov(1890~1986). 볼셰비키 혁명가로서 소련 정부 수립에 주요한 역할을 했다. 스탈린의 충실한 지지자였고, 제2차 세계대전 전후에 걸쳐 소련의 외교를 담당했다.

말을 내뱉는 사람은 한 명도 없었고, '스파이 행위'라는 말만 들렸습니다. 다들 그 말만 되풀이했죠. 이제 곧 아군이 공세로 전환할 거라는 이야기도 돌았습니다. 스탈린이 명령을 내렸다고요. 그리고 사람들은 그 말을 믿었습니다.

하지만 민스크* 변두리에 솟은 공장 굴뚝들이 밤새도록 윙윙거리더군요……

가장 먼저 눈에 들어온 시체는……

처음에는…… 죽은 말을…… 뒤이어…… 죽은 여자를 보았지요…… 이런 광경에 깜짝 놀랐습니다. 전쟁에서는 남자만 죽는다고 상상했거든요.

아침에 눈을 뜨면…… 벌떡 일어나고 싶다가도, 전쟁을 떠올리고는 다시 눈을 감아버립니다. 믿고 싶지 않았어요.

거리에서 사격이 멈췄습니다. 느닷없는 정적. 며칠 동안 조용했어요. 그러고 나서 곧 술렁이기 시작했죠…… 예를 들면, 머리부터 발끝까지 온통 새하얀 남자가 지나갑니다. 밀가루를 뒤집어쓴 거예요. 게다가 하얀 자루를 짊어지고 갑니다. 또 다른 남자가 달려갑니다…… 통조림이 그 사람의 주머니 속으로 사라집니다. 양손에도 들

---

* 벨라루스의 수도다.

고 있어요. 사탕과자……* 담뱃갑…… 누군가가 설탕이 담긴 모자를 들고 갑니다…… 설탕이 담긴 스튜냄비도 보이고요…… 장부에 적지도 않습니다! 한 사람은 천 두루마리를 끌고 가고, 또 한 사람은 파란색 꽃무늬 천을 온몸에 칭칭 감고 갑니다. 빨간색 꽃무늬 천도 보여요…… 우스꽝스럽죠. 그러나 아무도 웃지 않습니다. 식료품 창고가 폭격을 받아 생긴 일이었어요. 우리 집에서 멀지 않은 큰 상점이…… 사람들이 그 자리에 남은 것을 손에 넣으려고 달려갔습니다. 설탕 공장에서는 당밀이 든 커다란 나무통에 몇 사람이 빠졌습니다. 끔찍했지요. 시내 사람들 전체가 씨앗을 갉아먹느라 정신이 없었어요. 어딘가에서 종자 창고가 발견되었습니다. 눈앞에서 한 여자가 상점을 향해 달려왔습니다…… 자루든 그물이든, 여자에게는 아무것도 없었어요. 여자는 아래위가 붙은 속옷을 벗더군요. 바지도 벗고요. 그러더니 그 옷가지에 메밀을 가득 채우고는 끌고 갔습니다. 어째서인지 이 모든 일은 침묵 속에서 벌어졌습니다. 아무도 말을 하지 않았죠.

내가 엄마를 불렀을 때에는, 겨자만, 노란색 통조림통에 든 겨자만 남아 있었습니다. "아무것도 가져가지 마라." 엄마는 그렇게 신신당부했습니다. 훗날 엄마는 부끄러웠다고 고백하더군요. 엄마가 나

---

* konfeta. 사탕, 초콜릿, 캐러멜, 설탕절임 과일, 케이크 등 달콤한 간식거리를 가리키는 용어다. 우리말로는 '당과糖菓'라는 용어가 의미상 가장 가깝지만, 오늘날 흔하게 사용되지 않을 뿐더러 어린아이가 쓰기에 어울리지 않는 듯하여, 부득이 '사탕과자'나 '초콜릿'이라는 말로 옮긴다.

에게 평생토록 가르친 것은 그런 게 아니었기 때문이죠. 배를 곯으며 그날들을 떠올릴 때조차 우리는 전혀 후회하지 않았습니다. 내 엄마는 그런 사람이었습니다.

독일 병사들이 활개를 치며 시내를…… 우리 거리를 활보했습니다. 영화 필름으로 모든 것을 촬영하더군요. 낄낄거리며 웃어댔습니다. 우리가 전쟁 기간에 즐겨 하던 놀이가 있었답니다. 우리는 독일인들을 그렸어요. 커다란 이가, 송곳니가 난 독일인을요. 그런데 그 자들이 그곳을 거닐어요…… 젊고 잘생긴 남자들이…… 튼튼한 부츠에 멋진 수류탄을 찔러넣은 채로. 하모니카를 붑니다. 심지어 우리의 아름다운 아가씨들에게 농을 걸기도 합니다.

한 중년 독일인이 어떤 궤짝을 끌고 갑니다. 그런데 궤짝이 무거웠죠. 그 남자가 날 가까이 부르더니 도와달라고 손짓 발짓을 했습니다. 궤짝에는 손잡이가 두 개 달려 있었습니다. 그 남자와 난 그 손잡이를 잡았지요. 목적지에 도착하자, 독일인이 내 어깨를 툭 치며 호주머니에서 담배 한 갑을 꺼내더군요. 수고비라면서요.

집으로 돌아왔습니다. 도저히 참을 수 없어 부엌에 앉아 담배를 피우기 시작했습니다. 문을 두드리는 소리도 듣지 못했습니다. 엄마가 잠깐 들른 것이었죠.

"담배 피우니?"

"저, 저……"

"누가 준 담배니?"

"독일인이요."

"담배를 피우다니, 그것도 적이 준 담배를. 그건 조국에 대한 배신이야."

그것이 내가 처음이자 마지막으로 피운 담배였습니다.

어느 날 저녁, 엄마가 내 곁에 앉았습니다.

"그자들이 여기 있는 걸 견딜 수가 없구나. 내 마음, 이해하겠지?"

엄마는 싸우기를 원했습니다. 첫날부터요. 우리는 지하운동을 하는 사람들을 찾기로 했답니다. 그런 사람들이 있을지 없을지에 대해서는 전혀 의심을 품지 않았어요. 단 한순간도 의심하지 않았죠.

"널 세상에서 가장 사랑한단다." 엄마가 말했습니다. "하지만 날 이해해주겠지? 만약 우리에게 무슨 일이 일어난다면…… 날 용서해주렴."

난 엄마에게 반해버렸고, 이제 엄마의 말이라면 무조건 복종하게 되었어요. 그리고 그 마음은 그 후로도 평생 변하지 않았답니다.

"할머니는 기도했어요…… 내 영혼이 돌아오게
해달라고 빌었죠……"

나타샤 골리크—다섯 살
현재—교정자

난 기도하는 것을 배웠어요…… 어떻게 해서 전쟁 중에 기도하는 것을 배우게 되었는지 지금도 종종 떠올리곤 해요……

전쟁이라는 말을 들었어요. 당연한 일이지만, 다섯 살인 나로서는 전쟁 장면을 도무지 상상할 수 없었어요. 두려움도 전혀 없었고요. 하지만 두려움 때문에, 다름 아닌 두려움 때문에 잠에 빠져들었죠. 그렇게 이틀 동안 잤어요. 이틀 동안 인형처럼 누워 있었답니다. 다들 내가 죽었다고 생각했죠. 엄마는 울고, 할머니는 기도했어요. 할머니는 이틀 동안 밤낮으로 계속 기도했어요.

난 눈을 떴어요. 가장 먼저 기억나는 것은 빛이에요. 눈부신, 이상할 정도로 눈부신 빛이에요. 그 빛 때문에 아팠어요. 누군가의 목소리가 들려요. 할머니의 목소리라는 것을 깨달았어요. 할머니는 이콘*
앞에 서서 기도하고 있어요. "할머니…… 할머니……" 난 할머니를 불렀어요. 할머니는 돌아보지 않았어요. 내가 불렀으리라고는 믿지 않았던 거죠…… 난 이미 잠에서 깼는데…… 눈을 떴는데……

"할머니." 그 후에 난 물었어요. "내가 죽어갈 때 뭐라고 기도했어?"

"네 영혼이 돌아오게 해달라고 빌었지."

그런데 할머니는 돌아오지 않네요.

---

* ikona. 그리스도, 성모마리아, 성인, 천사 등을 목판에 그린 그림으로, 귀금속과 보석으로 장식하곤 했다. 제정 러시아 시대 사람들은 교회뿐 아니라 가정에도 이콘을 비치하여 어려운 일이 있을 때마다 그 앞에서 기도했고, 심지어 여행을 다닐 때에도 휴대했다.

"아이들이 이 구석 저 구석에 장밋빛을 띤 채 누워 있어요……"

카차 코로타예바—열세 살

현재—수력공학 기사

냄새에 대해 말하려고요…… 전쟁이 어떤 냄새를 풍기는지 말이에요……

난 전쟁이 터지기 전에 6학년까지 마쳤어요.* 그 무렵에는 4학년부터 매년 진급시험을 치르는 것이 교칙이었답니다. 우리는 마지막 시험을 막 끝낸 참이었죠. 6월이었어요. 5월과 6월에는 기온이 섭씨 5도여서 추웠어요. 우리 집 라일락 나무에는 5월쯤 꽃이 피는데, 그해에는 6월 중순에 피었지요. 그래서 나에게 전쟁의 시작은 언제나 라일락 향기와 엮여 있어요. 구름나무의 향기와도. 이 나무들은 언제나 나에게 전쟁의 시작을 떠올리게 한답니다……

우리는 민스크에서 살았어요. 내가 태어난 곳도 민스크예요. 아버지는 군악대 지휘자였죠. 나는 아버지와 함께 사열식을 보러 가곤 했어요. 나 말고도 오빠 둘이 있었어요. 물론 오빠들은 막내인, 더욱이 여동생인 날 사랑하고 예뻐해주었죠.

이제 곧 여름이고, 이제 곧 방학이었어요. 그래서 기분이 무척 좋

---

* 소련에서는 초등, 중등, 고등학교 과정이 11학년제로 통합되어 있었다.

왔죠. 난 운동을 하느라 '적군회관'*의 수영장에 다녔어요. 다들, 심지어 같은 반 남자아이들도 날 부러워했답니다. 나는 내 뛰어난 수영 실력에 자부심을 갖고 있었죠. 6월 22일 일요일은 '콤소몰** 호수'가 개장되는 날이었어요. 호수를 만드는 데 오랜 시간이 걸렸답니다. 심지어 우리 학교도 토요일마다 동원되곤 했어요. 물론 난 가장 먼저 입장하겠다고 결심했죠.

우리 집에서는 늘 아침에 갓 구운 흰 빵을 사러 갔어요. 가족들은 그 일을 내 몫으로 여겼죠. 도중에 만난 친구가 전쟁이 일어났다고 말하더군요. 우리 거리에는 정원이 많았고, 집들은 꽃에 파묻혀 있었어요. 난 생각했어요. '전쟁이라니? 무슨 생각을 하고 있담?'

---

* krasnaya armiya. 적군赤軍은 1917년 볼셰비키 혁명으로 수립된 '소비에트 사회주의 공화국 연방', 즉 '소련'의 군대다. 정식 명칭은 노농적군勞農赤軍이며, 10월 혁명의 과정에서 결성된 '적위군赤衛軍'이라는 무장노동자부대가 그 전신이다. 혁명 후 볼셰비키 정권은 러시아 제국의 해군과 육군을 해체한 후, 노동자와 농민으로 구성된 군대를 창설하고 제국군 장교를 받아들여 새로운 장교들을 훈련시켰다. 모든 부대에는 장교들의 사상을 감시하고 정치 선전을 하기 위한 정치고문('코미사르'라고 함)이 배속되어 있었다. 1946년 2월 25일까지 적군으로 불리다가 이후 소련군으로 명칭이 바뀌었다. 이 책에서는 독일군에 대해 '적군敵軍' 대신 '적'이라는 단어만 사용하여, 우리말 표기상 생길 수 있는 혼동을 막고자 했다. 이 책에 나오는 '적군'은 모두 소련군을 뜻한다.

** komsomol. 1918년에 결성된 소련의 공산당 청년 조직. 정식 명칭은 '공산주의 청년 동맹'이다. 공산당의 지도 아래 15~26세의 청년들에게 공산주의 교육을 실시하고 자주적 활동을 고무하는 공산당원 양성 단체다. 가입을 위해 학업, 사회 노동, 일상 규율 등의 부문에서 엄격한 심사를 받아야 했다. 1991년에 과격파 공산주의자의 쿠데타가 실패로 돌아간 후 해체되었다.

집에서는 아버지가 사모바르*를 올려놓고 있었어요…… 내가 미처 말을 꺼내기도 전에 이웃들이 달려왔고, 모두의 입술에서 "전쟁이다! 전쟁이다!"라는 말만 쏟아져 나왔어요. 다음 날 아침 7시, 큰오빠 앞으로 입대통지서가 날아왔어요. 큰오빠는 낮에 직장으로 달려가 돈을 받았죠. 퇴직금을요. 큰오빠는 그 돈을 가지고 집으로 돌아와 엄마에게 말했어요. "저는 전선으로 떠나요. 저에게는 아무것도 필요 없어요. 이 돈을 갖고 계시다가 카차에게 새 외투를 사주세요." 이제 막 7학년으로 올라가 상급생이 된 나는, 회색 아스트라한 산産 양털 옷깃이 달린 파란 보스턴 외투를 갖게 되리라는 공상에 젖어 있었어요. 큰오빠는 이 사실을 알았던 거죠.

지금까지도 기억해요. 큰오빠가 전선으로 떠나면서 나를 위해 외투 살 돈을 주었던 걸요…… 우리는 소박하게 살았어요. 가계는 구멍이 난 상태였죠. 그래도 일단 오빠가 부탁한 이상, 엄마는 분명 나에게 그 외투를 사줬을 거예요. 하지만 엄마는 미처 아무것도 할 수 없었어요. 민스크가 폭격을 당했거든요. 우리는 엄마와 함께 이웃의 지하 창고로 거처를 옮겼어요. 우리 집에는 귀염둥이 고양이가 한 마리 있었는데, 낯가림이 심해서 안마당보다 멀리 나간 적은 한 번도 없었어요. 그런데 폭격이 시작되어 내가 안마당에서 이웃집으로

---

* samovar. 러시아어로 '스스로 끓는 용기'를 뜻하며, 차를 끓이는 전통 주전자를 가리킨다. 보일러 같은 중심부 연통에 숯, 솔방울, 나뭇가지를 태워서, 연통을 둘러싼 수조 안의 물을 데우고, 연통 위쪽의 티포트를 이용해 찻잎을 우린다. 잔에 차를 따르고 수조의 따뜻한 물을 추가하여 차의 농도를 조절한다. 이때 수조 바깥쪽 아래에 달린 꼭지로 따뜻한 물을 따른다. 전체적인 외형은 큰 화병 모양이다.

도망가자, 고양이도 날 따라오더군요. 내가 "집으로 가!"라며 고양이를 쫓았지만, 그래도 날 따라왔어요. 고양이 역시 혼자 남는 게 두려웠던 거예요. 독일군 포탄이 울부짖는 듯한 소리를 내며 날아왔어요. 나는 음감이 뛰어난 편이었기에, 그 소리는 나에게 강렬한 영향을 미쳤지요. 그 소리는…… 손바닥이 축축해질 정도로 무서운 소리였어요. 지하 창고에는 이웃집의 네 살짜리 사내아이도 함께 있었는데, 그 아이는 울지 않더군요. 그저 눈만 커다랗게 뜨고 있을 뿐이었어요.

처음에는 여기저기서 집들이 탔고, 그 후에는 도시 전체가 타오르기 시작했어요. 우리는 불을, 모닥불을 보는 것을 좋아했어요. 그러나 집이 불에 타자 무서운 기분이 들었지요. 불이 사방에서 좁혀왔어요. 연기가 하늘과 거리를 뒤덮었죠. 그리고 불길 때문에 곳곳에 강한 불빛이 비쳤어요. 세 개의 창문이 열려 있고 창턱에 화려한 선인장이 놓인 목조 주택이 기억나요. 이미 사람은 없고, 꽃을 피운 선인장만 있었죠…… 그런데 어쩐지 붉은 꽃이 아니라 불꽃인 것 같다는 느낌이 들었어요. 꽃송이가 타고 있었던 거예요.

우리는 달렸어요……

도중에 만난 여러 마을에서 빵과 우유를 얻었죠. 사람들에게는 더 이상 아무것도 없었어요. 하지만 우리에게는 돈도 없었어요. 난 스카프를 쓴 채 집에서 나왔고, 엄마는 어째서인지 겨울 외투를 걸치고 하이힐을 신은 채로 뛰쳐나왔거든요. 사람들은 우리에게 먹을 것을 거저 주었어요. 돈을 입에 올리는 사람은 아무도 없었어요. 피란민들은 떼를 지어 이동했지요.

그 후 독일군 오토바이 부대가 앞쪽 길을 차단했다는 말이 들리더
군요. 우리는 똑같은 마을을 지나치고, 우유 항아리를 든 똑같은 아
주머니들을 지나치며 다시 반대 방향으로 뛰었어요. 우리가 살던 거
리에 도착했지요…… 며칠 전만 해도 그곳에는 초목과 꽃이 있었는
데, 이제 모든 것이 불타고 없었어요. 심지어 100년이나 자리를 지
켜온 보리수나무도 흔적조차 없이 사라졌더라고요. 모든 것이 불에
사그라져 누런 모래밭만 남아 있었어요. 뭐든지 뿌리를 내리고 성장
하던 흑토도 없어지고 노란 모래만 남았더라니까요. 온통 모래뿐이
었어요. 마치 이제 막 파놓은 새 묘지 옆에 서 있는 것 같았죠……

공장 용광로는 남았어요. 강한 불꽃 속에서 하얗게 달궈져 있었어
요. 낯익은 것은 더 이상 아무것도 없었어요…… 거리 전체가 불타
버렸거든요. 노인들과 많은 아이가 불에 타 죽었어요. 다른 모든 이
와 함께 도망가지 않았기 때문에요. 사람들이 자신들에게 손을 내밀
지 않을 거라고 생각한 것이죠. 불길은 아무에게도 자비를 베풀지
않았어요. 조금만 걷다보면, 시커먼 시체가 널브러져 있어요. 노인
이 불에 타서 죽은 것이죠. 저 멀리 장밋빛을 띤 자그마한 무언가가
보이면, 그건 불에 타서 죽은 어린아이에요. 아이들은 이 구석 저 구
석에 장밋빛을 띤 채 누워 있어요……

엄마는 내 머리에서 스카프를 벗겨 눈을 가려주었어요…… 그렇
게 우리는 우리 집에, 며칠 전만 해도 우리 집이 있던 자리에 도착했
어요. 집은 없었어요. 우리를 맞이한 것은 기적적으로 목숨을 건진

우리 고양이였어요. 고양이가 나에게 바싹 달라붙었죠. 그것이 전부였어요. 아무도 도저히 말을 할 수 없었답니다…… 고양이마저 야옹거리지 않았어요. 며칠 동안 고양이는 아무 소리도 내지 않더군요. 다들 벙어리가 되었죠.

처음으로 파시스트들을 봤어요. 아니, 봤다기보다, 그들이 오는 소리를 들었어요. 그들은 모두 징을 박은 부츠를 신었더군요. 그 신발이 시끄러운 소리를 냈어요. 우리 마을의 포장도로를 쿵쿵 짓밟았어요. 그들이 지나갈 때는 땅도 아파하는 것 같았죠.

그해에도 그렇게 라일락꽃이 피었어요…… 그렇게 구름나무꽃도 피었고요……

"하지만 여전히 엄마가 보고 싶네요……"

지나 코샤크—여덟 살

현재—미용사

1학년……

1941년 5월에 난 1학년을 마쳤어요. 여름에 부모님이 민스크 근교에 있는 '고로지셰'라는 피오네르 캠프로 나를 보내주었죠. 그곳에 도착한 뒤 물놀이는 딱 한 번 했어요. 이틀 후 전쟁이 터졌거든요. 우리는 기차를 타고 이동했어요. 독일 비행기들이 날아오자, 우리는

"와!" 하고 함성을 질렀답니다. 그것이 적의 비행기일 수도 있다는 사실을 몰랐던 거죠. 그 비행기들이 폭격을 시작하자…… 그 순간 모든 색이 사라졌어요. 모든 색. 처음으로 '죽음'이라는 단어가 나타났어요. 다들 이 이해할 수 없는 말을 입에 올렸어요. 아빠와 엄마는 옆에 없었고요.

캠프를 떠날 때, 각자 무언가로 가득 채운 베갯잇을 받았어요. 어떤 아이는 껍질을 벗긴 곡물을, 어떤 아이는 설탕을 받았죠. 가장 어린 아이들도 예외 없이, 모두가 무언가를 받았어요. 우리는 여행길에 최대한 많은 식료품을 가져가길 원했고, 또 그것들을 매우 소중하게 간수했지요. 하지만 기차에서 부상병들을 만나게 되었어요. 군인들은 신음 소리를 냈어요. 가진 것을 전부 주고 싶어질 만큼 몹시도 괴로워하면서요. 우리는 군인들에게 먹을 것을 주는 행동에 '아빠들 먹이기'라는 별칭을 붙였고, 모든 남자 군인을 아빠라고 불렀답니다.

사람들이 민스크가 불에 탔다고, 완전히 다 타버렸다고, 그곳에는 이미 독일군이 있다고 말해주었어요. 하지만 우리는 후방으로 가고 있었죠. 전쟁이 없는 곳으로 가고 있었어요.

여정은 한 달 넘게 계속되었어요. 우리는 어떤 도시를 향해 출발해서 올바른 주소지에 도착했어요. 하지만 인솔자는 우리를 그곳에 두고 갈 수가 없었죠. 이미 독일군이 근처에 있었거든요. 그래서 우리는 몰다비아까지 가게 되었어요.

매우 아름다운 곳이었어요. 여기저기 교회가 있었죠. 집은 야트

막하고, 교회는 높더군요. 마땅한 잠자리가 없어서 짚단 위에서 잤어요. 겨울이 왔지요. 신발이 네 명당 한 켤레씩 돌아갔어요. 그 후에는 기아가 시작되었고요. 고아원뿐만 아니라 주위 사람들도 배를 곯았어요. 식량이 전부 전선으로 실려갔기 때문이에요. 고아원에서 250명의 아이가 지냈어요. 한번은 점심을 먹으라고 부르기에 가보니, 먹을 것이 하나도 없는 거예요. 식당에서 여선생님들과 원장님이 자리에 앉아 눈물이 그렁그렁한 눈으로 우리를 바라보더군요. 우리 고아원에는 마이카라는 말이 있었답니다…… 우리에게 매우 살갑게 구는 늙은 말이었어요. 우리는 물을 나를 때 그 말을 부렸어요. 다음 날, 사람들이 그 마이카를 죽였어요. 그리고 아주 작은 고기 한 조각—마이카의 살점—과 물을 우리에게 주었죠…… 하지만 우리에게는 오랫동안 그 사실을 숨겼어요. 만약 알았더라면, 우리는 도저히 마이카를 먹을 수 없었을 거예요…… 마이카는 우리 고아원에 있던 유일한 말이었어요. 또한 굶주린 수고양이가 두 마리 있었죠. 뼈만 앙상했어요! 훗날 우리는 생각했어요. 고양이가 너무 말라서 우리에게 잡아먹히지 않아도 됐던 것이 다행이라고요…… 그곳에는 먹을 게 전혀 없었거든요.

우리는 배만 볼록하게 튀어나왔어요. 나는 수프를 한 양동이라도 먹을 수 있었어요. 그 수프에는 아무것도 들어 있지 않았거든요. 뱃속에 수프를 얼마나 들이붓든, 난 계속해서 먹었을 거예요. 우리를 구한 것은 자연이었어요. 우리는 반추동물 같았죠. 봄이 되면 고아원 주위의 수 킬로미터 안쪽에 잎사귀가 남아나는 나무가 없었어요…… 우리는 새순을 전부 먹어치웠고, 여린 나무껍질까지 벗겨냈어요. 풀도 먹었고, 무엇이든 닥치는 대로 먹었죠. 우리는 모직 재킷을 받았는데, 그 재킷 안에 호주머니를 달고는 풀을 담아 그것을 씹으면서 다녔답니다. 여름은 우리를 구해주었지만, 겨울이 되면 몹시 견디기 힘들었어요. 나 같은 작은 아이들이 마흔 명 있었는데, 따로따로 수용되어 있었어요. 밤이 되면 울음소리가 터져나왔어요. 아이들은 엄마와 아빠를 불렀어요. 선생님들은 우리 앞에서 '엄마'라는 단어를 쓰지 않으려고 애썼지요. 그 단어가 나오지 않는 옛날이야기를 들려주었고, 그런 책만 모았어요. 만약 누군가가 불쑥 '엄마'라는 말을 꺼내면, 그곳은 금세 울음바다가 되었어요. 위로할 길 없는 울음이었죠.

나는 또 1학년으로 들어가 공부를 하게 되었어요. 사정은 이랬죠. 난 우등상을 받고 1학년을 마쳤어요. 그런데 고아원에 들어가서 '낙제 받은 사람이 누구냐'라는 질문을 받았을 때, 난 내가 받았다고 말했어요. '낙제'가 '우등상'을 뜻하는 줄 알았거든요. 3학년 때 난 고아원에서 도망쳤어요. 엄마를 찾으러 떠난 것이죠. 굶주리고 쇠약한 나를 숲에서 발견한 사람은 볼샤코프라는 할아버지였어요. 그 할아버지는 내가 고아원에서 나온 아이라는 사실을 알게 되자 자기 집으로 데려갔어요. 할아버지는 할머니와 단둘이 살고 있었죠. 기운을 차린 나는 살림을 도왔어요. 나물도 뜯고 감자도 캤어요. 무엇이든 했다고요. 우리는 빵을 먹었어요. 하지만 그것은 곡물이 거의 들어가지 않은 빵이었어요. 지독하게 썼지요. 명아주, 호두나무 꽃, 감자

등 빻을 수 있는 것이라면 무엇이든 밀가루에 섞었어요. 지금까지도 난 윤기가 도는 싱싱한 풀을 보면 마음이 편치 않고 빵을 많이 먹게 돼요. 아무리 먹어도 배가 부르지 않아요…… 수십 년 동안 줄곧 그 랬어요……

아무리 기억을 뱉어내도, 여전히 많은 기억이 남아 있네요……

난 실성한 어린 여자아이를 기억해요. 그 애는 누구 집 채소밭으로 숨어들다가 작은 굴을 발견하면 그 주변에서 쥐가 다니는지 지켜보곤 했어요. 먹고 싶어했죠. 그 얼굴, 심지어 그 아이가 입었던 사라판*까지 떠오르네요. 한번은 그 아이에게 다가갔더니, 그 애가 말해주더군요…… 쥐에 대해…… 우리는 함께 앉아 그 쥐를 감시했죠……

난 전쟁 내내 기다렸어요. 전쟁이 끝나서 할아버지와 함께 말에 마구를 채우고 엄마를 찾아 떠나게 되기를…… 피란민들이 집에 들를 때마다, 난 그들에게 우리 엄마를 만난 적이 없느냐고 물었어요. 피란민이 참 많았답니다. 어찌나 많았던지, 어느 집에나 따뜻한 쐐기풀 수프가 든 무쇠솥이 걸려 있을 정도였어요. 사람들이 들르면 따뜻한 것을 뭐라도 먹이기 위해서였죠. 더 이상은 줄 게 아무것도 없었어요. 하지만 쐐기풀 수프 솥만은 집집마다 걸려 있었답니다…… 그 점은 잘 기억하고 있어요. 내가 그 쐐기풀을 모았으니까.

전쟁이 끝났어요…… 하루를 기다리고 이틀을 기다렸지만, 아무

---

* sarafan. 소매가 없는 헐렁한 옷이다.

도 날 찾으러 오지 않아요. 엄마는 날 찾으러 오지 않고, 아빠는 내가 알기로 군대에 있었어요. 그렇게 2주일을 기다리고 나자, 도저히 더는 기다릴 수 없었어요. 나는 어떤 기차의 좌석 밑으로 기어들어가 떠났어요…… 어디로 갔냐고요? 나도 몰랐어요. 모든 기차가 민스크로 간다고 생각했던 거예요(역시 어린아이다운 생각이지만). 민스크에서 엄마가 나를 기다린다! 그다음에는 우리 아빠가 돌아올 것이다…… 훈장과 메달을 단 영웅이 되어!

두 분은 어딘가에서 폭격을 당해 돌아가셨어요. 나중에 이웃이 말해주었어요. 두 분이 날 찾으러 떠나셨대요, 역으로 달려가던 길에……

어느새 나도 쉰한 살이 되었고, 손주들도 생겼어요. 하지만 여전히 엄마가 보고 싶네요.

"그렇게 예쁜 장난감이 독일제라니……"

타이사 나스베트니코바─일곱 살

현재─교사

전쟁이 일어나기 전……

정말 생생하게 기억나요…… 모든 게 좋았어요. 유치원, 아침 공연, 우리 집 안마당, 여자아이와 남자아이들. 난 책을 많이 읽었답니다. 또 벌레를 무서워하고 개를 좋아했죠. 우리는 비텝스크에 살았고, 아빠는 건설국에서 근무했어요. 가장 먼저 떠오르는 어린 시절의 추억은, 아빠가 드비나 강에서 나에게 수영을 가르쳐준 일이에요.

그다음은 초등학교예요. 학교에 대해서는 이런 기억이 남아 있어요. 아주 넓은 계단, 투명한 유리벽, 아주 많이 쏟아져 내리던 햇살, 아주 많은 즐거움. 산다는 게 축제처럼 느껴지던 때였어요.

전쟁 초기에 아빠는 전선으로 떠났어요. 기차역에서 이별하던 때가 떠오르네요…… 아빠는 독일군을 몰아내겠다고 엄마에게 계속 말하면서도, 우리가 피란을 가기를 바랐죠. 엄마는 이해하지 못했어요. 왜 그래야 하지? 우리가 집에 남아 있어야, 남편이 우리를 금방 찾을 텐데. 금방. 난 계속 똑같은 말만 되풀이했어요. "사랑하는 아빠! 그냥 얼른 돌아오세요. 아빠, 사랑하는……"

아빠는 떠났고, 며칠 후에는 우리도 떠났답니다. 이동하는 동안 우리는 계속 폭격을 받았어요. 우리를 겨냥하기는 쉬웠어요. 후방으로 향하는 기차가 500미터 간격으로 이어져 있었거든요. 우리는 아무 짐도 없이 옷만 걸친 채로 기차에 탔어요. 엄마는 하얀 물방울무늬가 있는 인조 공단 원피스를 입었고, 나는 빨간 꽃무늬 사라판을 입었답니다. 모든 어른이 빨간색은 상공에서 눈에 아주 잘 띈다고 말하더군요. 공습을 만나 다 함께 관목 아래로 뛰어들 때마다, 어른들은 그 빨간 사라판이 눈에 띄지 않도록 닥치는 대로 무엇으로든 날 가려주었어요. 그러지 않았다면 난 등불처럼 보였을 거예요.

사람들은 늪지의 물도, 운하의 물도 마셨어요. 장염에 걸린 사람들이 나타나기 시작했죠. 나도 장염에 걸려, 사흘 동안 꼬박 의식을 잃었어요…… 내가 어떻게 목숨을 건졌는지, 나중에 엄마가 말해주었어요. 브랸스크에 정차했을 때, 옆 선로에 군용열차가 멈췄대요. 우리 엄마는 스물여섯 살이었고 매우 아름다웠죠. 우리 차량은 한참 동안 정차해 있었어요. 엄마가 객차에서 나가자, 그 군용열차에 탄 어떤 장교가 엄마에게 찬사를 던졌어요. 엄마는 간청했어요. "비켜주세요. 당신의 미소가 눈에 들어오지 않네요. 딸이 죽어가고 있거든요." 알고 보니, 장교는 군의관 조수였어요. 장교는 객차로 뛰어들어와서 나를 진찰하고는 동료를 불렀어요. "얼른 차와 비스킷과 벨라도나*를 가져와." 바로 그 군인용 비스킷이…… 1리터 병에 든 진한 차와 벨라도나 몇 알이 내 목숨을 구했죠.

악추빈스크에 도착하기까지, 기차에 탄 모든 사람이 병을 앓았어요. 우리 같은 어린아이들은 죽은 사람이나 전사자들이 있는 곳으로 갈 수 없었어요. 우리가 그런 장면을 보지 못하도록 사람들이 막았거든요. "저기에는 몇 명을 묻고, 여기에는 몇 명을……"이라는 이야기만 들었을 뿐이에요. 엄마는 하얗게 질린 얼굴로 돌아와 손을 바들바들 떨곤 했어요. 그런데도 난 계속 "그 사람들을 어디에 두고 왔어요?"라고 물었죠.

풍경은 전혀 기억나지 않아요. 그 사실이 너무나 놀라워요. 난 자연을 사랑했거든요. 우리가 숨어들었던 관목만 기억나네요. 골짜기.

---

* 가짓과의 여러해살이풀. 잎이 진통제로 사용된다.

어째서인지 숲이라고는 전혀 없었던 것 같아요. 우리가 탄 기차는 들판 한가운데로만, 어떤 황야 한가운데로만 지나간 것 같아요. 한 번은 어찌나 끔찍한 공포를 느꼈던지, 그 후로는 폭격도 전혀 두렵지 않더군요. 우리는 기차 정차 시간이 10~15분이라는 사실을 통보받지 못했어요. 짧은 시간이었죠. 기차는 출발해버리고, 나만 혼자 남았어요…… 누가 날 붙잡았는지 기억나지 않아요…… 누군가가 나를 문자 그대로 객차에 집어던졌어요. 하지만 우리 객차가 아니라, 끝에서 두 번째쯤 되는 객차였죠. 그때 처음에는 나만 혼자 남았다는 사실, 엄마만 가버렸다는 사실에 놀랐어요. 엄마와 함께 있는 동안에는 아무것도 두렵지 않았는데…… 하지만 그때는 공포로 입을 열 수 없었어요. 엄마가 달려와서 두 팔로 안아줄 때까지 난 벙어리가 되고 말았죠. 나에게서 한마디라도 들은 사람은 아무도 없었어요. 엄마는 나의 세계였어요. 나의 지구였고요. 어디가 아파도, 엄마의 손을 잡기만 하면 아픔마저 사라졌을 거예요. 밤이면 언제나 엄마와 나란히 잠들었죠. 엄마에게 몸을 가까이 붙일수록, 그만큼 두려움도 줄어들었어요. 엄마가 가까이 있으면, 모든 것이 예전에 집에 있을 때처럼 느껴졌어요. 눈을 감으면 전쟁 따윈 존재하지 않았답니다. 다만 엄마는 죽음에 대해 이야기하기를 좋아하지 않았어요. 그런데도 난 계속 이것저것 캐물었죠……

악추빈스크에서 마그니토고르스크로 갔어요. 그곳에는 아빠의 형제가 살고 있었어요. 전쟁 전에는 남자가 많은 대가족이었는데, 우리가 갔을 때는 집에 여자들만 있었죠. 남자들은 전부 전쟁터로 떠

났다더군요. 1941년 말에 전사자 통보 두 통이 왔어요. 큰아버지의
두 아들이 죽은 거예요……

그 겨울에 관한 기억 가운데 풍진도 떠오르네요. 학생들 전부 그
병을 앓았어요. 빨간 바지도 떠올라요…… 엄마는 배급표로 빨간 플
란넬 천을 받아 나에게 바지를 지어주었어요. 아이들이 날 보며 '빨
간 바지를 입은 수도사'라고 놀려댔죠. 난 무척 화가 났어요. 얼마
후에는 배급표로 오버슈즈*를 받았는데, 그 신발을 끈으로 묶어서
신고 달렸어요. 발바닥이 높아지도록 계속 발바닥 밑에 무언가를 덧
대고 있다보니, 복숭아뼈 주위에 상처들이 계속 생겼어요. 하지만
겨울이 몹시 추웠기 때문에 우리 손발은 늘 꽁꽁 얼어 있었죠. 학교
에서는 종종 난방 장치가 고장 나서 걸핏하면 교실 바닥의 물이 얼어
붙었고, 그럴 때면 우리는 책상 사이에서 얼음을 지치곤 했어요. 교
실에서도 외투를 입고 벙어리장갑을 꼈는데, 손잡이를 잡을 수 있도
록 손가락 부분만 잘라냈죠. 또 기억나는 게 있어요. 아빠가 죽은 아
이들에게 모욕을 주거나 괴롭히는 짓은 금지되었어요. 그렇게 행동
하면 엄하게 벌을 받았답니다. 또 우리는 모두 책을 많이 읽었답니다. 여
느 때와 달리…… 어린이 책으로도 모자라, 청춘 남녀들이 읽는 책
까지 전부 읽어버렸죠. 그러자 성인용 책도 받을 수 있게 되었어요.
다른 여자아이들은 무서워했어요…… 사내아이들조차 죽음에 대한
내용이 나오는 부분은 좋아하지 않아서, 그냥 책장을 넘겨버리곤 했

---

* 구두 같은 신발에 끼어 신는 덧신이다. 방한용이나 방수용으로 쓰이며, 고무나 합성수지로
만든다.

죠. 하지만 난 읽었어요.

눈이 많이 내렸어요. 모든 아이는 길거리로 달려나가 눈사람을 만들곤 했어요. 도무지 이해할 수 없었어요. 전쟁이 벌어지고 있는데 어떻게 눈사람을 만들며 즐거워할 수 있는지……

어른들은 계속 라디오를 들었어요. 라디오 없이 살 수 없는 분들이었어요. 우리도 마찬가지였고요. 모스크바에서 인사를 보낼 때마다 기뻐했고, 소식 하나하나를 들을 때마다 몸소 겪고 있는 것처럼 느꼈어요. 전선의 상황은 어떨까? 지하운동은? 파르티잔은? 스탈린그라드 전투*와 모스크바 전투에 대한 영화가 나온 후, 우리는 그 영화를 15~20번 정도 봤어요. 세 번 연달아 상영을 했더라도, 우리는 세 번 모두 봤을 거예요. 영화는 학교에서 보여줬어요. 상영을 위한 강당이 따로 없었기 때문에 복도에서 영사기를 돌리면 우리는 바닥에 앉아서 봤죠. 두 시간이고 세 시간이고 그렇게 앉아 있었어요. 죽음에 대한 기억도 떠오르네요…… 엄마는 그 때문에 나에게 야단을 치기도 했어요. 내가 왜 그러는지에 대해 의사들과 상담을 하기도 했고요. 어째서 우리 애가 죽음 같은 아이답지 않은 것에 관심을 가질까요? 어떻게 해야 우리 아이에게 아이다운 것을 생각하도록 가르칠 수 있을까요……?

---

* 제2차 세계대전 당시 1942년 7월 17일부터 1943년 2월 2일까지 소련의 스탈린그라드(현재의 볼고그라드)에서 독일군과 소련군이 벌인 시가전으로, 양측의 사상자는 약 200만 명에 이른다. 전쟁 역사상 가장 많은 사상자와 민간인 피해를 일으킨 전투로 알려져 있다. 스탈린그라드 전투가 이렇듯 치열했던 것은, 그 지역이 캅카스의 주요 유전 지대로 접근하기 위한 전략적 요충지였기 때문이다.

난 옛날이야기를…… 아동용 전래 동화를 읽고 또 읽었어요……
내가 또 무엇을 깨달았게요? 난 옛날이야기에서 많은 사람이 살해
되는 것을 봤어요. 많은 피. 그것은 나에게 새로운 발견이었죠……

1944년 말이었어요…… 처음으로 독일군 포로를 봤답니다……
그자들은 대규모 종대를 지어 이동하고 있었어요. 사람들이 그자들
에게 다가가 빵을 주는 것을 보고는 깜짝 놀랐어요. 몹시 놀란 나머
지, 일을 하고 있는 엄마에게 달려가 "왜 우리 편 사람들이 독일군
에게 빵을 주는 거예요?"라고 물었죠. 엄마는 아무 말도 하지 않고
그냥 울기만 했어요. 그때 난 독일인 시체를 처음으로 봤어요. 종대
에 있던 사람이 걷고 또 걷다가 픽 쓰러지더군요. 종대는 잠시 멈추
더니 계속 전진했어요. 그 죽은 사람 주위에는 우리 군인이 한 명 서
있더군요. 나는 그쪽으로 달려갔어요…… 죽음을 가까이에서 지켜
보고 잠시 그 옆에 머물러보고 싶었거든요. 라디오에서 적의 손실
에 대한 소식이 나올 때마다, 우리는 늘 기뻐했어요…… 그런데 그
때는…… 그만 깜짝 놀라고 말았어요…… 마치 잠에 빠진 사람 같
았거든요…… 심지어 누워 있지도 않았어요. 허리가 꺾이도록 몸을
오그리고 고개를 어깨로 살짝 숙인 채 앉아 있었어요. 내가 그 사람
을 미워하는지 불쌍히 여기는지, 내 마음을 알 수가 없었어요. 그자
는 적이었어요. 우리의 적! 그 사람이 젊었는지 늙었는지는 기억나
지 않아요. 하지만 몹시 지쳐 있었어요. 그래서 난 그 사람을 미워할
수 없었어요. 엄마에게도 이 일에 대해 이야기했어요. 그러자 엄마
는 또 흐느꼈죠.

5월 9일 아침, 누군가가 집 입구에서 고래고래 소리를 지르는 바람에 우리는 잠에서 깼어요. 아직 무척 이른 시각이었죠. 무슨 일이 일어났는지 알아보러 간 엄마가 망연자실한 모습으로 달려오더군요. "이겼대! 그런데 정말 이긴 걸까?" 무척 낯설었어요. 전쟁이 끝나다니, 그렇게나 길던 전쟁이…… 우는 사람, 웃는 사람, 함성을 지르는 사람…… 가까운 사람을 잃어서 울던 사람들도 전쟁에서 이겼다는 사실에는 기뻐했어요. 어떤 사람은 산악 지방의 곡물을, 어떤 사람은 감자를, 어떤 사람은 사탕무를 들고서 다들 한 아파트로 모였죠. 난 그날을 결코 잊지 않을 거예요. 그날 아침도…… 저녁 무렵에는 이미 달라지긴 했지만……

전쟁 동안에는 어째서인지 다들 조용히 말했어요. 소곤거리는 것처럼 느껴질 정도였죠. 그런데 그때는 다들 갑자기 큰 소리로 말하더군요. 우리는 계속 어른들과 함께 있었어요. 어른들은 우리에게 음식을 권하기도 하고, 쓰다듬어주기도 하고, "밖에서 놀아. 오늘은 축일이니까"라며 쫓아내기도 하고, 다시 불러들이기도 했어요. 어른들이 이날처럼 우리를 안아주고 입을 맞춰준 적도 없었답니다.

하지만 난 행복했어요. 아빠가 전쟁에서 돌아왔거든요. 아빠는 예쁜 장난감을 가져왔어요. 독일제 장난감이었죠. 그렇게 예쁜 장난감이 독일제라니, 이해할 수 없었어요……

아빠와도 죽음에 대해 이야기했어요. 엄마와 내가 피란갈 때 만난 폭격에 대해서도…… 길 양쪽을 따라 아군의 시체들이 너부러져 있던 것도…… 그 사람들의 얼굴은 나뭇가지로 덮여 있었어요. 그 위에는 파리가 윙윙거렸고요…… 파리 떼가…… 죽은 독일인에 대해서도 이야기했어요. 전쟁터에서 돌아온 지 며칠 만에 돌아가신 친구 아버지에 대해서도 이야기했어요. 심장병 때문에 돌아가셨죠. 난 이해할 수 없었어요. 전쟁이 끝났는데, 다들 행복한데, 어떻게 죽을 수가 있담?

아빠는 아무 말도 하지 않았어요.

"소금 한 움큼…… 그것이 우리 집에 남은 전부였습니다……"

미샤 마이오로프—다섯 살

현재—농과農科 석사과정

전쟁 기간에 난 꿈꾸기를 좋아했지요. 전쟁 전의 평화로운 생활에 대해 꿈꾸기를 좋아했어요……

첫 번째 꿈은……

집안 살림은 할머니가 했답니다…… 난 그 순간을 기다려요. 할머니가 테이블을 창가로 밀어요. 그런 다음 천을 깔고 그 위에 솜을 깐 뒤 다른 천으로 덮고 이불을 누비기 시작하죠. 나에게도 할 일이 있답니다. 할머니는 이불 한쪽에 작은 침을 여러 개 박고는, 분필을 문지른 실을 차례차례 침에 묶지요. 그러면 나는 그 실을 반대편에서 잡아당겨요. 할머니는 "미셴카,* 더 세게 잡아당겨라"라고 말하죠. 내가 잡아당기면, 할머니가 탁 놓아요. 그러면 빨갛고 파란 새틴 위에 분필가루 줄이 생겨요. 줄이 교차하면서 마름모꼴 무늬가 생겨나고, 그 위로 검은 실이 한 땀 한 땀 놓이죠. 그러고 나서 할머니는 종이 본(요즘에는 이것을 형판이라고 부릅니다)을 늘어놓아요. 그러면 시침질을 한 이불 위에 그림이 나타나지요. 매우 아름답고 매혹적이었어요. 할머니는 손재주가 좋아서 루바시카**도 지어주었답니다. 특히 옷깃을 잘 만들었지요. 할머니의 휴대용 재봉틀 '징거'는, 내가 잠들어버린 뒤에도 여전히 돌아가요. 할아버지도 자고 있어요.

두 번째 꿈은……

할아버지가 구두를 만들어요. 여기에도 내가 도울 일이 있죠. 제화용 나무못을 뾰족하게 깎는 일이랍니다. 요즘은 모든 구두창에 쇠못을 박지만, 쇠못은 녹이 슬기 때문에 구두창이 빠르게 떨어져요. 어쩌면 그 무렵에도 벌써 쇠못이 사용되었을지 모르지만, 내가 기억하는 것은 나무못이에요. 가지 없이 곧게 자란 자작나무 고목을 톱으로 켜서 처마 밑에 놓고 건조시켜야 해요. 그다음에는 두께 약 3센티미터, 길이 10센티미터로 쪼갠 후, 역시 완전히 건조시켜요. 이 크기로 쪼갠 조각을 가지고 2~3밀리미터 두께의 얇은 판을 만들기는 쉬워요. 제화용 칼은 날카롭기 때문에 얇은 판의 가장자리를 쉽게

---

* '미샤'와 '미셴카'는 모두 '미하일'이라는 이름의 애칭이다.

** rubashka. 품이 넉넉한 남성용 셔츠다. 옷깃을 왼쪽 앞가슴에 당겨서 달아 단추로 여미며 허리를 끈으로 둘러맨다. 깃과 섶, 소매 끝에는 러시아식 자수가 놓여 있다.

잘라낼 수 있지요. 작업대에 얇은 판을 받쳐놓고 쓱쓱 잘라 뾰족하게 만들고 나면, 어느새 나무못이 돼요. 할아버지는 제화용 송곳으로 부츠 밑창에 틈새를 만들고 나무못을 끼운 뒤 제화용 망치로 쿵쿵 두들겨요. 그러면 밑창에 못이 박히죠. 나무못을 두 줄로 박으면, 모양새도 근사해지고 매우 튼튼해진답니다. 자작나무 못이 습기 때문에 축축해져서 팽창하면 한층 더 견고하게 밑창을 지탱하지요. 그러면 닳아서 못쓰게 되지 않는 한, 밑창이 떨어져나갈 염려는 없어요.

할아버지가 펠트부츠도 깁고 있어요. 좀 더 정확히 말해, 펠트부츠에 창을 한 겹 덧대는 거죠. 그렇게 하면 펠트부츠도 더 오래가고, 또 오버슈즈 없이도 다닐 수 있답니다. 오버슈즈 안에서 펠트부츠 뒤축이 금방 닳지 않도록 가죽을 덧대기도 해요. 내 임무는 아마 실을 꼬아 수지를 바르고 밀랍을 먹인 뒤 바늘에 꿰는 것이었답니다. 하지만 제화용 바늘은 매우 비쌌어요. 그래서 할아버지가 가장 자주 사용한 도구는 뻣뻣한 털, 즉 야생 멧돼지의 목덜미에서 뽑은 평범하기 짝이 없는 강모剛毛였지요. 가축의 강모를 쓰기도 했지만, 야생의 강모가 더 유연했지요. 할아버지에게는 그런 강모가 한 묶음 있었고요. 그것을 사용하면 부츠에 창을 꿰매어 붙일 수도 있고, 마땅치 않은 경우에는 작은 천 조각을 덧댈 수도 있었어요. 탄력 있는 강모는 어디에나 통했죠.

세 번째 꿈은……

큰 아이들이 이웃집의 커다란 헛간을 무대 삼아 국경수비대와 스파이에 관한 연극을 해요. 표 값은 10코페이카인데, 난 돈이 없어 들어갈 수가 없어요. 난 목 놓아 울기 시작해요. 나도 '전쟁을 보고' 싶으니까요. 헛간 안을 몰래 훔쳐봐요. 무대 위의 국경수비대원들이 진짜 군복 상의를 입고 있어요. 연극이 강렬하게 내 마음을 뒤흔들어요……

갑자기 꿈이 멈췄어요……

얼마 지나지 않아 난 우리 집에서 군복 상의를 보게 되었답니다…… 할머니는 먼지투성이가 된 지친 군인들에게 먹을 것을 주고 있었어요. 군인들이 "독일인이 부패하고 있어요"라고 말했어요. 난 할머니에게 달라붙어 "독일인이라니, 어떤 사람들이에요?"라고 물었지요.

어른들이 첼레가에 보따리를 싣고, 날 그 위에 앉혀요. 어딘가로 가고 있어요. 그 후 다시 돌아오니…… 우리 집에 독일인이 있지 뭐예요! 그 사람들은 우리 편 군인들과 비슷하게 생겼더군요. 다만 다른 군복을 입었고, 또 활기찼어요. 이제 할머니와 엄마와 난 페치카* 뒤에서, 할아버지는 헛간에서 지내요. 할머니는 더 이상 이불을 누비지 않고, 할아버지는 더 이상 구두를 만들지 않네요. 한번은 커튼을 걷자, 구석 창가에 독일인이 헤드폰을 쓰고 앉아 무선기 손잡이를 돌리고 있더군요. 음악 소리가 들리더니, 또렷한 러시아 말이…… 그때 다른 독일인이 빵에 버터를 바르다가 나를 발견하자, 내 코 바로 옆에서 나이프를 흔들었어요. 난 커튼 뒤에 몸을 숨겼고, 더 이상

---

* pechka. 취사 및 난방을 하기 위한 러시아식 전통 난로. 벽면에 붙여 만들기도 한다. 농가에서는 벽돌을 붙인 평평한 표면을 잠자리로도 이용했다.

은 페치카 너머로 기어나가지 않았답니다.

불에 탄 군복을 걸친 한 남자가 철사로 두 손이 묶인 채 맨발로 우리 집 옆길을 따라 끌려가고 있었어요. 온통 시커먼 사람이었죠…… 나중에 그 사람이 농촌 소비에트 옆에 목매달려 죽은 것을 봤어요. 그 사람이 아군 조종사라는 말을 들었죠. 밤에 그 사람이 꿈에 나타 났어요. 꿈에서 그 사람은 우리 집 안마당에 목매달려 있었어요……

모든 것이 검은색으로 떠오르는군요. 검은 탱크, 검은 오토바이, 검은 군복을 입은 독일군 병사. 그 모든 것이 실제로 그냥 검은색이 었는지는 확신할 수 없어요. 하지만 난 그렇게 기억하고 있어요. 흑백 영화처럼……

……어른들이 날 무언가로 감싸고, 우리는 늪지에 몸을 숨겨요. 하루 종일, 밤새도록. 밤은 추워요. 이름 모를 새들이 무시무시한 소리로 울부짖어요. 눈이 부실 정도로 달이 환하게 빛나는 것 같아요. 무서워요! 독일군의 개들이 우리를 보거나 우리의 기척을 들으면 어떻게 하지? 때로는 개들이 거칠게 울부짖는 소리가 들려오곤 했어요. 다음 날 아침, 우리는 집으로 돌아왔답니다! 난 집에 가고 싶었어요! 다들 따뜻한 집으로 가고 싶어했죠. 하지만 집은 이미 없어지고, 연기를 내며 타닥타닥 타는 나무토막들만 무더기로 쌓여 있었어요. 불탄 곳…… 커다란 모닥불이 타고 난 뒤의…… 언제나 우리 집 페치카 앞에 놓여 있던 소금 덩어리를 재 안에서 발견해요. 우리는 소금을, 그다음에는 소금과 섞여 있던 진흙을 조심스럽게 모아 주전자 안에 쏟아 부었어요. 그것이 한때 우리 집이었던 것에서 남은 전

부였어요……

할머니는 한마디도 하지 않고 계속 침묵하다가, 밤이 되자 슬피 울더군요. "아, 내 집! 아, 나의 집! 처녀 때도 이곳을 거닐었는데, 흑, 흑, 흑…… 이곳으로 중매인이 왔었는데, 흑, 흑, 흑…… 여기서 아이들을 낳았고, 흑, 흑, 흑……" 할머니는 검게 타버린 안마당을 유령처럼 돌아다녔어요.

아침에 눈을 떴어요. 우리는 땅바닥에서 자고 있었죠. 우리 텃밭에서.

"교과서에 실린 모든 사진에 입을 맞추었어요……"

지나 시만스카야―열한 살
현재―출납원

난 웃음을 머금고 추억에 잠기곤 해요…… 놀라워요. 정말로 그 일이 나에게 일어났을까요?

전쟁이 일어난 날, 우리는 서커스를 보러 갔어요. 반 전체가 아침 공연을 보러 간 거예요. 아무것도 짐작하지 못했죠. 아무것도…… 어른들은 이미 알고 있었지만, 우리는 몰랐어요. 손뼉을 치고 깔깔 거렸어요. 그곳에는 커다란 코끼리가 있었죠. 아기 코끼리도! 작은 원숭이들이 춤을 췄어요…… 또…… 우리는 즐겁게 거리로 쏟아

져 나왔어요. 그런데 지나가는 사람들의 눈이 눈물로 퉁퉁 부어 있
었죠. "전쟁이다!"라는 말이 들리더군요. 아이들은 일제히 "와!" 하
고 환호했어요. 기뻤어요. 전쟁이란 말을 들으면 우리는 '부조노프
카*를 쓰고 말을 탄 사람들'을 떠올렸죠. 이제 우리는 자신의 진가를
발휘할 테고 우리 군인들을 도울 것이다. 영웅이 될 것이다. 나는 전
쟁에 대한 책을 가장 좋아했어요. 전투와 무훈에 대한 것을 좋아했
죠. 내 공상은 온통 거기에 쏠려 있었어요…… 내가 부상병 위로 몸
을 숙여 연기 속에서, 화염 속에서 한 남자를 끌고 나오는 거죠. 우
리 집 모든 벽에는, 내 책상 위에는 신문에서 오린 전쟁 사진이 붙어
있었어요. 여기에는 보로실로프**가, 저기에는 부존니***가……

　　나와 친구는 핀란드 전쟁으로, 우리가 아는 남자아이들은 에스파
냐 전쟁으로 떠났답니다. 우리 눈에는 전쟁이 인생에서 가장 흥미
진진한 사건이자 가장 커다란 모험이었거든요. 우리는 전쟁에 대한
공상에 빠지곤 했어요. 우리는 시대의 아이들이었답니다. 멋진 아
이들! 나와 친구는 언제나 낡은 부조노프카를 쓰고 다녔어요. 친구
가 부조노프카를 어디에서 구했는지는 기억나지 않아요. 하지만 그

---

* budyonovka. 적군이 쓰던 군모다. 두꺼운 모직으로 만들고 이마 부분에 붉은 별을 달았다.

**　클리멘트 예프레모비치 보로실로프Kliment Yefremovich Voroshilov(1881~1969). 1917년 볼
셰비키 혁명과 내전에서 두드러진 활약을 보였고, 1960년 소련 정계에서 은퇴할 때까지 국정
과 군사 부문에서 중추적인 역할을 했다.

***　세묜 미하일로비치 부존니Semyon Mikhailovich Budyonnyi(1883~1973). 코사크인으로서 러
일전쟁, 제1차 세계대전, 제2차 세계대전에 모두 참전했고, 소련 원수의 자리에까지 올랐다. 특
히 러시아 내전기에 적군의 기병대로서 혁혁한 공을 세워 소련의 영웅으로 추앙받았다.

것은 친구가 애지중지하는 모자였어요. 그런데 우리가 어떻게 전쟁터로 갔게요? 어떤 전쟁이었는지도 기억나지 않네요. 아마 에스파냐 전쟁이었나봐요. 이제부터 실상을 이야기해줄게요…… 친구는 우리 집에서 잔다며 집에 가지 않았어요. 물론 그것은 특별한 일이었어요. 새벽에 우리는 함께 조용히 집을 빠져나왔답니다. 발꿈치를 들고 살금살금…… 먹을 것도 챙겼어요. 그런데 최근에 우리가 소곤소곤 귓속말을 하고 무언가를 자루에 쑤셔넣는 것을 큰오빠가 벌써부터 유심히 지켜본 모양이에요. 오빠는 안마당에서 우리를 붙잡아 집으로 데려갔어요. 거친 말을 퍼붓고, 내 책장에서 전쟁에 관한 책을 전부 내버리겠다고 을러댔죠. 나는 하루 종일 울었어요. 우리는 그런 아이들이었어요!

그런데 그때 진짜 전쟁이 벌어진 거예요……

일주일 후, 독일 군대가 민스크에 들어왔어요. 그 독일인들에 대해서는 금방 기억이 나지 않네요. 하지만 그자들의 기술에 대해서는 기억해요. 큰 자동차, 큰 오토바이…… 우리에게는 그런 것이 없었어요. 그런 것을 본 적도 없었고요. 사람들은 벙어리가 되고 귀머거리가 되었어요. 놀란 눈을 한 채 돌아다녔죠…… 담장과 기둥에 낯선 벽보와 전단지가 나타났어요. 낯선 명령. '신체제'가 닥친 거예요. 어느 정도 시간이 흘러 다시 학교가 문을 열었어요. 엄마는 전쟁은 전쟁이고 학업을 중단할 필요는 없다고 판단했어요. 어쨌든 난 공부를 해야 했어요. 지리학 첫 수업에서, 전쟁 전까지도 우리를 가르쳤던 바로 그 여선생님이 소비에트 정권과 레닌에 반대하는 내용을 말하더군요. 난 혼잣말을 했어요. 이런 학교에서는 더 이상 배우지 않겠어. 저─얼─대. 배우고 싶지 않아! 난 집으로 돌아가서, 교과서에 실린 모든 사진에 입을 맞추었어요…… 우리 지도자들을 담은 사랑하는 그 모든 사진에.

독일군은 아파트에 난입하여 계속 누군가를 수색했어요. 때로는 유대인을, 때로는 파르티잔을…… 엄마는 "네 피오네르 스카프를 숨겨두렴" 하고 말했어요. 난 낮에는 스카프를 감춰두었지만, 밤이 되면 그것을 목에 감고 잠자리에 들었답니다. 엄마는 독일군이 밤에 문을 두들길까봐 두려워했어요. 엄마는 날 설득했죠. 울기도 했고요. 난 엄마가 잠들고 집 안과 거리가 조용해지기를 기다렸다가, 찬장에서 빨간 스카프와 소비에트 시절의 교과서를 꺼내곤 했어요. 내 친구는 부조노프카를 쓰고 잤지요.

우리가 그런 아이들이었다는 사실을 생각하면, 난 지금도 기뻐요……

"내가 두 손으로 모았는데…… 새하얬어……"

제냐 셀레냐─다섯 살

현재─언론인

6월 22일…… 그 일요일……

오빠와 함께 버섯을 따러 갔어요. 이미 버섯이 통통하게 자란 시기였죠. 우리의 자그마한 숲, 우리는 그곳의 관목들과 빈터를 샅샅이 알았어요. 어디에서 어떤 버섯이 자라는지, 어떤 열매가 열리고 어떤 꽃이 피는지, 어디에 분홍바늘꽃이 있는지, 어디에 물레나물이 있는지 말이에요. 장밋빛 히스…… 집으로 돌아오는 길에 천둥소리처럼 요란한 소리를 들었어요. 그 소리는 하늘에서 들렸어요. 고개를 들었죠. 우리 위로 12~15대의 비행기가 날고 있더군요…… 까마득히 높게 날고 있었어요. 난 생각했어요. 전에는 우리 비행기가 이렇게 높이 나는 것을 본 적이 없는데…… 우—우—우, 굉음이 들렸어요.

바로 그때 엄마를 봤죠. 엄마가 갈라진 목소리로 울면서 우리 쪽으로 달려오고 있었어요. 내게는 그 모습이 전쟁 첫날의 인상으로 남아 있어요. 엄마가 평소처럼 우리를 다정하게 부르지 않고 "내 새끼들!" 하고 부르짖어요. 엄마의 눈이 커다랗게 보였어요. 얼굴 대신 눈만 있는 것처럼……

적군 부대가 우리 마을에 들른 것은 아마도 이틀 뒤였던 것 같아요. 흙먼지를 뒤집어쓰고 땀에 젖은, 입술이 바싹 말라붙은 군인들이 우물물을 벌컥벌컥 마셔댔어요. 얼마나 활기찼던지…… 하늘에 아군의 비행기가 네 대 나타났을 때, 그 사람들의 얼굴이 얼마나 환했는지 몰라요! 우리는 비행기에 찍힌 아주 선명한 붉은 별을 봤어요. "아군이다! 아군이다!" 우리는 적군과 함께 함성을 질렀죠. 하지만 갑자기 어디에선가 작고 검은 비행기들이 나타나 우리 주위를 뱅글뱅글 돌지 뭐예요. 하늘에서 총소리와 대포 소리 같은 게 울리더군요. 이상한 소리가 지상으로 내려왔어요…… 마치 누군가가 방수포나 아마포를 쥐어뜯는 것 같아요…… 소리가 무척 요란해요. 그렇게 멀리서, 그렇게 높은 곳에서 과연 기관총 사격 소리가 울릴 수 있을까요? 아직도 모르겠어요. 추락하는 아군 비행기 뒤로 화염과 연기가 붉은 띠를 그리며 길게 뻗어 있었어요. 쿵! 적군 군인들은 그 자리에 서서, 부끄러워하는 기색도 없이 꺼이꺼이 울었어요. 처음으로 봤어요…… 처음으로…… 적군이 울다니…… 내가 보러 다닌 전쟁영화에서 적군은 절대 울지 않았는데……

또 며칠이 지난 뒤…… 카바키 마을에서 카차 이모가 달려왔어요. 시커멓고 무시무시한 몰골로요. 독일군이 마을에 들어와 활동가들을 한곳에 모으더니, 마을 어귀로 끌고 가서 기관총으로 사살했다고 말하더군요. 총살된 사람 가운데 농촌 소비에트의 대의원인 외삼촌도 있었대요. 연로한 공산주의자인데 말이에요.

지금까지도 카차 이모의 말을 기억해요.

"놈들이 오빠의 머리를 박살냈어. 내가 두 손으로 뇌를 모았는데…… 새하얬어."

이모는 이틀 동안 우리 집에서 지냈어요. 온종일 이야기를 했고…… 이미 한 말을 하고 또 했어요…… 그 이틀 동안 이모의 머리칼이 하얗게 셌어요. 엄마는 카차 이모와 나란히 앉아 서로 부둥켜안고 울었고, 난 그 머리를 어루만졌어요. 무서웠어요.

엄마의 머리도 하얗게 될까봐 무서웠어요……

"살고 싶어! 살고 싶어!"

바샤 하렙스키—네 살

현재—건축가

그 광경, 그 화염. 그것이 내가 누린 호사이자 사치랍니다……

아무도 내 말을 믿지 않아요. 심지어 엄마도 믿지 않습니다. 전쟁이 끝난 후 가족들이 지난날을 회상할 때, 엄마가 깜짝 놀라며 이렇게 말하더군요. "네가 그걸 기억할 리 없어. 넌 어렸거든. 누군가 너에게 이야기해줬겠지……"

아뇨, 내 자신의 기억입니다……

폭탄이 터집니다. 나는 큰형에게 매달리며 말합니다. "살고 싶어! 살고 싶어!" 죽을까봐 무서웠습니다. 하지만 내가 그때 죽음에 대해서 뭘 알았겠어요? 도대체 뭘?

기억납니다……

엄마는 형과 나에게 마지막 남은 감자 두 알을 건네고는 그저 우리를 물끄러미 바라봤습니다. 우리는 그 감자가 마지막 식량이라는 것을 알았습니다. 난 엄마에게 조그만 조각이라도 남겨주고 싶었습니다…… 그런데 그럴 수 없었어요. 형도 마찬가지였고요…… 우리는 부끄러웠습니다. 비참할 정도로 부끄러웠어요.

아니에요, 난……

처음으로 아군 병사를 봤습니다…… 내가 생각하기에, 그 사람은 전차병 같았습니다. 하지만 내가 말하려던 것은 이게 아닙니다……
난 그 남자에게 달려갔습니다. "아빠!" 그러자 그 남자는 하늘을 향해 날 번쩍 안아 올리며 "아들아!"라고 말했습니다.

난 전부 기억합니다……

어른들이 "그 애는 어려. 아무것도 몰라"라고 말했던 것을 기억합니다. 그때 난 깜짝 놀랐습니다. '이 어른들은 정말 이상해! 왜 내가 아무것도 모른다고 생각하지? 나도 다 아는데.' 심지어 내가 어른들보다 더 많이 안다고도 생각했습니다. 난 울지 않았는데 어른들은 울었기 때문이죠.

전쟁, 그것은 나의 역사 교과서였습니다. 나의 고독…… 난 유년기를 건너뛰었어요. 유년기는 내 인생에서 지워졌습니다. 난 유년기가 없는 인간입니다. 내 인생에는 유년기 대신 전쟁이 있지요.

그 후 인생에서 나를 뒤흔든 것은 오직 사랑뿐입니다. 마음을 빼앗긴 순간, 난 사랑을 알게 되었지요……

"단춧구멍 사이로……"

인나 렙케비치—열 살
현재—건축기사

처음 며칠은…… 아침부터……

머리 위에서 포탄이 터졌어요…… 땅에는 전신주와 전선이 나뒹굴었지요. 사람들은 모두 겁에 질려 집에서 뛰쳐나왔고요. 다들 길거리로 달려나오며 서로에게 주의를 주었어요. 전선에 걸려 넘어지는 사람이 없도록 "조심해! 전선이야! 조심하라고! 전선이야!"라고 외쳤죠. 마치 그것이야말로 가장 무서운 것이라는 듯……

6월 26일 아침에도 엄마는 월급을 지급했어요. 엄마는 공장에서 경리로 일했죠. 하지만 저녁에 우리는 이미 피란민이 되어 있었어요. 민스크를 떠날 때, 우리 학교가 불타는 광경을 봤어요. 모든 창문이 불길에 휩싸였더군요. 너무도 강렬한…… 너무도…… 하늘에 닿을 만큼 너무도 세찬 불길에…… 우리는 학교가 불타는 것을 보고 엉엉 울었어요. 우리 집에는 아이가 넷 있었는데, 세 명은 걸어서 갔고, 막내는 엄마 품에 안겨서 갔죠. 엄마는 열쇠를 들고 나왔다며, 아파트 문을 잠그는 것을 잊었다며 계속 걱정했어요. 엄마는 지나가는 차를 세우려고 애쓰며, 큰 소리로 "이 아이들을 태워주세요. 그럼 우리는 도시를 지키러 가겠어요"라고 애원했어요. 엄마는 독일군이 이미 시내에 있다는 사실을 믿고 싶어하지 않았어요. 도시는 독일군에게 넘어갔는데 말이죠.

우리 눈앞에서, 그리고 우리에게 일어나는 모든 일이 무시무시했어요. 이해가 되지 않았어요. 특히 죽음이…… 죽은 사람들 옆에서 주전자와 냄비가 나뒹굴었죠. 모든 것이 불타고 있었어요…… 마치 벌겋게 타오르는 석탄 위를 달리고 있는 것 같았어요…… 난 늘 사내아이들과 사이좋게 지내며 개구쟁이 짓을 하던 아이였어요. 난 홍

미진진하게 구경했죠. 포탄이 어떻게 날아가는지, 어떤 소리를 내고 어떻게 떨어지는지…… 엄마가 "땅에 엎드려!" 하고 외쳤을 때, 난 단춧구멍 사이로 엿보고 있었어요…… 저 하늘에는 뭐가 있을까? 사람들이 달리는 모습도 보고, 나무에 무언가가 매달린 것도 봤어요…… 나무에 매달린 그 무언가가 사람이라는 것을 깨달은 순간, 난 얼어붙은 것처럼 꼼짝도 할 수 없었죠. 난 눈을 감아버렸어요……

여동생인 이르마는 일곱 살이었어요. 석유풍로와 엄마의 굽 높은 구두를 들고 있었는데, 그 구두를 잃어버릴까봐 무척 두려워했어요. 연한 장밋빛에 굽이 가느다란 새 구두였죠. 아마 엄마는 무심코 그것을 집었을 거예요. 엄마가 가진 것 가운데 가장 아름다운 물건이었거든요.

우리는 열쇠도 구두도 잘 챙겨, 모든 것이 불타버린 시내로 곧 되돌아갔어요. 얼마 안 있어 굶주림이 시작됐죠. 명아주를 뜯어 먹었어요. 시든 꽃도 먹었고요! 겨울이 다가오고 있었어요. 독일군은 도시 근교에 있는 콜호스*의 커다란 과수원을 불살라버렸어요. 파르티잔이 두려웠던 거예요. 그래서 페치카를 덥힐 장작을 조금이라도 구하기 위해, 다들 그곳을 돌아다니면서 삼을 베었죠. 이스트로 구이도 만들었어요. 프라이팬에 이스트를 볶으면, 이스트에서 구이 맛이 났답니다. 엄마는 시장에서 빵을 사오라며 나에게 돈을 주었어요.

---

* kolkhoz. 소련의 집단 농장. 모든 생산수단을 공동의 소유물로 삼고 농민이 집단 경영을 했으며, 각자의 노동에 따라 수익을 분배했다.

그런데 그곳에 갔더니 한 할머니가 새끼 염소를 팔고 있지 않겠어요. 난 새끼 염소 한 마리를 사면 온 가족을 구할 수 있겠다고 생각했죠. 염소가 조금만 더 자라면, 우리 집에 염소젖이 많이 생길 테니까요. 그래서 난 엄마가 준 돈을 전부 건네고 새끼 염소를 샀어요. 엄마가 나에게 뭐라고 욕을 퍼부었는지는 기억나지 않아요. 다만 며칠 동안 우리가 배를 곯으며 쭈그리고 앉아 있었던 것만 기억나요. 돈이 바닥났던 거죠. 새끼 염소에게는 뭔가를 끓여서 먹었어요. 새끼 염소를 따뜻하게 해주려고 내가 함께 자기도 했지만, 염소는 결국 몸이 얼어 곧 죽고 말았어요. 비극이었죠. 우리는 몹시 울었고, 죽은 염소를 집 밖에 버리지 않기로 결정했어요. 난 자책하며 누구보다 더 많이 울었어요. 엄마는 밤에 조용히 염소를 내다 버린 뒤, 우리에게는 쥐들이 먹어치웠다고 말했죠.

하지만 점령기에도 우리는 5월의 노동절과 10월의 혁명 기념일을 축하했어요. 우리의, 우리의 기념일을! 우리 집에서는 반드시 노래를 불렀는데, 가족 모두가 노래를 잘했어요. 껍질째 삶은 감자든, 한 사람 앞에 하나씩 돌아가는 작은 설탕 조각이든, 이날에는 뭐라도 좀 더 좋은 것을 준비하려고 애썼어요. 다음 날 굶어야 한다 해도, 기념일만큼은 다 함께 축하했죠. 또 엄마가 좋아하는 노래를 작은 목소리로 불렀답니다. "유서 깊은 크렘린의 성벽을 아침이 부드러운 색으로 물들이네……" 우리는 반드시 그 노래를 불렀어요.

이웃 아주머니가 피로시키*를 굽고는, 우리에게 이런 제안을 했어요. "이 피로시키를 도매로 떼다가 소매로 팔아보렴. 너희는 어려서 발이 가볍잖니." 난 그 일을 해보기로 결심했어요. 엄마 혼자서 우리를 먹여 살리기가 얼마나 힘든지 알았거든요. 아주머니가 그 피로시키를 가져왔어요. 동생 이르마와 나는 앉아서 그것들을 물끄러미 바라봐요.

"이르마, 이 피로시키가 저것보다 큰 것 같지 않니?" 내가 말해요.

"그런 것 같아……"

조그만 부스러기라도 먹어보고 싶다는 마음이 얼마나 간절했는지, 당신은 상상도 못 할 거예요.

"조금만 잘라내자. 그러고 나서 팔러 가는 거야."

그렇게 우리는 두 시간 동안 앉아 있었어요. 그러고 나니 시장에 가져갈 것이 하나도 남아 있지 않더군요. 그 후 이웃 아주머니는 봉봉을 줄이기 시작했어요. 그것은 어째서인지 이미 오래전부터 상점에서는 볼 수 없었던 사탕과자였어요. 아주머니는 시장에서 팔라며 그 봉봉을 우리에게 주었어요.

"큰 봉봉이야. 이게 다른 것들보다 더 크네. 이르마, 조금만 핥아보자."

"그래……"

우리 집의 세 아이에게는 외투 한 벌과 펠트부츠 한 켤레밖에 없

---

* pirozhki. 치즈, 버섯, 연어, 캐비어 등을 속에 채운 러시아식 파이다. 쟁반처럼 커다랗게 만든 것은 피로그, 주먹 정도의 크기로 조그맣게 만든 것은 피로시키라고 한다.

었어요. 우리는 종종 집에 틀어박혀 있었죠. 서로에게 옛날이야기를 들려주기도 하고…… 어떤 책들에 대해서도 이야기했어요…… 재미있었어요. 전쟁이 어떻게 끝날지, 우리가 전쟁 후에 어떻게 살지 공상하는 것도 재미있었고요. 우리는 피로시키와 사탕과자만 먹기로 했어요.

전쟁이 끝나자, 엄마는 축면사縮緬絲로 지은 블라우스를 입었어요. 그 블라우스가 어떻게 엄마에게 남아 있었는지는 기억나지 않네요. 우리는 좋은 물건을 전부 식료품과 교환했거든요. 그 블라우스에는 검은 소맷부리가 달려 있었는데, 엄마는 그것을 뜯어냈어요. 음울한 것은 싹 없애고 밝은 것만 남기기 위해서였죠.

우리는 곧 학교에 다니게 되었고, 퍼레이드를 위한 노래를 연습하기 시작했답니다.

"엄마의 비명 소리만 들렸어요……"

리다 포고르젤스카야—여덟 살

현재—생물학 석사

평생 그날을 기억했어요…… 아빠가 사라진 첫날을……

자고 싶었어요. 엄마는 아침 일찍 우리를 깨우더니 "전쟁이 일어났어!"라고 말하더군요. 이게 무슨 꿈일까? 우리는 길 떠날 채비를 하기 시작했죠. 아직은 두려움도 없었어요. 다들 아빠를 쳐다봤고, 아빠는 침착하게 행동했어요. 언제나처럼. 아빠는 공산당원 노동자였어요. 엄마는 각자 무언가를 들고 가야 한다고 말했어요. 난 무언가를 가져가겠다는 생각은 전혀 하지 않았죠. 하지만 여동생은 인형을 집어들었어요. 엄마는 우리의 어린 남동생을 품에 안았고요. 아빠는 여정 도중에 우리를 따라잡았어요.

우리가 코브린 시에 살았다고 말하는 것을 잊고 있었네요. 그곳은 브레스트에서 멀지 않았어요. 어째서 전쟁이 첫날부터 우리에게로 밀어닥친 걸까? 정신을 차릴 수 없었어요. 어른들은 거의 말을 하지 않은 채 묵묵히 걷거나 말을 타고 갔어요. 그러자 무서워졌어요. 사람들이, 많은 사람이 걷고 또 걸어요. 다들 아무 말도 하지 않아요.

아빠가 우리를 따라잡자, 우리는 조금 안심했어요. 엄마가 무척 젊었기 때문에 우리 가족 안에서는 아빠가 모든 일을 이끌어갔거든요. 엄마는 열여섯 살에 결혼했어요. 심지어 요리도 못 했어요. 아빠는 고아였는데, 뭐든 다 잘했어요. 기억나요. 아빠가 짬이 생겨 우리에게 뭔가 맛있는 것을 해주었을 때 우리가 얼마나 좋아했는지…… 그날이 우리 모두에게는 축일이었어요. 지금도 아빠가 밀 싸라기로 끓여준 암죽보다 더 맛있는 음식은 없는 것 같아요. 아빠 없이 피란을 가면서, 우리는 줄곧 아빠를 기다렸어요. 아빠 없이 동란 속에 남는다는 것, 우리로서는 상상도 못 할 일이었죠. 우리 가족은 그랬어요.

짐이 많았어요. 우리는 느릿느릿 이동했죠. 때로는 다들 멈춰서서 하늘을 쳐다보기도 했어요. 아군의 비행기를 눈으로 찾으면서…… 부질없이……

이틀 사이에 어떤 종대를 봤어요. 그 군인들은 말을 타고 이동했고 신식 적군 군복을 착용했더군요. 말들도 실팍하고 컸어요. 아무도 그자들이 파괴분자*일 거라고는 짐작도 못 했죠. 우리는 그들이 아군이라고 판단했어요. 기뻤어요. 아빠는 그들을 맞이하러 갔죠. 엄마의 비명 소리가 들렸어요. 난 총성을 듣지 못했는데…… "아—아—악—!" 하는 엄마의 비명 소리만 들렸어요. 그 군인들이 심지어 말에서 내리지도 않았던 것이 기억나요…… 엄마가 비명을 지른 순간, 나는 달음질을 쳤어요. 다들 어딘가로 내달렸어요. 말없이 달리기만 했죠. 엄마의 비명 소리만 들렸어요. 난 계속 달리다가, 발이 엉키는 바람에 무성한 풀숲에 넘어지고 말았어요……

저녁이 될 때까지 우리 집 말들은 제자리에서 계속 기다렸어요. 어둠이 깔리기 시작하자, 우리 모두 그 자리로 돌아갔지요. 엄마 혼자 그 자리에 앉아 기다리고 있었어요. 누군가 말했죠. "얘들아, 봐, 엄마 머리가 하얘졌어." 어른들이 구덩이를 파던 것도 기억나요…… 그러고 나자 누군가 나와 여동생을 뒤에서 쿡쿡 찔렀어요. "가봐. 아빠와 작별 인사를 해야지." 난 두 발짝 나아갔지만, 더 이상 걸음을 옮길 수 없어 땅바닥에 주저앉고 말았어요. 여동생은 내 옆에 나란히 있었죠. 남동생은 자고 있었고요. 너무 어려서 아무것도 이해하지 못했어요. 우리 엄마는 실신하여 첼레가에 누워 있었는데, 사람

---

* diversant. 소련에서는 적국의 간첩이나 앞잡이를 '파괴분자'라고 불렀다.

들이 우리를 엄마 옆으로 가지 못하게 막았어요.

그러는 바람에 우리 가운데 어느 누구도 아빠의 시신을 보지 못했어요. 그래서 아빠의 죽은 모습을 기억하지 못해요. 아빠를 생각하면, 어째서인지 늘 하얀 여름 군복을 입은 모습이 떠올라요. 젊고 잘생긴 모습이…… 지금도 그래요. 하지만 이제는 어느새 내 나이가 아빠 나이보다 더 많네요.

우리는 스탈린그라드 주州로 피란을 갔고, 엄마는 그곳의 콜호스에서 일했어요. 아무것도 할 줄 모르던 엄마가, 밭이랑을 가는 법도 모르고 귀리와 밀도 구분하지 못하던 엄마가 돌격작업대원이 되었어요. 우리에게도 아빠가 없었지만, 아빠가 없는 가정이 또 있었어요. 엄마가 없는 가정도 있었고요. 형제자매 가운데 한 사람을, 혹은 할아버지를 잃은 가정도 있었죠. 하지만 우리는 스스로를 고아라고 느끼지 않았어요. 모든 사람이 우리를 애처롭게 생각하며 다 함께 힘을 모아 키워주었거든요. 타냐 모로조바 아주머니가 기억나요. 그아주머니는 두 아이를 잃고 혼자 살았어요. 그 아주머니도 엄마처럼 우리를 위해 모든 것을 아낌없이 내어주었어요. 생판 남이었지만, 전쟁 동안에는 혈육 같은 관계가 되었죠. 청년이 된 남동생이 이런 말을 한 적이 있어요. 우리에게는 아빠가 없었지만, 그 대신 두 명의 엄마가 있었다고요…… 바로 우리 엄마와 타냐 아주머니였죠. 그렇게 우리 모두는 어른으로 성장했답니다. 아이가 둘 딸린, 그리고 셋딸린 엄마도 되었고요.

피란길에 폭격을 당해 몸을 숨기려고 달려갔던 일도 기억나요. 우리는 엄마가 아닌, 군인들 쪽으로 달려갔어요. 폭격이 끝난 후, 엄마가 우리를 호되게 야단쳤어요. 우리가 엄마를 두고 도망쳤기 때문이에요. 하지만 그래도 소용없었어요. 또 폭격이 시작되면, 우리는 군인들 쪽으로 달려갔답니다.

민스크가 해방되자, 우리는 돌아가기로 결정했어요. 집으로, 벨라루스로. 우리 엄마는 뼛속 깊이 민스크 사람이었어요. 하지만 민스크 기차역에 도착했을 때, 엄마는 어디로 가야 할지 몰랐어요. 그곳은 다른 도시였어요. 폐허만이 펼쳐져 있었죠…… 돌이 부서져 생긴 모래땅이……

어느새 난 고레츠크 농업대학에서 공부하게 되었어요…… 기숙사에서 살았죠. 한방에서 여덟 명이 함께 지냈어요. 그런데 모두 고아였답니다. 우리를 따로 모아 살게 한 것은 아니었어요. 우리 같은 고아는 많았거든요. 그런 방이 하나만 있는 것도 아니었고요. 우리 모두가 밤에 울부짖었던 것이 기억나요…… 침대에서 벌떡 일어나 문을 두드리기도 했고요…… 어디론가 기를 쓰고 가려고도 했지요…… 여자애들이 나를 붙잡았어요. 그럼 난 울음을 터뜨렸어요. 그 아이들도 따라 울었죠. 방 전체가 울음바다로 변했어요. 하지만 다음 날 아침이면 실습에 나가고 강의를 들어야 했답니다.

한번은 길에서 아빠를 닮은 남자와 마주쳤어요. 오랫동안 그 남자 뒤를 밟았죠. 난 아빠의 죽은 모습을 보지 못했으니까요.

"우리가 연주하면, 군인들이 울더군요……"

볼로자 치스토클레토프—열 살
현재—음악가

아름다운 아침이었습니다……

아침 바다. 파랗고 잔잔한 바다. 흑해에 있는 어린이 요양원인 '소비에트-크바제'에 도착한 뒤 처음 얼마 동안 있었던 일입니다. 비행기 소리가 들렸어요…… 난 바다 속으로 잠수했지요. 하지만 그곳 물속에서도 그 소리가 들렸어요. 우리는 놀라지 않고 '전쟁놀이'를 했지요. 어딘가에서 이미 전쟁이 벌어지고 있다고는 생각도 하지 않았답니다. 전쟁놀이도 군사 훈련도 아닌, 진짜 전쟁이라니.

며칠 후 우리는 여러 집으로 나뉘어 보내졌습니다. 난 로스토프로 갔고요. 도시에는 이미 포탄이 떨어지고 있었어요. 다들 시가전을 준비했지요. 참호를 파고, 바리케이드를 설치했습니다. 사격하는 법도 배웠고요. 하지만 우리 아이들은 화염병이 든 상자를 지키고, 화재 현장에 모래와 물을 날랐습니다.

모든 학교가 병원으로 바뀌었습니다. 우리의 제70번 학교에는 경상자輕傷者를 위한 육군 야전 병원이 설치되었습니다. 엄마는 그곳으로 파견되었어요. 나 혼자 집에 두지 않기 위해, 엄마는 나를 병원에 데려가도 좋다는 허가를 받아냈지요. 퇴각할 때면, 병원이 이동하는 곳으로 우리도 따라갔습니다.

연이은 폭격 후 부서진 돌 틈에서 책무더기를 발견하고 한 권을 집어 든 일이 기억나는군요. 『동물의 생활』이라는 책이었습니다. 아름다운 삽화가 있는 커다란 책이요. 밤새도록 한숨도 자지 않고 읽었습니다. 그 책을 손에서 놓을 수가 없었어요…… 전쟁에 대한 책은 손도 대지 않았던 것이 기억납니다. 전쟁에 대해 읽고 싶은 마음은 더 이상 없었어요. 그런데 동물에 대한, 새들에 대한 책이 여기에 있는 겁니다……

1942년 11월…… 병원 원장이 나에게 군복을 지급하도록 지시했습니다. 사실 그 군복은 서둘러 수선해야만 했어요. 내 치수에 맞는 부츠는 한 달 내내 찾아도 구할 수 없었죠. 그렇게 해서 난 병원의 피보호자가 되었습니다. 즉 병사가 된 것이죠. 무엇을 했냐고요? 붕대에 관한 일만으로도 미쳐버릴 것 같았습니다. 붕대는 언제나 부족했어요. 계속 빨고, 말리고, 감아야 했습니다. 하루에 1000개를 감아봐요! 하지만 난 어른들보다 더 빨리 그 일에 익숙해졌죠. 손으로 말아 피는 담배도 별 어려움 없이 얻었습니다…… 내 열두 살 생일에, 주임이 빙긋 웃으며 어엿한 병사에게 주듯 나에게 마호르카 담배 한 포*를 선물하더군요. 엄마 몰래 가끔 피웠습니다. 물론 상상으로요…… 그게…… 무섭기도 해서…… 간신히 피에 익숙해지긴 했는데, 불에 탄 사람들만큼은 무서웠거든요. 얼굴이 시커먼 사람들이……

* makhorka. 독한 담배의 일종이며, 한 포는 10개비다.

소금과 파라핀을 실은 열차가 폭격을 받았을 때, 그 두 가지는 다 요긴하게 사용되었습니다. 소금은 요리사를 위해, 파라핀은 나를 위해서요. 난 군대의 어떤 규정에도 명시되지 않은 기능을 습득해야 했습니다. 즉 양초를 만들었던 것이죠. 그것이 붕대 일보다 더 힘들었습니다! 내 과제는, 전기가 들어오지 않을 때 양초가 사용될 수 있도록 하는 것, 양초가 오래 타도록 만드는 것이었습니다. 의사들은 폭격 중에도, 사격 중에도 수술을 중단하지 않았거든요. 밤에는 창문만 가렸습니다. 침대 시트로, 이불로 가렸죠.

엄마는 울었지만, 난 어떻게든 전선으로 달아날 생각만 했습니다. 내가 죽을 수도 있다고는 믿지 않았지요. 한번은 빵을 구하러 출장을 떠났어요…… 출발한 지 얼마 안 되어 대포 사격이 시작되었습니다. 박격포에서 포탄이 쏟아지더군요. 중사도 죽고, 마부도 죽고, 나도 타박상을 입었습니다. 나는 말을 잃었습니다. 얼마 후 말문이 트이긴 했지만, 어쨌든 말더듬은 남았습니다. 지금도 난 말을 더듬습니다. 내가 살아남았다는 사실에 다들 놀랐습니다. 하지만 나에게는 다른 감정이 남아 있었습니다. 과연 내가 죽을까? 어떻게 내가 죽겠어? 이런 생각들이요. 우리는 병원과 더불어 벨라루스 전역과 폴란드를 누볐습니다…… 난 폴란드 말을 배웠습니다……

바르샤바에서…… 부상병들 가운데 체코 사람이 있었습니다. 프라하 오페라단의 트롬본 연주자였죠. 병원 원장은 크게 기뻐했습니다. 그 사람이 회복되기 시작하자, 원장은 병실마다 돌아다니면서 음악가들을 찾아달라고 부탁했습니다. 훌륭한 오케스트라가 만들어졌습니다. 나는 알토 파트를 연주하도록 배웠습니다. 독학으로 기타도 배웠지요. 우리가 연주하면, 군인들이 울더군요. 우리는 즐거운 노래를 연주했는데 말이죠……

그렇게 해서 독일까지 이르게 되었습니다.

파괴된 독일 마을에서, 어린이 자전거가 아무렇게나 나뒹구는 모습을 봤습니다. 기뻤어요. 난 자전거에 올라타 페달을 밟아봤지요. 아주 잘 나갔어요! 난 전쟁 기간에 아이들을 위한 물건은 한 번도 보지 못했습니다. 어딘가에 그런 것이 존재한다는 사실도 잊고 있었죠. 장난감이……

"묘지에서는 고인들이 땅 위에 나뒹굴고 있더군요…… 또다시 죽임을 당한 것처럼……"

바냐 치토프―다섯 살
현재―토지개량기사

검은 하늘……

까맣고 뚱뚱한 비행기…… 비행기들이 윙윙 소리를 내며 낮게 날았습니다. 지면 바로 위에서요. 전쟁이 터진 거예요. 아무리 기억을 더듬어도…… 툭툭 끊긴 장면들만 어렴풋이 떠오르네요……

폭격이 시작되었을 때, 우리는 정원에 있는 커다란 사과나무 뒤에 숨었습니다. 전부 다섯 형제였어요. 나에게는 형제가 네 명 더 있었고, 만형의 나이는 열 살이었죠. 비행기가 나타나면 잎이 무성한 커다란 사과나무 뒤에 숨어야 한다고, 만형이 말했습니다. 엄마는 우리를 모아 지하실로 데려갔지요. 하지만 지하실 안은 무서웠습니다. 그곳에는 쥐들이 살았거든요. 뚫어지게 쳐다보는 조그마한 눈이 어둠 속에서 빛났습니다. 부자연스러운 광채를 띠며 번득이더군요. 또 밤이 되면 찍찍거렸고요. 서로 장난을 치기도 했지요.

독일 군인들이 우리 오두막으로 들어왔을 때, 우리는 페치카 위에 숨었습니다. 넝마를 뒤집어쓴 채로요. 눈을 감고 누워 있었죠. 무서웠거든요.

우리 마을은 불에 다 타버렸습니다. 마을 묘지는 폭격을 맞았고요. 사람들이 그곳으로 달려갔습니다. 고인들이 땅 위에 나뒹굴고 있더군요…… 또다시 죽임을 당한 것처럼 너부러져 있었습니다…… 얼마 전에 죽은 우리 할아버지도요. 사람들은 고인들을 다시 묻었습니다……

전쟁 기간에 우리는 '전쟁놀이'를 했습니다. '백군과 적군' 놀이, '차파예프'* 놀이에 싫증이 나면, '소련군과 독일군' 놀이를 했지요. 우리는 전쟁을 했습니다. 포로를 잡고 사격도 했답니다. 머리에는 병사들의 철모를 쓰고요. 숲에나 들판에나 어디를 가든 아군과 독일군의 철모가 나뒹굴었거든요. 아무도 독일군이 되고 싶어하지 않아

---

* 1934년에 개봉된 소련 영화. 영화에서 적군 사단장인 차파예프는 파르티잔 부대를 이끌고 백군과 싸운다.

서, 우리는 서로 다투기까지 했습니다. 진짜 엄폐호와 참호에서 놀기도 하고요. 말뚝에서 처형되기도 하고, 육박전을 치르기도 했지요. 어머니들이 우리에게 욕을 퍼붓더군요……

우리는 깜짝 놀랐습니다. 예전에는…… 전쟁 전에는…… 어머니들이 이런 것으로 우리를 야단치지 않았거든요……

"아버지라는 것을 깨달았습니다…… 무릎이 계속 바들바들 떨렸습니다……"

레냐 호세네비치—다섯 살

현재—설계자

내 기억 속에는 색이 남아 있습니다……

나는 다섯 살이었지만, 또렷하게 기억합니다…… 풀밭의 통나무 울타리, 그 너머 노란 목조 주택. 우리가 갖고 놀던 하얀 모래는 물에 씻긴 것처럼 새하얬습니다. 엄마가 나와 여동생을 데리고 시내 어딘가로 사진을 찍으러 간 것, 또 엘로치카가 울어서 내가 달래던 것을 기억합니다. 그 사진은 지금도 갖고 있습니다. 전쟁 전에 찍은 우리의 유일한 사진이지요…… 어째서인지 그 사진은 기억에 녹색으로 남아 있습니다.

그다음의 기억들은 전부 검은색입니다…… 푸르디푸른 풀, 밝은

색 수채물감, 새하얀 모래, 샛노란 울타리, 처음의 그 기억들이 밝은 색조라면, 그다음은 전부 검은색입니다. 연기 때문에 숨을 헐떡이는 나를 사람들이 어딘가로 데려갑니다. 길에는 우리 물건과 보따리가 있습니다. 어째서인지 의자도 하나 놓여 있습니다…… 사람들이 웁니다. 우리도 엄마와 함께 오랫동안 길을 따라 걸어갑니다. 난 치맛자락을 꼭 잡고 있습니다. 엄마는 길에서 마주치는 모든 사람에게 똑같은 말을 되풀이합니다. "우리 집이 불타버렸어요."

어느 집 입구에서 묵었습니다. 추워서 엄마의 상의 주머니에 두 손을 넣었지요. 뭔가 차가운 것이 만져지더군요. 우리 집 열쇠였습니다.

문득 정신을 차려보니, 엄마가 없습니다. 엄마는 사라지고 할아버지와 할머니만 남아 있습니다. 친구가 나타났습니다. 나보다 두 살 더 많은 제냐 사보치킨입니다. 그 애는 일곱 살이고, 나는 다섯 살입니다. 나는 그림 형제의 동화로 문법을 배웁니다. 할머니가 나름의 방법으로 가르칩니다. "예끼, 이 녀석!" 하며 이마에 꿀밤을 때리기도 하고요. 제냐도 나에게 글을 가르쳐줍니다. 책을 읽으면서 철자를 가르쳐요. 하지만 난 동화를 듣는 것이 더 좋습니다. 특히 할머니가 읽어줄 때가 좋아요. 할머니 목소리는 엄마 목소리와 비슷하거든요. 어느 날 저녁, 아름다운 여자가 무언가 아주 맛있는 것을 들고 들어옵니다. 난 그 여자의 말을 통해 엄마가 살아 있다는 것, 아빠와 마찬가지로 엄마도 전쟁에서 싸우고 있다는 것을 알게 됩니다. 기쁨에 겨워 큰 소리로 외칩니다. "엄마가 곧 돌아오신다!" 안마당으로 뛰쳐나가서 친구들과 이 소식을 함께 나누고 싶었습니다. 그런데 할머니가 가죽 허리띠로 날 후려칩니다. 할아버지는 내 편을 들어줍니다. 두 분이 잠자리에 들었을 때, 난 집 안에 있는 모든 허리띠를 찬장 뒤로 던져버렸습니다.

늘 배가 고팠습니다. 제나와 함께 호밀밭으로 들어갑니다. 이삭이 패면 알곡을 씹습니다. 밭은 이미 독일군 수중에 있습니다…… 그러니까 독일군의 이삭인 셈이죠…… 승용차가 보인다 싶으면, 우리는 곧바로 뺑소니를 칩니다. 문자 그대로 번쩍이는 견장이 달린 녹색 군복 차림의 장교가 나를 우리 집 울타리 밖으로 끌어내어, 승마용 채찍으로 때리기도 하고 가죽 허리띠로 갈기기도 합니다. 내 몸이 두려움 때문에 돌처럼 굳어집니다. 통증도 느껴지지 않습니다. 갑자기 할머니가 보입니다. "나리, 손자를 돌려주세요, 제발 부탁입니다, 돌려주세요." 할머니가 장교 앞에 무릎을 꿇습니다. 장교는 가버리고, 나는 모래땅에 누워 있습니다. 할머니가 나를 두 팔로 안아들고 집으로 돌아옵니다. 나는 입술만 간신히 꿈틀거립니다. 그 후로 오랫동안 앓습니다.

또 기억나는 것이 있어요. 길거리에 짐수레가, 그것도 많은 짐수레가 오갑니다. 할아버지와 할머니가 대문을 엽니다. 우리 집에도 피란민들이 살게 됩니다. 얼마 후, 그 사람들이 티푸스에 걸리기 시작합니다. 사람들이 병원에 실려갑니다. 내가 듣기로는 그렇습니다. 얼마 후에는 할아버지까지 티푸스에 걸립니다. 난 할아버지와 함께 잡니다. 할머니는 야위고 방 안을 돌아다니는 것도 힘겨워합니다. 낮에 사내아이들과 놀다가 저녁에 돌아와보니, 할아버지도 할머니도 집에 없습니다. 두 분도 병원에 실려갔다고, 이웃이 말해줍니다. 무섭습니다. 이제 난 혼자가 되었습니다. 이미 느끼고 있었습니다. 피란민들이 실려간 병원으로부터, 할아버지와 할머니는 이제 돌아오지 못하리라는 것을요. 집에서 혼자 살아가기가 무섭습니다. 밤이 되면 집이 크고 낯설게 느껴집니다. 낮이 되어도 무섭습니다. 할아버지의 친구 분이 날 자기 집으로 데려갑니다. 나에게 새로운 할아버지가 생긴 것이죠.

민스크에 폭격이 시작됩니다. 우리는 지하실에 숨습니다. 그곳에서 밝은 곳으로 나오자, 햇빛에 눈이 부십니다. 발동기 소리에 귀가 멀어버릴 것 같고요. 길거리에 탱크들이 다닙니다. 나는 기둥 뒤에 숨습니다. 문득 포탑砲塔에 찍힌 붉은 별이 눈에 들어옵니다. 아군이다! 나는 즉시 집으로 달려갑니다. 아군이 들어왔다는 것은, 곧 엄마가 돌아왔다는 뜻이니까요. 집 쪽으로 다가가자, 현관 계단 옆에 라이플총을 든 어떤 여자들이 서 있습니다. 여자들은 내 팔을 붙잡고 이것저것 캐묻습니다. 그들 가운데 한 명이 어쩐지 낯익습니다. 누군가를 생각나게 합니다. 그 여자가 가까이 다가와 날 끌어안습니다. 나머지 여자들이 울기 시작합니다. 난 큰 소리로 울부짖습니다. "엄마!" 그 후 어딘가로 푹 꺼져버린 것 같아요……

곧 엄마는 고아원에서 여동생을 데려왔습니다. 동생은 날 알아보지 못했습니다. 까맣게 잊었어요. 전쟁 동안 잊어버린 것이죠. 하지만 다시 여동생과 있게 되어, 난 몹시 기뻤습니다.

학교에서 돌아온 나는 소파 위에서 잠든 남자를 보았습니다. 자고 있었습니다. 난 그 남자의 가방에서 서류를 꺼내어 읽었습니다. 그러고는 깨달았습니다. 이 남자가 아버지라는 것을. 난 그 자리에 앉아, 아버지가 잠에서 깰 때까지 가만히 바라보았습니다.

무릎이 계속 바들바들 떨렸습니다……

"눈을 감아라, 아들아…… 보지 말아라……"

볼로자 파랍코비치―열두 살

현재―연금 생활자

난 엄마 없이 자랐습니다……

어린 시절이 전혀 기억나지 않습니다…… 엄마는 내가 일곱 살때 세상을 떠났습니다. 난 친척 아주머니 집에서 살았지요. 소에게 꼴을 먹이고, 장작을 마련하고, 야간 방목장으로 말들을 몰았습니다. 채소밭에도 할 일이 많았지요. 그 대신 겨울이면 작은 나무 썰매와 손수 만든 스케이트를 타고 놀았답니다. 나무로 만든 것, 작은 쇳조각을 댄 것, 나무껍질 신발에 새끼줄을 감은 것 등이 있었습니다. 부서진 나무통이나 판자로 만든 스키를 타기도 했고요. 다들 자기손으로 직접 만들었지요.

아버지가 처음으로 사준 구두를 신었던 일이 지금도 기억납니다.

숲에서 나뭇가지에 구두를 긁혔을 때 얼마나 슬펐는지도요. 신발이 얼마나 아까웠던지, '차라리 다리를 다치는 편이 더 좋았을 텐데. 그럼 아물기라도 하지'라고 생각할 정도였죠. 파시스트의 비행기들이 도시를 폭격했을 때, 난 바로 그 구두를 신고 아버지와 함께 오르샤를 떠났습니다.

교외에서 비행기가 우리를 향해 근거리 사격을 맹렬하게 퍼부었습니다. 사람들이 땅바닥에 쓰러졌습니다…… 모래땅에도, 풀밭에도…… "눈을 감아라, 아들아…… 보지 말아라……" 아버지가 간절히 말했습니다. 난 하늘을 쳐다보기도 무서웠습니다. 하늘은 비행기로 뒤덮여 시커멓게 보이더군요. 가는 곳마다 죽은 사람들이 쓰러져 있었습니다. 비행기가 낮게 날아갔어요…… 아버지도 쓰러지더니 더 이상 일어나지 못했습니다. 나는 쭈그리고 앉아 아버지를 내려다보았습니다. "아빠, 눈을 떠봐요…… 아빠, 눈 좀 떠봐요……" 어떤 사람들이 "독일군이다!"라고 외치더니, 나를 끌고 갔습니다. 아버지가 그 후로도 일어나지 못했는지 어땠는지, 그에 대해서는 끝내 듣지 못했습니다. 그렇게 흙먼지 속에, 길 위에 아버지를 버려두고 떠나야 했습니다. 아버지 몸 어디에도 피가 보이지 않았습니다. 아버지는 그저 말없이 누워 있었지요. 사람들이 나를 아버지로부터 떼어내 억지로 끌고 갔습니다. 하지만 숱한 나날 동안 나는 길을 걸으며 계속 뒤를 돌아봤고, 아버지가 나를 따라잡아주기를 기다렸습니다. 밤이면 자다가 깼습니다. 아버지 목소리에 깼지요…… 난 아버지가 더 이상 이 세상에 없다는 것을 믿을 수 없었습니다. 그렇게 해서 난 혼자 남겨졌지요. 달랑 모직 옷 하나만 걸친 채로요.

오랜 유랑이 이어졌습니다…… 기차를 타기도 하고 걷기도 했지요…… 난 쿠이비셉스키 주의 멜레케스 시에 있는 고아원에 맡겨졌습니다. 몇 번이고 전선으로 달아나려고 했지만, 그런 시도는 매번 실패로 돌아갔습니다. 사람들이 붙잡아 고아원으로 되돌려 보냈거든요. 흔히 말하듯, 행복이 없으면 불행이라도 쓸모가 있는 걸까요? 숲에서 장작을 장만하다가 도끼를 놓쳤습니다. 도끼는 나무에서 튕겨나와 내 오른 손가락을 쳤습니다. 보육 선생님이 상처에 머릿수건을 감아주고는, 시내에 있는 병원으로 날 보냈지요.

사샤 라핀—나와 함께 병원으로 보내진 아이입니다—과 함께 고아원으로 돌아오는 길에, 콤소몰 시위원회 부근에서 우리는 리본 달린 해군 모자를 쓴 수병을 발견했습니다. 그 사람은 게시판에 공고를 붙이고 있더군요. 가까이 다가가서 봤더니, 거기에는 솔로베츠키 제도諸島에 있는 해군 수습 수병 학교의 입학 규정이 적혀 있었습니다. 수병 학교에는 지원자만 들어갈 수 있었어요. 선발할 때는 수병의 자녀와 고아원 아이들에게 특혜가 주어졌지요. 지금도 그 수병의 목소리가 들리는 것 같습니다.

"그래, 수병이 되고 싶냐?"

우리는 이렇게 대답했습니다.

"우리는 고아원 아이들이에요."

"그럼 시위원회에 들러 신청서를 작성해라."

그 순간 우리가 얼마나 큰 기쁨을 느꼈는지에 대해서는 말하지 않겠습니다. 어쨌든 그것은 전선으로 가는 가장 빠른 길이었지요. 내가 아버지를 위해 복수를 할 수 있으리라고는 믿지 않았습니다! 그런데 드디어 전쟁에 나갈 수 있게 된 겁니다.

콤소몰 시위원회에 들러 신청서를 작성했습니다. 며칠 후에는 이미 의료위원회에 있었지요. 한 위원이 날 보며 이렇게 말했습니다.

"몹시 야위었어. 작기도 하고."

장교 군복을 입은 다른 사람이 한숨을 쉬더군요.

"괜찮습니다. 좀 더 크겠지요."

사람들은 필요한 치수를 간신히 찾아냈어요. 우리는 옷을 갈아입었어요. 해군 모자를 쓰고 해군 군복을 입은 내 모습을 거울로 보면서, 나는 행복에 잠겼지요. 며칠이 지났을 때, 우리는 이미 솔로베츠키 제도로 향하는 기선을 타고 있었습니다.

모든 것이 새롭고 낯설었어요. 깊은 밤…… 우리는 갑판 위에 서 있습니다…… 수병들이 어서 가서 자라며 우리를 내쫓습니다.

"애들아, 수병실로 가. 그곳은 따뜻하거든."

이른 아침, 햇빛을 받아 찬란하게 빛나는 수도원과 금빛 숲이 보였습니다. 그곳이 바로 전국에서 해군 수습 수병 학교가 처음으로 문을 연 솔로베츠키 제도였습니다. 하지만 업무에 착수하기 전에 우리는 학교부터, 좀 더 정확히 말해, 움막부터 지어야 했어요. 솔로베츠키 땅은 온통 돌뿐이었거든요. 톱도, 도끼도, 삽도 부족했습니다. 무거운 흙을 파는 것, 고목을 베는 것, 그루터기를 파내는 것, 목공일을 하는 것, 우리는 그 모든 것을 손으로 하는 법을 배웠습니다.

작업 후에는 차가운 천막으로 들어가 쉬었지요. 풀을 가득 채워넣은 베갯잇과 매트리스가 침상이었고, 그 밑에는 침엽수 가지가 깔려 있었습니다. 이불 대신 외투를 뒤집어쓰고 잤습니다. 물청소와 세탁은 직접 했지요. 얼음이 낀 물…… 우리는 울었습니다. 손이 몹시 아파서요.

1942년…… 입대 선서를 했습니다. '해군 수습 수병 학교'라고 적힌 해군 모자가 우리에게 지급되었습니다. 하지만 어깨까지 닿는 긴 리본은 없고 오른쪽에 나비 리본이 달려 있었지요. 라이플총도 받았습니다. 1943년 초…… 난 근위대* 구축함 '현인賢人' 호_號에서 복무하게 되었습니다. 나에게는 모든 것이 처음이었습니다. 뱃머리를 덮은 물마루, 인광燐光으로 빛나는, 스크루 때문에 생긴 항적…… 숨이 막히는 것 같았습니다……

"애야, 무섭나?" 함장이 물었습니다.

"아닙니다." 난 1초도 주저하지 않았습니다. "아름답습니다!"

"전쟁이 아니라면 아름답겠지." 함장은 이렇게 말하고는 어째서인지 고개를 돌렸습니다.

나는 열네 살이었습니다……

---

* gvardiya. 제정 러시아 시대에는 차르를 호위하는 정예 부대를 일컫는 용어였으나, 소련 시대에는 독소 전쟁 중 수훈을 세운 부대에게 수여되는 호칭이었다.

"남동생이 울음을 터뜨려요. 아빠가 있을 때 자기는 없었다면서……"

라리사 리숍스카야—여섯 살

현재—도서관원

아빠를 떠올리고 있어요…… 남동생에 대해서도요……

아빠는 파르티잔이었어요. 아빠는 파시스트들에게 붙잡혀 총살당했죠. 아빠를 포함한 몇몇 사람이 어디에서 처형되었는지, 여자들이 엄마에게 몰래 귀띔해주었어요. 엄마는 처형된 사람들이 쓰러져 있는 곳으로 달려갔지요…… 웅덩이에 살얼음이 낄 정도로 추웠던 것이 평생토록 잊히지 않았어요. 시신들은 신발만 신은 채 누워 있더군요……

엄마는 임신 중이었어요. 뱃속에는 남동생이 있었고요.

우리는 몸을 숨겨야 했어요. 파시스트들이 파르티잔의 가족도 체포했거든요. 아이들까지 잡아갔어요. 방수 덮개가 있는 차에 싣고요……

우리는 이웃의 지하실에서 지냈어요. 어느새 봄이 시작되었죠. 우리는 감자를 깔고 누웠는데, 감자에서 싹이 났더군요…… 잠이 들면, 밤에 싹이 나서 코 주위를 간질여요. 나무좀같이요. 내 호주머니에는 나무좀들이 살았어요. 신발 속에도요. 난 그것들이 무섭지 않았어요. 낮에도, 밤에도.

우리는 지하실 밖으로 나왔어요. 엄마는 남동생을 낳았죠. 동생은 자라서 말을 하기 시작했어요. 우리가 아빠를 회상할 때 있었던 일이에요.

"아빠는 키가 컸어……"

"힘도 셌지…… 나를 두 팔로 번쩍 들었잖아!"

나와 여동생이 이런 이야기를 나누면, 남동생이 물어요.

"그런데 난 어디에 있었어?"

"넌 그때 없었어……"

남동생이 울음을 터뜨려요. 아빠가 있을 때 자기는 없었다면서……

"가장 먼저 온 사람은 바로 그 여자아이였어요……"

니나 야로셰비치―아홉 살
현재―체육 교사

집에 있던 사람 모두 대사건을 겪었어요……

저녁에 맏언니의 애인이 청혼하러 왔답니다. 결혼식을 언제 올릴지, 신혼부부가 어디에서 혼인 신고를 할지, 손님은 몇 명이나 부를지, 다들 밤이 깊도록 함께 의논했죠. 아빠는 아침 일찍 군정치위원회에 불려갔고요. 이미 마을마다 "전쟁이다!" 하고 웅성대기 시작했어요. 엄마는 어떻게 해야 좋을지 몰라 당혹스러워했죠. 난 오직 한 가지만 생각했어요. 이날 하루만 잘 버티자고요. 전쟁은 하루나 이틀이 아니라 아주 오랫동안 계속될 수 있다는 것을 아직 아무도 나에게 설명해주지 않았거든요.

마침 여름이라 날이 무더웠어요. 나는 개울에 가고 싶었지만, 엄마가 우리에게 길 떠날 채비를 시켰어요. 우리 집에는 오빠도 있었어요. 병원에서 막 데려온 참이었죠. 오빠는 병원에서 한쪽 다리를 수술 받고는 목발을 짚고 돌아왔어요. 하지만 엄마는 말했죠. "다 함께 가야 해." 어디로? 뭐라도 아는 사람은 아무도 없었어요. 5킬로미터 정도 걸었어요. 오빠는 다리를 절뚝이며 울었어요. 도대체 오빠를 데리고 어디로 가겠어요? 우리는 되돌아오고 말았죠. 아버지가 집에서 우리를 기다리고 있더군요. 아침에 군정치위원회로 갔던 다른 남자들도 전부 되돌아왔어요. 이미 독일군이 우리의 중심지인 슬루츠크 시를 점령한 상태였어요.

첫 폭격이 시작되었어요. 난 가만히 서서, 지면으로 떨어지는 포탄을 계속 눈으로 쫓았어요. 귀가 먹지 않으려면 입을 벌려야 한다고, 누군가 귀뜸을 해주더군요. 그래서 입을 벌리고 귀를 막아요. 그래도 역시 포탄이 날아가는 소리가 들려요. 윙윙…… 얼굴뿐 아니라 온몸의 살갗이 팽팽하게 긴장될 만큼 무서운 소리예요. 우리 집 안마당에 양동이가 걸려 있었거든요. 주위가 잠잠해진 뒤, 그것을 내려 보니 구멍이 쉰여덟 개가 나 있지 뭐예요. 하얀 양동이여서, 상공에서 보면, 누군가 하얀 솥을 쓰고 서 있는 것처럼 보였을지도 몰라

요. 그래서 그자들이 사격을 했나봐요…… 그렇게 오락을 즐긴 거
죠……

독일군이 처음으로 마을에 들어오던 날, 그자들은 자작나무 가지
로 장식한 커다란 자동차를 타고 있었어요. 우리 고장에서도, 결혼
식을 할 때 그렇게 장식해요. 자작나무 가지를 꺾고 또 꺾어서……
우리는 바자울 사이로 그자들을 살펴봤어요. 그 당시에는 담장 대신
덩굴로 엮은 바자울이 있었죠. 주의 깊게 지켜봤어요…… 보통 사
람들과 비슷해 보이더군요…… 난 그자들의 머리통이 어떻게 생겼
는지 보고 싶었어요. 어째서인지 독일군의 머리통은 인간처럼 생기
지 않았을 것이라는 관념이 내 머릿속에 박혀 있었거든요…… 그자
들이 사람을 죽이고 불태운다는 소문이 벌써부터 돌고 있었어요. 그
런데 그자들은 껄껄거리고 웃으며 차를 몰고 다니더군요. 볕에 그을
린, 흡족한 모습으로요……

아침이면 그자들은 학교 안마당에서 체조를 했어요. 냉수욕도 했
고요. 그런 다음에는 소매를 걷어붙인 채 오토바이를 타고 출발해요.

며칠 후 마을 밖 우유 공장 근처에 커다란 구덩이가 생겼어요. 매
일 아침 5~6시가 되면 그곳에서 총소리가 들려왔죠. 그곳에서 사격
이 시작되면, 수탉들조차 울기를 멈추고 몸을 숨겨요. 아버지와 나
는 저녁 무렵에 짐마차를 타요. 아버지는 그 구덩이로부터 멀리 떨
어지지 않은 곳에 말을 세워요. "가서 봐야겠다." 아버지가 말해요.
그곳에서 아버지의 사촌누이도 총살을 당했거든요. 아버지는 그곳
으로 향하고, 난 뒤에서 따라가요.

갑자기 아버지가 몸을 돌리며 내가 구덩이를 보지 못하게 가려요. "돌아가. 넌 더 이상 가면 안 돼." 난 실개울을 건널 때 빨간 물이 흐르는 것을 봤을 뿐이에요…… 그리고 까마귀들이 날아오르던 것을요. 까마귀들이 어찌나 많던지, 난 그만 비명을 지르고 말았죠…… 그 후로 며칠 동안 아버지는 아무것도 먹지 못했어요. 까마귀만 보면 집 안으로 뛰어 들어가 온몸을 바들바들 떨었죠…… 신열에 시달리며……

슬루츠크의 한 공원에서 파르티잔의 가족 두 명이 교살되었어요. 강추위가 계속되었을 때죠. 목매달린 시신마저 꽁꽁 얼어붙어, 바람에 흔들릴 때마다 뎅그렁뎅그렁 소리를 내더군요. 마치 숲속의 얼어붙은 나무들처럼…… 그 소리가……

우리 마을이 독일군으로부터 해방되자, 아버지는 전선으로 떠났어요. 군대와 함께요. 전쟁 기간에 엄마가 나에게 처음으로 원피스를 지어주었을 때는, 이미 아빠가 집에 없었어요. 엄마는 각반으로 원피스를 지어주었답니다. 하얀색 각반을 잉크로 물들였죠. 잉크가 부족해서 소매 한 자락은 물들이지 못했어요. 나는 친구들에게 새 원피스를 자랑하고 싶었죠. 그래서 쪽문에 몸을 옆으로 돌리고 섰어요. 그러니까 예쁜 소매는 보여주고, 보기 싫은 소매는 집 쪽으로 감춘 거예요. 내가 아주 멋진 옷을 차려입은 것처럼, 아주 예쁜 것처럼 느껴졌어요.

학교에서 내 앞자리에 앉은 애는 아냐라는 여자아이이었어요. 그 애는 아버지와 어머니를 여의고 할머니와 함께 살았죠. 그 사람들은 스몰렌스크에서 온 피란민이었어요. 학교에서 그 아이에게 외투, 펠트부츠, 반짝이는 방수덧신을 마련해주었어요. 선생님이 그것들을 다 가져와서 그 애의 책상 위에 올려놓더군요. 우리는 숨을 죽이고 앉아 있었죠. 우리 가운데 어느 누구도 그런 펠트부츠나 외투를 가져본 적이 없었거든요. 우리는 샘이 났어요. 한 사내아이가 아냐를 쿡쿡 찌르며 말했어요. "운 좋네!" 그 애는 책상에 엎드려 울음을 터뜨렸어요. 4교시 내내 목 놓아 울었죠.

전선에서 아버지가 돌아왔어요. 다들 아빠를 보러 왔죠. 우리를 보러 온 것이기도 했고요. 아빠가 우리에게로 돌아왔으니까요. 그런데 가장 먼저 온 사람은 바로 그 여자아이였어요……

"내가 네 엄마란다……"

타마라 파르히모비치―일곱 살
현재―비서

전쟁 내내 엄마를 생각했어요. 난 전쟁 초기에 엄마를 잃었죠……

우리가 자는 사이에, 우리 피오네르 캠프가 폭격을 당해요. 텐트에서 뛰쳐나가 비명을 지르며 달려요. "엄마! 엄마!" 보육 선생님이 날 진정시키기 위해 어깨를 잡고 흔들어요. 하지만 나는 "엄마! 우리 엄마는 어디에 있어요?"하고 계속 소리를 지르죠. 선생님이 "내가 네 엄마란다"라고 말하며 날 꼭 안아줄 때까지요……

내 침대에는 치마, 하얀 블라우스, 빨간 스카프가 걸려 있었어요. 난 그것들을 입었고, 우리는 민스크를 향해 걸음을 내디뎠어요. 도중에 많은 아이가 부모를 만났어요. 하지만 우리 엄마는 없었죠. 갑자기 "시내에 독일군이 들어와서……"하는 말들이 들려요. 다들 걸음을 돌렸어요. 그런데 누군가가 나에게 말했죠. 나의 엄마가 죽은 것을 보았다고요……

바로 그 순간, 난 기억을 잃고 말았어요……

우리가 어떻게 펜자까지 갔는지는 기억나지 않아요. 내가 어떻게 해서 고아원으로 가게 되었는지도요. 기억 속에 백지처럼 하얀 부분이 생겨버렸어요…… 아이들이 많아 한 침대에서 두 명씩 잤던 것만 기억나네요. 한 명이 울음을 터뜨리면, 다른 아이도 훌쩍여요. "엄마! 우리 엄마는 어디 있어요?"난 어렸어요. 보모 한 분이 날 양녀로 삼고 싶어했죠. 하지만 난 엄마에 대해 생각했어요……

식당에서 돌아오면, 아이들이 입을 모아 외쳐요. "네 엄마가 왔어!"내 귀에 대고 "네 어―엄―마야…… 네 어―엄―마……"라고 말하기도 해요. 매일 밤 엄마가 꿈에 나왔어요. 나의 진짜 엄마가…… 그러다가 별안간 꿈이 진짜로 이루어졌어요. 하지만 내게는 꿈인 것처럼 느껴졌죠. 엄마다! 엄마를 보면서도 내 눈을 믿을 수 없어요. 사람들이 며칠 동안 날 설득했지만, 난 엄마에게 다가가기가 무서웠어요. 난데없이…… 꿈인가? 꿈일 거야! 엄마는 울고, 나는

소리를 질러요. "오지 마! 엄마는 죽었어." 무서워요…… 자신의 행
복을 믿기가 두려워요……

지금도 난…… 평생 동안 행복한 순간이 찾아들 때면 늘 울었어
요. 온통 눈물범벅이 되어버리죠. 평생…… 나의 남편…… 남편과
난 오랜 세월 서로 사랑하며 살아왔어요. 남편이 "널 사랑해. 나와
결혼해줘"라고 청혼하는 순간, 난 그만 눈물을 쏟고 말았답니다. 남
편은 깜짝 놀라며 "나 때문에 화난 거야?"라고 말하더군요. "아냐!
아냐! 행복해서 그래!" 하지만 난 행복을 끝까지 맛본 적이 없어요.
완전한 행복을 맛본 적이 없죠…… 나에게는 행복이 오지 않아요.
행복이 두려워요. 언제나 행복이 곧 끝나버릴 것처럼 느껴지거든요.
그 '곧'이라는 단어가 늘 내 안에 살고 있어요. 그 어린 시절의 공포
도……

"우리는 '핥아도 돼요?' 하고 간절히 물어요……"

베라 타시키나—열 살

현재—잡역부

전쟁 전, 나는 많이도 울었어요……

아버지는 돌아가셨죠. 엄마에게는 일곱 자식이 남았고요. 우리는
가난하고 어려운 생활을 했어요. 하지만 훗날 전쟁이 일어난 뒤로

는, 그 시절의 생활이, 그 평화로운 생활이 행복하게 느껴지더군요.

어른들이 전쟁이 일어났다고 말하며 울어요. 하지만 우리는 놀라지 않았죠. 우리는 종종 '전쟁놀이'를 해서 그 말에 매우 익숙했거든요. 엄마는 왜 밤새도록 대성통곡하는 걸까, 왜 빨갛게 충혈된 눈으로 돌아다니는 걸까, 난 그 점이 의아했을 뿐이에요. 하지만 나중에 깨닫게 되었죠……

우리는 먹었어요…… 물을…… 식사 때가 되면, 엄마는 뜨거운 물이 담긴 냄비를 테이블 위에 올려놓아요. 그러면 우리가 그 물을 그릇마다 나눠 담고요. 저녁. 저녁 식사. 테이블 위에는 뜨거운 물이 담긴 냄비가 있어요. 뜨거운 맹물이요. 겨울에는 물에 색깔을 더할 만한 게 전혀 없거든요. 풀조차 없으니까요.

오빠가 배고픔을 견디다 못해 페치카 한구석을 갉아먹었어요. 날마다 갉아먹고, 또 갉아먹었죠. 우리가 그 사실을 알아차렸을 때에는, 페치카에 작은 구멍이 패여 있었어요. 엄마는 마지막 남은 물건들을 시장에 가져가서 감자와 옥수수로 바꿔왔어요. 그 당시 엄마가 옥수수 죽을 쑤어 나눠주면, 우리는 냄비를 빤히 쳐다보면서 "핥아도 돼요?" 하고 간절한 목소리로 물었어요. 아이들은 차례로 냄비를 핥죠. 우리가 다 핥은 뒤에는, 고양이도 와서 핥아요. 고양이도 굶주렸던 거예요. 고양이에게 돌아갈 몫이 냄비에 남아 있었는지는 모르겠어요. 이미 음식 냄새조차 남아 있지 않았거든요. 우리가 냄새까지 싹싹 핥아먹어버렸으니까요.

우리는 줄곧 아군을 기다렸어요……

아군의 비행기가 폭격을 시작했을 때, 나는 얼른 달려가 몸을 숨기지 않고 아군의 포탄을 보기 위해 뛰쳐나갔어요. 파편을 발견했죠……

"그런데 넌 어디를 쏘다니다 온 거니?" 겁에 질린 엄마가 집에서 날 맞이해요. "거기 숨긴 게 뭐니?"

"숨긴 게 아니에요. 파편을 가져왔어요."

"그러다 죽는다. 알겠니?"

"무슨 말이에요, 엄마! 이건 아군 포탄의 파편이라고요. 이게 날 죽일 리 없잖아요?"

난 그것을 오래도록 간직했답니다……

"설탕을 반 숟가락 더……"

엠마 레비나—열세 살

현재—인쇄업 종사자

나의 열네 살 생일까지 꼭 한 달이 남은 바로 그날이었어요……

"아니! 우리는 어디에도 안 간다. 어디에도. 전쟁이라니, 나도 그런 헛소리를 듣긴 했다. 하지만 시내 밖으로 나가기도 전에 전쟁은 다 끝날걸. 우리는 안 간다! 안 간—다—고!" 아버지는 그렇게 말했어요. 아버지는 1905년부터 당원이었답니다. 제정 시대에 감옥에도 수차례 갇혔고, 10월 혁명에도 참가했죠.

하지만 역시 출발하지 않을 수 없었어요. 창가의 꽃에 물을 흠뻑 주었어요. 우리 집에는 꽃이 많았답니다. 창문과 문은 닫고 통풍구만 열어두었어요. 필요한 경우 고양이가 드나들 수 있도록 말이죠. 저마다 꼭 필요한 것들을 챙겼어요. 아빠는 모두에게 장담했어요. 며칠 뒤에는 돌아올 거라고요. 하지만 민스크는 불타버리고 말았죠.

가운데 언니만 우리와 함께 떠나지 않았어요. 나보다 세 살 많은 언니였죠. 그 후 오랫동안 언니에 대해 아무 소식도 듣지 못했답니다. 괴로운 시절을 견디고 있었어요. 그것은 이미 피란살이를 할 때의 일이었어요…… 우크라이나에 있을 때요…… 전선으로부터 언니가 보낸 편지를 받았어요. 그 뒤에도 몇 번이고 편지가 왔답니다. 나중에는 언니가 위생 지도원으로 복무하는 부대의 지휘관이 감사장을 보내기도 했고요. 엄마가 누구에겐들 그 감사장을 보여주지 않았겠어요! 엄마는 자랑스러워했어요. 콜호스 의장이 그 경사를 축하하기 위해 우리에게 사료용 밀가루 1킬로그램을 내주었죠. 그때 엄마는 모든 사람에게 맛있는 레표시카*를 대접했어요.

우리는 온갖 농사일을 했지만, 역시 도시 사람이었어요. 그래도 잘해냈죠. 전쟁 전에 법관직을 수행하던 맏언니는 트랙터 운전을 배웠답니다. 하지만 곧 하리코프도 폭격을 당하기 시작했고, 우리는 더 멀리 떠났죠.

---

* lepyoshka. 둥글고 납작한 전통 빵이다.

우리를 태운 기차가 카자흐스탄으로 향하고 있다는 사실은 도중에 알았어요. 한 차량 안에는 열 가정이 우리와 함께 타고 있었고, 한 가정에는 임신한 딸도 있었어요. 독일군이 기차를 폭격하기 시작했어요. 비행기들이 날아다녀서, 아무도 기차 밖으로 뛰어내릴 수 없었죠. 바로 그 순간, 비명 소리가 들렸어요. 임신한 여자의 한쪽 다리가 잘린 거예요. 그때의 공포는 지금까지도 내 기억 속에 남아 있어요. 여자가 산통을 시작했어요…… 아기 아버지가 분만을 맡게 되었고요. 그리하여 모든 사람이 보는 곳에서 그 모든 것이 펼쳐졌죠. 굉음. 피. 오물. 마침내 아기가 태어나요……

우리가 하리코프를 떠난 때는 여름이지만, 종착역에 도착한 때는 초겨울이었어요. 카자흐스탄 초원에 도착했죠. 폭격도 없고 사격도 없다는 사실에, 난 오랫동안 적응할 수 없었어요. 그런데 우리에게는 또 하나의 적이 있었죠. 바로 이였어요! 큰 이, 중간 이, 작은 이! 검은 이! 회색 이! 온갖 이가 있었어요. 하지만 낮이고 밤이고 잠시도 가만히 두지 않는 무자비한 점은 똑같았어요. 아니, 잘못 말했네요! 기차가 움직이는 동안에는 이도 우리를 그다지 물지 않았어요. 다소라도 얌전해졌죠. 그러나 우리가 집 안으로 들어간 순간…… 아, 이가 난리를 치기 시작했어요…… 아! 내 등과 두 팔은 온통 이에 물어뜯겨 고름까지 생겼죠. 블라우스를 벗으면 좀 편해졌어요. 하지만 나에게는 그 옷 말고는 입을 것이 없었어요. 어쨌든 이가 들끓었기 때문에 블라우스를 태워야 했어요. 난 신문을 뒤집어쓰고는 그것을 걸친 채로 돌아다녔어요. 주인아주머니가 뜨거운 물로 우리를 씻겨주었죠. 지금 그렇게 뜨거운 물로 씻는다면 살갗이 다 벗겨질지도 몰라요. 하지만 그때는…… 무척 행복했답니다. 따뜻한 물, 뜨거운 물이었으니까요!

우리 엄마는 훌륭한 주부였고, 요리도 잘했어요. 사람들은 수슬리크* 고기를 그다지 먹을 만한 것으로 여기지 않지만, 우리 엄마만큼은 그 고기를 꽤 먹을 만한 것으로 능숙하게 요리할 수 있었답니다. 테이블 위에 수슬리크가 놓여 있어요…… 수슬리크는 1베르스타** 밖에서도 맡을 수 있을 만큼 역한 냄새를 풍겨요. 그 무엇에도 비할 수 없는 고약한 냄새죠. 하지만 다른 고기는 아예 찾아볼 수 없는 데다, 우리 집에는 그나마 아무것도 없어요. 그래서 우리는 그 수슬리크를 먹어요……

바로 옆집에 매우 착하고 상냥한 아주머니가 살았어요. 아주머니는 우리가 갖은 고생을 겪는 것을 보고는 엄마에게 말했어요. "당신네 딸에게 우리 집 살림을 도와달라고 해도 될까요?" 나는 무척 허약했어요. 그 아주머니가 밭에 나가면, 나는 그 집 손자와 함께 남았죠. 아이에게 먹을 것을 챙겨주고 나도 같이 식사를 하라면서, 아주머니는 어디에 무엇이 있는지 알려주었어요. 난 테이블로 다가가 먹을 것을 바라보지만, 그것을 집어 들기가 두려웠어요. 내가 무언가를 잡으면 곧바로 모든 게 사라질 것 같았죠. 꿈인 것만 같았어요.

---

* syslik. 들다람쥐의 일종이다.

** 제정 러시아 시대의 측량 단위로서 1베르스타는 약 1,067킬로미터다.

먹기는커녕 손가락으로 살짝 건드려보기도 무서웠다고요. 그렇게만 해도 그 모든 게 더 이상 존재하지 않을 것 같았거든요. 차라리 보는 편이 나아. 계속 바라볼 테야. 난 옆에서 보기도 하고 뒤에서 보기도 해요. 눈을 감기가 두려워요. 그렇게 온종일 입에 아무것도 넣지 않았어요. 그 집에는 암소 한 마리, 암양 몇 마리, 닭 몇 마리가 있었어요. 아주머니는 날 위해 버터와 달걀 몇 알을 두고 갔었죠……

저녁에 아주머니가 돌아와 나에게 물어요.

"먹었니?"

난 "먹었어요……"라고 대답해요.

"그래, 그럼 집으로 돌아가렴. 이건 엄마에게 갖다드려." 그러고는 나에게 작은 빵 하나를 건네요. "내일도 와주렴."

난 집으로 돌아왔어요. 그런데 그 아주머니가 곧바로 뒤쫓아오지 뭐예요. 난 깜짝 놀랐어요. 뭐가 없어졌나? 그런데 그 아주머니가 나에게 입을 맞추며 울어요.

"바보야, 왜 아무것도 먹지 않았어? 왜 전부 그 자리에 그대로 있니?" 그러고는 내 머리를 계속 쓰다듬어요.

카자흐스탄의 겨울은 혹독해요. 그런데 땔감으로 쓸 만한 것이 하나도 없었죠. 쇠똥이 우리를 살렸어요. 난 아침 일찍 일어나서, 암소들이 집 밖으로 나오기를 기다렸다가 양동이를 가져다 대요. 이 암소에서 저 암소로 뛰어다니죠. 사실 나 혼자 있는 게 아니라 피란민이 전부 나와 있어요. 양동이를 하나 가득 채우고 나면, 자기 집 옆에 부어놓고 잽싸게 되돌아와요. 나중에 그 똥을 전부 짚과 뒤섞어

바짝 말리면, 까만 레표시카처럼 생긴 것이 만들어져요. 말린 쇠똥 말이에요. 이것 덕분에 우리는 따뜻하게 지낼 수 있었답니다.

아빠가 돌아가셨어요. 우리의 가엾은 모습을 견딜 수 없어서, 아빠의 심장이 터진 게 틀림없어요. 아빠는 오랫동안 심장병을 앓았죠.

나는 직업학교에 들어가게 되었어요. 그곳에서 제복, 외투, 신발, 그리고 빵 배급표를 주더군요. 예전에 나는 단발로 다녔지만, 그 무렵에는 길게 자란 머리칼을 땋아 내렸어요. 콤소몰 회원증을 받았죠. 신문에 사진도 실리고요. 나는 회원증을 호주머니가 아닌 두 손에 들고 다녔답니다. 아주 소중한 보물이었거든요…… 호주머니에 넣고 다니다가 갑자기 잃어버릴까봐 두려웠어요. 심장이 '쿵, 쿵, 쿵' 하고 세차게 뛰었죠. 지금의 내 모습을 보면 아빠가 얼마나 기뻐할까……

지금은 이런 생각을 해요. '얼마나 끔찍한 시절이었던가! 하지만 얼마나 훌륭한 사람들이었던가!' 그 당시 우리가 어떤 인간이었는지를 생각하면 놀라워요! 얼마나 신념이 굳은 인간이었던가요! 그것만은 잊고 싶지 않아요…… 난 오래전부터 스탈린도, 콤소몰의 이상도 믿지 않아요. 그것은 내 인생에서 잊고 싶은 부분이에요. 하지만 그 시절의 체험만큼은, 그 원대함만큼은 가슴속에 간직하고 있어요. 나 자신의 감정만은 잊고 싶지 않아요. 소중한……

그날 저녁 집에서 엄마가 진짜 차를 우려주었어요. 정말이지 축일

같았죠! 내가 명명일*의 주인공이라도 되는 양, 엄마는 나에게 설탕을 반 숟가락 더 넣어주었답니다······

"집아, 타지 마! 집아, 타지 마!"

니나 라치츠카야—일곱 살

현재—노동자

이따금, 몹시도 선명하게······ 모든 것이 다시 떠올라요······

독일군이 오토바이를 타고 왔을 때였어요······ 집집마다 양동이가 있었는데, 사람들이 그 양동이를 캉캉 두들겼어요. 우리는 숨었어요······ 나에게는 어린 남동생이 둘 있었죠. 네 살, 그리고 두 살. 동생들과 나는 침대 밑에 숨어 온종일 그곳에 있었어요.

우리 집에서 지내게 된 젊은 파시스트 장교가 안경을 쓴 것을 보고 무척 놀랐어요. 선생님들만 안경을 쓴다고 상상했거든요. 그 사람은 종졸과 함께 우리 집 한편에서 지냈고, 우리는 다른 편에서 살았어요. 막냇동생이 감기에 걸려 심하게 기침을 했죠. 열이 심하게 나서 온몸이 펄펄 끓었어요. 밤이면 울어대고요. 다음 날 아침이면

---

* 러시아 정교회에서 각 그리스도교 성인聖人을 축하하는 날로서, 그 성인의 이름을 가진 모든 사람도 이날 축하를 받는다.

장교가 우리 거처에 들러 엄마에게 이렇게 말해요. 만약 킨더*가 밤
마다 자신의 잠을 방해하면서 울어대면, 자신이 킨더를 '탕, 탕!' 해
버리겠다고…… 그러면서 자신의 피스톨을 보여줘요. 밤에 동생이
콜록거리고 울음을 터뜨리자, 엄마는 곧바로 동생을 이불에 싸서 길
거리로 달려나가, 동생이 잠이 들거나 진정할 때까지 얼러요. 탕,
탕……

　독일군 장교와 종졸이 모든 것을 싹 쓸어가서, 우리는 배를 곯았
어요. 그자들은 우리를 부엌에 못 들어오게 하고는 자기들이 먹을
것만 만들었죠. 남동생이 그 냄새에 이끌려 마루를 기어갔어요. 그
자들은 매일 완두콩 수프를 만들었는데, 그 수프 냄새가 강하게 풍
겼거든. 5분 뒤, 남동생의 비명 소리가 들렸어요. 무시무시한 비명
소리였어요. 그자들이 부엌에서 동생에게 뜨거운 물을 끼얹은 거예
요. 동생이 음식을 달라고 애원했다는 이유로요. 동생은 어찌나 배
가 고팠던지 엄마에게 "내 새끼 오리를 요리해주세요"라고 조르기까
지 했지요. 그 새끼 오리는 동생이 가장 좋아하는 놀이 친구여서, 이
제껏 어느 누구의 손에도 건넨 적이 없었는데 말이에요. 잠도 함께
잤다니까요.

　어린 시절 우리 대화는 이런 식이었어요……

　쪼그리고 앉아 함께 상의를 해요. "쥐(전쟁 기간에 많이 번식해서
집 안에서도, 밭에서도 흔히 볼 수 있었죠)를 잡으면 먹어도 될까? 박

---

* Kinder는 '아이'라는 뜻의 독일어다. 니나는 장교의 독일어를 러시아 음가로 표현했다.

새는 먹어도 될까? 까치는? 왜 엄마는 통통한 풍뎅이로 수프를 끓여주지 않지?"

감자는 자랄 새가 없었어요. 우리는 두 손으로 땅속을 파헤쳐 더듬었어요. 큰 놈일까, 작은 놈일까? 그런데 왜 전부 이렇듯 느리게 자랄까? 옥수수도, 해바라기씨도……

마지막 날…… 퇴각을 앞두고 독일군이 우리 집에 불을 질렀어요. 엄마는 우두커니 서서 불길을 쳐다봤죠. 엄마 얼굴에는 눈물 한 방울 흐르지 않았어요. 하지만 우리 세 남매는 이리저리 뛰면서 소리쳤어요. "집아, 타지 마! 집아, 타지 마!" 집에서 미처 아무것도 들고 나오지 못했어요. 난 겨우 내 초등독본만 집었죠. 전쟁 기간 내내 난 그 책을 소중히 지켰어요. 잘 때도 함께였고요. 그 책은 언제나 내 베개 밑에 있었죠. 공부가 얼마나 하고 싶었는지 몰라요. 그 후 1944년에 내가 1학년이 되었을 때, 내 초등독본 한 권으로 서른 명이 공부했답니다. 학급 전체가 내 책으로 공부한 거죠.

학교에서 열린 첫 번째 전후戰後 음악회가 기억에 남아요. 어떻게 노래하고, 어떻게 춤을 추었는지…… 손바닥이 아팠어요. 계속 박수를 쳤거든요. 한 소년이 무대에 나와 시를 읽을 때까지는 그렇게 계속 즐거웠어요. 그 애는 큰 소리로 낭독했고, 시는 길었어요. 하지만 내 귀에는 '전쟁'이라는 말만 들리는 거예요. 주위를 둘러봤어요. 다들 침착하게 앉아 있어요. 하지만 난 두려움에 사로잡히죠. 이제 막 전쟁이 끝났는데, 또 전쟁이라니? 난 그 단어를 견딜 수 없었어요. 나는 급하게 학교를 뛰쳐나와 집으로 달려가요. 집에 도착해보니, 엄마가 부엌에서 무언가 요리를 하고 있어요. 즉 전쟁이 일어나지 않았다는 뜻이죠. 그 순간 난 다시 학교로 돌아가요. 음악회로요. 그리고 다시 박수를 쳐요.

우리 아빠는 전쟁에서 돌아오지 않았어요. 엄마는 아빠가 행방불명되었다는 통지를 받았죠. 엄마가 일하러 가면, 우리 세 남매는 옹기종기 모여서 아빠가 없다며 울었답니다. 집 안을 구석구석 뒤지면서 아빠에 대해 적힌 통지를 찾기도 했어요. 우리는 생각했어요. 그 통지에는, 아빠가 죽었다는 말이 아니라, 아빠가 행방불명되었다는 말이 적혀 있다. 그러니 그 통지를 찢어버리면, 우리 아빠가 어디 있는지를 알리는 통지가 올 것이다. 하지만 우리는 통지를 찾아내지 못했어요. 일터에서 돌아온 엄마는, 집 안이 왜 그렇게 난장판인지 이해할 수 없었죠. 엄마가 나에게 물었어요. "도대체 여기에서 뭘 한 거니?" 막냇동생이 날 대신해서 대답했어요. "아빠를 찾았어요……"

전쟁 전에 나는 아빠가 들려주는 옛날이야기를 좋아했답니다. 아빠는 옛날이야기를 많이 알았고, 또 이야기 솜씨도 좋았어요. 그런데 전쟁이 끝나자, 더 이상 옛날이야기를 읽고 싶지 않더군요……

"엄마처럼 백의를 입고 왔어요……"

사샤 수에친—네 살

현재—철공

엄마만 기억납니다……

첫 번째 장면은……

엄마는 언제나 백의白衣를 입었지요…… 아버지는 장교였고, 엄마는 병원에서 일했답니다. 나중에 형이 그렇게 말해줬어요. 난 그저 엄마의 백의만 기억할 뿐입니다. 얼굴조차 기억나지 않는데 그저 백의만…… 또 하나 더 기억나는 건 하얀 모자예요. 그 모자는 언제나 작은 테이블 위에 '서 있었죠'. 빳빳하게 풀을 먹인 그 모자는 놓여 있는 게 아니라, 말 그대로 서 있었어요.

두 번째 장면은……

엄마가 돌아오지 않았어요…… 아빠가 종종 집에 돌아오지 않는 것에는 익숙했어요. 하지만 엄마는 언제나 일찍 집으로 돌아왔죠. 형과 나는 어디로도 나가지 않고 단둘이서 며칠 동안 아파트에 있었답니다. '엄마가 갑자기 불쑥 나타나지 않을까?' 하고요. 낯선 사람들이 문을 두들겨요. 그 사람들이 우리에게 옷을 입히고는 어디론가 데려가요. 난 울음을 터뜨려요.

"엄마! 엄마는 어디 있어요?"

"울지 마, 엄마가 우리를 찾아낼 거야." 형이 나를 달래요. 형은 나보다 세 살 많아요.

우리는 집인지 헛간인지 알 수 없는 기다란 건물의 판자 침상에서 지내게 되었어요. 늘 배가 고팠어요. 난 루바시카의 단추를 빨아요. 아버지가 출장에서 돌아올 때 가져다준 드롭스 사탕과 비슷해서요. 난 엄마를 기다려요.

세 번째 장면은……

어떤 남자가 형과 나를 판자 침상의 한구석에 밀어넣고 담요를 씌운 뒤 넝마를 던져놓아요. 난 울음을 터뜨려요. 그 남자가 내 머리를 쓰다듬어요. 난 안심하고 울음을 멈춰요.

그 일은 매일 되풀이되었지요. 하지만 한번은 이불 속에서 오랫동안 앉아 있는 게 지겨웠어요. 나지막하게 흐느끼기 시작하다가 나중에는 큰 소리로 울었죠. 누군가가 형과 내 위에서 넝마를 치우고 이불을 끌어내려요. 나는 눈을 떠요. 우리 옆에 백의를 입은 여자가 서 있어요.

"엄마!" 내가 그 여자에게로 기어가요.

그 여자도 날 쓰다듬어줘요. 처음에는 머리를…… 그다음에는 손을…… 그 후 작은 금속 곽에서 무언가를 집어들어요. 하지만 난 그것에 전혀 주의를 기울이지 않고, 오직 백의와 하얀 모자만 쳐다봐요.

그런데 갑자기, 팔이 따끔 아팠어요. 내 살갗에 주삿바늘이 꽂혀 있더군요. 난 미처 소리를 지를 새도 없이 의식을 잃어요. 정신을 차리자, 우리를 숨겨준 바로 그 남자가 날 내려다보며 앉아 있어요. 형도 나와 나란히 누워 있고요.

"놀라지 마라." 남자가 말해요. "형은 죽지 않았어. 그냥 자는 거란다."

"그 여자는 엄마가 아니었나요?"

"아냐……"

"엄마처럼 백의를 입고 왔어요……" 나는 똑같은 말만 되풀이해요.

"널 위해 장난감을 만들었단다." 남자가 천으로 만든 작은 공을 내게 내밀더군요.

난 장난감을 받고는 울음을 그쳐요.

더 이상 아무것도 기억나지 않는군요. 독일군 수용소에서 누가 어떻게 우리를 구해냈을까요? 그곳에서는 독일군 부상병들을 위해 아이들의 피를 뽑았어요. 모든 아이가 죽어가고 있었죠. 형과 나는 어떻게 고아원으로 가게 되었을까요? 전쟁이 끝난 후, 우리 부모님이 사망했다는 통지는 어떻게 받았을까요? 내 기억에 무언가가 일어났어요. 사람들의 얼굴도, 말도 기억나지 않아요……

전쟁이 끝났어요. 나는 1학년이 되었죠. 다른 아이들은 시를 두세 번 읽으면 암기했어요. 그런데 나는 열 번을 읽어도 외울 수가 없었어요. 하지만 선생님들은 나에게 낙제점을 주지 않았답니다. 다른 아이들에게는 주면서도 나에게는 주지 않았어요.

이것이 내 이야기예요……

"아줌마, 저도 무릎에 앉혀주세요……"

마리나 카리야노바—네 살

현재—영화계 종사자

기억을 떠올리는 것을 좋아하지 않는답니다…… 좋아하지 않아요…… 한마디로, 싫어해요……

모든 사람에게 '어린 시절이란 무엇일까요?'라고 질문하면, 각자 나름의 대답을 내놓겠죠. 나에게 어린 시절이란 엄마와 아빠, 그리고 초콜릿을 뜻해요. 어린 시절 내내 난 아빠와 엄마, 그리고 초콜릿을 원했어요. 전쟁 동안에는 초콜릿을 전혀 맛보지 못했을 뿐 아니라, 그 모양조차 본 적이 없었어요. 내가 처음으로 초콜릿을 먹은 것은 전쟁이 끝나고 몇 년이 지난 뒤였죠…… 3년 정도 지났을 때…… 난 이미 다 큰 여자아이였어요. 열 살이요.

누군가는 초콜릿을 원하지 않을 수도 있다는 점을, 난 도저히 받아들일 수 없었어요. 어떻게 그럴 수 있죠? 있을 수 없는 일이에요.

난 엄마와 아빠를 찾지 못했어요. 심지어 내 진짜 성도 몰라요. 난 모스크바의 세베르니* 기차역에서 거둬졌어요.

"이름이 뭐니?" 고아원에서 누군가가 물었어요.

---

* severnyi. '북쪽의'라는 뜻의 러시아어다.

"마리노치카.*"

"성은?"

"기억이 안 나요……"

그 사람은 내 이름을 마리나 세베르나야라고 기입하더군요.

늘 배가 고팠어요. 그러나 먹을 것보다도 더 간절히 바란 것은, 누군가가 날 안아주거나 어루만져주는 것이었죠. 하지만 부드러운 온정은 좀처럼 만나기 어려웠어요. 사방이 전쟁이고, 모든 사람이 불행했거든요. 난 길을 걷고 있어요…… 앞에는 어느 어머니가 아이들과 함께 걸어가고 있어요. 그런데 한 아이를 품에 안고 가다가 그 아이를 내려놓고 다른 아이를 안아요. 그 가족은 벤치에 앉았어요. 어머니는 작은아이를 무릎에 앉혔고요. 난 계속 서서 그 모습을 물끄러미 봤어요. 그 여자를 향해 다가가요. "아줌마, 저도 무릎에 앉혀주세요." 그 여자가 깜짝 놀라더군요.

난 또다시 그 여자에게 애원했어요. "아줌마, 제발……"

* 마리나의 애칭이다.

" ……인형이라도 되는 양 흔들며 얼러대기 시작했어요"

지마 수프란코프—다섯 살

현재—기계 기사

여태까지도 쥐만큼은 무섭습니다. 쥐만 보면 곧바로 심한 공포에 사로잡혀요. 엄청난 공포예요……

어린 시절 '비행기'라는 단어가 준 두려움에 비하면, '전쟁'이란 단어는 의식에 그다지 큰 타격을 주지 않았습니다. "비행기다!"라는 소리가 들리면, 엄마는 우리를 페치카에서 끌어내렸지요. 하지만 우리는 페치카에서 내려가는 것도 무섭고, 집 밖으로 나가는 것도 무서웠습니다. 어머니가 한 아이를 끌어내리면, 다른 아이가 다시 기어오릅니다. 우리는 다섯 명이었어요. 참, 사랑스러운 고양이도 있었군요.

비행기가 우리에게 사격을 퍼부어요……

남동생들…… 엄마는 어린 동생들을 몸에 타월로 동여맸고, 큰 아이들은 자기 발로 달렸습니다. 아이는 어른과 다른 세계에서 삽니다. 아이는 높은 곳에서 보지 못하고 땅바닥에 바짝 붙어 지내잖아요. 아이의 세계에서는 비행기가 한층 무시무시하답니다. 그 세계에서는 포탄이 한층 무시무시해요. 내가 나무좀을 얼마나 부러워했는지 기억납니다. 나무좀은 아주 작아서, 언제나 어디로든 숨을 수 있으니까요. 땅속으로도 기어들어갈 수 있고요…… 죽으면 동물—무슨 동물이든—이 되어 숲으로 달아나야지, 그런 생각이 내 머릿속에 떠오르더군요.

비행기가 우리에게 사격을 퍼부어요……

열 살인 사촌 누나가 세 살짜리 내 남동생을 챙겼습니다. 누나는 달리고 또 달리다가, 힘이 다해 쓰러지고 말았어요. 두 사람은 밤새 도록 눈 속에 있었습니다. 그러다가 내 남동생은 얼어 죽고, 사촌 누나는 살아남았지요. 사람들이 구덩이를 파서 남동생을 묻으려 하지만, 사촌 누나가 그 아이를 놓아주지 않습니다. "미셴카, 죽지 마! 왜 죽어?"

우리는 독일군을 피해 늪지로 달아났답니다…… 그 속에 있는 작은 언덕으로요…… 판잣집을 짓고 살았어요. 임시 막사 같은 집이었죠. 잎사귀가 없는 통나무로만 얼기설기 짓고, 위에는 연기가 빠져나갈 구멍을 냈어요. 밑에는 땅바닥이 그대로 드러난 채였고요. 물까지 있었지요. 겨울에도 여름에도 우리는 그곳에서 지냈답니다. 잠은 사시나무 가지 위에서 잤죠. 한번은 엄마와 함께 숲에서 나와 마을로 돌아갔습니다. 집에서 무언가를 가져오고 싶었던 거죠. 그런데 마을에는 독일군이 있었어요. 그자들은 마을로 돌아온 사람들을 전부 학교 안으로 몰아넣었습니다. 우리에게 무릎을 꿇게 하고는 우리 쪽으로 기관총을 조준하더군요. 기관총의 높이가 나이 어린 우리의 키와 똑같았어요.

숲에서 총소리가 들립니다. 독일군이 "파르티잔이다! 파르티잔!" 이라고 말하며 차로 향해요. 그자들은 서둘러 떠났습니다. 우리는 숲으로 갔지요.

전쟁 후 나는 쇠를 무서워했습니다. 파편이 보이면, 나는 그것이 한 번 더 터질 거라는 두려움에 사로잡혔어요. 세 살하고 두 달 된 이웃집 여자아이는…… 기억납니다…… 아이 엄마가 딸이 누운 관을 내려다보며 똑같은 말을 되뇌더군요. "세 살하고 두 달인데…… 세 살하고 두 달인데……" 여자아이는 '레몬'을 발견하고는, 그것이 인형이라도 되는 양 흔들며 얼러대기 시작했습니다. 넝마로 감싸서 흔들어요…… 장난감처럼 생긴 작은 수류탄은 다만 좀 묵직할 뿐입니다. 그러다 아이 엄마가 미처 달려오기도 전에……

우리 마을, 즉 페트리콥스키 구區의 스타리예 골롭치치에서는 전쟁이 끝나고도 2년이나 더 아이들을 묻었지요. 전쟁에 사용된 쇠붙이들이 어디에나 나뒹굴었습니다. 망가진 검은 탱크, 장갑차. 지뢰와 포탄의 파편…… 그런데 우리에게는 장난감이 없었어요…… 나중에 사람들이 그 모든 것을 모아 어딘가 공장으로 보내더군요. 엄마는 그 쇠붙이로 트랙터를 만들 거라고 설명해주었습니다. 컵과 재봉틀도. 난 새 트랙터를 보면 그 옆으로 가지 않았어요. 그것이 폭발할 거라고 생각했거든요. 그리고 탱크처럼 검게 변할 거라고요……

난 알고 있었어요. 그 새 트랙터가 어떤 쇠붙이로 만든 것인지……

"난 벌써 초등독본도 마련해두었죠……"

릴랴 멜니코바—일곱 살

현재—교사

난 초등학교 입학을 앞두고 있었어요……

벌써 책가방도 사놓았고요. 난 맏이였어요. 여동생 라야는 다섯 살이고, 우리 토마는 세 살이었죠. 우리는 로소니*에서 살았어요. 아버지는 산림 콜호스의 소장으로 근무했는데, 전쟁이 일어나기 1년 전에 세상을 떠나고 말았죠. 우리는 엄마와 살았어요.

전쟁이 우리가 사는 곳까지 이른 바로 그날, 우리 세 자매는 모두 유치원에 있었어요. 다른 아이들은 전부 집에서 데려갔는데, 우리만 남아 있었어요. 아무도 우리를 데리러 오지 않았죠. 무서웠어요. 엄마가 마지막으로 달려왔어요. 엄마는 산림 콜호스에서 근무했는데, 어떤 서류들을 태우거나 파묻느라고 늦었던 거예요.

우리는 피란을 떠날 거라고, 우리를 위해 첼레가가 제공되었다고, 엄마가 말했어요. 각자 꼭 필요한 물건을 가져가야 했어요. 기억나요. 복도에 바구니 하나가 놓여 있기에, 우리는 그 바구니를 첼레가에 실었어요. 동생은 자기 인형을 집었고요. 엄마는 인형을 두고 가기를 바랐어요…… 인형이 컸거든요…… 동생이 울었어요. "두고

---

* 벨라루스 비텝스크 주 로손스키 구의 행정중심지다.

갈 수 없어!" 우리가 탄 첼레가가 로소니 근교에서 뒤집혔어요. 그러자 바구니가 열렸는데, 그 안에서 신발이 쏟아지더군요. 결국 우리는 아무것도 가져오지 못한 거예요. 먹을 것도, 갈아입을 옷도요. 당황한 엄마가 바구니를 헷갈려한 바람에, 수선할 신발을 담아둔 바구니를 들고 나온 것이죠.

우리가 미처 그 신발을 모으기도 전에, 비행기가 날아와 포탄을 떨어뜨리고 기관총을 쏘아대기 시작했어요. 우리 인형의 몸통에 구멍이 뚫렸지만, 동생은 무사했지요. 심지어 긁힌 상처 하나 없었어요. 동생은 울면서 말했어요. "그래도 두고 갈 수 없어!"

우리는 마을로 돌아가 독일군 치하에서 살았어요. 엄마는 아빠의 물건을 내다 팔았죠. 맨 처음에 엄마가 아빠 양복을 완두콩과 바꿔온 것이 기억나요. 한 달 동안은 완두콩 수프를 먹었어요. 수프 재료가 다 떨어졌어요. 우리 집에는 낡은 커다란 누비이불이 있었어요. 사람들이 부탁하면, 엄마는 그 이불로 펠트부츠를 지었죠. 그리고 그 사람이 지불할 수 있는 것으로 대금을 받았고요. 자치르카*가 있을 때도 있었고, 온 가족이 달걀 하나를 나눠 먹을 때도 있었어요…… 하지만 아무것도 없을 때가 많았죠. 엄마는 우리를 안고 쓰다듬을 뿐이었어요……

엄마가 파르티잔을 돕고 있다고는 말하지 않았지만, 나는 그럴 것이라고 짐작했어요. 엄마는 종종 어디론가 가면서도, 어디에 가는지

---

* zatirka. 벨라루스와 우크라이나에서 주로 먹는 음식으로, 밀가루를 물로 반죽하여 쑨 죽이다.

는 말해주지 않았죠. 엄마가 무언가를 교환하러 갈 때는 우리도 그 사실을 알았어요. 하지만 그냥 나가기만 할 때도 있었답니다. 난 엄마가 자랑스러웠어요. 동생들에게는 "곧 아군이 올 거야. 바냐 삼촌 (아빠의 동생)이 올 거라고" 하고 말했죠. 바냐 삼촌은 파르티잔이었어요.

그날 엄마는 유리병에 우유를 가득 따른 뒤, 우리에게 입을 맞추고는, 문을 열쇠로 잠그고 떠났어요. 우리 세 자매는 테이블 밑으로 기어들어가, 커다란 테이블보를 밑으로 늘어뜨렸어요. 테이블보 아래 있으면 따뜻했죠. 우리는 그곳에서 '엄마놀이'도 했어요. 갑자기 오토바이 소리가 나더니, 무섭게 문을 두드리는 소리가 들려요. 어떤 남자가 엄마의 성을 서툴게 발음해요. 심상치 않았어요. 난 무언가 좋지 않은 일이 일어난 것을 느꼈어요. 채소밭 쪽으로 난 창문 밑에는 사다리가 걸려 있었죠. 우리는 사다리를 타고 재빨리 눈에 띄지 않게 내려갔어요. 나는 한 동생의 손을 잡고, 막냇동생을 목에 앉혔어요. 우리는 그것을 '아티바티'라고 불렀죠. 그렇게 우리는 길거리로 나왔어요.

그곳에는 사람이 많이 모여 있었어요. 아이들도요. 엄마를 잡으러 온 남자들은 우리 얼굴을 몰랐기 때문에 찾아내지 못했어요. 그자들이 문을 부수더군요…… 도로에 엄마가, 몹시도 자그맣고 몹시도 야윈 엄마가 나타난 게 보여요. 독일군도 엄마를 발견했어요. 그자들은 위쪽 언덕으로 달려가 엄마를 붙잡더니, 엄마의 팔을 꺾고 마구 때리기 시작했어요. 우리는 달려가며, 셋이서 다 함께 힘껏 소리를 질렀어요. "엄마! 엄마!" 독일군이 사이드카에 엄마를 밀어넣자, 엄마는 그저 이웃집 아줌마에게 큰 소리로 이렇게 말할 뿐이었어요. "페냐, 우리 아이들을 돌봐줘." 이웃들이 우리를 데리고 도로에서 빠져나갔어요. 하지만 다들 우리를 자기 집에 데려가는 것은 두려워했죠. 갑자기 아이들을 잡으러 오면 어쩌지? 그래서 우리는 울면서 작은 도랑으로 갔어요. 집으로 돌아갈 수는 없었어요. 이웃 마을에서 독일군이 부모들은 잡아가고 아이들은 불태웠다는, 즉 집 안에 가둬두고 불을 질렀다는 소식을 우리도 이미 들었거든요. 우리 집으로 들어가기가 무서웠어요…… 아마도 사흘이 그런 식으로 계속 지나갔을 거예요. 우리는 닭장 안에 앉아도 보고, 우리 채소밭으로 다가가보기도 해요. 배가 고파도, 채소밭에 있는 작물은 하나도 건드리지 않아요. 우리가 아직 덜 자란 당근을 선불리 뽑거나 완두를 따면, 엄마가 야단을 쳤거든요. 우리는 아무것도 가져가지 않고, 서로 이런 이야기를 나눠요. 엄마가 없을 때 우리가 채소밭을 전부 망쳐놓으면, 우리 엄마가 괴로워할 거야, 라고요. 물론 엄마는 우리가 그렇게 할 거라고 생각하겠죠. 엄마는 우리가 아무것도 건드리지 않는다는 것을 몰라요. 우리는 엄마 말에 순종하고 있었어요. 어른들이 뭔가를 건네고, 아이들이 뭔가를 가져와요. 어떤 사람은 삶은 순무를, 어떤 사람은 감자를, 또 어떤 사람은 붉은 사탕무를……

나중에 아리나 아주머니가 우리를 자기 집으로 데려갔어요. 아주머니에게는 아들이 한 명 있었어요. 두 아이는 피란을 떠날 때 잃었고요. 우리는 계속 엄마를 생각했어요. 그러자 아리나 아주머니가 우리를 교도관에게 데려가서 면회를 시켜달라고 간청했어요. 교도관은 우리에게 엄마와 이야기하면 안 된다고 말하더군요. 그 사람이 유일하게 허락해준 것은, 엄마가 있는 감방의 작은 창문 옆으로 지나가는 것이었어요.

우리는 작은 창문 옆으로 지나갔어요. 난 엄마를 봤어요…… 교도관이 얼마나 서둘러 우리를 데리고 가던지, 나만 엄마를 보고 동생들은 미처 보지 못했죠. 엄마 얼굴이 빨갰어요. 난 엄마가 심하게 맞았다는 것을 깨달았죠. 엄마도 우리를 보고는 겨우 "얘들아! 내 새끼들!" 하고 큰 소리로 부르짖을 뿐이었어요. 더 이상 창문으로 눈길을 돌릴 수가 없었어요. 나중에, 엄마가 우리를 보고 의식을 잃었다는 말을 전해 들었죠……

며칠 후 우리는 엄마가 총살당했다는 소식을 들었어요. 동생 라야와 나는 이제 더 이상 엄마가 이 세상에 없다는 사실을 이해했어요. 하지만 막내인 토마는, 이제 곧 엄마가 돌아올 거라고, 또 언니들이 자기를 화나게 만들고 안아주지 않으면 엄마에게 전부 일러바치겠다고 말했죠. 사람들이 우리에게 먹을 것을 갖다주면, 난 가장 좋은 부분을 토마에게 주었어요. 엄마가 그렇게 하던 것이 떠올라서요……

엄마가 총살되고…… 이튿날 자동차 한 대가 우리 집으로 다가왔어요…… 경찰이 우리 집 물건을 압수하기 시작했어요. 이웃들이 날 부르더니 이렇게 말하더군요. "가서, 너희 펠트부츠랑 따뜻한 외투를 돌려달라고 부탁해봐. 이제 곧 겨울이 될 텐데, 너희는 여름옷을 입고 있잖아." 우리 셋이 경찰 앞에 서요. 막내 토마는 내 목 위에 앉아 있어요. 내가 "아저씨, 이 아이에게 펠트부츠를 주세요"라고 말해요. 경찰은 그것을 집어들고 막 나가려던 참이었어요. 난 미처 말을 맺을 새도 없었어요. 그 사람이 나를 발로 차는 바람에, 동생이 굴러떨어져 돌에 머리를 부딪혔거든요…… 다음 날 아침 우리는 바로 그 자리에 커다란 혹이 생긴 것을 봤어요. 그 혹은 점점 더 커졌어요. 아리나 아주머니에게 두터운 숄이 있었어요. 아주머니는 그것으로 토마의 머리를 싸맸지만, 여전히 혹이 보였죠. 밤에 동생을 안으면, 그 애 머리가 어찌나 크던지…… 난 그 애가 죽을까봐 무서웠어요.

파르티잔이 이런 사정을 알고 우리를 자신들의 거처로 데려갔어요. 파르티잔 부대원들은 우리를 열심히 위로했고 무척이나 사랑해주었어요. 엄마와 아빠가 없다는 사실을 우리가 한동안 잊고 지낼 정도로요. 그 사람들은 누군가의 루바시카를 찢어 소매를 접고 눈과 귀를 그려 만든 인형을 우리에게 주었어요. 우리에게 글도 가르쳐주었고요. 심지어 나에 대한 시까지 지어주었는데, 그 내용은 내가 찬물로 세수하기를 얼마나 싫어하는가 하는 것이었어요. 숲의 여건이 어땠겠어요? 겨울이면 우리는 눈으로 세수를 했어요……

릴랴가 욕조에 앉아 있네,
릴랴가 애처로운 목소리로 외치네,
"아, 큰일이야, 큰일, 큰일 났어,
너무 축축한 물이야."

상황이 위험해지자, 파르티잔 부대원들이 우리를 아리나 아주머니에게로 다시 데려갔어요. 지휘관—부대의 지휘관은 바로 전설적인 표트르 미로노비치 마셰로프였답니다—이 묻더군요. "뭐가 필요하니? 뭘 갖고 싶어?" 우리에게는 아주 많은 것이 필요했지만, 가장 필요한 것은 군복 상의였어요. 부대원들은 우리에게 군복 상의와 똑같은 천으로 원피스를 지어주었어요. 호주머니가 달린 녹색 원피스였죠. 우리 셋 모두에게 펠트부츠를 지어주고, 외투와 벙어리장갑도 만들어주었어요. 우리에게 자루를 들리고 짐수레에 태워서 아리나 아주머니에게 데려다준 것도 기억나요. 자루에는 밀가루와 껍질 벗긴 곡물이 들어 있었죠. 가죽 조각도 있었고요. 아주머니가 우리에게 구두를 지어줄 수 있도록 넣어둔 것이었어요.

아리나 아주머니 집에 가택수색조가 들이닥쳤을 때, 아주머니는 우리를 자기 아이들이라고 말했어요. 왜 우리는 금발이고 아주머니 아들은 흑발이냐며, 가택수색조가 아주머니를 오랫동안 취조했죠. 그자들은 무언가를 알고 있었어요…… 우리 세 자매, 그리고 아리나 아주머니와 아들은 차에 실려 이그리츠키 수용소로 끌려갔어요. 겨울이었어요. 다들 바닥 판자에 짚만 깔고 잤죠. 우리는 이런 순서로 누웠어요. 나, 그리고 어린 토마, 그 옆에는 라야, 아리나 아주머니와 아들. 난 가장자리에 있었는데, 내 옆에 있는 사람들이 자주 바뀌었어요. 밤에 차가운 팔에 손이 닿으면, 옆 사람이 죽었다는 것을 알 수 있었어요. 아침에 보면, 그저 차갑기만 할 뿐 산 사람 같았죠. 언젠가 깜짝 놀란 적이 있어요…… 쥐들이 죽은 사람의 입술과 뺨을 쏠아 먹는 것을 봤거든요. 쥐들은 피둥피둥 살찐 데다 뻔뻔스러워 보였어요. 난 쥐들이 가장 무서웠어요…… 파르티잔 부대에서 지내는 동안 우리 막냇동생의 머리에 있던 혹이 완전히 없어졌는데, 수용소에서 그 혹이 다시 생기더군요. 아리나 아주머니가 계속 그 혹을 감춰주었어요. 독일군은 어린아이가 아픈 것을 보면 총살해버린다는 것을 알았으니까요. 아주머니는 두터운 숄을 내 동생의 머리에 감아주었어요. 밤이면 아주머니가 기도하는 소리가 들렸어요. "주님, 이 아이들의 어머니를 데려가셨으니, 아이들은 지켜주세요." 나도 기도했어요. 이렇게 애원했지요…… "어린 토마만이라도 살아남게 해주세요. 이렇게 어린데, 아직 죽으면 안 돼요."

우리는 수용소에서 어딘가로 끌려갔어요…… 가축을 수송하기 위한 화차를 타고 갔죠. 바닥에는 레표시카 모양으로 말라붙은 쇠똥이 나뒹굴었어요. 라트비아에 도착한 후에는 지역 주민들의 집에 흩어져 묵게 되었지요. 우리 가운데 주민이 가장 먼저 데려간 사람은 토마였어요. 아리나 아주머니는 토마를 품에 안고 라트비아 할아버지 앞에 데려가서 무릎을 꿇었어요. "이 애를 살려만 주세요. 살려만 주세요." 할아버지는 이렇게 말했어요. "우리 집까지만 가면 살걸세. 2킬로미터를 가야 해. 개울을 건너고, 묘지를 지나면……" 우리는 제각기 다른 집으로 뿔뿔이 흩어지게 되었어요. 아리나 아주머니도 우리와 떨어지게 되었죠……

우리는 들었어요…… 사람들이 우리에게 승리의 소식을 전해주었어요. 난 여동생 라야가 머물고 있는 집으로 갔어요.

"엄마는 없어…… 우리 토마를 데리러 가자. 아리나 아주머니도 찾아야 해."

우리는 그렇게 의논하고는 아리나 아주머니를 찾으러 갔어요. 우리가 아주머니를 찾아낸 것은 그야말로 기적이었어요. 그렇게 찾을 수 있었던 것은, 아주머니가 바느질을 아주 잘한 덕분이었죠. 우리는 물을 마시려고 어느 집에 들렀어요. 그 집 사람들이 우리에게 물어요. "어디로 가니?" 우리는 아리나 아주머니를 찾으러 간다고 대답했어요. 집주인의 딸이 곧바로 이렇게 말했어요. "가자. 그 아주머니가 어디에 사는지 내가 가르쳐줄게." 아리나 아주머니는 우리를 보자 탄식했어요. 우리가 꼬챙이처럼 말랐기 때문이에요. 6월 말이었어요. 가장 힘든 시기였지요. 지난해 수확한 곡물은 바닥나고, 새로운 곡물은 아직 여물지 않아서요. 우리는 아직 영글지 않은 파란 이삭을 먹었어요. 한 움큼 뜯어서 씹을 새도 없이 삼켜대도 배가 몹시 고팠어요.

우리가 살던 곳에서 멀지 않은 데에 크라슬라프 시가 있었어요. 아리나 아주머니는 우리가 그 도시에 있는 고아원으로 가야 한다고 말했어요. 이미 병이 깊었던 아주머니는 다른 사람에게 우리를 고아원에 데려가달라고 간청했죠. 우리는 아침 일찍 도착했어요. 대문은 아직 닫혀 있었어요. 우리를 데려간 사람은 우리를 고아원 창문 아래 앉혀두고 떠나버렸죠. 아침 해가 떴어요…… 집에서 아이들이 뛰어 나오더군요. 모두 빨간 실내화를 신고 러닝셔츠 없이 팬티만 입은 채 두 손에는 타월을 들고 있었어요. 그 아이들은 개울로 뛰어가면서 깔깔거리고 웃었어요. 우리는 바라만 보고 있었어요…… 그런 생활이 있을 수 있다는 것을 믿기 힘들었거든요. 아이들이 우리가 있다는 것을 알아챘어요. 우리는 누더기를 걸친 꾀죄죄한 모습으로 앉아 있었죠. 그 아이들은 "새로 온 아이들이 있어요!"라고 외치더니, 보육 선생님을 불렀어요. 우리가 어떤 서류를 갖고 있는지에 대해서는 아무도 묻지 않았어요. 그 자리에서 바로 우리에게 빵 한 조각과 통조림을 가져다주었죠. 우리는 먹지 않아요. 이 행복이 금방이라도 끝나버릴까봐 두렵기만 해요. 이것은 있을 수 없는 행복이야…… 선생님이 우리를 안심시켜주었어요. "얘들아, 잠깐 앉아 있어. 우리는 증기목욕탕에 불을 떼러 갈 거야. 너희를 씻긴 다음에, 너희가 살게 될 곳을 보여줄게."

저녁에 원장님이 와서 우리를 보더니, 이 고아원은 꽉 차서 우리를 민스크 고아 수용소로 데려가야 한다고, 그곳에서 우리를 다른 고아원에 배정해줄 거라고 말해요. 그곳은 훌륭하고 놀라운 고아원이었어요. 아마 요즘에는 그곳의 선생님들 같은 분이 없을 거예요. 그런 마음을 간직하다니! 어떻게 그분들은 전쟁이 끝난 뒤에도 그런 마음을 간직할 수 있었을까요?

우리는 무척 사랑받았어요. 우리는 서로를 어떻게 대해야 하는지도 배웠어요. 이런 경우도 있었죠. "만약 누군가를 대접한다면, 상대가 종이봉지에서 사탕과자를 꺼내가게 하지 말고, 종이봉지를 통째로 건네라." 선생님들은 우리에게 이렇게 말했어요. "하지만 받는 쪽은 사탕과자를 하나만 집어야지 종이봉지를 통째로 가져가서는 안 된다." 선생님이 이 이야기를 하던 날, 한 남자아이가 결석했어요. 한 여자아이의 언니가 갑에 든 사탕과자를 가져와요. 고아원 원생이던 여자아이는 그 사내아이에게 사탕과자 갑을 내밀어요. 그러자 남자아이는 그 아이의 사탕과자를 전부 가져가요. 우리가 깔깔거리며 웃어요. 남자아이는 당황하며 "어떻게 해야 돼?"라고 물어요. 우리는 사탕과자를 하나만 가져가야 한다고 대답해요. 그러자 그 애는 무슨 말인지 이해했어요. "이제 알겠어. 언제나 함께 나누어야 한다는 거구나. 나는 기분이 좋지만 너희 모두는 기분이 나쁘니까." 그랬어요. 우리는 혼자가 아니라 모두가 좋아할 수 있도록 행동하라고 배웠어요. 우리는 쉽게 배웠죠. 다들 많은 경험을 했으니까요.

큰 여자아이들은 모두에게 책가방을 지어주었어요. 심지어 낡은 치마로도 만들어주었죠. 축일에 고아원 원장님은 반드시 밀가루 반죽으로 침대 시트처럼 거대한 블린*을 밀었어요. 그러면 아이들이 저마다 한 조각씩 떼어가서 자신이 원하는 모양대로 바레닉**을 만들었고요. 큰 것, 작은 것, 동그라미, 세모……

우리는 다 함께 많이 모여 있을 때는 아빠와 엄마에 대해 거의 떠올리지 않았어요. 하지만 아플 때는 병원 입원실에 누워 아무것도 하지 않고 그저 부모님에 대해, 누가 어쩌다 고아원에 오게 되었는지에 대해서만 이야기했죠. 한 남자아이는 자기 가족이 모두 불에

---

* blin. 밀가루 반죽을 얇게 밀어 기름에 구운 전병이다. 보통 블린을 넓게 펼쳐 우유, 잼, 캐비어, 채소, 달걀, 고기, 귀리, 버섯, 과일 등 각종 소를 넣은 후 손수건처럼 접어서 먹는다.

** varenik. 만두 모양으로 빚은 블린이라고 할 수 있는 우크라이나식 요리다.

타 죽었다고, 자기는 그때 말을 타고서 옆 마을로 달아났다고 나에게 이야기해주었어요. 그 애는 말했죠. 엄마도 불쌍하고 아빠도 불쌍했지만, 가장 불쌍했던 사람은 어린 동생인 나젠카였다고…… 어린 나젠카는 하얀 포대기에 싸여 누워 있었는데, 독일군은 그 아이마저 불태웠대요. 공터의 작은 원 안에 모여 있을 때에는 서로의 집에 관해 이야기하기도 했어요. 전쟁 전에 어떻게 살았는지에 대해서도요.

고아원에 한 작은 여자아이가 왔어요. 사람들이 그 아이에게 물어요.

"성이 뭐니?"

"마리야 이바노브나."

"이름은?"

"마리야 이바노브나."

"엄마 이름은?"

"마리야 이바노브나."

그 애는 오로지 '마리야 이바노브나'라는 대답만 하더군요. 우리 선생님 이름이 마리야 이바노브나였는데, 그 여자아이 이름도 마리야 이바노브나였어요.

신년회에서 그 애가 마르샤크의 시를 낭독했죠. "우리 집에는 예쁜 암탉이 살았다네." 그러자 아이들은 그 애에게 암탉이라는 별명을 붙였어요. 아이들은 아이들이에요. 다들 그 애를 마리야 이바노브나라고 부르는 것에 싫증을 냈죠. 그런데 고아원의 한 사내아이가 우리를 후원하던 직업학교로 친구를 만나러 갔어요. 두 아이는 무언가 때문에 말다툼을 했는데, 우리 고아원 아이가 다른 아이를 암탉이라고 불렀어요. 상대편 아이는 화를 냈죠. "왜 날 암탉이라고 불러? 내가 암탉을 닮았냐?" 그러자 우리 고아원 아이가 말해요. 고아원에 한 여자애가 있는데, 너랑 많이 닮았어. 그 애의 코도, 눈도 너랑 똑같아. 그런데 우리 모두 그 애를 암탉이라고 부르거든. 그래서 그렇게 말했어.

알고 보니, 그 여자아이는 직업학교 남자아이의 여동생이었어요. 두 아이는 서로 만난 순간 기억해냈죠. 첼레가를 타고 가던 것…… 할머니가 통조림 통 안에 무언가를 데워주던 것…… 할머니가 폭격으로 죽은 것…… 이웃 할머니―할머니의 친구인―가 이미 죽어버린 할머니의 이름을 절절하게 부르던 것도 기억했어요. "마리야 이바노브나, 일어나요, 손주 둘은 살아남았는데…… 어떻게 죽을 수 있어요, 마리야 이바노브나? 어쩌자고 죽었어요, 마리야 이바노브나?" 결국 여자아이는 그 모든 것을 기억하고 있었던 거예요. 다만 자신이 그것을 기억하고 있는지, 그것이 자기에게 일어난 일인지 확신할 수 없었던 거죠. 여자아이 귓가에는 오직 '마리야 이바노브나'라는 두 단어만 남았고요.

그 여자아이가 오빠를 찾아서 우리 모두 정말 기뻤어요. 우리 모두에게는 누군가가 있는데 그 아이에게만 아무도 없었거든요. 예를 들어 나에게는 두 여동생이 있었고, 누군가에게는 오빠나 사촌 형제가 있었어요. 하지만 혈육이 없는 아이들은 "내가 네 형이 되어줄게", 혹은 "내가 네 언니가 되어줄게"라고 말하며 자기들끼리 가족 관계를 맺기도 했어요. 그런 다음에는 서로를 지켜주고 보살펴주었 죠. 우리 고아원에는 타마라가 열한 명이나 있었답니다. 성은 이런 식이었어요. 타마라 니이즈베스나야,[*] 타마라 니즈나코마야,[**] 타마 라 베즈이만나야,[***] 타마라 볼샤야,[****] 타마라 말렌카야[*****]······

또 기억나는 게 있냐고요? 우리가 고아원에서 거의 야단을 맞지 않았던 게 기억나네요. 아니, 한 번도 야단맞은 적이 없어요. 겨울에 우리는 집에서 사는 아이들과 함께 썰매를 타곤 했어요. 그 아이들 이 맨발에 펠트부츠를 신으면, 어머니들은 야단을 치고 심지어 아이 의 뺨을 때리더군요. 우리는 맨발로 밖에 나가도 전혀 야단을 맞지 않았어요. 난 일부러 야단을 맞으려고 그렇게 펠트부츠를 신곤 했답 니다. 나는 몹시 야단을 맞고 싶었어요.

나는 공부를 잘했어요. 나에게 마을에서 오는 한 남자아이의 수 학 공부를 봐주라고 하더군요. 우리는, 즉 고아원 아이들과 마을 아 이들은 함께 공부했어요. 나는 그 아이에게로, 그 가족이 사는 집으

---

[*] neizvestnaya. '무명의, 알려지지 않은'이라는 뜻의 여성형 형용사다. '타마라'가 여자 이름 이어서 여성형 형용사로 성을 만들었다. 변형되고 탈락되는 음가를 반영하여 우리말로는 '니즈 베스나야'로 표기했다.

[**] neznakomaya. '낯선, 잘 모르는'이라는 뜻의 여성형 형용사다.

[***] bezymyannaya. '이름이 없는'이라는 뜻의 여성형 형용사다.

[****] bol'shaya. '큰'이라는 뜻의 여성형 형용사다.

[*****] malen'kaya. '작은'이라는 뜻의 여성형 형용사다.

로 가야 했어요. 무섭더라고요. 그곳에는 어떤 물건들이 있을까? 그 물건들은 어디에 어떻게 놓여 있을까? 그곳에서는 어떻게 처신해야 할까? 집이란, 우리로서는 접근할 수 없는, 그러나 가장 갖고 싶은 것이었거든요.

그 집에 도착해서 문을 두드렸어요. 그러자 심장이 멎을 것만 같았어요……

"신랑감이 되기에도, 병사가 되기에도 너무 앳된 아이들이었어요……"

베라 노비코바―열세 살
현재―전차 차고 배차원

몇 년이 지났는데도…… 여전히 무섭네요……

기억나요. 아주 화창한 날씨예요. 거미집이 바람에 실려 날아가고 있어요. 우리 마을이 불타요. 우리 집이 불타요. 우리는 숲에서 나왔어요. 어린아이들은 "모닥불이다! 모닥불! 참 예쁘다!" 하고 소리쳐요. 다른 사람들은 전부 울고 있어요. 엄마도 성호를 그으며 울고요.

집이 불타버렸어요…… 우리가 재를 휘저어봤지만, 그 속에는 아무것도 없었어요. 까맣게 탄 포크만 있더군요. 페치카는 그대로 남아 있었어요. 안에 먹을 것이 들어간 채로요. 너덜너덜하게 찢긴 블린이었죠. 드라니키* 같았어요. 엄마는 두 손으로 프라이팬을 꺼냈어요. "애들아, 먹어라." 그 블린은 탄내가 심해서 도저히 먹을 수가 없었어요. 그래도 우린 먹었죠. 풀 말고는 우리에게 더 이상 아무것도 없었으니까요. 남은 것이라고는 풀과 흙뿐이었답니다.

몇 년이 지났는데도…… 여전히 무섭네요……

사촌 언니가 교수형을 당했어요…… 형부는 파르티잔 부대의 지휘관이었고, 언니는 임신한 상태였어요. 누군가가 독일군에게 밀고하는 바람에 놈들이 들이닥쳤죠. 놈들이 사람들을 전부 광장으로 내몰았어요. 아무도 울어서는 안 된다고 명령했죠. 농촌 소비에트 옆에 커다란 나무 한 그루가 있었는데, 놈들이 말을 그쪽으로 몰고 갔어요. 언니는 썰매 위에 서 있어요…… 땋은 머리가 길게 드리워져 있고요…… 놈들이 올가미를 던지자, 언니가 땋은 머리를 올가미 밖으로 빼내더군요. 말을 연결한 썰매가 움직였고, 언니는 이성을 잃었지요…… 아낙들이 비명을 질렀어요…… 눈물은 흘리지 않고 비명만 질렀죠, 한목소리로 말이에요. 놈들이 우는 것을 용납하지 않았거든요. 소리를 지를 테면 질러라. 단, 울지 마라. 동정하지 마라. 놈들은 우는 사람들을 다가가서 죽였어요. 열여섯 살, 열일곱 살 먹은 십대 아이들에게 총질을 하더군요. 울었다는 이유로요.

신랑감이 되기에도, 병사가 되기에도 너무 앳된 아이들이었어요……

* draniki. 작은 감자전처럼 생긴 벨라루스의 전통 요리다.

내가 왜 당신에게 이런 이야기를 했을까요? 너무 무서워요. 그때 보다 더…… 그래서 기억을 떠올리지 않는 건데……

"한 아이만이라도 살려두는 편이……"

사샤 카브루스—열 살

현재—어문학 석사

나는 학교에 다니고 있었습니다……

밖으로 나와 여느 때처럼 노는데, 바로 그 순간 파시스트의 비행기들이 날아와 우리 마을에 포탄을 투하했습니다. 우리는 이미 에스파냐 전쟁에 대해, 에스파냐 아이들이 겪은 운명에 대해 들은 적이 있었지요. 그런데 이제 포탄이 우리 위로 떨어지는 겁니다. 할머니들이 땅바닥에 쓰러져 기도했습니다…… 이렇게요…… 전쟁을 선포하던 레비탄의 목소리가 평생 뇌리를 떠나지 않았습니다. 스탈린의 연설은 기억나지 않아요. 사람들은 며칠이고 콜호스 확성기 옆에 서서 무언가를 기다렸습니다. 난 아버지와 나란히 서 있었지요……

먀젤스키 지구의 우리 브루시 마을에 가장 먼저 돌입한 부대는 토벌대였습니다. 포문을 열어 개와 고양이를 전부 쏴 죽이고 나서, 활동가들이 사는 곳을 캐묻고 다녔습니다. 전쟁 전 우리 집에 농촌 소비에트가 있었는데, 아무도 아버지를 고발하지 않았지요. 그래요…… 밀고하지 않았답니다…… 밤이면 난 꿈을 꾸었습니다. 난 땅바닥에 쓰러져 생각합니다. 총에 맞았어. 그런데 왜 죽지 않을까……

독일군이 닭들을 쫓아다니던 일이 기억나는군요. 닭을 잡으면, 놈들은 위로 치켜든 후 빙글빙글 돌려 목을 비틀고는 손에서 휙 놓아버립니다. 그러고는 박장대소를 터뜨리지요. 내 귀에는 우리 닭들이 비명을 지르는 것처럼 들렸습니다…… 인간처럼…… 인간의 목소리로…… 고양이들도, 개들도 총에 맞으면 그랬지요…… 난 그때까지 인간의 죽음은 한 번도 본 적이 없었습니다. 딱 한 번 숲에서 죽은 새끼 새들만 봤을 뿐이에요. 그 외에는 죽음을 본 적이 없었어요……

우리 마을이 불탄 것은 1943년의 일입니다…… 그날 우리는 감자를 캤지요. 이웃에 사는 바실리 아저씨는 제1차 세계대전에도 참전했기 때문에 독일어를 조금 할 줄 알았답니다. 아저씨는 이렇게 말하더군요. "내가 가서 마을을 불태우지 말라고 부탁해볼게. 아이들은 여기 있어." 아저씨는 갔다가 본인마저 불에 타 죽고 말았지요. 놈들은 학교에도 불을 질렀습니다. 책도 전부요. 우리 채소밭과 과수원도 불타버렸죠.

어디로 가야 할까요? 아버지는 파르티잔 부대가 있는 코진스키 숲속으로 우리를 데려갔습니다. 가다가 다른 마을에서 온 사람들을 만납니다. 독일 놈들이 그 마을도 불태운 것이죠. 독일군이 아주 가까이에 있다고 사람들이 말해줍니다…… 우리는 구덩이로 기어들어갑니다. 아버지는 수류탄을 쥐고는, 만약 독일군에게 발각되면 신관을 제거할 거라고 말했습니다. 이미 서로 작별 인사도 나누었습니다. 형과 나는 허리띠를 풀러, 목을 매기 위한 올가미를 만들고는 그것을 목에 걸었습니다. 엄마가 우리 모두에게 입을 맞추었습니다. 엄마가 아빠에게 이렇게 말하는 소리를 들었습니다. "한 아이만이라도 살려두는 편이……" 그러자 아버지가 말합니다. "달아나게 둡시다. 어린아이들의 목숨은 살려줄지도 모르지." 하지만 난 엄마가 너무 불쌍해서 그 자리를 뜰 수가 없었습니다. 너무…… 도저히 그 자리를 뜰 수가 없었습니다……

개 짖는 소리가 들리고, 외국어 명령이 들리고, 총소리가 들립니다. 우리가 있는 숲은 비바람에 쓰러진 나무도 많고 전나무들도 뒤집혀 있어서, 10미터 앞은 아무것도 보이지 않았지요. 모든 것이 지척에 있는 듯도 하고, 소리가 점점 멀어지기도 합니다. 주위는 잠잠해졌는데, 엄마가 일어나지 못했습니다. 두 다리가 떨어져 나간 겁니다. 아빠는 엄마를 업고 갔습니다.

며칠 후 우리는 파르티잔을 만났습니다. 그 사람들이 아버지를 알아보더군요. 우리는 배가 고파서 걸음을 떼기도 힘들었습니다. 다리가 후들거렸죠. 다 함께 걸어가고 있는데, 한 파르티잔이 나에게 묻습니다. "사시나무 밑에 무엇이 있으면 좋겠니? 사탕과자? 비스킷? 빵?" 난 대답합니다. "총알 한 움큼이요." 그 후로 오랫동안 파르티잔들은 이 일을 떠올렸습니다. 그 정도로 난 독일군을 증오했어요. 놈들이 저지른 모든 것에 대해…… 그리고 엄마에게 저지른 짓에 대해……

불타버린 마을을 지나치고 있었습니다…… 보리는 아직 수확을 하지 않았고, 감자는 영글고 있습니다. 사과는 땅바닥에 떨어져 있고, 배는…… 사람이 없습니다. 고양이와 개들은 저마다 외로이 뛰어다닙니다. 정말이지…… 사람이 없어요. 한 사람도요. 굶주린 고양이도 있는데 말이죠……

기억납니다. 전쟁 후 우리 마을에는 초등독본이 딱 한 권 있었어요. 내가 찾아내서 종종 읽곤 하던 첫 번째 책은 산수문제집이었지요. 난 시를 읽듯 그 책을 읽었답니다……

"소매로 눈물을 훔치면서요……"

올레크 볼디레프─여덟 살

현재─직장職長

궁금합니다…… 기억하는 것과 잊는 것, 어느 쪽이 더 나을까요? 어쩌면 침묵하는 편이 더 낫지 않을까요? 오랜 세월 난 잊고 있었습니다……

타시켄트까지 가는 데 한 달이 걸렸습니다. 한 달이요! 그곳은 깊숙한 후방이었습니다. 아버지는 전문가로서 그곳으로 파견되었지요. 공장이 그곳으로 이전했거든요. 나라 전체가 후방으로 이주했답니다. 벽지로요. 나라가 크니 좋은 점도 있더군요.

그곳에서 알게 되었습니다. 맏형이 스탈린그라드에서 전사했다는 걸요. 난 전선으로 가려고 기를 썼습니다. 하지만 공장에서조차 날 뽑으려 하지 않았지요. 어렸거든요. "네가 열 살이 되려면 아직 반년 이나 더 있어야 해." 어머니는 고개를 저으며 말했습니다. "그런 어린애 같은 생각일랑 머릿속에서 쫓아버려." 아버지도 인상을 썼습니다. "공장은 유치원이 아니다. 열두 시간씩 일해야 하는 곳이야. 어떻게 일하려고!"

공장은 지뢰, 포탄, 투하용 폭탄을 생산했습니다. 십대 아이들은 연마기 앞에 설 수 있었습니다…… 금속 주물은 손으로 연마했지요…… 방법은 단순합니다. 호스에서 고압의 모래가 뿜어져 나옵니다. 150도까지 작열하는 모래죠. 모래가 금속으로부터 튕겨 나오면서, 폐에 화상을 입히고 얼굴과 눈을 칩니다. 일주일 이상 버티는 사람이 드물었습니다. 강인한 의지가 필요했지요.

하지만 1943년…… 난 열 살이 되었습니다. 어쨌든 아버지는 나를 자신의 직공으로 뽑았습니다. 아버지가 감독하는 제3공장으로 데려간 것이죠. 포탄을 위한 기폭 장치를 용접하는 작업장으로요.

난 올레크와 바뉴시카와 함께 셋이서 일했습니다. 두 사람은 기껏해야 나보다 두 살 더 많았죠. 우리가 기폭 장치를 모아놓으면, 그 분야의 장인인 야코프 미로노비치 사포즈니코프(성이 기억에 아로새겨져 있어요)가 기폭 장치에 용접을 했습니다. 그다음에는 바이스에 손이 닿도록 상자 위로 올라가서 기폭 장치의 클러치를 조이고, 나사 깎는 기계가 달린 윈치로 클러치의 안쪽 홈을 조여야 했습니다. 우리는 그 일을 하는 데 익숙해졌습니다…… 빠르게요…… 그다음은 간단합니다. 플라스틱 마개를 끼워서 상자 안에 넣으면 됩니다. 상자 하나가 가득 차면, 그것을 운송 수단에 싣기 위해 정해진 자리로 옮깁니다. 사실 무게가 50킬로그램에 이를 정도로 꽤 무겁지만, 둘이서 그 상자를 처리합니다. 우리는 야코프 미로노비치를 산만하게 만들지 않았습니다. 그가 하는 일은 대단히 섬세한 작업이니까요. 용접이야말로 가장 중요한 작업이었습니다.

가장 싫은 것은 용접할 때 나오는 불꽃입니다. 푸르스름한 섬광을 보지 않으려고 애써도, 열두 시간 그곳에 있다보면 눈이 따끔따끔합니다. 눈에 모래가 들어간 것처럼요. 눈을 비벼봐도 아무 소용이 없습니다. 용접을 위한 전류를 생산하는 발전기의 단조로운 소음 때문인지, 단순한 피로 때문인지, 가끔은 옛날처럼 자고 싶었습니다. 특히 야간에는요. 자고 싶었습니다! 정말 자고 싶었어요!

야코프 미로노비치는 우리에게 조금이라도 쉴 틈을 줄 수 있겠다는 판단이 들면 이렇게 명령했습니다.

"전극봉 보관소를 향하여 앞으로 가!"

공장 전체에서 전극봉을 열기로 건조시키는 곳만큼 아늑하고 따뜻한 곳은 없습니다. 두말할 나위 없지요. 따뜻한 나무 선반에 앉으면 순식간에 잠이 들었습니다. 15분쯤 지나면 야코프 미로노비치가 전극봉 보관소로 들어와 우리를 깨웠습니다.

한번은 야코프 미로노비치가 깨우기 전에 눈을 뜬 적이 있습니다.

야샤* 아저씨가 우리를 바라보고 있었습니다. 몇 분이라도 더 재우기 위해 시간을 끕니다. 소매로 눈물을 훔치면서요.

"갓난아기처럼 가느다란 새끼줄에 매달려 축 늘어졌습니다……"

류바 알렉산드로비치—열한 살
현재—노동자

싫어요…… '전쟁'이란 말은 다시 입에 올리기도 싫습니다……

전쟁은 우리가 사는 곳까지 빠르게 들이닥쳤습니다. 기억납니다. 몇 주가 지난 7월 9일에는 우리 지구의 중심지인 센노를 둘러싸고 이미 전투가 벌어지고 있었습니다. 많은 피란민이 생겼습니다. 도망갈 곳이 없을 정도로 피란민들이 넘쳐났지요. 집도 부족했고요. 가령 우리 집에서는 아이가 딸린 가정이 여섯 세대나 함께 지냈답니다.

처음에는 사람들이 피란을 오더니, 그다음에는 가축들의 피란이 시작되더군요. 그 일은 아주 생생하게 기억하고 있습니다. 끔찍했거든요. 끔찍한 광경이었습니다. 우리 집에서 가장 가까운 기차역은 보그단 역입니다. 그 역은 지금도 있어요. 오르샤와 레펠의 중간

---

* 야코프의 애칭이다.

에 있지요. 우리 농촌 소비에트뿐 아니라 비텝스크 주 전체의 가축이 이곳으로, 이 방향으로 피란했습니다. 여름은 무더웠고, 암소와 암양과 돼지와 송아지 같은 가축들은 큰 무리로 이동했습니다. 말들은 따로 이동했고요. 몰이꾼들은 몹시 피곤한 나머지 가축이 어떻게 되든 신경 쓰지 않았습니다…… 암소들은 젖이 불은 채 걷다가 근처 안마당으로 들어가서, 누군가 젖을 짜줄 때까지 현관 계단 옆에 계속 서 있었습니다. 사람들은 길에서도, 땅바닥에서도 소젖을 짜주었지요…… 특히 돼지들이 힘들어했습니다. 돼지들은 무더위와 긴 여정을 견디지 못하거든요. 돼지들이 걷다가 픽픽 쓰러졌습니다. 무더위 때문에 사체가 계속 늘어났습니다. 그 광경이 어찌나 무서웠던지, 저녁에는 집 밖으로 나가는 것조차 두려웠습니다. 어디에나 가축의 사체가 나뒹굴었지요. 말과…… 암양과…… 암소가…… 미처 다 파묻을 새도 없이, 무더위 때문에 동물의 사체가 날마다 늘어났습니다…… 수도 늘었지만, 부풀기까지 했어요……

농부들은 암소 한 마리를 키운다는 게 어떤 것인지, 그 일이 얼마나 고생스러운지 잘 압니다. 얼마나 많은 시간을 필요로 하는지도요. 농부들은 동물이 죽는 광경을 보면서 울었습니다. 동물은 쓰러지면서도 침묵하는 나무가 아니잖아요. 동물은 계속 울부짖습니다. 히히힝 울고, 음매음매 운다고요. 신음도 하고요.

할아버지 말씀이 떠오르네요. "도대체, 왜, 이 죄 없는 동물들이 죽느냔 말이다! 말도 못 하는데." 우리 할아버지는 독서가였습니다. 저녁마다 책을 읽었지요.

큰누나는 전쟁 전에 공산당 구역위원회에서 일했습니다. 그래서 우리는 누나를 지하실에 숨겼습니다. 누나는 구역위원회 도서관에 있던 많은 책과 사진, 적기赤旗를 집으로 가져왔습니다. 우리는 그것들을 정원의 사과나무들 밑에 파묻었습니다. 누나의 당원증도요. 밤에 묻었는데, 땅속에서 빨간색이…… 빨간색이 비치는 것 같은 기분이 들었지요.

독일군이 어떤 식으로 왔는지는 무슨 까닭에서인지 기억나지 않습니다…… 내가 기억하는 한, 그자들은 이미 마을에 있었습니다. 그것도 오래전부터요. 그자들은 우리 모두를, 마을 사람 전체를 내몰았습니다. 놈들은 우리를 기관총 앞에 세워놓고 추궁했지요. 파르티잔은 어디에 있어? 놈들이 누구 집에 다녀갔지? 다들 입을 열지 않았습니다. 그러자 그자들이 세 사람 가운데 한 명씩 끌어내서 총살했습니다. 여섯 사람이 총살당했지요. 남자 둘, 여자 둘, 십대 아이 둘이었습니다. 그러고 나서 독일군은 떠났습니다.

밤새 눈이 내렸습니다…… 새해였어요…… 깨끗한 눈밭 아래에 살해된 사람들이 너부러져 있었습니다. 매장해줄 사람도 없고, 관을 만들어줄 사람도 없었어요. 남자들이 숲에 숨었거든요. 할머니들이 땅을 조금이라도 녹여 무덤을 파보려고 통나무에 불을 지폈습니다. 겨울 땅을 삽으로 오랫동안 두들겼지요……

곧 독일군이 돌아왔습니다…… 며칠 후…… 그자들이 아이들을 전부 모았습니다. 우리는 서른 명이었죠. 그자들이 우리를 자기 종대 앞에 세우더군요. 파르티잔의 지뢰가 무서웠던 겁니다. 우리는

127

앞에서 가고, 그자들이 뒤에서 따라왔습니다. 이를테면 행군을 멈추고 우물에서 물을 길어야 할 때, 그자들도 처음에는 우리를 우물로 보내주었습니다. 그렇게 우리는 15킬로미터를 걸었죠. 사내아이들은 별로 무서워하지 않았지만, 여자아이들은 걸으면서 훌쩍였습니다. 그런데 그자들은 우리 뒤에서 차를 타고 왔지요…… 도망칠 수가 없습니다. 기억합니다. 우리는 맨발로 걸었어요. 이제 겨우 봄이 시작되었을 때였는데요. 처음 며칠 동안은……

잊고 싶습니다…… 그 일을 잊고 싶어요……

독일군은 집집마다 돌아다녔습니다…… 파르티잔으로 떠난 사람들의 부모를 모으더군요…… 마을 한가운데서 그 어른들의 목을 쳤습니다…… 그자들이 우리에게 "똑바로 봐!"라고 명령했습니다. 한 집에서는 아무도 찾아낼 수 없자, 고양이를 잡아 목매달더군요. 고양이가 갓난아기처럼 가느다란 새끼줄에 매달려 축 늘어졌습니다……

모든 걸 잊고 싶어요……

"이제 내 아이들이 되어주렴……"

니나 슌토―여섯 살

현재―요리사

아, 아, 아! 가슴이 금세 아파오네요……

전쟁 전에 우리는 아빠하고만 살았어요…… 엄마는 돌아가셨죠. 아빠가 전선으로 떠나자, 우리는 친척 아주머니 집에서 살았어요. 아주머니 집은 레펠스키 지구의 자도라 마을에 있었지요. 아빠가 우리를 그 집에 데려다주고 얼마 지나지 않아, 아주머니는 굵은 나뭇가지에 눈을 찔리고 말았어요. 아주머니는 패혈증을 일으켜 세상을 떠나고 말았죠. 우리의 유일한 친척 아주머니였는데 말이에요. 그래서 나와 남동생만 남겨졌어요. 우리는 파르티잔을 찾으러 길을 떠났답니다. 어째서인지 파르티잔이 있는 곳에 우리 아빠도 있을 것 같았어요. 발길 닿는 대로 아무 곳에서나 잠을 잤어요. 기억나요. 폭풍우가 몰아치면, 우리는 건초더미에서 하룻밤을 보냈어요. 건초를 끄집어내서 작은 구덩이를 만들고 그 안에 숨어들었죠. 우리 같은 아이가 많았어요. 게다가 다들 부모를 찾고 있었죠. 심지어 자기 부모님이 학살된 것을 알면서도, 그 애들은 자기들도 아빠와 엄마를 찾는 중이라고 말하곤 했어요. 혹은 친척들 가운데 누군가를요.

걷고 또 걷다가…… 어느 마을에 도착했어요…… 한 오두막의 창문이 열려 있었어요. 그런데 그 집에서 얼마 전에 감자 피로그를 구웠나봐요. 그 집으로 가까이 다가가는데, 남동생이 그 피로그 냄새를 맡고는 그만 의식을 잃고 말았어요. 난 그 오두막에 들렀어요. 동생을 위해 피로그 조각을 얻어보려고요. 그렇게라도 하지 않으면 동생이 일어날 것 같지 않았거든요. 난 기운이 없었기 때문에 그 아이를 데려갈 수도 없었을 거예요. 오두막에는 아무도 없었어요. 난 도저히 참을 수가 없어 피로그 조각을 떼어냈어요. 그러고는 우리가 훔쳤다고 생각할까봐 그곳에 앉아 주인아주머니를 기다렸죠. 아주머니가 돌아왔어요. 혼자 살아가는 분이었어요. 아주머니가 우리를 놓아주지 않고 "이제 내 아이들이 되어주렴……" 하고 말하더군요. 그 아주머니가 그 말을 하자마자, 우리는 테이블 앞에서 이내 잠들었어요. 그렇게 해서 우리의 처지도 좋아졌죠. 우리에게 집이 생긴 거예요.

얼마 후 독일군이 마을을 불태웠어요. 사람도 전부 불태웠고요. 우리의 새 아주머니도요. 우리는 아침 일찍 딸기를 따러 간 덕분에 살아남았죠…… 우리는 언덕에 앉아서 불길을 바라봤어요…… 이미 모든 걸 깨달았죠…… 하지만 이제 어디로 가야 할지는 알지 못했어요. 어떻게 또 아주머니를 찾아내죠? 하지만 우리는 그 아주머니를 사랑했어요. 심지어 우리끼리 이런 말을 한 적도 있어요. 우리의 새 아주머니를 엄마라고 부르자고요. 그분은 아주 아름다웠고, 밤이면 늘 우리에게 입을 맞춰주었답니다.

파르티잔이 우리를 거두어주었어요. 우리는 파르티잔 부대에서 비행기를 타고 후방으로 가게 되었죠.

전쟁이 끝난 후 나에게 무엇이 남았을 것 같아요? 나는 타인이 뭔지 모르겠어요. 동생과 나는 가족이 아닌 사람들 틈에서 자랐으니까요. 생판 남인 사람들이 우리를 구해줬어요. 어떻게 그분들이 나에게 타인이겠어요? 모두 내 사람인걸요. 난 이런 감정으로 살고 있어요. 종종 환멸을 느끼기도 하지만요. 평화 속에서의 생활은 또 다르니까요……

"우리는 여자들의 손에 입을 맞추었지요……"

다비트 골드베르크—열네 살

현재—음악가

우리는 축일을 준비하고 있었습니다……

그날은 우리 '탈크' 피오네르 캠프의 성대한 개막식이 열리기로 한 날이었지요. 우리는 국경수비대원들이 손님으로 오리라 기대하며 아침에 숲으로 꽃을 따러 갔답니다. 축일을 위한 벽신문도 만들고, 입구의 아치도 아름답게 장식했지요. 장소는 훌륭했고 날씨는 화창했습니다. 드디어 여름방학이었어요! 우리는 아침 내내 들리던 비행기 굉음에도 전혀 긴장하지 않고 몹시 행복한 모습으로 돌아다녔습니다.

갑자기 선생님들이 우리를 정렬시키더니, 우리가 아직 잠에 빠져 있던 아침에 히틀러가 우리 나라를 침공한 사실을 전달했습니다. 내 의식 속에서 전쟁은 할힌골에서 일어난 사건*과 연결되어 있었지요. 전쟁이란 머나먼 곳에서 잠시 벌어지는 어떤 것이었습니다. 아군은 패배를 모르는 무적의 군대이며 우리 편에는 최고의 탱크와 비행기

---

* '할힌골 전투'를 가리킨다(일본에서는 '노몬한 사건'으로 알려져 있다). 1939년 5~8월에 몽골과 만주국(일본이 세운 괴뢰정부)의 국경지대인 할하 강 유역에서 소련-몽골 연합군과 일본군이 전투를 벌였다. 이 지역은 국경선이 확실하지 않아 분쟁이 잦은 지역이었다. 이 전투에서 소련군에게 참패한 일본군은 소련의 요구를 받아들여, 할하 강을 몽골과 만주국의 국경선으로 인정하고 소련-일본 상호불가침조약을 맺었다.

가 있다는 점에 대해서는 조금도 의심해본 적이 없었습니다. 우리는 학교에서도, 집에서도 온통 이런 이야기만 들었습니다. 사내아이들은 자신 있게 행동했지만, 많은 여자아이는 울음을 터뜨리며 무서워했습니다. 상급생들은 조組마다 돌아다니면서 우는 아이들을, 특히 어린아이들을 달래는 역할을 맡았습니다. 이미 열네 살과 열다섯 살이 된 사내아이들에게는 저녁마다 소구경 라이플총이 지급되었습니다. 멋있었죠! 우리는 대체로 폼을 잡고 으스댔습니다. 바짝 긴장하면서요. 캠프에는 라이플총이 네 정 있었습니다. 우리는 세 사람씩보초를 서며 캠프를 지켰지요. 난 이 일이 무척 마음에 들기까지 했습니다. 난 이 라이플총을 들고 숲으로 들어가서, 스스로의 담력을 시험해보기도 했지요. 겁쟁이로 보이고 싶지 않았거든요.

며칠 동안은 우리를 데리러 올 사람들을 기다렸습니다. 하지만 끝끝내 아무도 오지 않았기에, 우리가 직접 푸호비치 역까지 걸어갔지요. 역에서 한참 동안 기다렸습니다. 당직자는 민스크로부터는 더 이상 기차가 오지 않을 거라고, 통신이 두절되었다고 말했습니다. 갑자기 한 아이가 달려오더니, 아주 무거워 보이는 기차가 온다고 외칩니다. 우리는 선로로 나갔습니다…… 기차를 세우기 위해 처음에는 두 손을 흔들고, 그다음에는 빨간 스카프를 벗어서 흔들었습니다. 우리를 본 기관사는 손짓을 하면서 '기차를 세울 수 없다. 한번 세우면 다시는 움직이지 않을 것이다'라는 뜻을 필사적으로 전달했습니다. "할 수만 있다면, 아이들을 무개화차 위로 던져보시오!" 기관사가 이렇게 외쳤습니다. 무개화차 위에는 사람들이 앉아 있었습니다. 그 사람들도 우리를 향해 외쳤지요. "아이들을 살려요! 아이들을 살리라고요!"

기차는 단지 조금 더 천천히 갈 뿐이었습니다. 무개화차에서 부상병들이 손을 뻗어 어린아이들을 붙잡았습니다. 그리하여 마지막 한 명까지 전부 그 기차에 태웠지요. 그것은 민스크로부터 나오는 마지막 기차였습니다……

기차는 오랫동안 천천히 달렸습니다. 아주 잘 보였어요…… 철도 둑 위에 차곡차곡 쌓인 시신들이 침목처럼 드러누워 있었습니다. 기억 속에 남아 있어요…… 우리를 향한 폭격, 우리의 비명, 휙휙 날아다니던 파편…… 여자들이 기차역에서 우리에게 먹을 것을 주던 일도요. 여자들은 어디에서 들었는지, 아이들을 태운 기차가 지나간다는 것을 알고 있었습니다. 우리는 여자들의 손에 입을 맞추었지요. 젖먹이 아기가 우리와 함께 있게 된 일도 떠오릅니다. 아기 엄마는 기관총 사격 때 죽었지요. 기차역에서 아기를 본 여자가 머릿수건을 벗더니 기저귀로 쓰라며 건네던 일도 기억나는군요……

이게 전부입니다! 이제 끝이에요! 흥분이 심해져서…… 난 심장병을 앓고 있어서 흥분하면 안 되거든요. 만약 당신이 모르고 있다면 말해줄게요. 전쟁 기간에 어린애였던 사람이 전선에서 싸운 자기 아버지들보다 종종 더 빨리 죽는답니다. 군인이었던 사람보다 더 빨리, 더 빨리요……

난 이미 많은 친구를 묻었지요……

"난 어린 여자아이의 눈으로 그 사람들을 봤어요……"

지나 구르스카야―일곱 살
현재―연마공

난 어린 여자아이의 눈으로 그 사람들을 봤어요. 어린 시골 여자아이의 눈으로요. 눈을 크게 뜨고 봤죠……

처음으로 독일인을 봤을 때예요. 가까이에서 봤는데…… 키가 크고 눈이 하늘색이었어요. 난 깜짝 놀랐죠. '저렇게 잘생긴 남자가 사람을 죽이다니.' 아마 그게 내가 경험한 가장 강렬한 인상이었을 거예요. 전쟁에 대한 내 첫인상이기도 하고요……

난 엄마, 여동생, 남동생, 그리고 암탉과 함께 살았어요. 우리 집에는 암탉이 한 마리밖에 없었는데, 오두막 안에서 함께 지냈죠. 잠도 함께 자고요. 포탄을 피해 몸을 숨길 때도 암탉은 우리와 함께 있었어요. 암탉은 우리에게 익숙해져 강아지처럼 우리를 따라다녔죠. 우리는 아무리 배를 곯아도 그 암탉만큼은 잡아먹지 않았어요. 겨울에 배가 몹시 고플 때면, 엄마는 낡은 가죽옷과 채찍을 물에 넣고 끓였답니다. 우리에게는 그것이 고기 냄새를 풍기는 것처럼 느껴졌어요. 젖먹이 남동생은…… 달걀에 끓인 물을 부었다가, 그 물을 우유 대신 먹였지요. 그러면 남동생은 울음을 그치고 기운을 차렸어요.

주위에서 끊임없이 죽고, 또 죽고, 또 죽었어요…… 사람도, 말도, 개도요…… 우리 집 말들은 전쟁 기간에 전부 죽었어요. 개도 전부 죽고요. 고양이들은 무사했지만요.

낮에는 독일군이 와서 "아줌마, 달걀 내놔. 아줌마, 살로* 내놔"라고 말하며 총질을 해요. 밤에는 파르티잔이…… 파르티잔은 숲에서 살아남아야 했어요. 특히 겨울에요. 밤이면 파르티잔이 창문을 두들겼어요. 그 사람들은 호의를 구하며 빼앗기도 했고, 강제로 빼앗기도 했지요…… 우리 집 암소도 한 마리 끌고 갔어요…… 엄마는 울어요. 파르티잔도 울고요…… 말을 못 하겠어요. 도저히 말을 못 하겠어요. 아뇨! 아니에요!

엄마와 할머니는 이렇게 밭을 갈았어요. 처음에 엄마가 어깨에 멍에를 지면 할머니가 쟁기를 잡고 가요. 그런 다음에는 서로 역할을 바꾸죠. 할머니가 말이 되는 거예요. 난 얼른 자라나길 꿈꿨어요. 엄마와 할머니가 불쌍했거든요.

전쟁이 끝난 후 마을 전체를 통틀어 남은 동물이라고는 개 한 마리(남의 개인데 맞아 죽었지요)와 우리 암탉뿐이었어요. 우리는 달걀을 먹을 수 없었어요. 병아리가 부화하도록 달걀을 모아두었거든요.

난 학교에 다니기 시작했어요…… 벽지에서 낡은 벽지 조각을 뜯었어요. 그게 내 공책이었죠. 코르크 마개가 지우개를 대신했고요. 가을에 붉은 사탕무가 다 자라면, 우리는 "이제 붉은 사탕무를 잘게 썰어두면 잉크가 생길 거야" 하고 무척 기뻐했어요. 잘게 썰어둔 사

---

* salo. 돼지고기 비계를 소금에 절인 요리다. 우크라이나 전통 음식 가운데 하나지만, 러시아, 벨라루스, 헝가리, 폴란드, 불가리아, 루마니아, 체코, 슬로바키아 등 여러 슬라브 민족이 즐겨 먹는 음식이기도 하다.

탕무를 하루나 이틀 정도 두면 검은색으로 변한답니다. 그렇게 잉크가 완성되죠.

아직도 기억나네요. 엄마와 난 자수 놓기를 좋아했어요. 반드시 밝은 꽃을 수놓았지요. 난 검은색 실이 싫었어요.

지금도 검은색은 싫어요……

"우리 엄마는 웃은 적이 없었어요……"

키마 무르지치―열두 살

현재―무선기 조종사

우리 가족은……

우리 세 자매의 이름은 레마, 마이야, 그리고 키마였어요. 레마는 '전기화'와 '평화'에서 철자를 따온 이름이고, 마이야는 5월 1일 노동절을 뜻하는 이름이고, 키마는 '청년 공산주의 인터내셔널'의 머리글자를 따온 이름이었죠.* 아버지는 우리에게 그런 이름을 지어주었어요. 아버지는 일찍이 입당한 공산당원이었죠. 우리도 그렇게 양육했고요. 우리 집에는 책이 많았답니다. 레닌과 스탈린의 초상화도

* 저자의 설명에 따르면, 'rema'는 'elektrifikatsiya(전기화)'와 'mir(평화)'에서, 'maiya'는 'pervoe maya(5월 1일)'에서, 'kima'는 'komynisticheskii internatsional molodyozhi(청년 공산주의 인터내셔널)'에서 따온 이름이다.

있었죠. 전쟁이 벌어진 후 처음 며칠 동안, 우리는 헛간에 그것들을 파묻었어요. 난 쥘 베른의 『그랜트 선장의 아이들』만은 남겨두었죠. 내가 가장 아끼는 책이었거든요. 전쟁 내내 나는 그 책을 읽고 또 읽었어요.

엄마는 민스크 근교의 마을을 돌아다니며 수건과 식재료를 교환했어요. 엄마에게는 멋진 구두가 한 켤레 있었죠. 엄마는 프랑스 축면사로 지은 유일한 원피스까지 가져갔어요. 마이야 언니와 나는 함께 앉아서 엄마를 기다렸어요. 돌아올까, 돌아오지 않을까? 우리는 서로 상대의 관심을 이 생각에서 돌리려고 애쓰며, 전쟁 전에 호수로 달려가서 헤엄을 치다가 햇볕에 그을린 일이며 학교 행사에서 춤춘 일을 떠올리곤 했답니다. 학교로 이어진 가로수 길은 얼마나 길었던지요. 엄마가 안마당의 작은 돌 위에 솥을 얹어놓고 졸이던 버찌 잼의 향기는…… 모든 것이 아주 아련하고 아름다웠어요. 맏언니인 레마에 대해서도 이야기했죠. 우리는 전쟁 내내 언니가 죽었다고 생각했어요. 언니는 6월 23일 공장에 출근한 뒤로 집에 돌아오지 않았거든요……

전쟁이 끝나자, 엄마는 인근에 문의하며 레마 언니를 찾았어요. 시민주소 안내소라는 곳이 있었는데, 그곳은 언제나 많은 사람으로 북적였죠. 다들 서로를 찾고 있었어요. 난 그곳으로 엄마의 편지를 몇 번이고 계속 가져갔죠. 하지만 우리 앞으로 온 편지는 없었어요. 휴일이 되면, 엄마는 창가에 앉아 집배원이 올 때를 기다려요. 집배원은 늘 우리 집을 그냥 지나쳐버렸죠.

어느 날 엄마가 직장에서 돌아오자, 한 이웃 아주머니가 우리를 찾아왔어요. 아주머니가 엄마에게 말해요. "춤을 춰요." 아주머니는 무언가를 쥔 손을 등 뒤에 숨기고 있었어요. 엄마는 그것이 편지라는 것을 알아차렸죠. 엄마는 춤을 추는 대신 긴 의자에 털썩 주저앉아 일어나지 못했어요. 말도 하지 않았죠.

그렇게 해서 우리는 언니를 찾았답니다. 언니는 피란을 떠난 것이었어요. 엄마 얼굴에 미소가 떠오르기 시작했죠. 언니를 찾아내기까지 전쟁 기간 내내 엄마는 웃은 적이 없었어요……

"자신의 이름에 익숙해질 수 없었어요……"

레나 크랍첸코—일곱 살
현재—회계원

물론 난 죽음에 대해 아무것도 몰랐어요…… 아무도 미처 설명해주지 못했지만, 난 곧 죽음을 목격하게 되었지요……

비행기에서 기관총이 연발 사격을 퍼부을 때면, 모든 총알이 자신을 향해 쏟아지는 것 같답니다. 자기 쪽으로 말이에요. 난 엄마에게 애원했어요. "엄마, 날 덮어주세요……" 엄마가 날 감싸고 엎드리면, 아무것도 보이지 않고 아무것도 들리지 않았어요.

무엇보다 무서운 것은 엄마를 잃는 것이었어요…… 난 젊은 여자의 시신을 본 적이 있어요. 갓난아기가 젖을 빨고 있더군요. 여자는 방금 전에 죽은 듯했어요. 아기는 울지도 않았죠. 그런데 그 옆에 내가 앉아 있었던 거예요……

나만은 엄마를 잃지 않기를…… 엄마는 언제나 내 손을 잡고 머리를 쓰다듬으며 이렇게 말했답니다. "다 잘될 거야. 다 잘될 거야."

우리는 어떤 차를 타고 이동하고 있었어요. 아이들은 전부 머리에 양동이를 뒤집어쓰고 있었죠. 난 엄마의 말을 듣지 않았어요……

그다음에는 놈들이 우리를 종렬로 세우고 몰아대던 것이 기억나네요…… 그곳에서 난 엄마를 빼앗겨요…… 난 엄마의 손을 잡고 엄마의 반짝이는 얇은 원피스에 매달려요. 엄마는 전쟁을 위해 그 옷을 입은 게 아니었어요. 그것은 엄마가 가진 것 중에 가장 좋은 옷이었어요. 가장 좋은 옷이요. 난 엄마를 잡은 손을 놓지 않아요…… 울음을 터뜨려요…… 파시스트가 처음에는 자동소총으로 나를 후려치더니, 내가 땅바닥에 쓰러지자 발길질을 해요. 어떤 여자가 날 거둬요. 그리고 어찌된 영문인지 내가 그 여자와 함께 기차에 타고 있어요. 어디로 가는 걸까요? 그 여자가 날 '아네치카'*라고 불러요…… 하지만 난 생각하죠. 나에겐 다른 이름이 있는데…… 나에게 다른 이름이 있었다는 사실은 기억나는 것 같은데 그게 어떤 이름이었는지는 그만 잊어버리고 말았어요. 공포 때문이었죠. 엄마를 빼앗겼다는 공포요…… 우리는 어디로 가는 걸까요? 어른들의 대화를

* 아네치카, 아냐, 아니카 등은 안나의 애칭이다.

듣다가 우리가 독일로 끌려가고 있음을 깨달았던 것 같아요. 그때 내가 이런 생각을 한 게 기억나거든요. '나같이 이렇게 작은 아이가 독일 사람에게 무슨 쓸모가 있지? 난 그 사람들 집에서 뭘 하게 될까?' 주위가 어두워지자, 여자들이 날 문 쪽으로 부르더니 곧장 기차 밖으로 밀었어요. "도망가! 넌 목숨을 건질지도 몰라."

어느 도랑으로 굴러떨어진 나는 그곳에서 잠이 들었답니다. 추웠어요. 꿈을 꾸었죠. 엄마가 따뜻한 무언가로 날 단단히 감싸며 다정한 말을 해요. 그 꿈은 지금까지도 꾼답니다……

전쟁이 끝나고 20년이 지난 후, 난 친척 아주머니 한 분만 겨우 찾아냈어요. 아주머니는 내 진짜 이름을 불러주었지만, 난 오래도록 그 이름에 익숙해질 수 없었죠.

그 이름으로 부를 때는 대답하지 않았어요……

"그 군인의 군복 상의가 축축하게 젖어 있었어요……"

발랴 마추시코바—다섯 살
현재—기술자

당신 눈에는 이상하게 보이겠죠! 그래도 난 무언가 재미있는 것을 떠올리고 싶어요. 즐거운 것 말이에요. 난 웃는 것을 좋아한답니다. 울고 싶지 않아요. 흑흑흑…… 하지만 이미 울고 있네요……

아빠는 나를 조산원에 있는 엄마에게로 데려가서 우리가 곧 사내 아이를 사게 될 거라고 말해요. 난 어떤 동생이 생길지 상상해보고 싶어 아빠에게 물어요. "어떤 아기예요?" 아버지는 "조그만 아기란 다"라고 대답해요.

갑자기 아빠와 내가 어딘가 높은 곳에 있네요. 창문으로 연기가 들어와요. 아빠는 날 품에 안고 있어요. 난 손가방을 가지러 돌아가게 해달라고 졸라요. 계속 떼를 쓰고요. 아빠는 아무 말 없이 나를 품에 꼭 끌어안아요. 숨 쉬기가 힘들 정도로 세게요. 얼마 후 아빠가 세상을 떠났어요. 난 어떤 여자와 함께 길을 걷고 있어요. 철조망을 따라 걷자니, 그 너머로 전쟁 포로가 보여요. 불쌍하게도 그 사람들은 물을 달라고 애원하고 있어요. 내가 가진 것이라고는 호주머니에 든 사탕과자 두 개뿐이에요. 난 그 사탕과자들을 철조망 너머로 던져요. 하지만 그 사탕은 어디에서 난 걸까요? 그런 사탕과자가 말이에요. 기억이 안 나요. 어떤 사람은 빵을…… 또 어떤 사람은 오이를 던져요…… 보초병이 총질을 하면 우리는 달아나죠……

놀랍게도 난 그 모든 것을 기억하고 있어요…… 아주 세세하게 말이에요……

그다음에는 내가 고아수용소에 있었던 것이 기억나요. 그 수용소 주위에는 철조망이 쳐져 있었죠. 독일군 병사와 셰퍼드가 우리를 감시했고요. 그곳에는 아직은 걷지 못해 기어다니는 아이들이 있었답니다. 그 아이들은 배가 고프면 마룻바닥을 핥았어요…… 흙먼지를 먹었지요…… 그 아이들은 빨리 죽었어요. 우리는 제대로 먹지 못했고, 무슨 빵 같은 것을 받았어요. 그런데 그것 때문에 말을 할 수 없을 정도로 혀가 심하게 부풀었지요. 그저 먹을 것에 대해서만 생각했어요. 아침을 먹고 나면 '점심으로 뭐가 나올까?'라는 생각을 하죠. 또 점심을 먹고 나면, '저녁에는 뭐가 나올까?'라는 생각을 해요. 우리는 철조망을 빠져나가 시내로 몰래 도망치곤 했어요. 목적은 오직 한 가지, 바로 쓰레기통이었죠. 청어 껍데기나 감자 껍질을 발견할 때의 기쁨이란! 우리는 감자 껍질을 날로 먹었답니다.

어떤 아저씨가 쓰레기통 옆에서 날 붙잡은 일이 기억나요. 난 무서웠어요.

"아저씨, 앞으로 안 그럴게요."

그 아저씨가 물었어요.

"어느 집 아이냐?"

"어느 집 아이도 아니에요. 전 고아수용소에서 살아요."

그 아저씨는 날 집으로 데려가서 실컷 먹게 해주었답니다. 그 집에 있는 것이라고는 감자뿐이었지만요. 아저씨가 감자를 삶아주었어요. 난 냄비에 한가득 있던 감자를 깨끗이 먹어치웠지요.

난 고아수용소에서 고아원으로 옮겨졌어요. 고아원은 의과대학 맞은편에 있었고, 그곳에는 독일군 병원이 있었죠. 나지막한 창문, 밤이면 닫히던 묵직한 덧창을 기억해요.

그곳에서는 음식이 잘 나왔어요. 내 몸도 점차 회복됐죠. 그곳에서 청소를 맡아 하던 여자가 날 무척 예뻐했답니다. 그 여자는 모든 아이를 불쌍히 여겼는데, 특히 날 애처로워했지요. '의사들'이 피를 뽑기 위해 우리를 찾아오면, 다들 숨었어요. "의사가 온다……" 그 여자는 그렇게 말하면서 날 한구석에 밀어넣곤 했지요. 또 내가 자기 딸과 비슷하다는 말을 되풀이했고요. 다른 아이들은 침대 밑으로 기어들어갔다가 끌려나오곤 했어요. 꼬드김에 넘어가기도 했고요. '의사들'은 빵 조각을 내밀기도 했고 장난감을 보여주기도 했어요. 빨간 공이 기억나요……

'의사들'이 떠나면, 난 방으로 돌아갔어요…… 기억나요. 어린 사내아이가 누워 있는데, 그 아이의 작은 손이 침대에서 툭 떨어져요. 그 아이의 팔에서는 피가 흐르고요. 다른 아이들이 울고 있어요…… 2~3주가 지나면 아이들이 교체되죠. 사람들이 고아원의 아이들을 어디론가 데려가요. 그 아이들은 모두 이미 창백하고 쇠약했지요. 그다음에는 또 다른 아이들이 끌려와서 사육되었어요.

독일군 의사들은 다섯 살 미만 아이들의 피가 부상자들의 빠른 쾌유를 돕는다고 여겼어요. 또 그런 아이들의 피에 회춘의 효능도 있다고 생각했죠. 물론 난…… 나중에야, 나중에야 그런 사실을 알게 되었어요……

하지만 그때는 …… 그저 빨간 장난감을 받고 싶을 뿐이었어요. 빨간 공을요.

독일군이 민스크에서 도망칠 때…… 퇴각할 때…… 내 목숨을 살려준 그 여자가 우리를 정문 밖으로 데리고 나갔어요. "누구라도 아는 사람이 있으면 찾아. 그런 사람이 없으면 어느 마을로든 떠나렴. 그곳 사람들이 너희를 살려줄 거야."

나도 떠났어요. 어느 할머니 집에서 살게 되었지요…… 그 할머니의 성도, 그 마을의 이름도 기억나지 않아요. 기억나는 것이라곤, 그 할머니의 딸이 체포되는 바람에 우리 단둘이 남았다는 점뿐이에요. 늙은 여자와 어린 여자아이가 단둘이 남은 거죠. 우리의 일주일치 식량은 빵 한 조각뿐이었어요.

아군이 마을에 들어왔다는 사실을 내가 가장 늦게 알았어요. 병을 앓았거든요. 그 소식을 듣자마자, 난 벌떡 일어나 학교로 달려갔답니다. 첫 번째 군인을 보자마자, 난 그 사람에게 매달렸죠. 기억나요. 그 군인의 군복 상의가 축축하게 젖어 있던 걸요.

모두가 그 군인을 그렇게 껴안고서 입을 맞추며 울었던 거예요.

**"마치 그 아주머니가 자기 딸을 구해주었다는
듯한 표정으로요……"**

게냐 자보이네르—일곱 살

현재—무선수리공

가장 생생한 기억이 뭐냐고요? 그 시절 기억에서는……

아버지가 끌려가던 모습이요…… 아버지는 솜옷을 입고 있었어요. 얼굴은 기억나지 않네요. 아버지 얼굴은 내 기억에서 완전히 사라져버렸어요. 손은 기억해요…… 놈들이 그 두 손을 새끼줄로 칭칭 감았지요. 아빠의 손을…… 내가 무척 긴장한 건 사실이지만, 아버지를 잡으러 온 사람들마저 기억나지 않네요. 몇 명이었는지도요……

엄마는 울지 않았어요. 하루 종일 창가에 서 있었죠.

아빠가 잡혀간 뒤, 우리는 게토*로 이주를 당해 철조망 안에서 살게 되었어요. 우리 집은 길가에 있었는데, 날마다 우리 집 안마당으로 몽둥이가 날아들었어요. 난 우리 집 쪽문 옆에서 파시스트를 봤죠. 그자는 총살형을 집행하기 위해 사람들을 끌고 가면서 몽둥이로 두들겨 팼어요. 몽둥이가 쪼개지면, 그자는 등 뒤로 그것을 집어 던졌죠. 바로 그 몽둥이가 우리 집 안마당으로 날아든 거예요. 난 등뿐만이 아니라 그자의 모습을 더 자세히 살펴보고 싶었어요. 그러던 어느 날, 그자가 대머리의 키 작은 남자라는 사실을 알게 되었답니다. 신음하고 숨을 헐떡이기도 했어요. 그자가 아주 평범한 사람이라는 사실이 나의 어린 상상력을 뒤흔들어놓았죠……

할머니는 아파트에서 살해되었어요…… 우리가 할머니를 묻어드렸죠…… 우리의 명랑하고 현명한 할머니, 독일 음악과 독일 문학을 사랑했던 할머니를요.

* 유대인을 강제로 격리하기 위해 지정된 거주 구역을 일컫는다. 최초로 나타난 유대인 거주 구역은 1280년 이슬람 왕국 모로코에서 만든 '밀라'였고, 14~15세기에 이르면 이런 구역이 유럽 전역에 걸쳐 형성된다. '게토'라는 명칭은 1516년 베네치아에서 처음 사용되었다. 유대인은 게토 안에서 자치적인 생활을 했으며, 게토 밖에서는 노란 표지로 유대인임을 드러내야 했다. 20세기 초에 거의 모든 게토가 사라졌으나, 1940년대 나치가 다시 게토를 만들어 유대인을 전멸시키기 위한 집단 수용소로 삼았다.

엄마가 물건을 식료품과 교환하기 위해 외출한 사이, 게토에서 학살이 시작되었어요. 우리는 보통 지하실에 숨었지만, 그때는 다락방으로 기어 올라갔어요. 다락방은 한쪽이 완전히 부서져 있었지요. 하지만 그 덕분에 우리는 목숨을 건졌어요. 독일군이 우리 집으로 들어와 창검으로 천장을 쑤셔댔는데, 천장이 부서져 있어서 다락방까지는 올라오지 않았거든요. 그 대신 지하실 안으로 수류탄을 던졌지요.

학살은 사흘 동안 계속되었어요. 그리고 사흘 동안 우리는 다락방에 있었고요. 우리 옆에는 엄마가 없었어요. 우리는 엄마 생각만 했어요. 학살이 끝나자, 우리는 대문 옆에 서서 엄마를 기다렸죠. 엄마는 살았을까, 죽었을까? 갑자기 길모퉁이 뒤에서 우리의 옛 이웃이 나타나더군요. 그 아저씨는 걸음을 멈추지 않고 바로 지나쳤지만, 우리는 그 아저씨의 말을 들었지요. "너희 엄마는 살아 있단다." 엄마가 돌아왔을 때, 우리는 셋이서 함께 서 있다가 엄마를 봤어요. 아무도 울지 않았죠. 눈물이 나오지 않았어요. 오히려 마음이 놓였다고나 할까요. 심지어 배가 고픈 줄도 모르겠더라고요.

우리가 철조망 옆에 엄마와 함께 서 있는데, 아름다운 여자가 옆으로 지나가요. 그 여자가 철조망 너머에 서서 엄마에게 말해요. "이렇게 가여울 수가!" 엄마가 그 여자에게 대답해요. "우리가 가엾다고 생각한다면, 제발 딸아이를 한 명 데려가주세요." "좋아요." 여자는 생각에 잠긴 얼굴로 이렇게 말해요. 두 사람은 소곤소곤 나머지 이야기를 끝내요.

다음 날, 엄마는 날 게토 입구로 데려갔어요.

"게네치카,* 인형을 유모차에 태우고 마루샤 아주머니(우리 이웃이에요)에게로 가."

그때 내가 무슨 옷을 입었는지 기억나요. 하늘색 재킷, 하얀 방울이 달린 스웨터를 입고 있었죠. 축일에나 입는 가장 좋은 옷이었어요.

엄마는 날 게토 입구 밖으로 떠밀고, 난 엄마에게 매달려요. 엄마는 날 떠밀면서도 눈물을 펑펑 쏟고 있어요. 내가 떠날 때의 모습도 기억나네요…… 입구가 어디에 있었는지, 보초병 초소가 어디에 있었는지도 기억나고요……

엄마가 일러준 곳으로 그렇게 유모차를 끌고 갔어요. 그곳에 가자, 사람들이 나에게 모피 외투를 입혀서 수레에 태우더군요. 수레를 타고 가는 내내, 난 울면서 이렇게 중얼거렸죠. "엄마, 엄마가 있는 곳에 나도 있어요. 엄마가 있는 곳에……"

농가에 도착했어요. 사람들이 나를 긴 의자에 앉혔죠. 내가 가게 된 그 가정에는 아이가 넷이나 있었어요. 그런데도 그 사람들은 날 받아준 거예요. 내 목숨을 구해준 그 여자의 이름을 모든 사람에게 알리고 싶어요. 볼로진스키 지구의 게네비차 마을에 사는 올림피야 포자리츠카야예요. 내가 그곳에 사는 한, 그 가족은 늘 공포에 시달려야 했어요. 언제라도 총살을 당할 수 있었죠…… 온 가족이요…… 네 명의 아이까지도요…… 게토 출신의 유대인 아이를 숨겨

---

* 게냐의 애칭이다.

주었다는 이유로 말이에요. 나 때문에 그 가족이 파멸할 수도 있었어요…… 얼마나 위대한 마음을 가져야 이렇게 할 수 있을까요? 그야말로 초인적인 인간의 마음이지요…… 독일군이 나타나면, 그 사람들은 즉시 날 어딘가로 보냈어요. 집 바로 옆에는 숲이 있었답니다. 숲이 날 구했죠. 그 여자는 날 몹시 가여워했어요. 친자식들과 나를 똑같이 가여워했죠. 무언가를 줄 때도 모두에게 똑같이 주었고, 입을 맞춰줄 때도 모두에게 똑같이 해주었어요. 그리고 모두의 머리를 똑같이 쓰다듬어주었죠. 난 그 아주머니를 '마무샤*'라고 불렀어요. 어딘가에 내 엄마가 있다면, 여기에는 '마무샤'가 있는 거죠……

탱크들이 농가 쪽으로 다가오던 날, 난 암소들에게 풀을 뜯기다가 탱크를 보고는 숨어버렸어요. 그 탱크가 아군의 것이라고는 믿을 수 없었거든요. 하지만 탱크에 찍힌 붉은 별 문양을 알아보고는 길거리로 나왔어요. 맨 앞의 탱크에서 군인이 껑충 뛰어내려오더니 내 팔을 잡고 번쩍 들어 올리더군요. 그때 농가의 안주인이 달려왔어요. 아주머니는 무척 행복에 겨웠기에(얼마나 아름다웠는지 몰라요) 무언가 좋은 것을 함께 나누고 싶어했고, 자신들도 이 승리를 위해 무언가 했다는 사실을 말하고 싶어했어요. 그렇게 해서 아주머니는 날 구하게 된 사연을 이야기하게 되었죠. 유대인 여자아이인 나를……

---

* 러시아어로 '어머니'는 'mat''다. 좀 더 친근하고 다정한 어감의 '엄마'는 'mama'인데, 이것을 다양하게 변형한 애칭으로 'mamen'ka' 'mamon'ka' 'mamochika' 'mamulya' 'mamunya' 'mamusya' 등이 있다.

그 군인은 날 꼭 껴안았어요. 난 아주 비쩍 말라 있어서 그 아저씨 품에 쏙 들어갔지요. 군인 아저씨는 아주머니도 껴안았어요. 마치 그 아주머니가 자기 딸을 구해주었다는 듯한 표정으로요…… 아저씨는 자기 가족은 전부 죽었다고, 전쟁이 끝나면 이 마을로 돌아와 날 모스크바로 데려가겠다고 말하더군요. 난 절대 동의하지 않았어요. 비록 엄마가 살았는지 죽었는지 몰랐지만요.

다른 사람들도 달려와서 나를 껴안아주었어요. 그러고는 다들 솔직히 털어놓더군요. 아주머니가 집에 누구를 숨겼는지 눈치 채고 있었다고요.

나중에 날 데리러 엄마가 왔답니다. 엄마는 안마당으로 들어와서, 아주머니와 그 친자식들 앞에 무릎을 꿇었지요……

"날 품에 안고 부대로 향했습니다…… 내 몸은 머리부터 발끝까지 성한 데가 없었어요……"

볼로자 암필로고프—열 살

현재—철공

난 열 살이었습니다. 꼭 열 살이었죠…… 그런데 전쟁이 일어난 겁니다. 그 빌어먹을 전쟁이!

난 다른 사내아이들과 안마당에서 술래잡기를 하고 있었지요. 커다란 차가 들어오더군요. 그런데 그 안에서 독일군 병사들이 튀어나오더니, 우리를 잡아 방수 덮개를 씌운 짐칸에 던지지 않겠습니까! 우리는 기차역으로 끌려갔습니다. 차가 후진하면서 기차로 접근하자, 독일군이 우리를 자루처럼 안으로 집어던지더군요. 짚이 깔린 바닥으로요.

차량 안에 아이들이 어찌나 많던지, 처음 한동안은 서 있는 것 말고는 아무것도 할 수 없었습니다. 어른은 없었고, 어린아이와 십대들만 있었죠. 차량 문이 굳게 닫힌 채로 기차는 이틀 밤낮을 꼬박 달렸습니다. 아무것도 볼 수 없었어요. 들리는 것이라고는, 레일 위를 달리는 바퀴 소리뿐이었지요. 낮에는 틈새에서 빛이라도 들어왔지만, 밤이면 너무 무서워서 다들 울었답니다. 우리는 어딘가 먼 곳으로 끌려가고 있는데, 우리 부모님들은 우리가 어디에 있는지도 모르잖아요. 셋째 날, 문이 열리더니 한 병사가 커다란 빵 몇 덩이를 안으로 던지더군요. 가까이 있던 아이들은 빵을 움켜쥐고 순식간에 꿀꺽 삼켰습니다. 난 문 맞은편에 있어서 빵을 보지 못했지요. 다만 "빵이다!"라는 외침이 들린 순간에 빵 냄새를 잠시 맡은 것 같긴 합니다. 빵 냄새만요.

기차가 며칠 동안 달렸는지 모르겠네요…… 하지만 더 이상 숨을 쉴 수 없었습니다. 우리가 그 차량 안에서 용변을 해결했거든요. 대변도, 소변도…… 기차가 폭격을 당했습니다…… 내가 있던 차량의 지붕이 떨어져 나갔죠. 난 혼자가 아니었습니다. 나에겐 친구 그루샤가 있었어요. 그 아이도 나처럼 열 살이었고, 전쟁 전에는 동급생이었죠. 폭격이 시작되자 우리는 당황하지 않기 위해 서로를 꽉 붙잡았습니다. 지붕이 떨어져 나간 순간, 우리는 위로 기어나가 기차에서 탈출하기로 결심했지요. 탈출이요! 우리는 이미 분명히 알았거든요. 우리가 서쪽으로, 독일로 끌려가고 있다는 걸요.

숲속은 어두웠습니다. 뒤를 돌아보니, 우리가 탔던 기차가 불타고 있었습니다. 기차가 하나의 모닥불처럼 타고 있었어요. 불꽃이 훨훨 타올랐지요. 우리는 밤새도록 걸어서 아침 무렵 어떤 마을에 도착했습니다. 하지만 그건 마을이 아니었어요. 집 대신…… 난 그런 광경은 처음 봤습니다. 시커먼 페치카들만 놓여 있었어요. 안개가 깔리고…… 우리는 마치 묘지를 돌아다니듯…… 검은 기념비들 가운데로 걸어갔지요…… 무언가 먹을 것을 찾았지만, 페치카는 텅 빈 채로 차갑게 우뚝 서 있었습니다. 우리는 계속 나아갔습니다. 저녁 무렵에 다시 불탄 자리와 텅 빈 페치카들을 발견하고는…… 걷고 또 걸었습니다…… 그리샤가 갑자기 픽 쓰러지더니 그 자리에서 죽고 말았습니다. 그 아이의 심장이 멈춰버렸어요. 난 밤새도록 그 아이를 내려다보며 아침까지 계속 앉아 있었습니다. 아침이 밝자, 난 모래땅에 두 손으로 작은 구덩이를 파서 그리샤를 묻어주었지요. 그 자리를 기억해두고 싶었습니다. 하지만 주위의 모든 것이 낯선데, 당신 같으면 기억하겠습니까?

난 걷습니다. 배가 고파서 현기증이 납니다. 갑자기 "잠깐! 얘야, 어디로 가니?"라는 말소리가 들립니다. 난 묻습니다. "아저씨들은 누구세요?" 그 사람들이 말합니다. "우리는 아군이란다. 파르티잔이야.” 그 사람들을 통해, 내가 비텝스크 주에 있다는 것, 알렉세옙스키 파르티잔 여단까지 오게 되었다는 것을 알게 되었습니다……

난 몸이 조금 튼튼해지자 전투에 참가하게 해달라고 요청했습니다. 하지만 그에 대한 답변으로, 파르티잔들은 날 놀려대며 취사반 보조로 보냈죠. 그런데 그런…… 그런 일이 일어난 겁니다…… 기차역으로 정찰병을 세 차례 보냈는데, 아무도 돌아오지 않는 거예요. 그런 일이 세 번 있고 난 후, 부대 지휘관은 전원을 정렬시키고 이렇게 말했습니다.

“네 번째는 내가 차마 못 보내겠다. 자원자가 가기로 한다……”

난 두 번째 줄에 서 있다가 이런 말을 들었어요.

“자원할 사람?” 난 학교에서처럼 팔을 번쩍 올렸습니다. 내 방한복은 너무 길어서 소매가 땅에 끌렸지요. 팔을 들어도, 그 팔은 보이지 않았어요. 소매가 늘어져서, 팔을 소매 밖으로 뺄 수가 없었거든요.

지휘관이 호령합니다.

“자원자, 한발 앞으로!”

난 한발 앞으로 나갔습니다.

“얘야……” 지휘관이 나에게 말했습니다. “얘야……”

부대원들은 나에게 작은 자루 하나와 낡은 털모자를 주었습니다. 털모자의 한쪽 귀는 찢어져 있었지요.

큰길로 나오자…… 내가 감시받고 있다는 느낌이 들었습니다. 주위를 둘러봐도 아무도 없습니다. 그때 난 울창한 사시나무 세 그루로 주의를 돌렸습니다. 조심스럽게 주시하니, 그곳에 독일군 저격 병이 앉아 있는 것이 보였습니다. 숲에서 나오는 사람들을 그자들이 전부 '제거'했던 것이죠. 그런데 숲 언저리에 사내아이가, 그것도 작은 자루를 둘러맨 사내아이가 나타나자, 그자들이 건드리지 않았던 겁니다.

난 부대로 돌아와 지휘관에게, 사시나무 틈에 독일군 저격병이 숨어 있다고 보고했습니다. 밤에 우리는 한 발의 사격도 없이 그들을 생포하여 부대로 끌고 왔죠. 그것이 나의 첫 번째 정찰이었습니다……

1943년 말…… 베센코비치스키 지구의 스타리에 첼니시키 마을에서 난 나치 친위대에게 체포되었습니다…… 꽂을대로 맞았지요. 징이 박힌 군화로 발길질도 당했고요. 무자비한 군화였습니다…… 고문을 한 뒤, 나치 친위대원들은 나를 길거리로 끌어내어 물을 끼얹었습니다. 때는 겨울이었어요. 내 몸은 얼어붙은 피투성이 딱지로 뒤덮였죠. 난 내 위에서 쿵쿵거리는 소리가 무엇인지 이해할 수 없었습니다. 친위대원들은 교수대를 만들고 있었습니다. 그자들이 날 들어올려 통나무 위에 세웠지요. 마지막으로 기억나는 것 말인가요? 생나무 향입니다…… 그 싱싱한 향기 말입니다……

올가미 매듭이 죄어졌습니다. 하지만 우리 편이 늦지 않게 끊어냈습니다…… 파르티잔이 매복을 하고 있었던 거죠. 의식이 돌아왔을 때, 난 아군 의사를 알아봤습니다. "2초만 더 늦었어도 끝장났을 거다. 나도 네 목숨을 구할 수 없었을 거야." 의사가 말했습니다. "얘야, 넌 정말 행운아다. 살았으니 말이다."

파르티잔이 날 품에 안고 부대로 향했습니다. 내 몸은 머리부터 발끝까지 성한 데가 없었어요. 너무 아프니까 이런 생각이 들더군요. '나도 자랄 수 있을까?'

"난 왜 이렇게 작아요?"

사샤 스트렐초프—네 살

현재—조종사

아버지는 날 보지도 못했답니다……

난 아버지 없이 태어났어요. 아버지는 두 번의 전쟁에 참전했습니다. 아버지가 핀란드 전쟁*에서 돌아오자, 조국 전쟁이 시작되었지요. 아버지는 두 번째로 집을 떠났습니다.

엄마에 대해서는 이런 기억이 남아 있습니다. 우리가 숲을 걷고 있을 때, 엄마는 "서두르지 마. 잘 들어봐. 나뭇잎이 어떻게 떨어지는지, 숲이 어떻게 살랑이는지……"라고 가르쳐줍니다. 엄마와 내가 길 위에 앉아 있습니다. 엄마가 나뭇가지로 모래땅에 작은 새를

---

* 흔히 '소련-핀란드 전쟁'이라 불린다. 제2차 세계대전 동안 소련과 핀란드가 1939~1940년, 1941~1944년에 걸쳐 두 차례 전쟁을 벌였다. 전쟁에 패한 핀란드는 소련에 배상금을 지불했고 포르칼라와 주변 지역을 소련의 해군 기지로 사용하도록 허가했다.

그려줍니다.

또 기억납니다. 난 키가 큰 사람이 되고 싶어서 엄마에게 물었습니다.

"아빠는 키가 커요?"

엄마가 대답했습니다.

"아주 크고 잘생겼지. 하지만 절대로 그런 것을 자랑하지 않았단다."

"그런데 난 왜 이렇게 작아요?"

난 이제 막 자라기 시작한 참이었지요…… 우리에게는 아버지 사진이 한 장도 없었습니다. 나에게는 내가 아버지를 닮았다는 확증이 필요했어요.

"닮았어. 많이 닮았다니까." 엄마는 이렇게 날 달래곤 했죠.

1945년…… 우리는 아버지가 전사했다는 사실을 알게 되었습니다. 엄마는 아버지를 무척 사랑한 나머지 정신이상이 되고 말았습니다…… 엄마는 아무도 알아보지 못했죠. 심지어 나도요. 내가 기억하는 한, 그 후로 내 옆에는 언제나 할머니만 있었습니다. 할머니의 이름은 슈라*였죠. 할머니와 난 혼동하지 않기 위해 이렇게 하기로 했습니다. 날 부를 때는 '슈리크', 할머니를 부를 때는 '사샤 할머니'라고 하자고요.

할머니는 옛날이야기를 해주지 않았습니다. 아침부터 늦은 밤까

---

* '사샤'와 '슈라' 모두 남자 이름인 알렉산드르와 여자 이름인 알렉산드라의 애칭이다. 애칭을 통해, 할머니의 본명은 '알렉산드라'이고 화자의 본명은 '알렉산드르'임을 알 수 있다.

지 빨래하고, 밭을 갈고, 요리하고, 세탁물에 표백을 했지요. 암소에게 풀을 뜯기기도 하고요. 축일에는 내가 태어나던 날을 즐겨 회상했어요. 이렇게 내가 당신에게 이야기하는 순간에도, 내 귀에는 할머니의 목소리가 들립니다. "따뜻한 날이었단다. 이그나트 할아범의 암소가 새끼를 낳았어. 그런데 그 암소와 새끼가 야킴 할아범의 정원으로 몰래 들어간 거야. 그때 네가 세상에 태어났지……"

우리 오두막 위로 계속 비행기들이 날아다녔습니다…… 아군의 비행기였죠. 난 2학년 때 비행기 조종사가 되기로 굳게 다짐했습니다.

할머니는 정치위원부로 갔습니다. 그곳에서 할머니에게 내 신분증명 서류를 요청했거든요. 할머니에게는 나에 관한 신분증명 서류가 없었습니다. 하지만 할머니는 나와 함께 아버지의 전사통지서를 수령했지요. 집으로 돌아오는 길에, 할머니는 이런 말을 했습니다. "감자를 캐자꾸나. 그러고 나서 너는 민스크에 있는 수보로프 육군 유년학교로 가렴."

길을 떠나기 전에 할머니는 누군가로부터 밀가루를 얻어와서 피로시키를 구워주더군요. 정치위원이 나를 차에 태우고 말했습니다. "내 아버지에게 바치는 경의를 네가 대신 받는 것이란다."

난 태어나서 처음으로 자동차를 탔답니다.

몇 달 후 육군 유년학교로 할머니가 찾아와 나에게 선물을 건넸습니다. 사과였어요. 할머니가 "먹어보렴" 하고 권했지요.

하지만 난 할머니의 선물과 그렇게 빨리 작별하고 싶지 않았답니다……

"그 개들은 인간의 냄새에 끌려서 온 것이었죠……"

나자 사비츠카야—열두 살

현재—노동자

마침 오빠가 군대에서 돌아오기를 기다리던 참이었어요. 오빠가 6월에 돌아오겠다고 편지했거든요……

우리는 생각했죠. 오빠가 돌아와서 살 집을 다 함께 짓자고요. 아버지는 벌써부터 말을 부리며 통나무를 모아들이고 있었어요. 저녁이면 우리는 다 같이 그 통나무에 앉아 있곤 했죠. 기억나요. 엄마는 아빠에게 큰 집을 짓자고 말했어요. 이제 많은 손주가 생길 테니까요.

전쟁이 일어났어요. 물론 오빠는 군대에서 돌아오지 않았죠. 우리 집에는 딸 다섯에 아들이 한 명 있었는데, 오빠는 그 가운데 맏이였어요. 엄마는 전쟁 내내 울었어요. 우리도 전쟁 내내 오빠를 기다렸죠. 우리가 날마다 오빠를 손꼽아 기다리던 일을 지금도 생생하게 기억해요.

생포된 아군 군인들이 이 지역 어딘가로 끌려오고 있다는 소문이 들려요. 얼른 그곳으로 가야 해요. 엄마는 빵을 열 개 구운 뒤 작은 보따리에 싸서 출발했죠. 한번은 가지고 갈 게 아무것도 없었어요. 하지만 밭에는 잘 익은 낟알들이 있었죠. 우리는 이삭을 따서 손으로 알곡을 비볐어요. 그러다가 밭에서 망을 보던 독일군 순찰병과 마주쳤죠. 놈들은 우리가 모은 알곡을 쏟아버리고는, '그 자리에 서!

총살해버리겠다!'라고 손짓 발짓으로 말해요. 우리는 엉엉 울고, 엄마는 놈들의 군화에 입을 맞춰요. 놈들은 높다랗게 말 위에 앉아 있고, 엄마는 그자들의 다리를 붙잡고 입을 맞추며 애원해요. "나리들! 제발…… 나리들, 내 자식이라고는 이 아이들이 전부예요. 보세요, 딸아이들뿐이랍니다." 놈들은 우리에게 총을 쏘지 않고 가버렸어요.

그자들이 떠나자, 난 소리 내어 웃기 시작했어요. 웃고 또 웃고, 그렇게 10분이 지났는데도 내가 계속 웃고 있어요. 20분이 지나고…… 얼마나 웃었던지 기진맥진하고 말았죠. 엄마가 야단을 쳐도 소용없고, 엄마가 애원을 해도 소용없어요. 집으로 돌아가는 내내, 난 계속 웃었어요. 집에 도착해서도 웃었지요. 베개에 얼굴을 파묻어도 진정할 수 없어요. 그래서 또 웃어요. 그렇게 하루 종일 난 웃어댔어요. 다들 내가…… 뭐, 무슨 말인지 알겠죠……? 모두 두려움을 느꼈어요…… 내가 미친 게 아닐까 무서워했죠.

지금까지도 그 버릇이 남아 있어요. 겁에 질리면 큰 소리로 웃어대는 거예요. 아주 큰 소리로요.

1944년…… 우리는 해방되었어요. 그때 우리는 오빠가 전사했다는 통지를 받았죠. 엄마는 울고 또 울다가 실명하고 말았어요. 우리는 마을 밖에 있는 독일군 참호에서 살았어요. 마을 전체가 불타버렸고, 우리의 낡은 집뿐 아니라 새집을 짓기 위한 통나무까지 다 타버렸거든요. 우리에게는 성한 것이 하나도 없었어요. 우리는 숲에서 독일군 철모를 발견해 그 속에 음식을 넣고 끓였답니다. 독일군 철모는 솥처럼 컸거든요. 우리는 숲에서 지냈어요. 딸기와 버섯을 따러 갈 때면 아주 무서웠어요. 독일군의 세퍼드가 많이 남아 있었는데, 그 개들이 사람에게 달려들었거든요. 어린아이들을 물어 죽이고요. 인간의 살에, 인간의 피에 맛을 들인 거죠. 싱싱한 피 냄새에…… 숲에 들어갈 때면, 우리는 큰 무리를 지어 다녔어요. 스무 명씩…… 엄마들은 자녀들에게, 숲속을 다닐 때는 크게 소리를 질러야한다고 가르쳤어요. 그러면 개들이 겁을 낸다고요. 바구니에 딸기가찰 때쯤이면 그동안 어찌나 소리를 질렀던지 목소리도 나오지 않았어요. 목이 잠기고, 목구멍이 부풀어 올라요. 개들은 늑대처럼 컸어요.

그 개들은 인간의 냄새에 끌려서 온 것이었죠……

"왜 놈들이 얼굴에 총을 쏜 거예요? 우리 엄마가 얼마나 예뻤는데……"

볼로자 코르슈크―일곱 살

현재―교수, 역사학 박사

우리는 브레스트에 살았습니다. 바로 국경선 옆이었죠……

저녁에 엄마, 아빠, 나, 이렇게 셋이서 영화관에 갔습니다. 온 가족이 다 함께 어딘가로 외출하는 것은 아주 드문 일이었지요. 아버지가 늘 바빴거든요. 아버지는 주州 교육국의 국장이었는데, 늘 출장을 다녔습니다.

전쟁 전 마지막 저녁…… 마지막 밤……

아침에 엄마가 나를 흔들어 깨웠을 때, 사방에서 우르릉, 쿵쿵, 윙윙 소리가 들렸습니다. 매우 이른 시간이어서 창밖이 아직 어두웠던 것이 기억납니다. 부모님은 여행용 가방을 채우려고 부산을 떨었지만, 어째서인지 그 안에는 아무것도 없었습니다.

우리는 커다란 정원이 딸린 단독 주택에 살았습니다. 아버지는 어디론가 떠났고, 엄마와 난 창밖을 주시했습니다. 어떤 군인들이 정원에 서서 서툰 러시아어로 이야기를 하더군요. 그 사람들은 아군 군복을 입고 있었습니다. 엄마는 그자들이 파괴분자라고 말했습니다. 우리 정원에, 엊저녁에 사용한 사모바르가 테이블 위에 여전히 놓여 있는 정원에 갑자기 파괴분자라니, 내 머리로는 도저히 이해할 수 없었습니다. 우리 국경수비대원은 도대체 어디에 있는 걸까?

우리는 도시를 벗어나기 위해 계속 걸었습니다. 눈앞에서 석조주택이 무너지고, 창밖으로 전화기가 날아왔습니다. 길 한복판에 침대가 놓여 있고, 그 위에는 죽은 여자아이가 이불을 덮고 누워 있었습니다. 마치 어디에선가 침대를 날라온 것 같았죠. 이불만 조금 탔을 뿐 모든 것이 아주 온전했거든요. 시내를 벗어나자, 곧 호밀밭이 펼쳐졌고 비행기들이 기관총으로 우리에게 사격을 퍼부었습니다. 그래서 다들 길로 가지 않고 호밀밭 속으로 들어가 이동했지요.

숲속으로 들어서자 별로 무섭지 않았습니다. 숲에서 나오니 커다란 차가 보이더군요. 독일군들이 타고 있었지요. 놈들이 큰 소리로 웃었습니다. 낯선 언어도 들렸습니다. 그 말에는 'rrr' 소리가 많더군요……

부모님은 서로 계속 물었습니다. "우리 편은 어디 있지?" "아군은
어디 있을까?" 난 마음속으로 상상했습니다. 당장이라도 부존니가 군
마를 타고 달려올 것이라고요. 그러면 독일군은 공포에 질려 달아날
것이라고요…… 우리 기병대를 대적할 수 있는 것은 아무것도 없다.
아버지는 얼마 전까지만 해도 나에게 그런 확신을 불어넣으셨지요.

우리는 오랫동안 걸었습니다. 밤이 되어 마을에 들르면, 사람들
이 우리에게 먹을 것을 주고 몸을 녹이게 해주었습니다. 많은 사람
이 아버지를 알았고, 아버지도 많은 사람을 알았죠. 어느 마을에 들
렀을 때의 일입니다. 지금까지도 그 마을에 살던 선생님의 성을 기
억하고 있어요. 파우크라는 분이었죠. 그분에게는 집이 두 채 있었
습니다. 새집과 낡은 집이 나란히 붙어 있었죠. 그 가족이 우리에게
그곳에서 지내라며 집 한 채를 제공했어요. 하지만 아버지는 거절했
죠. 선생님은 우리를 대로까지 데려다주었습니다. 엄마는 그분에게
돈을 드리려고 했지만, 그분은 고개를 저으면서, 힘든 시기의 우정
은 돈으로도 살 수 없다고 말했지요. 그 말이 기억납니다.

그렇게 해서 우리는 우즈다 시까지 걸어갔습니다. 그곳은 아버지
가 태어난 고장이었지요. 우리는 므로치카 마을에 있는 할아버지 댁
에서 살게 되었습니다.

내가 우리 집에서 처음으로 파르티잔을 본 것은 겨울이었습니다.
그때부터 난 '파르티잔이란 하얀 위장 망토를 쓴 사람들'이라고 생
각하게 되었죠. 아버지는 곧 그 사람들과 함께 숲으로 떠났고, 엄마

와 난 할아버지 댁에 남았습니다.

엄마는 무언가를 짓고 있었습니다…… 아니에요…… 커다란 테이블 앞에 앉아 수틀에 자수를 놓고 있었습니다. 난 페치카 위에 있었고요. 독일군이 촌장과 함께 집 안으로 들이닥쳤습니다. 촌장이 엄마를 가리키며 "저 여자입니다"라고 말하더군요. 놈들이 엄마에게 채비를 하라고 명령했습니다. 그때 난 소스라치게 놀랐습니다. 엄마는 안마당으로 끌려가면서 작별 인사를 하려고 날 불렀는데, 난 긴 의자 밑에 기어들어가버렸지요. 아무도 날 그곳에서 끌어낼 수 없었습니다.

놈들은 엄마를 다른 두 아주머니와 한 무리로 묶어 끌고 갔습니다. 그 아주머니들의 남편도 파르티잔이었지요. 그분들이 어디로, 어느 쪽으로 끌려갔는지는 아무도 몰랐습니다. 이튿날 마을로부터 그다지 멀리 떨어지지 않은 곳에서 그분들이 발견되었지요. 모두 눈 속에 쓰러져 있었습니다…… 밤새도록 눈이 내렸는데…… 엄마가 집으로 실려왔을 때의 일입니다. 지금도 기억나는 것은, 이유는 모르겠지만, 놈들이 엄마 얼굴에 총을 쏴서 그 한쪽 뺨에 검은 구멍이 여러 개 있었다는 점이에요. 난 할아버지에게 계속 물었죠. "왜 놈들이 얼굴에 총을 쏜 거예요? 우리 엄마가 얼마나 예뻤는데……" 우리는 엄마를 땅에 묻었습니다…… 장례식에 참석한 사람은 할아버지, 할머니, 그리고 나뿐이었어요. 사람들은 두려워했습니다. 밤이 되자, 사람들이 용서를 구하려고 오더군요…… 사람들이 밤새도록 우리 집 문을 들락날락했습니다. 하지만 낮에는 우리만 있었지요.

난 엄마가 무엇 때문에 죽임을 당했는지 이해할 수 없었어요. 나쁜 짓은 하나도 하지 않았는데 말이에요. 엄마는 앉아서 수를 놓았을 뿐인데······

어느 밤, 아버지가 와서 날 데려가겠다고 말했습니다. 행복했어요. 처음 얼마 동안은 파르티잔 틈에서 사는 생활이 할아버지 집에 있을 때와 별반 다르지 않았습니다. 아버지는 임무를 떠날 때마다 마을의 어느 집에 날 맡겼습니다. 언젠가 날 맡아준 아주머니가 죽은 남편을 썰매에 실어오던 일이 기억나네요. 아주머니는 관이 놓인 테이블에 머리를 쿵쿵 찧으면서 계속 똑같은 말을 중얼거렸습니다. "헤로데* 같은 놈들."

오랫동안 아무리 기다려도 아버지는 오지 않았습니다. 나는 생각했죠. '엄마도 없고, 할아버지와 할머니는 어딘가 멀리 계셔. 그런데 만약 죽은 아버지가 썰매로 실려오면, 어린아이인 내가 혼자 뭘 할 수 있을까?' 아버지가 돌아왔을 때, 나에게는 그동안 영원의 시간이 흐른 것처럼 느껴졌습니다. 아버지를 기다리는 동안, 난 아버지에게 존댓말만 쓰자고 스스로에게 다짐했죠. 이런 것으로, 내가 얼마나 아버지를 사랑하는지, 또 얼마나 그리워했는지 확실하게 전하고 싶었던 겁니다. 그리고 나에게는 이제 아버지밖에 없다는 사실도

---

* 로마 제국 시대에 유대 지방에 분봉된 왕이다. 마태오 복음서 2장에는 헤로데가 저지른 유아 대학살이 묘사되어 있다. 헤로데는 동방박사로부터 유다의 왕이 탄생했다는 말을 듣고는, 율법학자들이 그 출생지로 추정한 베들레헴 및 그 일대에서 태어난 두 살 이하의 사내아이를 전부 죽였다. '헤로데'는 '폭군'이나 '학살자'를 일컫는 표현으로 널리 사용된다.

요. 내가 아버지를 어떻게 대하는지에 대해, 처음에는 아버지도 눈치 채지 못한 듯 보였습니다. 하지만 나중에는 "왜 나에게 존댓말을 쓰니?"라고 물었지요. 난 내가 어떤 다짐을 했는지, 어떤 이유로 그랬는지 솔직히 털어놓았습니다. 그러자 아버지가 차근차근 설명해주었습니다. "나한테도 너밖에 없단다. 그러니까 우리는 서로 마음을 터놓고 허물없이 지내야 해. 우리는 세상에서 가장 가까운 사이니까." 나는 이제 다시는 아버지와 헤어지지 않게 해달라고 애원했습니다. "넌 이제 어른이야. 어엿한 사내란다." 아버지는 이런 말로 날 설득했지요.

아버지의 따뜻한 품을 기억합니다. 우리를 향해 총알이 빗발치듯 쏟아지던 때…… 우리는 4월의 차가운 땅바닥에 누워 있었습니다. 아직 풀도 나지 않은 때였죠…… 아버지는 좀 더 깊은 구덩이를 발견하자 나에게 말했습니다. "네가 아래에 엎드려라. 내가 그 위에 엎드릴 테니. 그러면 설사 내가 죽는다 해도, 넌 살아남을 거다." 부대원들은 모두 날 가엽게 여겼습니다. 나이 지긋한 한 파르티잔이 내 모자를 벗기고 한참 동안 머리를 쓰다듬어주던 일을 기억합니다. 그 아저씨는 아빠에게 말했습니다. 자기에게도 나만 한 아들이 있다고, 그 아이도 어딘가에서 도망치고 있을 거라고요. 우리가 허리까지 물이 찬 늪지를 이동할 때, 아버지는 나를 업고 걸었습니다. 하지만 아버지는 금세 지치고 말았죠. 그러자 파르티잔들이 나를 교대로 업어주었습니다. 난 그 일을 결코 잊지 못할 겁니다. 괭이밥을 조금 발견했을 때 그분들이 그것을 전부 나에게 주던 일도 잊지 못할 겁니다.

자신들은 굶주린 채로 잠들면서……

나를 비롯해 파르티잔의 아이 몇 명이 비행기로 고멜 고아원에 수송되었습니다. 고멜 시가 해방되자마자, 누군가가 아버지로부터 부탁받은 돈을 나에게 주더군요. 커다란 붉은 지폐였죠. 나는 다른 사내아이들과 함께 시장으로 가서 사탕과자를 사는 데 그 돈을 전부 써버렸습니다. 아주 많은 사탕과자를 받았지요. 모든 아이에게 넉넉히 돌아갈 정도였습니다. 보육 선생님이 물었습니다. "아버지가 보낸 돈을 어떻게 했니?" 난 사탕과자를 샀다고 솔직히 말했습니다. "다 썼다고?" 선생님이 깜짝 놀랐습니다.

민스크가 해방되었습니다…… 어떤 남자가 날 찾아와서, 날 아버지에게 데려다주겠다고 말했습니다. 기차를 타기가 무척 힘들었습니다. 그래서 남자가 먼저 자리를 잡고, 사람들이 창문을 통해 날 그 남자에게로 넘겨주었지요.

아버지와 만났습니다. 혼자 있는 것은 괴로우니 다시는, 다시는 헤어지지 말자고 또 한 번 아버지에게 애원했지요. 지금도 기억합니다. 아버지는 혼자서가 아니라 새엄마와 함께 날 맞이했습니다. 새엄마가 내 머리를 꼭 끌어안더군요. 난 엄마의 품이 무척 그리웠습니다. 그러던 가운데 새엄마가 어루만져주자, 난 너무나 행복한 나머지 차 안에서 곧바로 잠들고 말았습니다. 새엄마의 어깨에 기대어……

열 살에 1학년으로 입학했습니다. 하지만 난 덩치도 크고 읽기도 할 수 있었기 때문에 반년 후 2학년으로 진급했지요. 난 읽기는 할 수 있었지만 쓰기는 못 했습니다. 칠판 앞으로 불려가서 'y[우]'라는 철자를 써야 했던 적이 있습니다. 난 가만히 서서, 나 자신이 'y'를 어떻게 쓰는지 모른다는 사실을 생각하며 두려움을 느꼈습니다. 사격은 잘할 수 있는데, 사격 솜씨는 훌륭한데 말이에요.

어느 날 찬장 안을 들여다보니 아버지의 피스톨이 보이지 않았습니다. 찬장을 구석구석 뒤졌지만 피스톨은 없었어요.

"어떻게 된 거야? 앞으로 뭘 할 건데?" 아버지가 직장에서 돌아오자, 난 아버지에게 물었습니다.

"아이들을 가르칠 거다." 아버지가 대답했습니다.

난 당황하고 말았지요…… 일이라고 하면 전쟁만 생각했거든요……

"널 총으로 쏘아달라고 빌더구나……"

바샤 바이카초프—열두 살
현재—공장 기술지도원

그 일을 종종 떠올리곤 합니다…… 그 시절은 유년기의 마지막 나날들이었어요……

겨울방학 때, 우리 학교 전체가 군사대회에 참가하게 되었답니다. 그 대회를 앞두고 우리는 정렬 훈련을 하고, 나무로 라이플총을 손수 제작하고, 위장 망토와 위생병 옷을 지었지요. 군부 책임자들도 군용 경비행기를 타고 왔습니다. 얼마나 기뻤는지 모릅니다!

그런데 6월에는 이미 우리 머리 위로 독일군 비행기가 날아다니며 척후병들을 떨어뜨리고 있었습니다. 회색 격자무늬 상의와 전투모를 착용한 젊은 청년들을요. 우리는 어른들과 함께 몇 명을 잡아 농촌 소비에트에 넘겼답니다. 우리는 군사 작전에 참여한 것이 무척 자랑스러웠지요. 그 작전은 겨울에 했던 군사대회를 떠올리게 했습니다. 하지만 곧 다른 군인들이 나타났지요…… 그자들은 격자무늬 상의와 전투모를 착용하지 않았습니다. 소매를 걷은 녹색 군복을 입고, 목이 넓은 데다 뒤축에 징을 박은 부츠를 신고, 등에는 송아지 가죽 배낭을 메고, 옆구리에는 길쭉한 방독면 통을 달고, 앞쪽에는 자동소총을 드리웠지요. 뚱뚱하고 육중한 사람들이었어요. 그자들은 노래를 하면서 "츠바이 모나트,* 모스크바는 끝이다!"라고 소리를 질렀습니다. 아버지는 나에게 "'츠바이 모나트'는 두 달을 뜻한단다"라고 설명해주었지요. 겨우 두 달 만에? 겨우? 그 전쟁은 얼마 전 우리가 참가했던, 내가 마음에 들어했던 그 군사대회와는 완전히 달랐습니다.

처음 얼마 동안은 독일군이 우리 말레비치 마을에 머물지 않고 즐로빈 기차역으로 돌진했습니다. 그곳은 우리 아버지가 일하는 곳이었죠. 하지만 아버지는 더 이상 역에 다니지 않았습니다. 이제 곧 아

---

* '두 달'이라는 뜻의 독일어 'zwei Monat'를 러시아 음가로 표현했다.

군이 돌아와서 독일군을 국경 쪽으로 몰아내주기만 기다렸죠. 우리
는 아버지를 믿었고, 우리 역시 아군을 기다렸습니다. 매일같이 기
다렸지요. 하지만 그 사람들은…… 우리 군인들은…… 주위에 쓰러
져 있었습니다. 도로에, 숲속에, 도랑에, 들판에요. 채소밭에도……
토탄 구덩이에도요…… 전사자들이 쓰러져 있었습니다. 라이플총
을 맨 채로 너부러져 있었죠. 수류탄도 지닌 채로요. 날씨가 따뜻했
습니다. 따뜻한 날씨 때문에 시신이 부풀었지요. 날마다 점점 더 커
지는 것 같았습니다. 하지만 군대가 몰살당해서, 시신을 묻어줄 사
람이 아무도 없었습니다……

　아버지는 말에 마구를 달았고, 우리는 들판으로 향했습니다. 전사
자들을 모으기 시작했지요. 구덩이를 파고…… 열 명에서 열두 명씩
나란히 눕혔습니다…… 내 책가방은 신분증명서로 가득 채워졌습니
다. 주소지를 기억합니다. 그 군인들은 쿠이비셉스카야 주 울리야놉
스크 시 출신이었습니다.

　며칠 후 나는 마을 밖에서 아버지의 시신을 발견했습니다. 내 단
짝인 열네 살 바샤 셉초프의 시신도요. 할아버지와 내가 그곳에 도
착한 순간…… 폭격이 시작되었습니다…… 바샤는 묻었지만, 아버
지는 미처 묻지 못했지요. 폭격이 끝난 뒤, 아버지의 시신은 흔적도
없이 사라졌더군요. 우리는 무덤에 십자가를 세웠습니다. 그게 전부
였어요. 십자가만 달랑 있었죠. 그 밑에는 아버지가 축일에 입던 옷
을 묻었고요……

　일주일 뒤에는 더 이상 병사들을 거둘 수 없었습니다…… 시신을

들어올릴 수가 없었죠…… 군복 상의 밑으로 물이 흥건하게 고여 있어서…… 우리는 군인들의 라이플총과 군인 수첩을 거둬들였습니다.

할아버지는 폭격 때 목숨을 잃었습니다……

앞으로 어떻게 살아야 하지? 아버지도 없이, 할아버지도 없이 어떻게 살아야 하나? 엄마는 울고 또 울었습니다. 우리가 거두어 안전한 장소에 묻어둔 무기들은 어떻게 처리해야 하나? 누구에게 전달하지? 함께 상의할 사람이 없었습니다. 엄마는 울기만 합니다.

겨울에 지하활동가들과 연락이 닿았습니다. 그 사람들은 내 선물에 기뻐했지요. 무기는 파르티잔들이 있는 곳으로 운반되었습니다……

시간이 흘렀습니다. 얼마나 흘렀는지는 기억나지 않네요…… 아마 넉 달쯤 지난 것 같습니다. 그날, 지난해에 감자밭이었던 곳에서 얼어붙은 감자를 거두었던 것이 기억납니다. 땀에 젖고 배를 곯은 채 집으로 돌아왔습니다. 하지만 양동이 하나를 가득 채워서 왔지요. 흠뻑 젖은 나무껍질 신발을 벗자마자, 우리가 지내는 지하실의 뚜껑을 두들기는 소리가 들렸습니다. 누군가가 "이곳에 보이카초프가 있습니까?"라고 묻더군요. 내가 지하실의 채광창으로 고개를 내민 순간, 밖으로 나오라는 명령이 들렸습니다. 서두르느라 털모자 대신 부조노프카를 쓰고 말았지요. 나는 밖으로 나가자마자 채찍으로 맞았습니다.

지하실 주위에는 말이 세 마리 있었고, 그 위에는 독일군과 그 앞잡이가 앉아 있었습니다. 한 앞잡이가 말에서 내리더니, 내 목에 가

죽 허리띠를 걸고 안장에 묶었습니다. 어머니는 "이 아이에게 뭘 좀 먹이게 해주세요"라고 애원했습니다. 어머니가 언 감자로 만든 레표시카를 가져오려고 지하실로 내려가자, 그놈들은 채찍으로 말을 후려갈겨 곧바로 내달렸습니다. 그자들은 그렇게 나를 베셸리 마을까지 5킬로미터 정도 끌고 갔지요.

첫 심문에서 파시스트 장교는 단순한 질문을 던졌습니다. 성이 뭐냐? 이름이 뭐냐? 출생 연도는? 아버지와 어머니가 누구냐? 젊은 앞잡이가 통역을 했습니다. 심문이 끝나자 그 남자가 말했습니다. "당장 가서 고문실을 치워. 그곳의 긴 의자 위를 잘 봐두고……" 그놈들은 나에게 물이 든 양동이, 싸리비, 걸레를 주고는 어디론가 데려갔습니다……

그곳에서 무시무시한 광경을 봤습니다. 방 한가운데에는 가죽 띠 세 개가 부착된 폭이 넓은 긴 의자가 있었습니다. 그 가죽 띠는 사람의 목과 허리와 다리를 고정하기 위한 것이었습니다. 한구석에는 굵은 자작나무 몽둥이와 물이 든 양동이가 있었는데, 물 색깔이 핏빛이었습니다. 마룻바닥에는 흥건하게 고인 피와…… 오줌과…… 똥이……

나는 물을 계속 날랐습니다. 걸레는 시뻘게졌습니다.

아침에 장교가 날 불렀습니다.

"무기는 어디 있어? 지하활동가들 가운데 누구와 연락을 주고받나? 넌 어떤 임무를 받았지?" 질문이 잇달아 쏟아졌습니다.

난 아직 어려서 아무것도 모른다고 발뺌을 했습니다. 들판에서 모은 것은 무기가 아니라 언 감자라고 변명했지요.

"지하실에 처넣어." 장교가 병사에게 명령했습니다.

병사는 차가운 물과 함께 나를 지하실로 내려보냈습니다. 그에 앞서 방금 그곳에서 끌려나온 파르티잔을 보여주더군요. 그 사람은 고문을 견디다 못해…… 질식하여 죽은 것이었습니다…… 그리고 이제 그 사람은 길거리에 너부러져 있습니다……

물이 목구멍까지 차서…… 심장과 혈관의 피가 세차게 뛰는 것이, 내 몸 주위의 물이 피 때문에 따뜻해지는 게 느껴졌습니다. 정신을 잃을까봐, 숨이 막혀 죽을까봐 무서웠습니다.

다음 심문 때였습니다. 놈들은 내 귀에 피스톨의 총신을 겨누고 방아쇠를 당겼습니다. 마른 나무판자가 쪼개졌습니다. 마룻바닥을 쏜 것이죠! 몽둥이에 척추뼈를 맞고 쓰러집니다…… 덩치가 크고 육중한 남자가 날 내려다보고 서 있습니다. 그 남자에게서 소시지와 밀주 냄새가 풍깁니다. 구역질이 나지만, 속이 비어 토할 것도 없습니다. "네 몸에서 바닥으로 쏟아진 것을 당장 혓바닥으로 핥아…… 혓바닥으로, 알았어? 알았냐고, 이 빨갱이 새끼야?!"

감방으로 돌아온 후, 나는 통증으로 잠을 잘 수도 없는 상태에서 의식을 잃고 말았습니다. 어느 때는 내가 학교에서 정렬하여 서 있는 것처럼 느껴졌습니다. 류보피 이바노브나 라시케비치 선생님의 말소리가 들립니다. "가을이 되면 여러분은 5학년으로 진급할 거예요. 여러분, 이제 안녕. 다들 여름 동안 무럭무럭 자라요. 바샤 보이카초프, 지금은 키가 가장 작지만 앞으로 가장 클 거예요." 류보피 이바노브나 선생님이 생긋 웃습니다……

또 어느 때는 아버지와 함께 들판을 걸으며 아군 전사자들을 찾고 있습니다. 아버지는 앞쪽에 있습니다. 사시나무 밑에서 한 사람을 발견합니다…… 정확히 말하면, 사람이라기보다 남은 몸뚱이입니다. 팔도 없고 다리도 없어요…… 그런데 아직 숨이 붙은 채로 나에게 애원합니다. "애야, 총으로 날 쏘아다오……"

감방에서 나와 나란히 누워 있던 할아버지가 날 흔들어 깨웁니다.

"애야, 소리치지 마라."

"제가 뭐라고 소리쳤는데요?"

"널 총으로 쏘아달라고 빌더구나……"

수십 년이 지났는데도, 난 여전히 놀라워하고 있습니다. 내가 살아 있다니요?!

"나에게는 머릿수건조차 없었어요……"

나자 고르바초바―일곱 살
현재―텔레비전 방송국 직원

전쟁에서 내가 흥미롭게 여기는 부분은 설명하기 어려운 것이에요…… 지금까지도 난 그것에 대해 많은 생각을 한답니다……

아버지가 어떻게 전선으로 떠났는지는 기억나지 않아요……

아버지는 말로 표현하지는 않아도 우리를 소중히 여겼답니다. 아침에 아빠는 여동생과 나를 유치원에 데려다주었어요. 모든 것이 여느 때와 다름없었죠. 저녁에 우리는 왜 아버지가 없냐고 엄마에게 물었어요. 엄마는 "곧 돌아오실 거야. 며칠만 지나면" 하고 우리를 달랬어요.

찻길을 기억해요…… 차들이 달리고, 짐칸에서는 암소들이 음매 울고 돼지들이 꿀꿀거렸죠. 어떤 차의 짐칸에는 한 사내아이가 선인장을 손에 들고 있었는데, 차가 덜컹거릴 때마다 이리 뛰고 저리 뛰고 했어요…… 그 애가 뛰는 모습이 나와 여동생에게는 우습게 보였죠. 우리는 어린애들이었으니까요…… 우리는 밭을 보았고 나비도 봤어요. 차를 타게 되어 즐거웠어요. 엄마는 우리를 보호했고, 우리는 엄마의 '날개' 아래 앉아 있었지요. 재앙이 일어나고 있다는 것은 어렴풋이 느꼈어요. 하지만 엄마가 우리와 함께 있잖아요. 게다가 목적지에 도착하면 모든 문제가 잘 풀릴 테죠. 엄마는 포탄으로부터, 어른들의 겁에 질린 대화로부터, 안 좋은 모든 것으로부터 우리를 지켜주었어요. 엄마의 얼굴을 읽어낼 수만 있었다면, 그 표정에서 모든 것을 깨달았을 텐데…… 하지만 엄마의 얼굴이 기억나지 않아요. 여동생의 어깨 위에 내려앉은 커다란 잠자리는 기억나는데 말이에요. 난그 잠자리를 보고는 "비행기다!"라고 외쳤죠. 그런데 어째서인지 어른들이 화물차에서 펄쩍 뛰어내려 고개를 쳐들더라고요.

센넨스키 지구의 고로제츠 마을에 있는 할아버지 집에 도착했어요. 그 집에는 대가족이 살았죠. 우리는 여름용 부엌에서 지냈어요.

사람들이 우리를 '별장객'이라고 부르더군요. 그 별칭은 전쟁이 끝날 때까지 우리에게 꼬리표처럼 따라다녔어요. 전쟁 첫해에 우리가 여름 놀이를 했는지 어떤지는 기억나지 않아요. 우리는 분명 놀지 못했을 거예요. 막내인 남동생이 자라고 있었어요. 엄마는 밭을 갈고 씨를 뿌리고 바느질을 해야 했기 때문에 우리가 막냇동생을 돌봤죠. 집에는 우리만 있었어요. 우리는 숟가락과 접시를 씻고 마루를 닦고 페치카의 불을 살피고 다음 날 쓸 장작을 모으고 물을 길어야 했어요. 양동이를 가득 채우면 나를 수 없었기 때문에 반만 채웠죠. 저녁에는 엄마가 여동생과 나에게 "넌 부엌 담당, 넌 동생 담당" 하고 역할을 맡겼어요. 그러면 각자 자신의 일을 책임지고 했답니다.

배가 고팠어요. 그런데 우리 집에 고양이가 한 마리 생기고, 뒤이어 개도 한 마리 생겼죠. 그 아이들도 우리 가족이잖아요. 우리는 모든 것을 그 아이들과 반씩 나누었어요. 가끔 고양이와 개에게 돌아갈 몫이 부족하기도 했지요. 그러면 우리는 몰래 저마다 한 조각씩 고양이와 개를 위해 남겨두려고 애썼답니다. 고양이가 포탄 파편에 맞아 죽었을 때는, 그 상실감이 몹시 커서 도저히 견뎌낼 수 없을 것 같았어요. 이틀 동안 줄곧 울었죠. 우리는 눈물을 쏟으며 장례식을 치렀어요. 십자가를 세우고, 꽃을 심고, 물을 뿌렸지요.

우리가 얼마나 울었는지 몰라요. 그 눈물을 기억하기에, 지금도 난 고양이를 못 키워요. 딸이 어릴 때 강아지를 사달라고 졸랐지만, 난 그 바람을 들어줄 수 없었답니다.

그 후 우리에게 무언가가 일어났어요. 더 이상 죽음을 두려워하지 않게 된 것이죠.

커다란 독일군 차가 들이닥쳐 집 안에 있던 사람들을 전부 끌고 갔어요. 놈들이 우리를 정렬시키더니 숫자를 세더군요. "아인, 츠바이, 드라이*……" 엄마는 아홉 번째였어요. 열 번째 사람은 총살당했죠. 우리 이웃이었는데…… 엄마는 남동생을 품에 안고 있다가 떨어뜨리고 말았어요.

그 냄새를 기억해요…… 지금도 영화에서 파시스트들을 보면 병사들의 냄새가 느껴져요. 가죽, 질 좋은 나사천, 땀……

그날 여동생은 남동생을 돌봤고, 난 채소밭에서 잡초를 뽑았어요. 난 감자밭에서 몸을 숙이고 있어 눈에 띄지 않았어요. 당신도 알죠? 어릴 때는 모든 것이 커다랗게 느껴지잖아요. 비행기가 있는 것을 알아차렸을 때는 이미 그것이 내 위에서 빙글빙글 돌고 있었어요. 조종사의 얼굴을 아주 또렷하게 봤죠. 그자의 젊은 얼굴을요. 다다! 연발 사격 소리가 들렸어요. 비행기가 두 번째로 방향을 선회하고 있었어요…… 그자는 날 죽이려고 하지는 않았지만, 분명 즐기고 있었어요. 그때 난 어린아이의 머리로 그것을 느꼈죠. 하지만 나에게는 머릿수건조차 없었어요. 몸을 가릴 만한 게 아무것도 없었죠……

도대체 이게 뭘까요? 어떻게 설명해야 할까요? 그 조종사가 살았는지 궁금해요. 그 사람은 어떻게 기억하고 있을까요?

---

* '하나, 둘, 셋'을 뜻하는 독일어 'ein, zwei, drei'를 러시아 음가로 표현했다.

총알로 죽을지 공포로 죽을지 판가름 나는 순간이 지나자, 중립지대 같은 시기가 찾아왔어요. 하나의 재앙이 지나가고, 한동안 사람들이 다른 재앙에 대해서는 아직 모르는 그런 시기 말이에요. 그때 사람들은 많이 웃었어요. 서로를 놀리고 조롱하기 시작했죠. 누가 어디에 숨었는지, 어떻게 도망쳤는지, 총알이 어떻게 날아왔다가 빗맞았는지, 그런 이야기를 했답니다. 난 그때 일을 잘 기억하고 있어요. 우리 같은 어린애들도 한자리에 모여서 서로를 놀려댄 걸요. 누가 무서워하고 누가 무서워하지 않았는지 이야기했어요. 웃기도 하고 울기도 했죠.

난 조사 때문에 지금도 전쟁을 떠올리곤 해요…… 그 밖에 달리 무슨 이유가 있겠어요?

우리 집에는 암탉이 두 마리 있었어요. 우리가 "조용히 해! 독일군이야!"라고 말하면, 그 닭들도 조용히 입을 다물었죠. 침대 밑에 우리와 함께 조용히 숨어 있기도 했어요. 어느 닭도 울지 않았죠. 나중에 서커스에서 재주 부리는 닭들을 아무리 봐도 별로 놀랍지 않더군요. 우리 닭들은 침대 밑 상자에서 부지런히 꼬박꼬박 알을 낳아주었어요. 하루에 두 알씩이요. 우리는 굉장한 부자가 된 듯한 기분을 느꼈죠!

그래도 새해에는 전나무를 장식했답니다. 물론 이것은 우리가 아직 어린아이라는 것을 엄마가 기억해준 덕분이죠. 책에서 예쁜 그림을 오리고 종이로 방울을 만들었어요. 헌 털실로 하얗고 검은 사슬도 만들었죠. 그날이 되면 다들 서로에게 유난히 많이 웃어 보였고,

선물 대신(선물은 없었어요) 전나무 밑에 쪽지를 놓기도 했어요.

난 엄마에게 보내는 쪽지에 이렇게 썼어요. "엄마, 정말 사랑해요. 많이! 아주 많이요!" 우리는 그처럼 서로에게 말들을 선물했답니다.

여러 해가 지났어요…… 난 많은 책을 읽었죠. 하지만 아이였을 때보다 전쟁에 대해 더 많이 아는 것 같지는 않아요.

"길에는 함께 놀 아이들이 없었죠……"

발랴 니키첸코—네 살
현재—기술자

어린 시절의 기억에는 모든 것이 앨범 속 사진처럼 새겨진답니다……

엄마가 간절한 목소리로 이렇게 말해요.

"도망가자, 도망가! 걸어, 어서 걸어!" 엄마 손에는 무언가가 들려 있어요. 하지만 나는 떼를 쓰죠.

"다리 아파."

세 살짜리 남동생이 날 밀쳐요.

"또망가자(그 애는 'ㄷ' 발음을 하지 못했어요). 그러지 않으면 똑일 군이 잡아가!" 그렇게 해서 우리는 말없이 함께 '또망'을 가요.

난 포탄을 피해 고개를 숙이고 인형을 감춰요. 하지만 이미 인형

에게는 팔다리가 없어요. 난 인형에게 붕대를 감아달라며 엄마를 붙
잡고 울어요……

누군가가 엄마에게 전단을 들고 왔어요. 난 그게 뭔지 이미 알고
있어요…… 그것은 모스크바에서 온 커다란 편지예요. 좋은 편지요.
그 사람과 할머니가 이야기를 나눠요. 난 우리 삼촌이 파르티잔이라
는 것을 알아요. 이웃에 독일군 앞잡이 가족이 살았어요. 아이들이
어떤지 알죠? 집 밖에만 나오면 저마다 아빠 자랑을 하잖아요. 그
집 사내아이가 이렇게 말해요.

"우리 아빠한테는 자동소총이 있다."

나도 자랑을 하고 싶었죠.

"삼촌이 우리 집에 전단을 가져왔다."

앞잡이의 어머니가 이 말을 듣고 우리 엄마에게 찾아와 주의를 주
었어요. 내가 한 말을 자기 아들이 듣는다든지 아이들 가운데 한 명
이 그 말을 옮긴다든지 하면, 우리 가족에게 끔찍한 재앙이 닥칠 거
라고요.

엄마는 길에 있던 날 불러내서 당부를 해요.

"딸, 이제 그런 말 하지 않을 거지?"

"할 거야!"

"하면 안 돼."

"그 애는 되는데 난 안 된다고?"

그러자 엄마는 싸리비에서 회초리로 쓸 가지를 뽑았어요. 하지만
매질을 하자니 내가 딱했던 모양이에요. 엄마는 날 한구석에 세워두

었어요.

"안 할 거지? 그러지 않으면 엄마가 죽어."

"우리 삼촌이 비행기를 타고 숲에서 날아와 엄마를 구할 거야."

그러다가 난 구석에서 잠이 들었어요……

우리 집이 불타고, 엄마가 잠든 나를 안고서 밖으로 나가요. 외투와 구두가 불에 타버렸어요. 난 엄마의 재킷을 입고 걸어가요. 재킷 옷자락이 땅에 질질 끌려요.

우리는 토굴에서 살아요. 토굴에서 기어 나오면 살로를 넣은 수수죽 냄새가 나요. 지금까지도 나에게는 살로를 넣은 수수죽이 세상에서 가장 맛있어요. 누군가가 외쳐요. "아군이 왔다!" 바실리사 아주머니—엄마는 그렇게 부르지만, 아이들은 바실리사 아주머니를 '바샤 아줌마'라고 부르죠—의 채소밭에 취사용 군대 차량이 있어요. 사람들이 솥에 든 죽을 우리에게 나눠주더군요. 솥에 무엇이 있었는지 똑똑히 기억해요. 하지만 우리가 그것을 어떻게 먹었는지 모르겠네요. 숟가락도 없었는데……

사람들이 날 위해서 맥주잔에 우유를 따라줘요. 전쟁 동안 우유에 대해서는 까맣게 잊고 있었죠. 처음에는 우유를 찻잔에 따라주었는데, 내 찻잔이 떨어져 깨지고 말았어요. 그래서 난 울어요. 다들 내가 깨진 찻잔 때문에 운다고 생각하지만, 내가 운 것은 우유를 엎질렀기 때문이에요. 우유가 어찌나 맛있던지, 나에게 더 이상 우유를 주지 않을까봐 무서웠어요.

전쟁이 끝나자 질병이 찾아왔죠. 모두가, 모든 아이가 앓았어요.

전쟁 때보다 더 많이 아팠죠. 정말 이해하기 힘들죠?

디프테리아가 돌아서…… 아이들이 죽어가요. 갇혀 있던 난 친하게 지내던 이웃집 쌍둥이 사내아이들의 장례식에 참석하기 위해 도망쳤어요. 난 무덤가에 엄마의 재킷을 입고 맨발로 서 있어요. 엄마가 내 손을 잡고 그곳에서 끌어내요. 엄마와 할머니는 나도 디프테리아에 걸릴까봐 두려워해요. 아뇨, 난 그저 기침만 할 뿐이에요.

마을에는 아이가 한 명도 남지 않았어요. 길에는 함께 놀 아이들이 없었죠……

"밤에 창문을 열고……
그런 다음 바람에 종이를 건넬 거야……"

조야 마자로바—열두 살

현재—우체국 직원

천사를 보았답니다……

눈앞에 나타났어요…… 우리가 기차에 실려 독일로 끌려갈 때, 천사가 내 꿈에 찾아왔지요. 기차 안에서는 아무것도 보이지 않았어요. 하늘 한 조각 보이지 않았죠. 그런데 천사가 찾아온 거예요……

내가, 내 말이 두렵지 않나요? 난 천사의 목소리를 듣기도 하고 그 모습을 보기도 해요…… 내가 이런 이야기를 꺼내면, 오래 들으려 하지 않는 사람도 많아요. 축일 식탁에 날 손님으로 초대해주는 사람도 좀처럼 없고요. 심지어 이웃들도 날 불러주지 않지요. 난 이야기하고 또 이야기하고…… 내가 늙은 걸까요? 이야기를 멈출 수가 없어요……

처음부터 이야기해볼게요…… 전쟁이 일어난 첫해에 난 엄마 아빠와 함께 살았어요. 수확하고, 밭을 갈고, 풀을 베고, 탈곡해서, 전부 독일군에게 넘겼지요. 알곡도, 감자도, 완두콩도요. 가을에 독일군이 말을 타고 와서, 집집마다 돌아다니며 거두어갔어요…… 그게 뭐더라? 어느새 그 말도 잊어버렸네. 참, 소작료 말이에요. 앞잡이들도 그자들과 함께 왔어요. 앞잡이들은 전부 우리가 아는 사람들이었죠. 옆 마을 사람들이었어요. 우리는 그런 식으로 살았답니다. 이렇게 말해도 될까요? 그냥 익숙해진 거예요. 히틀러가 벌써 모스크바 근교까지, 스탈린그라드 근교까지 왔다는 소문이 들렸어요.

밤이면 파르티잔이 왔지요…… 그 사람들은 모든 것을 다른 식으로 말했어요. 스탈린은 무슨 일이 있어도 모스크바를 넘기지 않는다, 스탈린그라드도 넘기지 않는다, 라고요.

하지만 우리는 밭을 갈고 작물을 수확했어요. 휴일이나 축일 저녁이면 춤판이 벌어졌죠. 우리는 길에서 췄어요. 아코디언도 있었고요.

기억나요. 그 일은 고난 주일에 일어났어요…… 우리는 땅버들을 꺾어 교회를 향해 내려갔지요. 그리고 길에 모여 아코디언 연주자를 기다렸어요. 바로 그때 독일군이 들이닥친 거예요. 덮개를 씌운 커다란 차들을 몰고요. 셰퍼드들도 끌고 왔더군요. 놈들은 우리를 에워싸더니, 차 안으로 기어들어가라고 명령했어요. 개머리판으로 쿡쿡 찌르면서요. 어떤 사람은 울고, 어떤 사람은 울부짖고…… 우리 부모님이 그곳으로 달려오고 있을 때, 우리는 이미 차 안에 있었어요. 방수 덮개 밑에요. 멀지 않은 곳에 기차역이 있었는데, 놈들이 우리를 그곳으로 끌고 가더군요. 그곳에는 이미 빈 차량이 대기하고 있었어요. 앞잡이가 날 차량 안으로 끌고 가려고 했어요. 내가 도망치려 하자, 그자는 내 땋은 머리를 자기 손에 둘둘 감더군요.

"소리치지 마, 이 멍청한 년아. 퓨러*가 너희를 스탈린으로부터 해방시킬 거야."

"남의 땅에서 우리가 무엇을 할 수 있겠어요?" 놈들은 이제껏 우리에게 독일로 가라고 선동하던 참이었죠. 아름다운 삶을 약속하면서요.

"독일 민족이 볼셰비즘을 무찌르도록 협력해."

"난 엄마에게 가고 싶어요."

"기와 지붕이 있는 집에서 살고 초콜릿을 먹게 될 거야."

"엄마한테……"

아―아―아! 인간이 자신의 운명을 알게 된다면, 아침까지 살 수도 없을 거예요.

우리는 기차에 실려 끌려갔어요. 오랫동안 갔지만, 얼마나 더 가야 할지 몰랐죠. 내가 탄 차량에 있던 사람들은 전부 비텝스크 주 출

---

* 독일어 'Fuhrer'는 총리와 대통령을 합친 직위인 '총통'을 뜻한다. 곧 히틀러를 가리킨다.

신이었어요. 마을은 다양했지만요. 모두 나처럼 앳된 미성년자들이었지요. 사람들이 나에게 물었어요.

"넌 어쩌다 오게 됐니?"

"춤을 추다가."

배고픔과 두려움으로 난 의식을 잃고 말았어요. 난 눈을 감고 누워 있었죠. 그런데 바로 그때 처음으로…… 그곳에서…… 천사를 본 거예요…… 작은 천사예요. 날개도 작아요. 마치 새 같아요. 천사가 날 구하고 싶어한다는 것을 알겠어요. '저렇게 작은데 어떻게 날 구하겠어?' 난 그런 생각을 해요. 그때 처음으로 나는 천사를 보았답니다……

갈증…… 다들 갈증으로 괴로워하며 계속 뭐라도 마시고 싶어했어요. 입안이 완전히 바짝 말라서 혀가 밖으로 나왔지만, 난 혀를 안으로 다시 밀어넣을 수가 없었어요. 사람들은 낮이면 입을 벌린 채 혀를 내밀고 있었어요. 밤이 되면 조금 편해졌죠.

난 언제까지나 기억할 거예요…… 평생 잊지 못할 거예요……

우리 차량 한구석에는, 기차가 달리는 동안 우리가 오줌을 누던 양동이가 있었어요. 그런데 한 여자아이가…… 그 양동이들이 놓인 곳까지 기어가서 두 손으로 한 양동이를 잡더니, 고개를 숙이고 마시기 시작했어요. 벌컥벌컥 마셨죠…… 그러고 나면 몸을 비틀기 시작해요…… 그 애는 토하고 다시 양동이로 기어가죠…… 또다시 몸을 비틀고……

아―아―아! 만약 인간이 자신의 운명을 미리 알게 된다면……

마그데부르크 시를 기억해요…… 그곳에서 놈들이 우리 머리를 빡빡 깎고 우리 몸에 하얀 용액을 발랐어요. 건강 검진을 하기 위해서라고요. 그 용액 때문에, 그 액체 때문에 몸이 탔어요. 피부가 벗겨졌지요. 어떻게 그런 일이! 난 살고 싶지 않았어요…… 더 이상 어느 누구도 가엾게 느껴지지 않았어요. 나 자신도, 엄마와 아빠도. 눈을 들면 주위에 놈들이 서 있어요. 셰퍼드와 함께요. 셰퍼드의 눈은 무서워요. 개는 절대로 사람의 눈을 똑바로 쳐다보지 않고 시선을 피해요. 그런데 그 개들은 쳐다보더군요. 우리 눈을 똑바로 쳐다봤어요. 난 살고 싶지 않았어요…… 아는 여자아이가 나와 함께 이동했는데, 어떻게 된 일인지는 모르겠지만, 엄마와 함께 잡혀왔지요. 어쩌면 엄마가 그 애를 뒤따라 차 안으로 뛰어들었는지도 몰라요…… 모르겠어요……

난 영원히 기억할 거예요…… 평생 잊지 못할 거예요……

그 여자아이가 서서 울어요. 건강 검진에 끌려갈 때 엄마를 잃었다고 하면서요. 그 아이의 엄마는 젊고…… 아름다웠어요…… 우리는 언제나 암흑 속에서 이동했죠. 아무도 우리에게 문을 열어주지 않았던 데다, 화물 차량에는 창문 하나 없었거든요. 그 아이는 이동하는 내내 엄마를 보지 못했어요. 한 달 동안이요. 그 아이가 서서 울고 있는데, 머리가 빡빡 깎인 어떤 늙은 여자가 그 아이에게 두 손을 내밀며 쓰다듬으려고 해요. 여자아이는 그 여자를 피해 도망가요. 그런데 그 여자가 "우리 딸……" 하고 불러요. 여자아이는 목소리만으로 그 여자가 자기 엄마라는 것을 깨달았지요.

아—아—아! 만약…… 만약 알게 된다면……

늘 굶주린 채로 다녔어요. 어디에 있었는지, 어디로 끌려갔는지 기억나지 않아요. 명칭도, 이름도…… 배가 고파서, 마치 꿈속인 양 그렇게 살았어요.

탄환을 만드는 공장에서 궤짝처럼 생긴 것을 끌던 일을 기억해요. 그곳에서는 늘 성냥 냄새가 났어요. 연기 냄새…… 연기는 없는데, 연기 냄새가 나더군요……

무슨 바우어라는 사람의 집에서 소젖을 짜던 것도 기억해요. 장작도 팼지요…… 하루에 열두 시간씩 일했어요.

우리는 감자 껍질과 사료용 순무를 먹었고, 사카린이 들어간 차를 받았어요. 내 차는 나와 짝을 이뤄 일하던 여자가 뺏어갔지요. 우크라이나 아가씨였어요. 나보다 나이가 많았는데…… 힘이 셌어요…… 그 여자는 이렇게 말하곤 했죠. "난 살아남아야 해. 집에 엄마가 혼자 계시거든."

그 여자는 밭에서 아름다운 우크라이나 노래를 불렀어요. 정말 아름다운 노래였죠.

난…… 난 한 번에…… 하루저녁에 모든 것을 말하지는 않겠어요. 시간이 부족해요. 내 심장도 견디지 못할 테고요.

여기는 어딜까요? 기억이 안 나요…… 하지만 이때부터는 이미 수용소에 있었어요…… 아마도 난 부헨발트*에 있었던 것 같아요……

그곳에서 우리는 차에서 시신들을 끌어내려 차곡차곡 쌓았어요. 시신 한 층, 타르를 먹인 침목 한 층을 교대로 쌓았지요. 한 층, 또 한 층…… 그런 식으로 우리는 아침부터 밤중까지 모닥불을 지필 준비를 했지요. 모닥불이라니…… 음, 분명한 사실은…… 시체로 지피는 불이었다는 것이죠…… 죽은 사람들 틈에 산 사람이 끼어 있을 때가 있었어요. 그 사람들은 우리에게 무언가 말하고 싶어했죠. 어떤 말을요. 하지만 우리는 그 사람들 곁에 멈춰 설 수가 없었어요……

아—아—아! 인간의 생이라는 건…… 나무에게는 산다는 게 쉬울까요? 인간에게 길들여진 모든 생물은 어떨까요? 가축에게는, 새에게는…… 잘 모르겠어요. 하지만 인간에 대해서라면 아주 잘 알아요……

난 죽고 싶었어요. 더 이상 아무도 가엾게 느껴지지 않았죠…… 이미 준비를 마쳤어요. 곧 칼도 구했죠. 나의 천사가 찾아왔어요…… 그게 처음은 아니었어요…… 천사가 어떤 말로 날 위로했는지는 기억나지 않지만, 그 말은 다정했어요. 천사는 오랫동안 날 설

---

* 나치가 독일 바이마르 부근에 세운 집단수용소로, 유대인 외에도 이른바 '비적격 아리아인', 즉 소련군 전쟁 포로, 집시, 장애자, 동성애자 등이 이곳에 수감되었다. 제2차 세계대전 동안 2만여 명이 수용되었고, 질병, 영양실조, 과로, 구타, 처형, 생체 실험 등으로 매달 수백 명이 학살당했다.

득했죠…… 다른 사람들에게 내 천사에 대해 이야기하면, 다들 내가 미쳤다고 생각했어요. 이미 오래전부터 주위에서 아는 사람들을 볼 수 없게 되었어요. 주위에는 낯선 사람들만 있었죠. 모르는 사람들만요. 아무도 다른 사람과 친해지고 싶어하지 않았어요. 내일이면 이 사람이나 저 사람이 죽을 테니까요. 친해져서 뭐하겠어요? 하지만 딱 한 번 난 어린 여자아이에게 정을 붙이게 되었답니다…… 마셴카라는 아이였는데…… 그 애는 하얗고 조용했어요. 그 아이와 난 한 달 동안 친하게 지냈죠. 수용소에서 한 달은 평생과도 같아요. 영원의 시간이라고나 할까요. 그 아이가 먼저 나에게 다가왔어요.

"연필 없니?"

"없어."

"종이는?"

"그것도 없어. 그런데 뭣 때문에 그런 게 필요하니?"

"난 내가 곧 죽는다는 걸 알거든. 그래서 엄마에게 편지를 쓰고 싶어."

수용소에 그런 건 없었어요. 연필도, 종이도요. 하지만 우리는 그 아이를 위해 찾아주었어요. 다들 그 애를 좋아했답니다. 아주 하얗고 조용한 아이였으니까요. 목소리도 조용하고요.

"어떻게 편지를 보낼 거니?" 내가 물었어요.

"밤에 창문을 열고…… 그런 다음 바람에 종이를 건넬 거야……"

그 애는 어쩌면 여덟 살, 어쩌면 열 살이었을 거예요. 씨앗으로 어떻게 열매를 짐작하나요? 그곳에서는 사람들이 아니라 해골이 걸어다닌걸요…… 얼마 지나지 않아 그 애는 병을 앓기 시작했어요. 침대에서 일어나지도 못했고 일하러 나가지도 못했지요. 난 그 아이에게 애원했어요…… 첫날 난 그 애를 문까지 끌고 가기도 했어요. 그 애는 문에 매달렸어요. 걸음을 떼지도 못했죠. 이틀 동안 누워 있다가, 사흘째 되는 날 결국 들것에 실려 나갔어요. 수용소에서 나갈 수 있는 출구는 하나뿐이에요. 굴뚝을 통해서죠…… 곧장 하늘로 가는 거예요……

난 영원히 기억할 거예요…… 평생 잊지 않을 거예요……

그 애와 난 밤에 이야기를 나누곤 했지요.

"너에게도 천사가 날아오니?" 나는 나의 천사에 대해 그 아이에게 말해주고 싶었어요.

"아니. 나에게는 엄마가 와. 엄마는 언제나 하얀 블라우스를 입고 있어. 파란색 수레국화가 수놓인 그 블라우스가 기억나."

가을에…… 난 가을까지 살아남았어요. 무슨 기적으로 그렇게 된 걸까요? 모르겠어요…… 아침에 놈들은 우리를 밭으로 내몰았어요. 우리는 당근을 모으고 양배추를 잘랐죠. 난 그런 일을 좋아했어요. 오랫동안 들판으로 나오지 못해서 그동안 초록색을 띤 것은 하나도 보지 못했거든요. 수용소에서는 하늘이 보이지 않고, 연기 때문에 땅도 보이지 않아요. 높다란 검은 굴뚝만 보이죠. 굴뚝에서는 밤낮으로 연기가 뭉게뭉게 솟아오르고요…… 밭에서 작은 노란색 꽃을 봤어요. 꽃이 어떻게 자라는지 까맣게 잊고 있었죠. 난 꽃을 어루만졌어요…… 다른 여자들도 그 꽃을 어루만졌죠. 우리는 알았어요. 우리 화장터에서 나온 재가 이곳으로 운반된다는 사실을, 저마다의 누군가가 죽었다는 사실을요. 누군가의 언니가, 누군가의 엄마가…… 그리고 나의 마셴카가……

내가 이렇게 살아남을 줄 알았다면, 그 애의 엄마가 어디에 사는지 물어봤을 텐데…… 하지만 난 생각도 못 했거든요……

난 백번이나 죽을 뻔했는데 어떻게 살아남았을까요? 모르겠어요…… 내 천사가 날 구한 거예요. 날 설득한 거죠. 지금도 나타나곤 해요. 그 천사는 달빛이 창문으로 환하게, 하얀빛으로 비쳐드는 밤을 좋아하죠……

그런데 당신은 나와 함께 있는 것이 무섭지 않나요? 내 이야기를 듣는 것이……

아—아—아……

"여기를 파요……"

볼로자 바르수크—열두 살

현재—벨라루스 공화국 스포츠 협회 '스파르타크' 의장

곧 파르티잔 부대로 떠났습니다……

아빠, 엄마, 형, 나, 이렇게 온 가족이 파르티잔 부대에 들어갔답니다. 형은 라이플총을 지급받았습니다. 내가 부러워하자, 형이 나에게 사격하는 법을 가르쳐주었지요.

어느 날 형이 임무에서 돌아오지 않았습니다…… 엄마는 형이 죽었다는 사실을 오랫동안 믿으려 하지 않았죠. 독일군에게 포위된 파르티잔 무리가 생포를 피하기 위해 대전차용 박격포탄으로 자폭했다는 소식이 부대로 전해졌습니다. 엄마는 '그곳에 우리 알렉산드르도 있었을지 몰라' 하고 의혹을 품었습니다. 형이 그 무리와 함께 파견된 것은 아니지만, 혹시 도중에 마주쳤을지도 모르죠. 엄마는 부대 지휘관을 찾아가 이렇게 말합니다.

"그곳에 제 아들이 있을 것 같아요. 그곳으로 떠나게 허락해주세요."

엄마는 전투원 몇 명을 데려가도 좋다는 허락을 받았고, 우리는 함께 출발했습니다. 그런 게 바로 어머니의 마음이죠! 전투원들이 한구석을 파기 시작하자, 엄마가 다른 장소를 가리킵니다. "여기를 파요……" 그곳을 파자 형의 시신이 나왔습니다. 이미 알아볼 수 없을 만큼 새카맣게 타버린 채였죠. 엄마는 맹장염 수술 자국과 호주머니에 든 빗으로 형을 알아봤습니다.

난 언제나 엄마를 떠올리곤 합니다……

내가 처음으로 담배를 피웠을 때가 생각나네요. 엄마는 날 보더니 아버지를 불렀죠.

"우리 봅카*가 뭘 하는지 좀 봐!"

* 볼로쟈, 봅카 등은 블라지미르의 애칭이다.

"뭘 하는데?"

"담배를 피우잖아."

아버지는 나에게 다가오더니 잠시 쳐다봤습니다.

"피우게 해. 전쟁이 끝난 뒤에 이야기하자고."

우리가 전쟁 전에 살던 모습이 전쟁 내내 떠올랐습니다. 친척들 몇 가정이 큰 집에서 다 함께 살았지요. 즐겁고 사이좋게 지냈답니다. 레나 아주머니는 월급날마다 피로그와 치즈를 잔뜩 사와서 아이들을 전부 모아놓고는 다 먹으라고 권했습니다. 아주머니도, 그 남편과 아들도 목숨을 잃었습니다. 내 삼촌들도 모두 죽었고요……

전쟁이 끝났습니다…… 이런 일이 생각나는군요. 엄마와 내가 길을 걷고 있었습니다. 엄마는 감자를 나르고 있었죠. 엄마가 일하는 공장에서 조금 주었던 겁니다. 폐허가 된 건설 현장에서 독일군 포로 한 명이 우리에게 다가옵니다.

"무터, 비테,* 감자를……"

엄마가 말합니다.

"안 줘. 네놈이 내 아들을 죽였을지도 모르잖아?"

독일인은 어리둥절해하며 입을 다뭅니다. 엄마는 그 자리를 떴습니다…… 그러다가 다시 돌아가 감자 몇 알을 꺼내 그자에게 건넵니다.

"먹어……"

---

* 독일어 'Mutter'는 '어머니'를, 'bitte'는 '제발'을 뜻한다.

이제 내가 당혹스럽습니다…… 어떻게? 겨울에 우리는 마치 썰매를 타듯 얼어붙은 독일군 시체들을 몇 번이고 지쳤습니다…… 발로 시체를 툭툭 칠 수도 있었죠. 시체 위에서 쿵쿵 뛰기도 했고요. 우리는 계속 그자들을 증오했습니다.

엄마는 나에게 가르쳐주었습니다…… 그것이 내가 전후에 배운 첫 번째 사랑 수업이었습니다……

"창문 밑에 할아버지를 묻었어요……"

바랴 비르코―여섯 살

현재―방직공

겨울을, 추운 겨울을 기억해요. 겨울에 우리 할아버지가 죽임을 당했어요.

우리 집 안마당에서 살해되었죠. 대문 옆에서요.

우리는 우리 집 창문 밑에 할아버지를 묻었어요……

놈들이 할아버지를 묘지에 매장하지 못하게 했거든요. 할아버지가 독일군을 때렸다는 이유로요. 앞잡이들이 쪽문 옆에 서서 친척도, 이웃도 오지 못하게 막더군요. 엄마와 할머니가 궤짝 같은 것으로 직접 관을 짰어요. 시신을 씻기는 것도 두 분이 몸소 했지요. 사실 가족이 시신을 씻기면 안 돼요. 그것은 남이 해주어야 하는 일이에요. 우리 풍습이 그렇답니다. 집에서 그런 이야기를 나누었던 것이 기억나네요…… 엄마와 할머니가 관을 들고 대문까지 운반했어요…… 앞잡이들이 소리를 지르더군요. "돌아가! 그러지 않으면 전부 쏴버리겠다! 개처럼 니들 채소밭에나 묻어."

그렇게 사흘이 지났어요…… 두 분이 대문까지 가면, 앞잡이들이 다시 쫓아내요……

사흘째 되던 날, 할머니는 창문 밑에 구덩이를 파기 시작했어요…… 바깥 온도는 영하 40도였지요. 할머니는 영하 40도였다는 걸 평생 기억했어요. 그런 추위에 사람을 묻는다는 건 정말 어려운 일이랍니다. 그때 난 아마 일곱 살, 아니, 여덟 살이었을 거예요. 난 할머니를 도왔어요. 엄마는 울면서 날 구덩이에서 꺼냈죠.

그곳에서…… 할아버지가 누운 자리에서 사과나무가 자라났어요. 어느새 고목이 된 그 사과나무가 십자가 대신 서 있네요……

"보기 좋으라고 삽으로 두드리기까지 했지요……"

레오니트 샤킨코—열두 살

현재—화가

우리가 어떻게 총격을 당했냐 하면……

놈들이 마을 사람들을 전부 작업장으로 몰았습니다…… 따뜻한 날이었죠. 풀도 따뜻했어요. 어떤 사람은 서 있고, 어떤 사람은 앉아 있었습니다. 여자들은 하얀 수건을 머리에 쓰고, 아이들은 맨발로 있었지요. 독일군이 우리를 몰아넣은 그 자리는, 축일이면 언제나 사람들이 모이는 곳이었습니다. 추수를 시작하는 날에도, 추수를 끝낸 날에도 우리는 모여서 노래를 불렀죠. 그럴 때도 어떤 사람은 앉아 있고, 어떤 사람은 서 있었어요. 그곳에서 집회를 하기도 했고요.

그런데 이제…… 아무도 울지 않았습니다…… 말도 하지 않았고요…… 그 순간에도 난 그런 광경에 충격을 받았죠. 사람들은 죽음을 예감하면 울거나 소리 지르기 마련이라고 읽었습니다. 그런데 눈물 한 방울 기억나지 않는군요. 눈물조차…… 지금 그때 일을 떠올리자니 이런 생각이 듭니다. 혹시 내가 그 순간 귀가 멀어 아무것도 듣지 못한 게 아닐까? 왜 눈물이 없었을까?

아이들은 따로 무리 지어 모여 있었습니다. 아무도 우리를 어른들과 갈라놓지 않았는데 말이죠. 어째서인지 우리 어머니들도 우리를 옆에 붙잡아두지 않았고요. 왜일까요? 지금까지도 모르겠습니다. 우리 사내아이들은 평소 여자아이들과 별로 친하게 지내지 않았어요. 대체로 그랬습니다. 우리에게 여자아이란, 땋은 머리를 잡아당기고 때려야 하는 존재였지요. 그런데 그때는 다들 서로서로 꼭 달라붙어 있었어요. 이해하겠어요? 집 지키는 개들조차 짖지 않았다니까요.

우리에게서 몇 걸음 떨어진 곳에 기관총이 설치되어 있었습니다. 그 주위에는 나치 친위대원이 두 명 앉아 있었죠. 놈들은 무언가에 대해 편안하게 이야기를 나누고 농담을 주고받더군요. 심지어 낄낄 대기까지 하고요.

바로 그런 세부적인 것들이 기억납니다……

젊은 장교가 다가왔습니다. 통역자가 그 장교의 말을 이렇게 통역합니다.

"장교님께서 파르티잔과 내통하는 자들의 이름을 대라고 하신다. 조용히 해라. 전부 쏴 죽이겠다."

사람들은 앉거나 서 있던 자세 그대로 계속 있었어요.

"3분이 지나면 총을 쏘겠다." 통역자가 이렇게 말하더니 세 손가락을 위로 쳐들었습니다.

난 계속 그의 손을 쳐다봤습니다.

"2분이 지나면 총을 쏘겠다……"

사람들은 서로 더 바싹 달라붙었습니다. 누군가가 누구에게 뭐라고 말하더군요. 말이 아니라 손짓으로, 눈짓으로요. 이를테면 나는 우리가 총살을 당해 세상에 더 이상 존재하지 않는 광경을 생생하게 그리고 있었습니다.

"마지막 1분이 지나면, 너희는 끝이다……"

군인들이 격발 장치를 벗긴 후 기관총 탄띠를 장전하고 기관총을 잡는 것이 보였습니다. 기관총은 어떤 사람과는 2미터, 어떤 사람과는 10미터 떨어져 있었죠……

놈들이 앞에 있던 사람들 가운데 열네 명을 세더니, 그 사람들에게 삽을 주며 구덩이를 파라고 시켰습니다. 그러고는 그 사람들이 구덩이를 파는 광경을 지켜보라며 우리를 더 가까이 내몰았지요…… 사람들은 빨리빨리 팠습니다. 총알이 휙휙 날아다녔습니다. 구덩이가 사람 키만큼 깊고 컸던 게 기억납니다. 건물 밑에, 주춧돌 밑에 그런 구덩이를 판 겁니다.

놈들은 세 사람씩 총살했습니다. 사람들을 구덩이 가장자리에 바짝 붙여 세웠지요. 나머지 사람들은 지켜봅니다…… 부모들이 아이와, 혹은 아이들이 부모와 작별 인사를 했는지는 기억나지 않습니다. 한 엄마만 원피스 자락을 치켜 올리며 딸을 향해 눈을 감아 보였습니다. 하지만 어린아이들조차 울지 않았지요……

열네 사람을 총살한 뒤에는 구덩이를 메우기 시작했습니다. 우리는 다시 제자리에 서서 지켜봅니다. 놈들이 흙을 던지고 부츠로 밟아 다지는 모습을…… 보기 좋으라고 삽으로 위를 두드리기까지 했지요. 꼼꼼하게요. 이해할 수 있겠습니까? 심지어 모서리까지 매끈하고 깔끔하게 다듬더군요. 한 중년의 독일인은 마치 밭에서 일하는 양 손수건으로 이마의 땀을 훔쳤습니다. 작은 개 한 마리가 그자에게로 달려왔습니다…… 그 개가 어디에서 왔는지, 누구 집 개인지 아무도 몰랐습니다. 그자는 개를 쓰다듬었습니다……

스무 날이 지나자, 살해된 사람들을 파내서 가족의 품으로 돌려보내 매장해도 좋다는 허가가 떨어졌습니다. 그제야 아낙들이 울부짖기 시작했죠. 마을 전체가 슬피 울고 통곡하기 시작했습니다.

나는 수없이 나무틀에 화포를 씌웠습니다. 그때 일을 그려보고 싶었지요…… 하지만 전혀 다른 그림이 나오더군요. 나무, 풀……

"나비 리본이 달린 원피스를 살 거야……"

폴랴 파시케비치—네 살

현재—재봉사

난 네 살이었어요…… 전쟁에 대해서는 한 번도 생각해보지 않았죠……

하지만 전쟁이라고 하면 이런 것을 떠올렸어요. 커다란 검은 숲, 그곳에서 일어나는 어떤 전쟁, 아주 무시무시한 어떤 것. 왜 숲이냐고요? 옛날이야기에서 가장 무서운 일은 언제나 숲에서 일어나잖아요.

군대가 우리 벨리니치*를 계속 지나쳤어요. 그때 난 그것이 퇴각인 줄 몰랐죠. 우리는 버림받고 있었던 거예요. 집 안에 많은 군인이 있었던 게 기억나요. 그 사람들은 날 안아주며 애처로워했죠. 뭐라도 대접하고 싶었지만, 줄 것이 하나도 없었어요. 아침에 그 군인들이 떠날 때, 많은 탄환통이 창턱과 집 안 여기저기에 남아 있었어요. 뜯어낸 계급장도, 수훈장도 있었죠. 나는 그것들을 가지고 놀았답니다…… 나는 그것들이 장난감인지 아닌지도 몰랐어요……

친척 아주머니로부터 이미 들었어요…… 독일군이 우리 도시에 들어왔고, 그자들에게 공산당원 명단이 있다고 말이에요. 그리고 그

---

* 벨라루스의 모길료프 주에 위치한 소도시다.

명단에는 우리 아버지도, 맞은편에 사는 선생님도 있었죠. 그 집에는 아들이 한 명 있었는데, 난 그 아이와 사이가 좋았어요. 우리는 그 애를 이그루시카*라고 불렀죠. 아마도 그 아이의 이름이 이고리였나봐요. 지금 생각하니 그런 것 같아요. 내 기억 속에는 이름이랄지, 별명이랄지, 어쨌든 '이그루시카'가 남아 있어요. 우리 아버지들은 함께 끌려갔지요……

내 눈앞에서…… 엄마가 길에서 총살당했어요. 엄마가 쓰러지는 순간, 외투가 빨갛게 물들며 앞섶이 벌어졌고, 엄마 주변에 쌓여 있던 눈도 빨갛게 변했어요……

나중에 우리는 헛간 같은 곳에 오랫동안 갇혀 있었어요. 너무 무서웠어요. 우리는 울고 소리를 질렀죠. 나에게는 두 살 반 된 여동생과 한 살 된 남동생이 있었답니다. 네 살인 내가 맏이였죠. 어린 우리도 이미 알았어요. 포탄 소리가 날 경우, 그것은 비행기에서 투하된 게 아니라 대포에서 발사된 것이라는 사실을요. 소리를 들으면, 지금 날고 있는 것이 아군의 비행기인지 아닌지, 포탄이 우리와 멀리 있는 곳에서 떨어졌는지 아닌지 알 수 있었죠. 무서웠어요. 너무 무서웠어요. 하지만 머리를 감추면 두려움이 사라졌죠. 무엇보다 눈으로 보지 않는 게 중요했어요.

우리 셋은 썰매를 타고 어딘가 멀리 가게 되었어요. 어느 마을에서 우리는 여자들 손에 이끌려 제각기 다른 집으로 뿔뿔이 흩어졌죠.

---

* igrushka. '장난감'이란 뜻이다. 사내아이의 이름이 이고르 'igor'이기에, 폴랴는 발음이 비슷한 '이그루시카'를 '이고리'의 애칭 정도로 생각한 모양이다.

오랫동안 아무도 남동생을 데려가려 하지 않자, 남동생이 울었어요. "나는?" 여동생과 나는 우리가 흩어졌다가 다시는 함께 있을 수 없게 될까봐 무서웠어요. 우리는 언제나 함께 지냈으니 말이에요.

어느 날 난 독일군의 셰퍼드에게 잡아먹힐 뻔했어요. 난 창문 옆에 앉아 있었고, 독일군이 커다란 셰퍼드 두 마리를 끌고 길을 지나가고 있었죠. 그런데 그 가운데 한 마리가 창문으로 뛰어들어 유리창을 깨뜨렸어요. 누군가가 날 창턱에서 끌어내긴 했지만, 난 몹시 놀라서 그날부터 말을 더듬기 시작했지요. 지금도 큰 개들은 무서워요.

……전쟁이 끝난 뒤 우리는 고아원으로 보내졌어요. 대로에서 멀지 않은 고아원이었죠. 많은 독일군 포로가 이 대로를 따라 며칠씩 계속 지나갔어요. 우리는 그자들에게 흙과 돌을 던졌지요. 호송병들이 우리를 쫓아내며 야단을 쳤어요.

고아원에 있던 아이들은 전부 부모님을 기다렸어요. 부모님이 와서 자기를 집으로 데려가길 기대했죠. 모르는 남자나 모르는 여자가 나타나도, 전부 그 사람들에게 달려가 소리쳤어요.

"아빠…… 엄마……"

"아냐, 우리 엄마야!"

"날 데리러 온 거야!"

"아냐, 날 데리러 왔어!"

우리는 부모가 찾아온 아이들을 무척 시샘했어요. 그 아이들은 우리가 자기 엄마와 아빠에게 다가가지 못하게 했죠. "만지지 마. 우리 엄마야" 혹은 "만지지 마. 우리 아빠야"라고 하면서요. 잠시도 부모에게서 떨어지지 않았어요. 누군가에게 또 부모를 빼앗길까봐 두려워했지요. 혹은 부모가 갑자기 또 어디론가 가버릴까봐 두려워하기도 했고요.

고아원 아이들과 일반 가정 아이들은 학교에서 다 함께 공부했어요. 그 시절에는 누구나 가난했지만, 집에서 오는 아이들은 삼베 자루에 빵 조각이나 감자를 가져오기도 했어요. 하지만 우리에게는 아무것도 없었죠. 우리는 모두 똑같은 옷을 입었어요. 어릴 때는 괜찮았는데, 좀 더 자라니 그런 게 싫더군요. 열두세 살이 되자 예쁜 원피스와 구두를 갖고 싶었지만, 사내아이든 여자아이든 우리는 모두 편상화를 신었죠. 땋은 머리에 예쁜 리본도 달고 싶고 색연필도 갖고 싶었어요. 책가방도 갖고 싶었고요. 사탕과자도 먹고 싶었지만, 새해에 알사탕을 받는 게 고작이었죠. 검은 빵은 실컷 먹을 수 있었는데, 우리는 그것을 사탕과자처럼 빨아먹었어요. 그렇게 먹어야 맛있는 것처럼 느껴졌거든요.

우리 고아원에는 젊은 선생님이 딱 한 분밖에 없었어요. 다른 선생님들은 중년 아주머니였죠. 그래서 우리는 모두 젊은 여자 선생님을 무척 좋아했어요. 그야말로 하느님처럼 숭배했어요. 그 선생님이 학교에 오지 않으면 수업이 아예 시작되지도 않았어요. 그럴 때면 우리는 창가에 앉아 선생님을 기다리다가 "오—온—다! 오—오—온……" 선생님이 교실에 들어오면, 저마다 선생님을 만져보고 싶어하면서 이런 생각을 했답니다. '바로 이분이 내 엄마야……'

난 이런 공상을 하곤 했어요. 어른이 되어 일을 하게 되면, 원피스를 많이 사야지. 빨간색 원피스, 초록색 원피스, 물방울무늬 원피스, 나비 리본이 달린 원피스. 나비 리본이 달린 것만큼은 꼭 사야지! 7학년 때 "공부를 해서 무엇이 되고 싶으냐?"라는 질문을 받았어요. 공부를 해서 무엇이 되고 싶은지에 대해서는 이미 오래전에 결정해 두었죠. 바로 재봉사였어요.

지금 난 원피스를 만들고 있답니다……

"어떻게 죽었을까요? 오늘은 총살이 없었는데……"

에두아르트 보로실로프―열한 살

현재―텔레비전 방송국 직원

엄마와 아내에게만…… 가까운 사람에게만…… 전쟁에 대해 이야기했는데……

우리 파르티잔 부대가 머물고 있던 마을에서 한 노인이 죽었습니다. 마침 난 그 집에서 지내고 있었죠. 우리가 노인의 장례를 치르고 있을 때, 일곱 살쯤 되는 사내아이가 찾아와 이렇게 묻더군요.

"할아버지는 왜 탁자에 누워 있어요?"

우리는 그 아이에게 대답해주었습니다.

"할아버지가 죽은 건……"

사내아이가 몹시 놀라더군요.

"어떻게 죽었을까요? 오늘은 총살이 없었는데……"

사내아이는 겨우 일곱 살이었지만, 총살이 있을 때만 사람이 죽는다는 사실을 이미 두 해 동안 느껴왔던 것이죠.

그 일이 떠오르는군요……

파르티잔 부대에 대한 이야기부터 시작했지만, 내가 곧바로 부대에 들어갔던 것은 아닙니다. 그곳에는 전쟁이 벌어지고 나서 두 번째 해가 끝날 무렵에 들어갔어요. 전쟁이 일어나기 일주일 전 엄마와 함께 민스크로 간 일, 엄마가 민스크 부근에 있는 피오네르 캠프로 날 데려다준 일은 빠뜨리고 말했네요……

캠프에서 우리는 '내일 전쟁이 일어난다면' '세 명의 전차병' '골짜기와 언덕을 따라'와 같은 노래를 불렀습니다. 아버지는 마지막 노래를 무척 좋아했죠. 종종 부르기도 했고요…… 그 무렵 「그랜트 선장의 아이들」이라는 영화가 막 나왔어요. 난 그 영화에 나오는 '자, 우리에게 노래를 불러다오, 유쾌한 바람아……'라는 노래를 좋아했지요. 언제나 그 노래를 흥얼거리면서 체조를 하러 달려나가곤 했답니다.

그날은 체조가 없었고, 우리 머리 위에서 비행기들이 요란하게 울부짖었습니다…… 눈을 들자, 비행기에서 검은 점들이 떨어지는 광경이 보였습니다. 우리는 아직 포탄에 대해 아무것도 몰랐어요. 피오네르 캠프 옆에 철도가 있었는데, 난 그 철도를 따라 걸으며 민스크로 향했습니다. 계획은 단순했답니다. 엄마가 근무하는 의과대학교로부터 멀지 않은 곳에 기차역이 있으니, 선로를 따라 계속 걷다보면 엄마를 만나게 될 것이다. 그렇게 생각했죠. 기차역 가까이에 사는 한 사내아이도 데려갔습니다. 그 아이는 나보다 훨씬 더 어린 데다 잘 울고 걸음도 느렸지요. 하지만 나는 걷는 것을 좋아했고, 아버지와 함께 레닌그라드* 근교를 전부 도보로 돌아다닌 적도 있었답니다. 물론 난 짜증을 냈지요…… 하지만 어쨌든 우리는 민스크 역에 도착했습니다. 자파드니 모스트에 이르자, 역시나 폭격이 벌어지고 있더군요. 결국 그 아이를 잃어버렸죠.

의과대학교에는 엄마가 없었습니다. 가까운 곳에 엄마와 함께 근무하던 골루프 교수가 살았지요. 난 그분의 아파트를 찾아갔습니다. 하지만 아파트는 텅 비어 있었습니다…… 오랜 세월이 흐른 뒤에야, 그곳에서 무슨 일이 있었는지 알게 되었죠. 도시에 폭격이 시작되자마자 엄마는 통행이 허용된 차를 타고 날 데리러 대로를 따라 라톰카로 떠났습니다. 그곳에 도착한 엄마는 폐허가 된 캠프를 봤죠……

다들 도시에서 어딘가로 떠났습니다. 난 판단했습니다. 레닌그라드는 모스크바보다 멀어. 레닌그라드에는 아빠가 있긴 하지만 전선으로 떠났을 테고, 모스크바에 사는 친척 아주머니 가족은 어디로도 떠나지 않았을 거야. 모스크바에…… 우리 수도에 사니까 떠나지 않겠지…… 길에서 나는 여자아이를 데리고 있는 아주머니 쪽으로 쓰

---

* 러시아의 상트페테르부르크를 가리킨다. 표트르 대제의 명으로 1703년에 설립된 후, 1713년부터 1918년까지 제정 러시아의 수도였다. 1914년에 제1차 세계대전이 발발하자, 독일어 어감이 느껴진다는 이유로 '페테르부르크'에서 '페트로그라드'로 개칭되었고, 1924년에 레닌이 서거한 후로는 그를 기리기 위하여 '레닌그라드'로 다시 개칭되었다. 1991년에 소련이 해체된 후에는 다시 '상트페테르부르크'라는 이름으로 불리게 되었다.

려졌습니다. 모르는 여자였습니다. 하지만 내가 혼자라는 것, 나에게 아무것도 없다는 것, 내가 배를 곯고 있다는 것을 알더군요. 그 여자가 날 불렀습니다. "우리에게 오렴. 같이 가자."

그때 난생처음 살로를 곁들인 양파를 먹었던 것이 기억납니다. 처음에는 얼굴을 찡그렸지만, 어쨌든 다 먹어치웠지요. 폭격이 시작되면, 난 언제나 눈으로 쫓았습니다. 딸을 데리고 있던 그 아주머니는 어디에 있지? 저녁에 도랑을 파서 휴식을 취하기로 했습니다. 우리는 그칠 새 없이 폭격을 당했죠. 아주머니는 주위를 둘러보다가 비명을 질렀습니다…… 나도 몸을 일으켜 아주머니가 방금 보던 방향을 쳐다봤죠. 비행기가 저공비행으로 날고, 모터 옆 표면에서 작은 불꽃들이 번득였습니다. 그러자 길에서 흙먼지가 그 불꽃들을 향해 분수처럼 솟아오릅니다. 나는 완전히 본능적으로 도랑 바닥으로 뛰어내렸습니다. 머리 위에서 기관총의 연발 사격 소리가 요란하게 울리더니, 비행기가 멀리 사라졌습니다. 나는 일어나서 주위를 둘러봅니다. 도랑 기슭에 아주머니가 쓰러져 있고, 그 얼굴은 피투성이가 되어 있습니다. 난 겁에 질려 도랑에서 뛰쳐나와 내달리기 시작했지요. 그때부터, 심지어 지금까지도 한 가지 의문이 내 마음을 괴롭힙니다. 그 여자아이는 어떻게 되었을까? 그 후로 난 그 아이를 만나지 못했습니다……

어떤 마을에 이르렀습니다…… 길가의 나무 아래에 독일군 부상병들이 누워 있습니다. 그렇게 난 처음으로 독일인을 보게 되었습니다……

독일군은 마을 주민들을 집에서 내몰고 물을 길어오게 했습니다. 독일군 위생병은 커다란 양동이에 든 물을 모닥불에 데웠지요. 아침에 독일군은 부상병들을 차에 싣고, 각 차에 사내아이들을 한두 명씩 태웠습니다. 그자들은 우리에게 수통을 주고는, 어떤 식으로 도와야 하는지를 보여주었습니다. 손수건을 적셔서 머리에 얹으라고도 했고, 입술을 적셔주라고도 했지요. 한 부상병이 "바서*…… 바서……" 하고 애원합니다. 그 사람의 입가에 수통을 대어주고 나니, 몸이 바들바들 떨립니다. 지금도 그때 경험한 감정을 정의할 수 없습니다. 혐오였을까요? 아닙니다. 증오? 그것도 아닙니다. 그때는 이런저런 감정이 전부 뒤섞여 있었습니다. 연민도요…… 인간의 마음속에 증오도 형성되긴 하지만, 처음부터 그것이 있었던 것은 아니랍니다. 우리는 학교에서 선을 배우고 사랑을 배우잖아요. 조금 전의 이야기로 돌아가죠…… 처음으로 본 독일인이 날 때렸을 때, 난 통증이 아닌 다른 감정을 느꼈습니다. 저놈이 어떻게 날 때릴 수 있지? 무슨 권리로 날 때리지? 그것은 충격이었어요.

나는 다시 민스크로 돌아갔습니다……

그리고 킴과 친구가 되었지요. 우리는 길에서 알게 되었습니다. 난 물었습니다.

"넌 누구와 사니?"

그 아이가 대답했습니다.

* 독일어 'Wasser'는 '물'을 뜻한다.

"아무와도 살지 않아."

그 아이도 가족과 떨어지게 된 것을 알고 난 이렇게 제안했죠.

"같이 살자."

"그러자." 그 아이도 살 곳이 없었기 때문에 기뻐했습니다.

난 골루프 교수의 버려진 아파트에서 살았습니다.

언젠가 킴과 난 우리보다 나이가 많은 한 청년이 구두닦이 통을 들고 길거리를 돌아다니는 것을 봤습니다. 우리는 그에게서 조언을 들었지요. 어떤 상자가 필요한지, 어떻게 구두약을 만드는지에 대해서요. 구두약을 만들기 위해서는 검댕을 구해야 했습니다. 검댕은 남아돌 정도로 도시에 넘쳐났죠. 그런 다음에는 검댕을 어떤 기름과 섞어야 했습니다. 한마디로 악취가 나는 혼합물이었지만, 어쨌든 그것은 검은색을 띠었습니다. 그것을 꼼꼼히 바르면 반짝반짝 광도 났죠.

어느 날 한 독일인이 나에게 다가와 통 위에 한 발을 올려놓았습니다. 부츠는 진흙투성이였는데, 오래전에 묻은 진흙이라 말라붙어 있었습니다. 우리는 이미 그런 신발을 여러 번 대했기 때문에 진흙을 긁어내고 구두약을 바르기 위한 특별한 주걱을 갖춰두고 있었죠. 난 주걱을 집어들어 딱 두 번 부츠를 쓸었습니다. 그런데 그 독일인은 그것이 마음에 들지 않았던 모양입니다. 그자가 통을 발로 차더니, 내 얼굴까지……

사는 동안 어느 누구에게도 맞아본 적이 없었습니다. 사내아이들끼리 싸우는 것이야 별개의 일이고요. 그런 일이야 레닌그라드의 초등학교에서 얼마든지 있었죠. 하지만 어른이 날 때린 적은 한 번도 없었단 말입니다.

킴이 내 얼굴을 보더니 이렇게 외쳤습니다.

"그렇게 쳐다보면 안 돼! 그러지 마! 저 사람이 널 죽일 거야……"

외투와 군복 상의에 노란 견장을 단 사람들이 거리에 나타나기 시작했다는 사실을 우리는 그제야 처음으로 맞닥뜨리게 되었습니다. 게토에 대해서도 들었지요…… 다들 그 소문에 대해 쑥덕거렸어요…… 킴은 유대인 소년이었습니다. 그 아이는 머리를 빡빡 밀었지요. 우리는 킴을 타타르인으로 소문내기로 했어요. 하지만 머리칼이, 검은 곱슬머리가 자라났죠. 누가 그 애를 타타르인으로 보겠어요? 난 친구 때문에 괴로웠답니다. 한밤중에 잠에서 깨어, 그 곱슬머리를 보고 있노라면 다시 잠을 이룰 수 없었어요. 킴이 게토에 끌려가지 않게 방도를 생각해내야 해.

우리는 이발 기계를 발견했습니다. 그래서 내가 킴의 머리를 한 번 더 밀어줬죠. 이미 아침저녁으로 추워지기 시작했습니다. 겨울에 구두닦이를 한다는 것은 무의미한 일이에요. 우리에게는 새로운 계획이 있었습니다. 독일군 사령부는 모스크바로 오는 장교들을 위해서 시내에 호텔을 짓고 있었습니다. 커다란 배낭과 여행용 가방을 들고 모스크바에 도착하는 독일군에게 호텔까지의 거리는 꽤 멀었지요. 우리는 기적적으로 큰 썰매를 구해 기차역에서 망을 봤습니다. 기차가 도착하면, 우리는 두세 사람을 그 썰매에 태우고 시내의 이쪽 끝에서 저쪽 끝까지 날랐답니다. 그 대가로 빵이나 담배를 받았지요.

담배는 시장에 가져가면 어떤 먹거리로도 교환할 수 있었어요.

킴이 붙잡힌 그날은 기차가 밤늦게 연착했습니다. 우리는 온몸이 꽁꽁 얼었지만 기차역을 벗어날 수 없었죠. 이미 통금 시간이 시작되었거든요. 우리는 건물에서 쫓겨나 길에서 대기했습니다. 마침내 기차가 도착했습니다. 우리는 독일군 몇 명을 썰매에 태우고 출발했지요. 손바닥이 아플 정도로 가죽끈이 팽팽하게 당겨졌어요. 그런데도 그자들은 우리를 재촉했습니다. "슈넬! 슈넬!"* 우리는 빠르게 달릴 수 없었습니다. 그러자 그자들이 우리를 두들겨 패더군요.

우리는 짐을 호텔 안으로 옮긴 뒤 돈을 받기 위해 기다렸습니다. 한 사람이 "꺼져!"라고 호령하며 킴을 밀치는 순간, 킴의 머리에서 모자가 벗겨졌습니다. 그 순간 놈들이 "유대인이다!"라고 외쳤지요. 그렇게 해서 킴은 붙잡혔습니다……

며칠 후, 나는 킴이 게토에 있다는 사실을 알게 되었습니다. 그곳으로 갔지요…… 며칠 내내 그 주위를 맴돌았습니다…… 철조망 너머로 그 아이를 몇 번 봤습니다. 빵과 감자와 당근을 가져갔지요. 보초병이 방향을 바꿔 반대편 끝으로 갈 때를 노려 감자 한 알을 던집니다. 그러면 킴이 다가와 주워가지요……

난 게토에서 몇 킬로미터 떨어진 곳에서 살았지만, 밤마다 도시 전체를 울리는 커다란 비명 소리가 그곳으로부터 들려오는 바람에 잠에서 깨곤 했습니다, '킴은 살아 있을까? 어떻게 해야 그 애를 구

---

* 독일어 'schnell'은 '빨리'를 뜻한다.

해낼 수 있을까?' 한번은 학살이 자행된 뒤에—학살은 정례로 굳어 졌지요—약속 장소로 가봤더니, 게토 사람들이 '킴은 없다!'라는 신호를 보내더군요.

난 불행했습니다…… 하지만 여전히 희망을 잃지 않았죠.

어느 날 아침 누군가가 현관문을 두들겼습니다. 난 벌떡 일어났어요…… '킴이야!'라는 생각이 가장 먼저 떠올랐습니다. 하지만 킴이 아니었습니다. 아래층 소년이 날 깨운 것이었죠. 그 애가 "같이 길거리로 나가보자. 거기에 죽은 사람들이 있어. 아버지를 찾게 도와줘" 라고 말했습니다. 우리는 밖으로 나갔습니다. 통금 시간도 이미 끝났는데, 길에는 지나가는 사람이 거의 없었습니다. 길은 싸락눈에 덮여 있었고, 총살된 전쟁 포로들이 눈을 맞은 채 15~20미터에 걸쳐 쓰러져 있었습니다. 밤중에 놈들이 전쟁 포로들을 이끌고 시내를 통과하다가, 뒤처지는 사람이 생기면 뒤통수에 총을 쐈던 것이죠. 포로들은 전부 엎드린 채 죽어 있었습니다.

소년은 시신을 만지지도 못했습니다. 그 가운데 자기 아버지가 있을까봐 두려웠던 거죠. 바로 그때 어째서인지 나에게는 죽음에 대한 두려움이 없다는 사실을 알아차렸습니다. 나는 마음속에서 이미 죽음에 익숙해져버린 겁니다. 내가 시신들을 돌려 눕히면, 소년은 얼굴을 하나하나 확인했습니다. 그렇게 우리는 그 길을 끝까지 지나갔죠……

그 이후로…… 난 더 이상 눈물을 흘리지 않게 되었습니다…… 어쩌면 눈물을 흘려야 하는 순간에도 눈물이 나오지 않더군요. 난 울 수 없게 되었습니다. 전쟁 기간 내내 딱 한 번 울었지요. 우리 파르티잔 부대의 간호사인 나타샤가 죽었을 때요…… 나타샤는 시를 좋아했고, 나 역시 시를 좋아했습니다. 그녀는 장미를 좋아했고, 나 역시 장미를 좋아했죠. 여름에는 그녀에게 들장미 다발을 건네곤 했답니다.

어째서인지 나타샤가 나에게 이렇게 묻더군요.

"전쟁 전에 몇 학년까지 마쳤니?"

"4학년……"

"전쟁이 끝나면 수보로프 육군 유년학교에 들어갈 거니?"

전쟁 전에 난 아버지의 군복을 좋아했습니다. 나도 무기를 들고 싶었죠. 하지만 나타샤에게, 난 군인이 되지 않을 거라고 대답했습니다.

나타샤의 시신은 막사 주변의 소나무 가지 위에 있었습니다. 난 그 옆에 앉아 나타샤를 내려다보며 울었습니다. 죽은 사람을 보면서 운 것은 난생처음이었습니다.

……난 엄마와 만나게 되었습니다. 우리가 만났을 때, 엄마는 날 쓰다듬어주지도 않고 물끄러미 쳐다보기만 하더니 똑같은 질문을 되풀이했습니다.

"너니? 정말 너니?"

숱한 나날이 지나고 나서야, 우리는 전쟁에 대해 이야기를 나눌 수 있게 되었지요……

"우리는 여자아이고, 보리스는 남자아이니까 그렇지……"

림마 포즈냐코바(카민스카야)—여섯 살
현재—노동자

난 유치원에 있었어요…… 인형놀이를 하고 있었죠……

선생님이 내 이름을 불러요. "아빠가 널 데리러 오셨단다. 전쟁이 일어났어!" 하지만 난 아무 데도 가고 싶지 않아요. 놀고 싶을 뿐이죠. 난 엉엉 울어요.

전쟁이란 게 뭐지? 어떤 걸까? 내가 죽임을 당하나? 어떤 거지? 아빠가 죽임을 당하나? 낯선 단어가 하나 더 있었어요. 바로 '피란민'이었죠. 엄마는 우리의 출생증명서가 든 주머니와 주소가 적힌 수첩을 우리 목에 걸어주었어요. 엄마가 죽더라도, 우리가 누구인지 남들이 알 수 있도록 하려고요.

오래도록 걷고 또 걸었답니다. 아빠를 잃었어요. 우리는 겁에 질렸지요. 엄마는 이렇게 말했어요. 아빠는 수용소에 끌려갔지만, 우리가 아빠를 만나러 갈 거라고요. 그런데 수용소가 뭐지? 먹거리를 모았어요. 무슨 먹거리였냐고요? 구운 사과요. 우리 집도, 정원도 완전히 불에 타버렸고, 사과나무에는 구운 사과가 달려 있었죠. 우리는 그것들을 모아서 먹었어요.

수용소는 콤소몰 호수 부근의 드로즈디에 있었어요. 지금은 그곳이 민스크 시내에 속하지만, 그때는 시골이었죠. 검은 쇠 철조망을 기억해요. 사람들도 전부 검었어요. 얼굴도 똑같았죠. 우리는 아버지를 알아보지 못했지만, 아버지는 우리를 알아봤답니다. 아버지는 나를 쓰다듬고 싶어했지만, 난 어째서인지 철조망에 다가가기가 무서워 엄마에게 집으로 돌아가자고 졸랐어요.

아버지가 언제 어떻게 집으로 돌아왔는지는 기억나지 않아요. 아버지가 제분소에서 일했고, 엄마가 아버지에게 도시락을 가져다드리라고 우리를 보냈던 것은 알아요. 나와 막내 여동생 토마를요. 토모치카*는 작은 아이였어요. 하지만 난 좀 더 컸고, 이미 작은 아동용 가슴내의를 착용하고 있었죠. 전쟁 전에는 그런 아동용 가슴내의가 있었답니다. 엄마는 우리에게 음식이 든 보따리를 주고, 내 가슴내의 안에 전단을 넣어요. 전단은 공책에서 찢어낸 작은 종이에 손글씨를 적은 것이었어요. 엄마는 우리를 대문까지 배웅하고는 울면서 이렇게 당부해요. "아무에게도 가까이 가지 마. 아버지에게로만 가는 거야." 그리고 나서는 우리가 살아서 돌아올 때까지 그 자리에 서서 기다려요.

두려워했던 기억은 없어요…… 일단 엄마가 가야 한다고 말하면, 우리는 가요. 엄마가 말했다면, 그건 중요한 거예요. 엄마 말을 듣지 않고 엄마의 부탁을 모른 척하는 편이 무섭죠. 우리 엄마는 좋은 분이었어요. 엄마의 말을 듣지 않다니, 그런 것은 상상도 할 수 없었죠.

날이 추우면, 다들 페치카 위에 앉아요. 우리 집에는 커다란 외투

---

* 토마의 애칭이다.

가 있었는데, 우리는 다 함께 그 외투를 뒤집어쓰고 있었지요. 페치카에 뗄 석탄을 훔치러 기차역으로 달려가곤 했어요. 보초병이 알아채지 못하도록 무릎으로 기어들어갔죠. 팔꿈치를 쓰는 것도 도움이 돼요. 석탄을 한 양동이 가지고 돌아오면, 우리는 굴뚝 청소부처럼 무릎이며, 팔꿈치며, 코며, 이마며 온통 새까맸지요.

밤에는 다 함께 잠자리에 누웠답니다. 아무도 혼자서 자려 하지 않았어요. 나, 두 여동생, 네 살짜리 보리스, 우리는 이렇게 넷이었어요. 보리스는 엄마가 양자로 들인 아이였죠. 보리스가 엄마의 친구이자 지하활동가인 룔랴 레빈스카야 아주머니의 아들이라는 사실은 나중에 알게 됐어요. 그때 엄마는 우리에게 이렇게 말했어요. 어린 사내아이가 있는데 혼자 집에 있을 때가 종종 있다고, 두려움에 떨고 있는 데다 굶주리고 있다고요. 엄마는 우리가 그 애를 받아들이고 사랑해주기를 바랐죠. 하지만 그것이 간단하지 않다는 것을 알았어요. 아이들이 친해지지 않을 수도 있으니까요. 엄마는 현명하게 대처했어요. 직접 보리스를 데려오지 않고 우리를 보낸 거죠. "가서 그 남자애를 데려오렴. 사이좋게 지내야 한다." 우리는 가서 그 애를 데려왔어요.

보리스에게는 아름다운 삽화가 담긴 책이 많았어요. 그 애는 그 책을 전부 가져왔죠. 우리는 그 애가 책을 운반할 수 있게 도와줬어요. 우리가 페치카 위에 앉으면, 그 애는 우리에게 이야기를 들려줬죠. 우리는 그 애를 피붙이보다 더 가깝게 느낄 정도로 좋아하게 되었어요. 아마 그 애가 옛날이야기를 많이 알고 있었기 때문일 거예요. 우리는 안마당에서 모든 아이에게 말했죠. "너희, 이 애를 괴롭히지 마."

우리는 전부 피부색이 하얬는데, 보리스는 가무잡잡했어요. 보리스의 어머니는 평소 풍성한 검은 머리를 땋아 내리고 다녔답니다. 언젠가 아주머니가 우리 집에 와서 나에게 손거울을 선물한 적이 있어요. 난 그 손거울을 숨겨놓고는, 아침마다 거울을 들여다볼 거라고, 나도 저렇게 머리를 땋아 내릴 거라고 결심했었죠.

우리가 안마당에서 뛰어놀면, 아이들이 큰 소리로 묻곤 했어요.

"보리스는 어느 집 아이니?"

"우리 집 아이야."

"너희는 전부 하얀데, 왜 그 애는 까매?"

"우리는 여자아이고, 보리스는 남자아이니까 그렇지." 엄마는 우리에게 그런 식으로 대답하라고 가르쳤답니다.

보리스는 실제로 우리 집 아이였어요. 그 애의 엄마와 아빠는 죽임을 당했고, 그 애는 게토로 잡혀갈 뻔했죠. 어떤 연유에서인지 우리는 이미 그 사실을 알고 있었어요. 우리 엄마는 보리스의 정체가 발각되어 붙잡혀갈까봐 두려워했답니다. 어디론가 외출을 하게 되면, 우리는 모두 엄마를 엄마라고 불렀지만, 보리스만은 아주머니라고 불렀어요. 엄마가 보리스에게 부탁했어요.

"엄마라고 불러보렴." 그러고는 보리스에게 빵 조각을 건네요.

보리스는 빵을 받고는 그 자리에서 물러나며 이렇게 말해요.

"아주머니, 감사합니다."

그러고 나면 그 애의 눈에서 눈물이 뚝뚝 떨어져요……

"독일인 사내아이들과 노는 한, 넌 내
형제가 아니야……"

바샤 시갈료프-크냐제프—여섯 살

현재—운동 코치

이른 새벽이었습니다……

사격이 시작됐어요. 아버지는 침대에서 뛰어내려 문가로 달려갔
죠. 그런데 문을 열더니 비명을 지르더군요. 우리는 아버지가 놀라
서 그러는 줄 알았답니다. 하지만 아버지는 파열탄을 맞아 쓰러진
것이었죠.

엄마는 천 조각을 모았습니다. 아직 사격이 계속되고 있어서 불은
켜지 않았어요. 아버지는 신음 소리를 내며 뒹굴었습니다. 창문에서
약한 빛이 비쳐들어 아버지의 얼굴에 드리워졌는데……

"마룻바닥에 누워봐요." 엄마가 말했습니다.

그러더니 갑자기 목 놓아 울기 시작했습니다. 우리는 울부짖으며
엄마에게 매달렸습니다. 난 아버지의 피에 미끄러져 넘어지고 말았
지요. 피 냄새와 어떤 불쾌한 냄새를 느꼈습니다. 아버지의 창자가
파열되어 있었던 겁니다……

길고 커다란 관을 기억합니다. 아버지는 키가 작았어요. 난 '아버지의 관은 왜 이렇게 클까?'라고 생각했지요. 나중에 이런 결론을 내렸습니다. '상처가 심하긴 하지만, 이렇게 하면 아버지도 별로 아프지 않겠구나'라고요. 옆집 사내아이에게도 그렇게 설명해주었답니다.

며칠 후, 이번에도 이른 아침에 독일군이 찾아와 엄마와 우리를 잡아갔습니다. 놈들은 우리를 공장 앞의 광장에 세워두었죠. 그 공장(비텝스크 주 스몰롭카 마을에 있어요)은 전쟁 전까지 우리 아버지가 일하던 곳이었습니다. 우리 외에도 다른 두 파르티잔 가족이 더 있었어요. 아이들이 어른보다 더 많았죠. 엄마에게는 친척이 많았습니다. 남자 형제가 다섯 명, 여자 형제가 여섯 명인데, 전부 파르티잔이었죠. 다들 이 사실을 알았고요.

놈들이 엄마를 때리기 시작했습니다. 마을의 모든 사람이 엄마가 맞는 모습을 지켜봤습니다. 우리도요. 어떤 여자가 내 머리를 땅 쪽으로 계속 눌렀지요. "아래를 봐. 아래를." 하지만 난 몸을 비틀어 그 여자의 손에서 빠져나왔습니다. 난 봤어요……

마을 뒤에는 숲이 울창한 언덕이 있었습니다. 놈들은 아이들을 남겨두고 어른들을 그곳으로 끌고 갔지요. 난 엄마에게 매달렸습니다. 엄마는 날 밀치며 외쳤죠. "안녕, 얘들아!" 엄마가 참호 속으로 뛰어내릴 때 엄마의 원피스가 바람에 날려 위로 쳐들리던 게 기억나네요……

……아군이 왔습니다. 견장을 단 장교들을 봤죠. 나는 견장이 무

척 마음에 들어, 자작나무 껍질로 견장을 만들고 석탄으로 계급장을 그렸답니다. 친척 아주머니가 지어준 농민 외투에 견장을 붙이고 나무껍질 신발을 신은 후, 이반킨(아주머니를 통해 성을 미리 알아두었죠) 대위를 찾아가서, "바샤 시갈료프가 보고합니다, 대위님과 함께 독일군을 두들겨 패고 싶습니다"라고 보고했어요. 군인들이 처음에는 농담을 하며 웃음을 터뜨리더니, 친척 아주머니에게 내 부모님은 어디에 있냐고 물었습니다. 내가 고아라는 것을 알게 된 군인들은 날 위해 밤새 방수망토로 부츠를 만들고, 모자를 줄이고, 견장을 반으로 접어주었습니다. 누군가는 장교용 검대劍帶까지 만들어주었죠. 그렇게 해서 난 지뢰제거반 제203부대의 아들이 되었답니다. 난 연락병으로 등록되었습니다. 열심히 노력했지만, 읽고 쓰는 것만은 할 수 없었습니다. 엄마가 아직 살아 계실 때, 난 친척 아저씨로부터 이런 부탁을 받은 적이 있어요. "철교로 가서 그곳에 독일인이 몇 명 있는지 세어주렴." 내가 어떻게 수를 셌을까요? 아저씨는 내 호주머니에 낟알을 가득 채워주었습니다. 나는 오른쪽 주머니에서 왼쪽 주머니로 낟알을 하나씩 하나씩 옮겨 담았죠. 그러면 아저씨가 나중에 그 낟알을 세었습니다.

"전쟁은 전쟁이고, 넌 읽고 쓰는 법을 배워야 해." 당 간부인 샤포시니코프가 나에게 말했습니다.

군인들이 힘들게 종이를 구해왔고, 샤포시니코프가 날 위해 직접 공책을 만든 뒤 구구단표와 알파벳을 적어주었습니다. 난 그것을 외워서 샤포시니코프의 질문에 대답했지요. 그분은 빈 탄약 상자를 가져와서 그 위에 괘선을 긋고는, "써봐"라고 말합니다.

독일에 있을 때는 나 말고도 사내아이가 두 명 더 있었습니다. 볼로자 포치바들로프와 비차 바리노프였죠. 볼로자는 열네 살, 비차는 일곱 살, 그리고 난 아홉 살이었습니다. 우리는 형제처럼 아주 사이 좋게 지냈답니다. 우리에게는 달리 아무도 없었거든요.

그런데 어느 날, 비차 바리노프가 독일인 사내아이들과 '전쟁놀이'를 하고 작은 별이 붙은 자신의 비행모를 건네는 것을 보게 되었습니다. "넌 더 이상 형제도 아니야." 난 그렇게 소리를 질렀죠. 너 같은 아이는 절대 내 형제가 될 수 없어! 난 전리품인 피스톨을 움켜쥐고는, 그 아이에게 부대의 명령을 따르라고 지시했습니다. 그러고는 그 자리에서 영창행을 선언하며 직접 창고 같은 곳에 그 아이를 가두어버렸어요. 그 아이는 병사였고 난 하사였습니다. 즉 내가 관등상 상관인 것처럼 행동한 것이죠.

누군가가 이 일을 이반킨 대위에게 이야기했습니다. 대위가 날 부르더군요.

"비차 바리노프 병사는 어디에 있나?"

"바리노프 병사는 영창에 있습니다." 나는 그렇게 보고했습니다.

대위는 한참 동안 나에게 설명했습니다. 아이들은 모두 선하다고, 아이들에게는 아무런 죄가 없다고, 전쟁이 끝나면 러시아 아이들과 독일 아이들은 이제 친구가 될 거라고요.

전쟁이 끝났습니다. 난 메달을 세 개 받았습니다. '쾨니히스베르크 점령을 기리며' '베를린 점령을 기리며' '독일에 대한 승리를 기리며'라는 메달이었죠. 우리 부대는 지트코비치로 돌아와 밭에 묻힌 지뢰를 제거했습니다. 우연한 기회에 나는 큰형이 살아 있으며 빌레 이카에서 거주한다는 사실을 알게 되었습니다.

수보로프 군사학교로 파견한다는 증명서를 지닌 채, 난 빌레이카로 떠났습니다. 그곳에서 형을 찾았고, 얼마 안 있어 누나도 우리가 있는 곳으로 오게 되었답니다. 우리는 다락방 같은 곳에 세 들어 살았습니다. 내가 군복을 입고 메달 세 개를 붙이고 시 집행위원회로 가기 전까지는 먹을 것을 구하는 데 어려움을 겪었지요.

난 시 집행위원회로 갔습니다. '의장'이라는 표찰이 달린 문을 찾아 똑똑 두들겼습니다. 그러고는 안으로 들어가 정식으로 보고했습니다.

"하사 시갈료프, 국가의 보조를 신청하러 왔습니다."

의장은 빙그레 웃으며 날 맞이하러 일어섰습니다.

"어디에 사나?" 그 사람이 물었습니다.

난 "다락방에 삽니다"라고 대답하며 주소를 건넸습니다.

저녁에 우리 집으로 양배추 한 자루가 배송되었습니다. 하루가 지나자, 감자 한 자루가 또 배송되었지요.

어느 날 길에서 그 의장과 마주쳤습니다. 의장이 주소를 건넸습니다.

"저녁에 우리 집으로 와. 그곳에서 기다리마."

그곳에서 한 여자가 날 맞이해주었습니다. 의장의 아내였습니다. 이름이 니나 막시모브나라고 했습니다. 의장의 이름은 알렉세이 미하일로비치였습니다. 나는 음식을 대접받고 몸도 씻었습니다. 몸이 자라서 군복이 이미 맞지 않았는데, 두 분이 루바시카도 한 벌 내주더군요.

난 그 집에 드나들기 시작했습니다. 처음에는 가끔, 그다음에는 자주, 그 후로는 매일 가게 되었습니다. 순찰병이 나를 맞이해주며 이렇게 물었습니다.

"어이, 젊은이, 누구의 메달을 달고 있나? 아버지는 어디 계시지?"

"아버지는 안 계세요……"

신분증명서를 가지고 와야 했습니다.

알렉세이 미하일로비치가 물었습니다.

"우리 아들이 되어주겠니?"

난 대답했습니다.

"네, 정말로 그렇게 되고 싶어요."

두 분은 나를 양아들로 삼았고 '크냐제프'라는 성을 물려주었습니다.

난 오랫동안 '아빠'와 '엄마'라는 말을 할 수 없었습니다. 니나 막시모브나는 곧 나를 사랑하고 아껴주었습니다. 어디서 달콤한 것이 생기면, 그것은 내 것이 되었습니다. 니나 막시모브나는 날 어루만지고 싶어했어요. 안아주고 싶어했죠. 하지만 난 단것을 좋아하지 않았습니다. 한 번도 그런 것을 먹어본 적이 없었으니까요. 전쟁이 일어나기 전까지 우리는 가난하게 살았고, 군대에 들어간 뒤로는 병사의 음식에 익숙해져버렸거든요. 게다가 나는 살가운 사내아이가 아니었습니다. 오랫동안 특별한 애정 표현을 접하지 못한 채 남자 어른들 틈에서 지냈으니까요. 심지어 다정한 말도 들어본 적이 없었습니다.

한번은 밤중에 눈을 뜨니, 니나 막시모브나가 칸막이 너머에서 우는 소리가 들렸습니다. 한참 동안 울었던 모양입니다. 그런데도 난 보지도 못하고 듣지도 못했던 거죠. 아주머니는 울면서 한탄했습니다. "저 애는 절대 우리 가족이 되어주지 않을 거야. 친부모도 잊지 못할 테고…… 자신의 피를…… 저 아이에게는 어린애다운 구석이 별로 없어. 살갑지도 않고." 난 니나 막시모브나에게 조용히 다가가 목을 끌어안았습니다. "울지 마세요, 엄마." 니나 막시모브나는 울음을 멈췄습니다. 난 그분의 빛나는 눈을 봤습니다. 처음으로 내가 그분을 '엄마'라고 부른 거예요. 시간이 흐른 후, 알렉세이 미하일로비치에게도 '아빠'라고 부르게 되었습니다. 한 가지만은 평생 버리지 못했어요. 난 두 분에게 계속 높임말을 썼지요.

두 분은 날 나약한 사내아이로 키우지 않았습니다. 그것에 대해 난 그분들에게 감사하고 있어요. 내 역할은 분명하게 정해져 있었습니다. 학교에서 돌아오면 집 안을 정돈하고, 현관 깔개를 털고, 헛간에서 장작을 가져오고, 페치카를 덥혔습니다. 그분들이 없었다면, 난 고등교육을 받을 수 없었을 거예요. 그분들은 나에게 이런 생각을 불어넣어주셨습니다. '공부해야 한다. 전후戰後에는 공부를 잘하지 않으면 안 된다. 무조건 잘해야 한다.'

아직 군대에 몸담고 있던 시절에, 우리 부대가 지트코비치에 주둔하던 때, 지휘관은 볼로자 포치바들로프와 비차 바리노프와 나에게 공부를 하라고 명령했습니다. 우리 셋은 2학년 반에 들어가 걸상이 딸린 책상에 앉았습니다. 우리는 무기를 소지했고, 아무도 인정하지 않았습니다. 민간인 교사에게 복종하고 싶지 않았습니다. 군복도 입지 않은 선생이 어떻게 우리에게 명령을 내릴 수 있어? 우리가 권위를 인정하는 사람은 오직 지휘관뿐이었습니다. 선생님이 교실에 들어오면, 반 전체가 일어섭니다. 하지만 우리는 앉아 있습니다.

"왜 너희는 앉아 있니?"

"당신에게 대답하지 않겠습니다. 우리는 지휘관에게만 복종합니다."

쉬는 시간이 길 때면, 우리는 모든 학생을 소대별로 정렬하여 행군 연습을 시키고 군가도 가르쳤습니다.

교장 선생님이 부대에 찾아와, 정치부장 보좌에게 우리가 어떻게 행동하고 있는지에 대해 이야기했습니다. 우리는 영창에 갇히고 강등되었지요. 봅카 포치바들로프는 상사였는데 중사가 되었고, 난 중사였는데 하사가 되었고, 비치카* 바리노프는 하사였는데 상병이 되었지요. 지휘관은 우리를 개별적으로 불러 오랫동안 이야기를 나누었고, 지금 우리에게는 산수 과목에서 4점이나 5점을 받는 것이 메달을 받는 것보다 더 중요하다는 사실을 가르쳤습니다. 우리에게 말

---

* 비차의 애칭이다.

겨진 긴급 임무는 공부를 잘하는 것이었습니다. 우리는 사격을 하고 싶었지만, 지휘관은 우리에게 공부를 해야 한다고 설득했죠.

하지만 어쨌든 우리는 메달을 달고 학교에 다녔습니다. 나에게는 사진이 한 장 있었습니다. 사진 속의 나는 걸상이 딸린 책상에 메달을 달고 앉아 우리 피오네르 신문에 사용할 삽화를 그리고 있습니다.

학교에서 '5점'*을 받고 돌아오던 날, 나는 집 입구에서부터 큰 소리로 외쳤지요.

"엄마, 5점 받았어요!"

그때는 '엄마'라고 말하기가 무척이나 쉽더군요……

"우리는 그 말을 기억조차 하지 못했죠……"

아냐 구레비치—두 살

현재—라디오 설계기사

나 자신이 기억하는 것인지, 엄마가 나중에 들려준 것인지……

우리는 길을 걷고 있었어요. 걷는 것이 우리로서는 힘들었어요. 엄마는 아프고, 언니와 난 어렸거든요. 언니는 세 살이고, 난 두 살이었죠. 우리 가족을 구할 방법은 무엇일까요?

---

* 성적을 매기는 다섯 등급 가운데 최고 점수를 뜻한다.

엄마는 쪽지에 성, 이름, 출생 연도를 써서 내 호주머니에 넣고는 "가렴" 하고 말했어요. 엄마가 이 건물을 가리켰죠. 아이들이 뛰어 다니고 있었어요…… 엄마는 내가 피란 가기를, 고아원 아이들과 함께 떠나기를 바랐죠. 언니와 내가 둘 다 죽을까봐 두려워했어요. 우리 가운데 한 명이라도 살리고 싶어했죠. 난 혼자 가야만 했어요. 만약 엄마가 날 고아원에 데려다주었다면, 우리는 다시 발길을 돌려야 했을 거예요. 고아원은 부모가 없는 아이들만 받았는데, 나에게는 엄마가 있으니까요. 뒤돌아보지 않는 것에 내 모든 운명이 달려 있었답니다. 그렇게 하지 않으면, 다른 모든 아이처럼 절대로 엄마 곁을 떠나지 못하고 눈물을 펑펑 흘리면서 엄마 목에 매달리게 될 테니까요. 아무도 나를 강제로 낯선 집에 살게 하지 않았을 테고요. 그럼 내 운명은……

엄마는 말했어요. "가서, 저 문을 열어." 난 그렇게 했어요. 하지만 그 고아원은 피란을 떠나지 못했답니다……

커다란 홀을 기억해요…… 벽 옆에 나의 작은 침대가 있어요. 그런 침대가 아주 많아요. 우리는 자기 손으로 침대를 꼼꼼하게 정돈해요. 구석구석 꼼꼼하게요. 베개는 언제나 같은 자리에 놓여 있어야 해요. 그렇게 하지 않으면, 보육 선생님이 야단을 쳤어요. 특히 검은 옷을 입은 아저씨들이 올 때면 더욱 그랬죠. 경찰인지 독일군인지는 잘 모르겠고, 검은 옷만 기억에 남아 있어요. 우리가 맞았는지는 기억나지 않지만, 내가 어떤 이유로 맞을 수도 있다는 두려움은 있었어요. 우리가 놀거나 장난을 쳤는지는 기억나지 않아요……

우리는 많이 움직였어요. 청소를 하고 빨래를 했죠. 하지만 그것은 노동이었어요. 기억 속에 아이다운 것은 없어요. 웃음소리…… 장난……

아무도 우리를 귀여워해주지 않았어요. 그래도 난 엄마를 그리워하며 울지는 않았답니다. 내 주위에는 엄마가 있는 아이가 단 한 명도 없었어요. 우리는 그 말을 기억조차 하지 못했죠. 아예 잊어버린 거예요.

우리의 식사는 이렇게 나왔어요. 하루 종일 죽 한 사발과 작은 빵 한 조각. 난 죽을 좋아하지 않아서 내 몫을 한 여자아이에게 주었고, 그 여자아이는 나에게 자신의 빵 조각을 주었지요. 우리에게는 그런 식의 우정이 있었답니다. 아무도 이 일에 관심을 갖지 않았어요. 한 보육 교사가 우리의 속임수를 눈치 채기 전까지는 모든 것이 순조로웠죠. 그 교사는 나를 구석으로 끌고 가서 무릎을 꿇렸어요. 난 혼자 오랫동안 무릎을 꿇고 있었죠. 텅 빈 커다란 홀에서…… 지금까지도 '죽'이라는 단어를 들으면 그 자리에서 울고 싶어져요. 어른이 되었을 때, 난 도무지 이해할 수 없었어요. 어째서, 무엇 때문에 그 단어가 그토록 혐오스럽게 느껴졌을까? 난 고아원에 대해 잊고 있었던 거예요……

내가 이미 열여섯 살, 아니, 아마도 열일곱 살이 되었을 때의 일일 거예요…… 난 고아원의 보육 교사를 만나게 되었어요. 버스에 한 여자가 앉아 있더군요…… 난 그 여자를 바라봤어요. 무언가가 나를 그 여자 쪽으로 자석처럼 끌어당기는 바람에, 난 그만 내려야 할

225

곳을 지나치고 말았죠. 그 여자가 누구인지 기억나지 않았지만, 그 여자에게 끌렸어요. 마침내 참을 수 없어 눈물을 쏟으며 스스로에게 화를 냈어요. 내가 왜 이러지? 언젠가 본 적이 있는 그림인 양, 그 여자를 쳐다보면서도 기억이 나진 않았어요. 난 한 번 더 그 여자를 보고 싶었어요. 엄마 같은, 아니 엄마보다 더 가까운, 어쩐지 몹시도 그리운 감정이었죠…… 하지만 누구인지는 몰랐어요. 분노와 눈물이 얼마나 솟구치던지! 난 등을 돌리고 출구 앞으로 가서, 선 채로 울었답니다.

그 여자는 계속 보고 있다가 나에게로 다가와 이렇게 말했어요.

"아네치카, 울지 마라."

하지만 그 말에 난 더 많은 눈물을 쏟고 말았죠.

"난 아주머니를 몰라요."

"날 똑똑히 봐!"

"맹세해요. 난 아주머니를 몰라요." 난 큰 소리로 악을 써요.

그 여자가 날 버스에서 끌고 나갔어요.

"날 잘 봐. 전부 기억날 거야. 난 스테파니다 이바노브나란다……"

하지만 난 계속 고집을 부렸어요.

"난 아주머니를 몰라요. 한 번도 만난 적이 없다니까요."

"고아원을 기억하니?"

"무슨 고아원이요? 아주머니는 날 다른 사람과 혼동하셨나봐요."

"아냐, 고아원을 기억해보렴…… 난 너의 선생이었어."

"우리 아빠는 돌아가셨지만, 나에게는 엄마가 있어요. 고아원이라니, 무슨 말씀이에요?"

이미 엄마와 함께 살고 있던 난 고아원에 대해서는 까맣게 잊고 있었죠. 그 여자는 가만히 내 머리를 쓰다듬더니, 눈물을 주룩주룩 흘렸어요. 그러고는 이렇게 말해요.

"여기 내 전화번호를 주마…… 너 자신에 대해 알고 싶다면, 전화해. 난 너를 잘 기억하고 있단다. 넌 우리 고아원에서 가장 어린 아이였어……"

그 여자는 떠났지만, 난 그 자리에서 꼼짝도 할 수 없었어요. 물론 난 그 여자를 쫓아가서 물어봐야 했어요. 하지만 난 그 여자를 붙잡으러 달려가지 않았죠.

나는 왜 그렇게 하지 않았을까요? 난 겁쟁이였어요. 그저 야생동물이었죠. 나에게 인간이란 낯설고 위험한 존재예요. 난 어느 누구와도 이야기를 나누지 못했어요. 혼자서 몇 시간이고 앉아서 혼잣말을 하곤 했지요. 모든 것이 무서웠어요.

엄마는 1946년에야 날 찾아냈어요…… 난 여덟 살이었죠. 엄마와 언니는 독일로 끌려갔지만 그곳에서 용케 살아남았어요. 엄마는 벨라루스로 돌아와 모든 고아원을 샅샅이 뒤졌지만, 이미 날 찾을 수 있으리라는 기대는 하지 않았죠. 그런데 나는 아주 가까이에, 민스크에 있었어요…… 하지만 엄마가 나에게 준 쪽지가 분실되었던지, 난 다른 성으로 기재되어 있었어요. 엄마는 민스크에 있는 고아원들을 돌아다니면서 아냐라는 이름의 여자아이들을 전부 조사했어요. 엄마는 내 눈동자와 큰 키를 보고는, 내가 딸이라고 판단했죠. 엄마는 일주일 뒤에 와서, 내가 엄마의 아네치카인지 아닌지 알아보기 위해 나를 관찰했어요. 내 이름은 원래대로 남아 있었어요. 엄마를 본 순간, 난 이해하기 힘든 감정에 사로잡혔죠. 딱히 이유도 없이 눈물이 났어요. 아뇨, 그것은 익숙한 무언가에 대한 추억이 아니라 다른 어떤 것이었답니다……

주위에서 아이들이 "엄마다, 네 엄마야"라고 말했어요. 그렇게 해서 어떤 새로운 세계가, 엄마라는 세계가 열렸어요. 비밀의 문이 활짝 열린 것이죠…… 난 '엄마'나 '아빠'라고 불리는 사람들에 대해 아무것도 몰랐어요. 난 무서웠지만, 다른 사람들은 기뻐했어요. 다들 나를 향해 미소를 지었죠.

엄마는 전쟁이 일어나기 전에 이웃이었던 여자를 데려왔어요.

"여기서 우리 아네치카를 찾아봐."

이웃집 여자는 곧바로 날 가리켰어요.

"저 애가 너의 아니카네! 의심하지 말고 믿어. 네 눈, 네 얼굴을 쏙 빼닮았잖아……"

저녁에 보육 교사가 나에게로 다가왔어요.

"저분들이 내일 널 데려갈 거야. 넌 이곳을 떠난단다."

난 무서웠어요……

아침에 사람들이 날 씻기고 옷을 입혀주었어요. 모든 사람이 날 다정하게 대해주었죠. 늘 투덜거리는 우리 보모 할머니도 날 향해 빙그레 웃어주었어요. 난 그 사람들과 마지막 날을 함께하고 있다는 것을, 그 사람들이 나에게 작별 인사를 하고 있다는 것을 깨달았어요. 불현듯 어디로도 떠나고 싶지 않았어요. 엄마가 가져온 신발을 신고 옷을 입으니, 그것만으로도 이미 난 고아원에 있는 다른 여자아이들과 구별되었지요…… 그 아이들 틈에 서 있으니 낯선 아이처럼 보였어요. 그 아이들도 나를 난생처음 보듯이 바라보고 있었어요.

집에서 가장 인상적인 것은 라디오였어요. 라디오 수신기는 아직 없었는데, 집 안 한구석에 검은 접시가 매달려 있고 그곳에서 소리가 흘러나왔죠. 난 언제나 그곳을 쳐다봤어요. 식사를 할 때도 그곳을 쳐다보고, 잠자리에 누워서도 그곳을 쳐다봤죠. 어떻게 저곳에 사람들이 있는 걸까? 어떻게 저곳으로 사람들이 들어갔을까? 하지만 아무도 나에게 설명해줄 수 없었죠. 난 정말 내성적인 아이였거든요. 고아원에서 난 토모치카와 사이좋게 지냈어요. 난 그 애가 좋았어요. 명랑하고 잘 웃는 아이였죠. 하지만 날 좋아하는 사람은 아무도 없었어요. 난 절대로 웃지 않았으니까요. 열다섯 살에서 열여섯 살 무렵에야 미소를 짓기 시작했죠. 학교에서는 내가 웃는 모습을 남들에게 들키지 않으려고 미소를 숨겼어요. 부끄러웠거든요. 여자아이들과도 사귈 수 없었어요. 그 아이들은 쉬는 시간이면 무언가에 대해 마음껏 이야기하는데, 난 아무 말도 못 했으니까요. 말없이 앉아 있기만 했어요.

엄마가 고아원에서 나를 데려오고 나서 며칠이 지난 뒤, 우리는 일요일에 시장으로 갔어요. 난 그곳에서 경찰관을 보고는 히스테리로 몸부림을 치면서 이렇게 외쳤죠.

"엄마, 독일군이에요!" 그러고는 도망쳤어요. 엄마는 날 뒤쫓았고, 사람들이 날 에워쌌어요. 난 온몸을 부들부들 떨어요.

"독일군이에요!"

그러고 나서 이틀 동안 난 길거리로 나가지 않았어요. 엄마는 나에게, 그 사람은 경찰관이며 우리를 보호하고 교통정리를 한다고 설명했지만, 난 그 말을 믿을 수 없었어요. 결코…… 우리 고아원에 온 독일군은 검은 외투를 입고 있었거든요…… 사실 우리 피를 뽑아갈 때 그자들은 우리를 별도의 방으로 끌고 갔고, 그때는 하얀 가운을 입었어요. 하지만 하얀 가운은 기억나지 않았어요. 그자들의 군복만 기억에 남았죠……

집에서는 언니라는 존재에 도무지 익숙해질 수가 없었어요. 뭔가 대단히 가까운 존재인 것 같기는 했어요. 하지만 난생처음 봤는데, 그 여자아이가 내 언니라니요. 엄마는 직장 때문에 낮 동안 집을 비웠어요. 아침에 우리가 눈을 뜨면, 엄마는 이미 집에 없고 페치카 안에 냄비 두 개가 놓여 있어요. 우리는 귀리죽을 직접 꺼내요. 난 하루 종일 엄마를 기다렸답니다. 특별한 무언가가, 어떤 행복이 되돌아오기를 기다리는 것처럼 말이에요. 하지만 엄마는 늦게 돌아왔고, 우리는 이미 자고 있었지요.

어디에선가 인형이 아닌 인형의 머리통을 찾아냈어요. 난 그 머리통이 좋아서, 그것을 내 보물로 삼아 아침부터 저녁까지 들고 다녔답니다. 유일한 장난감이었죠. 작은 공을 갖고 싶었어요. 안마당으로 나가면, 어느 아이나 공을 갖고 있었어요. 그 시절에는 공을 특별한 그물에 넣어 다녔지요. 그렇게 팔았거든요. 누군가에게 부탁하면, 공을 만지게 해주기도 했어요.

열여덟 살에 시계 공장에서 처음으로 급료를 받았을 때, 난 스스로를 위해 공을 샀답니다. 꿈이 이루어진 거죠. 공을 집으로 가져와서, 그물에 넣은 채로 책장에 걸어놓았어요. 공을 들고 안마당으로 나가자니 부끄러웠죠. 이미 어른이 되어버렸잖아요. 그래서 집 안에 앉아 공을 바라보고 있었어요.

스테파니다 이바노브나에게 연락해보기로 결심한 것은 오랜 세월이 흐른 뒤였어요. 나 혼자서는 그런 결정을 내리지 못했겠지만, 남편이 강하게 주장했죠.

"둘이서 같이 가자. 어떻게 자신에 대해서 아무것도 알고 싶어하지 않니?"

"아무렴 내가 원하지 않겠어? 무섭단 말이야……"

그 사람의 집 전화번호를 돌렸어요. 상대방에게서 이런 답변을 들었죠.

"스테파니다 이바노브나 제줄랴는 돌아가셨습니다……"

난 스스로를 용서할 수 없어요……

"아저씨는 전선으로 가야 하잖아요. 그런데 우리 엄마에게 반하다니……"

야냐 체르니나—열두 살

현재—교사

평범한 날…… 그날은 평범하게 시작됐어요……

하지만 내가 노면전차를 탔을 때, 사람들은 이미 "정말 끔찍해. 무서운 일이야!"라는 말을 하고 있었죠. 하지만 무슨 일이 일어났는지, 난 도무지 모르겠더라고요. 집으로 달려와 보니 엄마가 반죽을 이기고 있었어요. 그런데 엄마 눈에서 눈물이 펑펑 쏟아지지 뭐예요. 난 물어요. "무슨 일이 생겼어요?" 엄마가 꺼낸 첫마디는 "전쟁이야! 민스크가 폭격을 당했어……"였죠. 우리는 며칠 전에 민스크의 친척 아주머니 댁에서 로스토프로 막 돌아온 참이었어요.

그래도 9월 1일에는 학교에 갔는데, 9월 10일에는 학교가 폐쇄되었어요. 로스토프의 소개疏開가 시작된 것이죠. 엄마는 우리한테 길떠날 채비를 해야 한다고 말하지만, 난 찬성하지 않아요. "소개라니, 말도 안 돼." 난 구역 콤소몰을 찾아가서, 아직 연령 미달이긴 하지만 콤소몰에 가입시켜달라고 신청했어요. 하지만 거절당했죠. 열네살부터 콤소몰에 가입할 수 있는데, 난 겨우 열두 살이었거든요. 콤소몰에 가입하기만 하면, 그 즉시 모든 일에 참가할 수 있을 거라고, 곧바로 어른이 될 거라고, 전선으로 떠날 수 있을 거라고 생각했답니다.

엄마와 난 기차에 탔어요. 우리가 가진 것이라고는 여행용 가방 하나뿐이었고, 그 가방 안에는 인형 두 개가 들어 있었어요. 큰 인형과 작은 인형. 내가 인형들을 집었을 때 엄마가 반대조차 하지 않았던 게 기억나요. 그 인형들이 어떻게 우리를 구했는지는 나중에 이야기할게요……

캅카스카야 역에 도착했을 때 기차가 폭격을 당했어요. 우리는 지붕이 없는 플랫폼으로 기어올랐어요. 우리가 탄 기차가 어디로 가는지도 몰랐어요. 전선에서, 전장에서 벗어나야 한다는 것, 그것 하나만은 알았지요. 비가 내렸고, 엄마는 몸으로 날 가려주었어요. 바쿠 부근의 발라자리 역에서 내렸을 때에는, 기관차 연기 때문에 새카매지고 축축하게 젖은 채였어요. 굶주리기도 했고요. 전쟁 전에 우리는 소박하게, 아주 소박하게 살았답니다. 우리에게는 시장으로 가져가서 물물교환을 하거나 팔 수 있는 변변한 물건이 없었어요. 엄마에게 있는 것이라고는 신분증명서뿐이었죠. 어떻게 해야 좋을지 몰라 역에 앉아 있어요. 병사가 걸어가요. 아니, 병사가 아니라 장난감 병정 같아요. 키가 아주 작은 데다 피부는 가무잡잡하고, 어깨에는 배낭을 멘 채 작은 냄비를 들고 있어요. 이제 막 군대에 징집되어 전선으로 떠나는 것처럼 보여요. 그 병사가 우리 옆에 멈춰 서더군요. 난 엄마에게 달라붙었어요. 그 사람이 물어요.

"아주머니, 어디로 가세요?"

엄마가 대답해요.

"몰라요. 우리는 소개되었어요."

병사는 억양이 독특한 러시아어로 말해요.

"무서워하지 마세요. 아울*에 있는 우리 어머니에게로 가보세요. 우리 집 남자들은 전부 징집되었어요. 우리 아버지도, 나도, 두 형도요. 어머니 혼자만 남아 계세요. 어머니를 도와주면서 함께 지내세요. 전장에서 돌아오면 아주머니의 딸과 결혼할게요."

그러더니 주소를 말해주더군요. 필기도구가 없었기 때문에 우리는 주소를 암기했어요. 쿰 마을, 카흐 구역, 에블라흐 기차역, 무사예프 무사. 그 주소는 평생 기억에 남았어요. 비록 그 주소대로 가지는 않았지만 말이에요. 혼자 살던 한 여자가 우리를 거두어주었거든요. 그 여자는 베니어합판으로 지은 판잣집에서 살았죠. 침대 하나와 작은 서랍장 하나만 겨우 들어가는 집이었어요. 잘 때는 이렇게 누웠어요. 머리는 통로에 놓고, 다리는 침대 밑으로 집어넣고……

우리는 운 좋게도 좋은 사람들을 만났답니다……

한 군인이 엄마에게 다가와서 함께 이야기 나누던 일을 잊지 못할 거예요. 그 남자는 말했죠. 크라스노다르에 살던 가족은 전부 죽고 자기는 전선으로 가는 중이라고…… 동료들이 소리치며 군용 기차로 오라고 불렀지만, 그 사람은 우리 곁을 떠나지 못하고 제자리에 계속 서 있어요.

"궁핍한 생활을 하는 것 같군요. 내 물자 수취 허가증을 당신에게

---

* 캅카스나 크림 지방의 촌락을 가리키는 용어다.

맡겨도 될까요? 나에게는 그것 말고는 아무것도 없거든요." 그 사람이 불쑥 이런 말을 꺼내요.

엄마는 울음을 터뜨렸어요. 난 모든 이야기를 내 나름대로 해석하고는, 그 사람을 향해 목청 높여 이렇게 말했어요.

"전쟁이 벌어지고 있잖아요…… 아저씨 가족은 전부 죽었고, 아저씨는 전선으로 가서 파시스트들에게 복수를 해야 하잖아요. 그런데 우리 엄마한테 반하다니…… 부끄럽지도 않아요!"

엄마와 그 남자는 둘이서 함께 서 있어요. 두 사람의 눈에서 눈물이 흘러내려요. 어떻게 나의 좋은 엄마가 저런 모자란 남자와 이야기를 나눌 수 있는지 이해할 수 없어요. 그 남자는 전선에 가고 싶어 하지 않고 사랑에 대해 지껄이지만, 사랑은 평화로운 시절에나 가능하잖아요. 그런데 왜 난 그 사람이 사랑에 대해 말한다고 판단했을까요? 사실 그 사람의 중위용 물자 수취 허가증에 대한 이야기였을 뿐인데……

타시켄트에 대해서도 이야기하고 싶군요…… 타시켄트, 그곳이 나에게는 전장이었답니다. 우리는 엄마가 일하는 공장의 기숙사에서 살았어요. 기숙사는 시내 한복판에 있었죠. 예전에 클럽이었던 건물을 기숙사로 사용하는 것이었어요. 로비와 객석에는 가정을 이룬 사람들이 살았고, 무대 위에는 '독신자들'이 살았어요. 독신자라고는 하지만, 가족들이 피란을 가버린 노동자들이었죠. 엄마와 내 자리는 객석의 한구석이었어요.

우리는 감자 1푸드*를 받을 수 있는 배급표를 받았지만, 엄마가 아침부터 밤중까지 공장에서 일을 했기 때문에 내가 그 감자를 받아와야 했어요. 한나절 동안 줄을 섰고, 그다음에는 자루를 질질 끌면서 네다섯 구역을 지나 돌아왔어요. 내 힘으로는 그 자루를 도저히 들 수 없었거든요. 독감이 유행해서 검역 체제가 가동되었기 때문에 어린아이들은 차량에 태워주지 않았어요. 하필이면 그 시기에…… 아무리 애원해도 버스에 탈 수 없었죠. 우리 기숙사 앞의 도로를 건너기만 하면 될 즈음에는 기운이 달려 자루 위에 쓰러진 채 통곡했어요. 낯선 사람들이 도와주더군요. 감자 자루와 나를 기숙사로 옮겨주었어요. 지금까지도 그 무거움이 느껴져요. 그 한 구역 한 구역…… 감자를 버릴 수도 없었어요. 감자에 우리 목숨이 달려 있었으니까요. 죽는 한이 있어도 감자는 버리지 않았죠. 엄마는 배를 곯은 채 창백한 얼굴로 직장에서 돌아오곤 했어요.

우리는 배를 주렸어요. 엄마는 몹시 야윈 나머지 나만 해 보일 정도였죠. 나도 도와야 한다는 생각이 잠시도 머리를 떠나지 않았어요. 어떻게 된 일인지 먹을 것이 전혀 없었기에, 난 우리의 유일한 모포를 팔아서 그 돈으로 빵을 사야겠다고 결심했답니다. 하지만 어린아이가 물건을 파는 것은 금지되어 있었기 때문에 난 경찰서 아동실로 연행되었어요. 공장에 있는 엄마에게 연락이 닿을 때까지 난 그곳에 있었죠. 엄마가 일을 끝내고 와서 나를 데려갔어요. 부끄러

---

* 1푸드는 16.38킬로그램에 해당된다.

워서, 또 엄마는 배가 고플 텐데 집에는 빵 한 조각 없다는 사실 때문에 나는 큰 소리로 엉엉 울었어요. 엄마는 천식을 앓아서 밤이면 무서울 정도로 기침을 하고 숨을 헐떡였어요. 엄마는 조금이라도 뭘 삼켜야만 했죠. 그러면 한결 나아졌거든요. 그래서 나는 언제나 엄마를 위해 빵 한 조각을 베개 밑에 감춰두었답니다. 잠을 자면서도 베개 밑에 빵이 있다는 사실을 떠올리며 못 견디게 먹고 싶어했던 것 같아요.

취직을 하려고 엄마 몰래 공장에 갔어요. 난 너무 작은 데다 전형적인 영양실조 증상을 보였기 때문에 공장에서는 날 뽑으려고 하지 않았죠. 나는 선 채로 울었어요. 누군가가 날 불쌍히 여겨준 덕분에, 난 현장 경리과에 들어가게 되었어요. 노동자들에게 작업 일정표를 적어주고 급료를 기입하는 일을 했죠. 난 기계를 사용했는데, 그것은 현대식 계산기의 원형이었어요. 요즘의 계산기는 소리 없이 작동하지만, 그 당시에는 트랙터 같은 소리를 냈고, 또 램프를 켜야만 사용할 수 있었어요. 열두 시간 동안 내 머리는 뜨거운 태양 아래 있는 것 같았고, 덜컥거리는 소음 때문에 하루가 끝날 즈음에는 귀가 먹먹해졌죠.

그러다가 나에게 엄청난 일이 생기고 말았어요. 한 노동자에게 280루블을 산정해주었어야 하는데 80루블로 산정해버린 거예요. 그 사람에게는 아이가 여섯 명 있었죠. 그런데 급료를 지급하는 날이 될 때까지 아무도 내 실수를 알아차리지 못했어요. 누군가가 복도를 뛰면서 "죽여버릴 거야! 죽여버린다고! 아이들을 무엇으로 부양하느냔 말이야!"라고 소리를 질러요. 사람들이 나에게 말해요.

"숨어. 분명 너를 두고 하는 말일 거야."

문이 열렸어요. 난 기계에 바싹 붙었어요. 어디에도 숨을 곳이 없었죠. 덩치 큰 남자가 뛰어 들어왔어요. 그 사람의 두 손에 무언가 묵직한 것이 들려 있어요.

"어디 있어?"

사람들이 날 가리켰어요.

"저기……"

그 남자는 벽에 기댔어요.

"빌어먹을! 죽일 상대도 없는 건가! 내 상대가 이런 애들이라니."
그 사람은 돌아서서 가버렸어요.

난 기계 위에 털썩 주저앉아 펑펑 울었어요.

엄마는 바로 그 공장의 품질검사 부서에서 일했어요. 우리 공장은 '카추샤' 포에 들어가는 포탄을 생산했죠. 16킬로그램짜리와 8킬로그램짜리, 이렇게 두 가지 크기의 포탄을요. 압력이 가해진 상태에서 포탄의 본체에 강도 검사를 해요. 포탄을 들어올려 조이고 필요한 만큼 압력을 가하죠. 만약 본체의 품질이 좋으면, 본체를 내려서 상자에 담아요. 포탄이 불량품이어서 나사가 버텨내지 못하면, 포탄은 울부짖는 듯한 소리를 내면서 창공으로 날아올랐다가 어딘지도 모를 곳으로 떨어져요. 포탄이 날아갈 때의 그 소리며 그 공포는…… 그럴 때면 다들 공작기계 밑으로 숨어버리죠……

엄마는 밤마다 부들부들 떨며 소리쳤어요. 내가 안아주면 진정하고요.

1943년이 끝날 무렵이었어요…… 아군은 오래전에 공세로 전환했어요. 난 공부를 하지 않으면 안 된다는 것을 깨달았죠. 공장장을 찾아갔어요. 그 사람의 사무실에는 높다란 책상이 있었는데, 책상 너머에서는 내 모습이 거의 보이지도 않았어요. 난 미리 준비한 말을 꺼냈죠.

"퇴사하고 싶어요. 공부를 해야 해서요."

공장장이 무섭게 화를 냈어요.

"아무도 공장에서 못 나가. 지금은 전시戰時야."

"저는 작업 일정표를 기입할 때 자꾸 실수를 해요. 글을 몰라서 그래요. 얼마 전에도 한 사람의 임금을 잘못 계산했어요."

"배워. 우리 공장에는 일손이 부족해."

"전쟁이 끝나면 학식 있는 사람이 필요할 거예요. 어중간하게 배운 사람이 아니라요."

"에잇, 아무짝에도 쓸모없는 년 같으니!" 공장장이 책상 앞에서 벌떡 일어났어요. "마음대로 해!"

난 6학년으로 들어갔어요. 문학과 역사 수업 때는 선생님들이 우리에게 이야기를 들려주었어요. 그러면 우리는 군인들을 위한 담배 쌈지며, 양말이며, 벙어리장갑을 떴죠. 뜨개질을 하면서 시를 배우기도 하고요. 다 함께 입을 모아 푸시킨을 낭송하기도 했어요.

우리는 전쟁이 끝나기를 기다렸어요. 그 꿈이 어찌나 간절했던지, 엄마와 나는 그런 이야기를 꺼내는 것조차 두려워했죠. 엄마가 일터에 간 사이, 전권대표가 우리를 찾아와 모두에게 물었어요. "여러분은 방위기금으로 무엇을 내놓을 수 있습니까?" 나에게도 묻더군요. 우리 집에 뭐가 있지? 우리한테는 엄마가 소중히 간직한 채권 몇 장 말고는 아무것도 없잖아. 다들 무언가를 내놓는데, 우리가 어떻게 이것을 내놓지 않을 수 있겠어?! 나는 채권을 전부 내주었어요.

직장에서 돌아온 엄마가 나를 나무라지도 않고 이렇게만 말했던 것을 기억해요. "네 인형 말고는, 그게 우리가 가진 전부였어."

난 인형과도 이별했어요…… 엄마가 한 달 치 빵 배급표를 잃어버려서, 우리는 말 그대로 죽을 지경이 되었죠. 그때 나의 두 인형, 큰 인형과 작은 인형을 무언가와 교환해보자는 묘안이 머리에 떠올랐어요. 우리는 인형을 들고 시장으로 갔답니다. 우즈베키스탄 노인이 다가와 얼마냐고 묻더군요. 우리는 한 달을 버텨야 한다고, 그런데 배급표가 없다고 말했죠. 우즈베키스탄 노인은 우리에게 쌀 1푸드를 주었어요. 그래서 우리는 굶어 죽지 않을 수 있었답니다. 엄마가 맹세했어요. "우리가 집으로 돌아가게 되면, 너에게 예쁜 인형을 두 개 사줄게."

우리가 로스토프로 돌아왔을 때, 엄마는 나에게 인형을 사줄 수 없었어요. 또 궁핍한 생활을 했거든요. 엄마는 내가 대학을 졸업하던 날에 인형을 사주었죠. 두 개의 인형을요. 큰 인형과 작은 인형……

"마지막 순간에 그 사람들은 자신의 이름을 부르짖기 시작했어요……"

아르투르 쿠제예프—열 살
현재—호텔 지배인

누군가 종을 쳤어요. 계속 종을 흔들었죠…… 우리 마을의 교회는 오래전에 폐쇄되었어요. 언제 폐쇄되었는지 기억도 나지 않네요. 그곳은 언제나 콜호스의 창고로 사용되었죠. 곡물을 보관하는 장소로요. 그런데 오래전에 죽어버린 종이 다시 울리자, 마을의 모든 사람이 마치 얼어붙은 듯 꼼짝도 하지 않았죠. "재앙이다!" 엄마가…… 다들 길거리로 달려나갔어요.

그렇게 전쟁이 시작되었죠……

이렇게 눈을 감으면…… 보여요……

적군 세 명이 길을 따라 끌려가고 있어요. 손은 뾰족한 철사에 칭칭 감겨 뒤로 묶여 있고요. 속옷만 입고 있어요. 두 사람은 젊고, 한 사람은 그보다 나이가 많아요. 고개를 푹 숙인 채 걷고 있어요.

그 사람들은 학교 옆에서 총살당했어요. 길 위에서요.

마지막 순간에 그 사람들은 자신의 이름과 성을 큰 소리로 부르짖기 시작했죠. 누군가 듣고 기억해주기를, 가족들에게 전해주기를 바라면서요.

난 울타리 구멍으로 봤어요…… 지금도 기억해요……

한 사람은 바네치카 발라이, 또 한 사람은 로만 니코노프예요. 좀 더 나이가 많은 남자는 이렇게 외치더군요. "스탈린 동지, 만세!"

바로 그때, 그 길로 트럭들이 지나갔어요. 독일군의 중형 트럭이었어요. 세 사람이 쓰러져 있는데…… 군인들과 무기를 실은 트럭들이 시신 위로 지나가더군요. 오토바이 행렬이 그 뒤를 따르고요. 독일군이 계속 지나갔어요. 밤낮으로 숱한 나날 동안……

하지만 난 계속 되뇌었어요…… 밤에 눈을 뜨면…… 또 되뇌어요. 바네치카 발라이, 로만 니코노프…… 세 번째 사람의 성은 모르겠어요……

"우리 넷이서 힘을 모아 그 썰매에 말을 맸지요……"

지나 프리호지코—네 살

현재—노동자

포탄이 떨어져요. 땅이 흔들리고, 우리 집이 흔들려요……

우리 집은 정원이 딸린 작은 주택이었어요. 우리는 덧창을 닫고 집 안에 숨어 있었죠. 언니와 여동생, 나, 우리 엄마, 이렇게 넷이 앉아 있어요. 엄마는 덧창을 닫으니 이제 무섭지 않다고 말해요. 우리도 무섭지 않다는 말에 맞장구를 쳐요. 사실은 무서우면서도 엄마의 말을 거스르고 싶지 않아서요.

……짐마차를 따라가요. 나중에 누군가가 우리 같은 어린아이들을 화물 위에 앉혀주었어요. 어째서인지 잠들면 죽을 것 같아서, 눈을 감지 않으려고 안간힘을 썼어요. 하지만 눈이 저절로 감겼어요. 그래서 언니와 난 약속을 했죠. 죽지 않기 위해, 내가 먼저 눈을 감고 자는 동안 언니가 망을 봐주고, 그다음에는 언니가 자는 동안 내가 망을 봐주기로요. 하지만 둘 다 잠들었다가 엄마의 고함 소리에 눈을 떴죠. "놀라지 마! 놀라지 마!" 앞쪽에서 총격이 벌어지고 있었어요. 사람들이 비명을 질렀죠. 엄마가 우리 쪽으로 고개를 숙였어요. 우리는 보고 싶었는데……

총격이 끝나고, 우리는 계속 앞으로 나아갔죠. 길가 도랑에 사람들이 쓰러져 있는 것을 보고는 엄마에게 물었어요.

"이 사람들은 뭘 하는 거야?"

"자고 있단다." 엄마가 대답했어요.

"왜 도랑에서 자?"

"전쟁이 일어나서."

"그럼, 우리도 도랑에서 자? 난 도랑에서 자기 싫은데." 내가 투정을 부렸어요.

엄마 눈에서 눈물이 흐르는 것을 본 순간, 난 더 이상 투정을 부릴 수 없었어요.

물론 나는 우리가 어디로 가는지 몰랐어요. 이해할 수도 없었고요. 지금도 '아자리치'라는 말과 철조망만 기억나요. 엄마는 우리가 그 철조망으로 다가가지 못하게 했어요. 전쟁이 끝난 후, 난 우리가 아자리치 수용소에 있었다는 것을 알게 되었죠. 심지어 나중에 그곳으로, 그 장소로 가보기도 했어요. 하지만 이제 그곳에서 뭘 볼 수 있을 것 같아요? 풀, 땅…… 전부 평범한 것들뿐이에요. 만약 무언가가 남아 있다면, 그것은 우리 기억에만 있을걸요……

이야기를 할 때면, 난 울지 않기 위해 피가 나올 정도로 손을 깨물곤 해요……

엄마가 어디에선가 실려와서 땅바닥에 눕혀졌어요. 우리는 엄마를 향해 기어가요. 지금도 기억해요. 걷지 않고 기어서 다가갔어요. "엄마! 엄마!" 하고 불러요. 난 "엄마, 자지 마!" 하고 애원해요. 엄마가 피투성이였기에, 우리도 전부 피투성이가 되었어요. 우리는 그것이 피라는 것도 몰랐고, 피가 무엇인지도 몰랐어요. 다만 그것이 무시무시한 무언가라는 점만은 느꼈죠.

날마다 차가 들어와서 사람들을 싣고 떠났어요. 우리는 엄마에게 조르곤 했죠. "엄마, 우리도 차에 타게 해줘. 저 차가 혹시 할머니가 사는 곳으로도 가?" 왜 우리가 할머니를 떠올렸을까요? 우리 할머니는 바로 이 근처에 살지만 우리가 어디에 있는지 모른다, 우리가 고멜에 있다고 생각한다, 엄마가 늘 이렇게 말했기 때문이에요. 엄마는 그 차에 타고 싶어하지 않았고, 매번 우리를 차에서 떨어뜨려놓았죠. 우리는 울고 조르고 설득했어요. 어느 날 아침, 엄마는 찬성했죠…… 겨울이 시작되었고, 우리가 동상에 걸리기 시작했거든요……

울지 않기 위해 손을 물어뜯고 있어요. 눈물을 흘리지 않고 이야기하기가 정말 힘드네요……

우리는 오랫동안 차를 탔어요. 우리가 총살장으로 끌려가고 있다고 누군가가 엄마에게 말했나봐요. 어쩌면 엄마 자신이 눈치 챈 것인지도 몰라요. 차가 멈추자, 모두 차에서 내리라는 명령이 떨어졌어요. 그곳은 작은 마을이었어요. 엄마는 호송병에게 물어요. "물을 마셔도 될까요? 아이들이 물을 먹고 싶다고 해서요." 그 사람은 우리에게 농가로 가도 좋다고 허락했어요. 우리가 농가로 가자, 주인아주머니가 커다란 물컵을 주었어요. 엄마는 조금씩 천천히 마셔요. 난 생각해요. '난 배가 너무 고픈데, 왜 엄마는 이런 걸 마시고 싶어할까?'

엄마는 한 컵을 다 마시고, 또 한 컵을 청해요. 주인아주머니는 물을 길어 엄마에게 건네더니, 아침마다 많은 사람이 숲속으로 끌려가는데 돌아오는 사람은 아무도 없다고 말해요.

"이 집에 우리가 도망칠 만한 뒷문이 있나요?" 엄마가 물어요.

주인아주머니는 한 손으로 '있다'는 표시를 했어요. 그 집의 문 하나는 길 쪽으로 나 있고, 또 하나는 안마당 쪽으로 나 있었죠. 우리는 그 농가에서 뛰쳐나가 기어갔어요. 할머니 집까지 걸어서가 아니라 기어서 간 것 같아요. 어떻게, 얼마 동안 기었는지는 기억나지 않아요.

할머니는 우리를 페치카 위에 앉혀주고, 엄마를 침대에 눕혔어요. 아침부터 엄마가 서서히 죽어갔어요. 우리는 겁에 질린 채 앉아 있었죠. 아빠도 없는데, 엄마가 어떻게 우리를 두고 죽을 수 있는지 이해할 수 없었어요. 엄마가 빙그레 웃으며 우리를 가까이 부르던 것을 기억해요.

"애들아, 절대로 싸우면 안 된다."

우리가 왜 싸우겠어요? 무엇 때문에요? 장난감도 전혀 없는데요. 우리에게는 커다란 돌멩이가 인형이에요. 사탕과자도 없었어요. 투정을 받아줄 엄마도 없었고요.

아침에 할머니가 커다란 흰 시트에 엄마를 싸서 썰매에 실었어요. 우리 넷이서 힘을 모아 그 썰매에 말을 맸지요……

미안해요…… 더 이상은 말을 못 하겠어요…… 눈물이 나서요……

"이 두 사내아이는 참새만큼이나 가벼워졌어요……"

라야 일리인콥스카야―열네 살

현재―논리학 교수

내 고향 엘스크의 보리수 꽃이 얼마나 향기로웠는지, 잊을 수가 없네요……

전쟁 동안에는, 전쟁 전에 존재하던 모든 것이 세상에서 가장 아름다운 것처럼 보였답니다. 나에게는 언제까지나 그런 식으로 남아 있어요. 지금도요.

엄마와 남동생, 그리고 나는 엘스크에서 소개되었어요. 우리는 보로네시 부근의 그리바놉카 마을에 머물게 되었고, 그곳에서 전쟁이 끝나기를 기다리기로 했어요. 하지만 우리가 도착하고 나서 며칠 후, 독일군이 보로네시에 들이닥쳤죠. 우리를 추격한 거예요.

우리는 화물열차에 탔어요. 기차에 탄 사람들 모두 머나먼 동쪽 지역으로 가게 될 거라는 말을 들었어요. 엄마는 "그곳에는 과일이 많단다"라며 우리를 안심시켰죠. 기차가 예비선에 정차할 때가 많아 목적지까지 가는 데 오랜 시간이 걸렸어요. 기차가 어디에서 얼마나 정차할지, 우리는 몰랐어요. 그래서 역으로 뛰어내려가 물을 얻어오는 일에는 큰 위험이 따랐죠. 화물열차 안에는 '부르주이카'라는 작은 철제 스토브가 켜져 있었고, 차량 안의 모든 사람이 그 위에 양동이 하나를 올려놓고 수수죽을 끓였답니다. 기차를 타는 동안, 우리는 계속 그 죽을 먹었어요.

기차는 쿠르간-추프 역에서 멈췄어요. 안지잔 부근이었죠⋯⋯ 나는 낯선 자연에 충격을 받았어요. 그 인상이 어찌나 강렬했던지, 한동안은 전쟁에 대해 잊을 정도였죠. 모든 것이 아름답게 반짝였고, 햇살이 가득했어요. 난 다시 명랑해졌답니다. 내 모든 것이, 예전의 모든 것이 회복되었어요.

우리는 '키질 율'이라는 콜호스에 끌려갔어요. 아무리 시간이 흘러도 이름이 다 기억나요. 어떻게 기억하고 있는지, 나 스스로도 놀랄 지경이에요. 그 당시에 그 낯선 말들을 얼마나 열심히 암기하고 반복했는지 기억나요. 우리는 여덟 가정과 함께 학교 체육관에서 살게 되었죠. 지역 주민들이 우리에게 담요와 베개를 가져다주었어요. 우즈베키스탄의 이불은 알록달록한 천 조각들을 이어붙인 것이었고, 베개는 솜을 꽉 채워넣은 것이었어요. 난 목화의 마른 줄기를 아름 가득 모으는 법을 재빨리 익혔답니다. 그것으로 불을 지폈지요.

우리는 이곳도 전쟁 중이라는 사실을 금방 깨닫지는 못했어요. 우리는 밀가루를 약간 받았는데, 양이 얼마 되지는 않았지만 잠시 동안은 넉넉했어요. 배를 곯기 시작했어요. 우즈베키스탄 사람들도 배를 곯았죠. 우리는 우스베키스탄 사내아이들과 함께 첼레가를 뒤따라 달리곤 했어요. 첼레가에서 뭐라도 떨어지면 행복했답니다. 우리가 가장 큰 행운으로 꼽은 것은, 기름을 짜고 난 아마씨 찌꺼기였어요. 목화씨 찌꺼기는 노란색인데, 콩 찌꺼기처럼 무척 단단했죠.

남동생인 바지크는 여섯 살이었어요. 엄마와 나는 그 아이를 집에 혼자 남겨두고 콜호스에 일을 하러 갔지요. 벼에 북을 돋우기도 하고 목화솜을 따기도 했답니다. 익숙하지 않은 일이라 팔이 아팠어요. 밤에 잠을 이루지 못할 정도였죠. 저녁이면 엄마와 내가 집으로 돌아오고, 바지크가 우리를 맞으러 달려와요. 어깨 밑으로 늘어뜨린 끈에는 참새 세 마리가 매인 채 짹짹거리고, 손에는 새총이 들려 있어요. 바지크은 어느새 '사냥'으로 잡은 노획품을 시냇물로 씻어놓고 엄마를 기다려요. 그럼 이제 엄마와 내가 수프를 끓이기 시작하죠. 동생이 어찌나 자랑스러워하던지! 엄마와 난 수프를 먹고 나서 동생을 칭찬해요. 하지만 참새가 어찌나 말랐던지 냄비에는 기름 한 방울 뜨지 않아요. 냄비 위에서 빛나는 것은 동생의 행복한 눈동자뿐이에요.

동생은 우즈베키스탄 사내아이 한 명과 사이좋게 지냈어요. 어느 날 그 아이가 할머니와 함께 우리를 찾아왔죠. 할머니는 두 사내아이를 보면서 고개를 끄덕이기도 하고 엄마에게 무언가 말하기도 했어요. 엄마는 말을 알아듣지 못했어요. 그런데 그때 작업반장이 들렀죠. 그 사람은 러시아어를 할 줄 알았어요. 그 사람이 우리에게 이렇게 통역해주었어요. "이 할머니는 자신의 신, 즉 알라와 대화하고 계세요. 알라에게 이렇게 불평하시네요. 전쟁은 남자들, 군인들의 일이잖아요. 왜 아이들이 고통을 받아야 하나요? 이 두 사내아이는 자기들이 새총으로 잡은 참새만큼이나 가벼워졌어요. 알라여, 어떻게 이런 일을 묵인하시나요?" 할머니가 황금빛의 말린 살구를 테이블 위에 한 움큼 쏟았어요. 설탕처럼 야물고 달콤했죠. 오랫동안 빨고 나서 조금씩 깨물어 먹고, 그다음에는 입안에서 씨를 와그작와그작 부수어 그 사각거리는 알갱이들을 먹으면 돼요.

할머니의 손자가 그 말린 살구를 쳐다봐요. 그 아이 눈에도 굶주린 기색이 엿보여요. 눈동자가 반짝여요! 엄마는 당황했고, 할머니는 엄마의 손을 어루만지며 위로하고는 손자를 품에 안아주었어요. "이 아이에게는 언제나 '카체크' 사발이 있다우. 집에서 할머니와 사니까." 작업반장이 그렇게 통역해주었어요. 카체크는 시큼한 염소젖이에요. 피란생활을 하는 동안, 동생과 나는 세상에 그보다 더 맛있는 것은 없다고 생각했답니다.

할머니와 사내아이가 떠난 후, 우리 셋은 테이블 앞에 앉아 있어

요. 어느 누구도 황금빛의 말린 살구 쪽으로 먼저 손을 뻗을 엄두를
내지 못하면서요……

"내 신발이 여아용 신발이었다는 점이 가장
당혹스러웠죠……"

마를렌 로베이치코프—열한 살

현재—시 집행위원회 과장

나는 나무에서 전쟁을 목격했습니다……

어른들은 허락하지 않았지만, 우리는 어떻게든 나무 위로 기어 올
라가 높은 전나무에서 공중전을 구경했답니다. 아군 비행기가 불타
면 울기도 했지만, 마치 영화라도 보는 양 두려움은 느끼지 않았어
요. 둘째 날인지 셋째 날인지 전원이 소집되었지요. 소장은 우리 피
오네르 캠프가 소개된다고 발표했습니다. 민스크가 폭격을 받아 불
타고 있다는 것, 그래서 우리는 집으로 돌아가지 않고 전쟁을 피해
먼 곳으로 가게 되리라는 것을 이미 알고 있었어요.

우리가 어떻게 길 떠날 채비를 했는지 들려주고 싶군요…… 여행
용 가방을 가져와 그 안에 꼭 필요한 것만 넣으라는 지시를 받았습니
다. 속옷, 루바시카, 양말, 손수건 등을요. 우리는 여행용 가방 안에
그것들을 챙겨넣었지요. 하지만 다들 맨 위에는 자신의 피오네르 스

카프를 올려놓았습니다. 어린아이의 상상 속에서 이런 장면이 떠올랐던 거죠. 우리와 마주친 독일군이 우리의 여행용 가방을 연다. 그 안에 빨간 스카프가 있다. 그렇게 우리는 그자들에게 모든 일에 대한 복수를 할 것이다……

우리가 탄 기차는 전쟁보다 더 빠른 속도로 달렸습니다. 전쟁을 앞질렀지요…… 우리가 정차한 역들에서는, 다들 아직 전쟁에 대해 아무것도 모르고 아무것도 보지 못했더군요. 그래서 우리가 어른들에게 전쟁에 대해서 이야기해주었습니다. 민스크가 어떻게 불탔는지, 우리 캠프가 어떻게 폭격을 당했는지, 아군의 비행기가 어떻게 불탔는지 말이에요. 하지만 집에서 멀어질수록, 우리는 부모님이 와서 우리를 데려가기를 더욱 간절히 기다렸답니다. 많은 아이의 부모님이 이미 이 세상에 없다는 생각은 하지도 않았어요. 그런 생각은 머리에 떠오를 수도 없었지요. 우리는 전쟁에 대해 이야기했지만, 아직 평화로운 아이들도 있었습니다. 미르*에서 온 아이들이요.

우리는 기차에서 '파리 코뮌'이라는 여객선으로 갈아탄 뒤 볼가 강을 따라 이동했습니다. 벌써 보름 동안 이동하면서, 한 번도 옷을 갈아입지 못했어요. 여객선에서 난 처음으로 신발을 벗었습니다. 인솔자들이 그렇게 해도 된다고 허락했거든요. 나는 끈 달린 구멍 난 신발을 신고 있었습니다. 신발을 벗자, 지독한 냄새가 나더군요! 씻고 또 씻다가, 결국 집어던지고 말았습니다. 호발린스크까지는 맨발

---

* 러시아어 'mir'는 '세계' '평화'라는 뜻 외에도 러시아의 전통적인 농촌공동체 '미르'를 뜻하기도 한다. 화자는 '미르'에서 온 아이들은 '평화로운' 아이들이라며 언어유희를 하고 있다.

로 갔죠.

나를 비롯해 피오네르 캠프에서 온 아이들이 어찌나 많았던지, 벨라루스 고아원이 두 개나 세워졌답니다. 하나는 초등학생들을 위해, 다른 하나는 미취학 아동들을 위해서요. 내가 어떻게 그런 것을 아느냐고요? 왜냐하면 형제자매들과 헤어져야 했던 아이들이 많이 울었거든요. 특히 어린아이들이 형이나 누나, 혹은 오빠나 언니를 잃을까봐 무서워하면서 많이 울었어요. 피오네르 캠프에서 부모님 없이 우리끼리 있을 때는 놀이를 하는 것 같아 재미있었지만, 이제는 다들 두려움에 떨었지요. 우리는 부모님에게 다정한 애정 표현을 하는 데 익숙한 아이들이었거든요. 엄마는 언제나 아침이면 날 깨워주고 밤에는 입을 맞춰주었지요. 우리 고아원 옆에는 '진짜' 고아들이 사는 고아원이 있었답니다. 우리는 그 아이들과 아주 달랐죠. 그 아이들은 부모 없이 사는 데 익숙해 있었지만, 우리는 그런 생활에 익숙해져야만 했어요.

1943년의 식사를 기억합니다. 끓인 우유 한 숟가락, 빵 한 조각, 졸인 사탕무가 하루 치 끼닛거리로 나왔고, 여름에는 수박 껍질로 만든 수프가 나왔지요. 「3월―4월」이라는 영화를 봤는데, 아군 정찰병들이 자작나무 껍질로 어떻게 죽을 끓였는지에 대한 이야기가 나오더군요. 우리 고아원 여자아이들도 자작나무 죽을 끓이는 법을 배웠죠.

가을이면 우리가 손수 장작을 마련했습니다. 1인당 할당량이 1제곱미터였어요. 숲은 산에 있었습니다. 처음에는 나무를 쓰러뜨리고 표면을 매끈하게 깎은 후, 톱으로 1미터씩 자르고는 장작더미로 쌓아올립니다. 할당량은 어른을 기준으로 정해진 것이었어요. 여자아이들도 우리와 함께 작업했습니다. 우리가, 사내아이들이 장작을 더 많이 마련했지요. 집에서 우리는 한 번도 톱질을 해본 적이 없었습니다. 다들 도시에 살았으니까요. 하지만 이곳에서는 아주 굵은 통나무를 톱으로 켜고 쪼개야 했어요.

밤이고 낮이고 배가 고팠습니다. 일을 할 때든 잠을 잘 때든 늘 배가 고팠죠. 겨울에는 한층 더 그랬고요. 우리는 고아원에서 빠져나와 군부대로 달려가기도 했습니다. 그곳에서는 종종 수프를 한 바가지 주곤 했어요. 하지만 우리의 수가 너무 많았기에, 그곳에서도 모든 아이에게 먹을 것을 주지는 못했습니다. 가장 먼저 간 아이는 뭐라도 받지만, 늦게 간 아이는 빈손으로 돌아와야 해요. 나에게는 미시카* 체르카소프라는 친구가 있었습니다. 그 아이는 앉아서 이렇게 말하곤 했지요. "거기에서 죽 한 사발을 얻을 수 있을지 알기만 하면 20킬로미터라도 걸어갈 텐데." 바깥 기온이 영하 30도이던 날, 그 아이는 옷을 입고 군부대로 뛰어갔습니다. 뭐라도 먹을 것을 달라고 조르는 그 아이에게, 군인들은 수프가 조금 있다고 말했습니다. "어이, 줄 테니 냄비를 가지고 와." 그 아이는 길거리로 나갔다가, 이웃 고아원의 아이들이 오는 것을 봤지요. 냄비를 가지러 갔다가는 아무것도 얻을 수 없는 형편이었습니다.

---

* 미시카, 미샤는 모두 미하일의 애칭이다.

그 아이는 부대로 돌아가 군인들에게 말합니다. "여기에 넣어주세요!" 그러고는 냄비 대신 모자를 벗어 내밉니다. 그 표정이 어찌나 결연했던지, 군인들은 죽을 한 바가지 가득 퍼서 그 아이의 모자에 따라주었답니다. 미샤는 아무것도 얻지 못한 다른 고아원 아이들 옆을 영웅처럼 의기양양하게 지나치며 우리 고아원으로 돌아왔죠. 그 아이는 귀에 동상이 걸려가면서도 우리에게 수프를 가져다주었습니다. 하지만 거기에 이미 수프는 없고, 얼음으로 꽉 찬 모자만 있었죠. 그 얼음이 그릇에 담기자, 아무도 수프가 녹기를 기다리지 않고 그냥 먹었습니다. 여자아이들은 미샤의 귀를 문질러주었죠. 모두를 위해 먹을 것을 가져왔다는 기쁨이 무척 커서, 미샤는 먼저 먹으려 하지도 않았답니다!

우리에게 가장 맛있는 먹거리는 기름을 짜고 난 찌꺼기인 '마쿠하'였습니다. 우리는 맛에 따라 마쿠하를 분류했는데, 한 종류는 '할바'*라고 불리기도 했죠. 우리는 '마쿠하' 작전을 수행하곤 했습니다. 아이들 몇 명이 지나가는 차에 기어 올라가 마쿠하를 던지면, 다른 아이들이 그것을 주워요. 멍이 든 채로 고아원에 돌아오긴 했지만 배는 불렀습니다. 물론 여름과 겨울 시장도 있습니다! 상황이 좋을 때는, 모든 것을 맛볼 수도 있지요. 어떤 아주머니는 사과 한 조각을, 또 어떤 아주머니는 토마토 한 조각을 줍니다. 시장에서 무언가를 훔치는 일은 부끄러운 행위가 아니었어요. 오히려 영웅적인 행

---

* 발칸 지방과 동부 지중해 연안에서 유래한 당과류다. 꿀, 밀가루, 버터, 참깨, 세몰리나 밀가루로 만들며, 거칠고 파삭파삭한 식감이 특징이다.

위로 받아들여졌지요. 무엇을 끌고 가든 상관없었고, 무언가를 먹을 수만 있다면 그게 무엇이든 중요하지 않았답니다.

우리 반에는 버터 공장의 공장장 아들이 있었습니다. 아이들은 역시 아이들이에요. 수업 중에 '해전海戰' 놀이를 했으니까요. 그런데 그 애는 뒤에서 해바라기 기름을 바른 빵을 먹었지요. 그러자 그 냄새가 반 전체에 퍼졌습니다.

우리는 서로 숙덕거리다가, 수업이 끝나기가 무섭게 그 아이에게 주먹을 보였어요……

주위를 둘러보니, 여자 선생님이 없습니다. 자세히 살펴보니, 선생님이 교실 바닥에 쓰러져 있습니다. 선생님도 굶주려 있다가 그 냄새를 맡고는 그만 기절해버린 거예요. 우리 반 여자아이들이 선생님을 집으로 모셔다드렸지요. 선생님은 어머니와 함께 살았습니다. 저녁에 우리는 이렇게 하기로 결정했답니다. 이날부터 각자 빵을 조금씩 남겨 선생님께 드리기로요. 선생님은 우리의 빵을 절대 받지 않을 것 같아서, 우리는 몰래 선생님 어머니에게 가져다드렸지요. 우리에게서 받았다는 말은 하지 마시라고 부탁드렸고요.

우리 고아원에는 정원과 채소밭이 딸려 있었습니다. 정원에서는 사과가 열리고, 채소밭에서는 양배추와 당근과 사탕무가 자랐죠. 우리는 그것들을 지키느라 몇 사람씩 망을 봤습니다. 당번을 바꿀 때마다, 모든 것을 셌고요. 모든 양배추, 모든 당근을 셌어요. 밤이면 이런 생각을 하곤 했죠. '밤새 당근이 하나라도 자라준다면…… 그러면 목록에 올리지 않고 먹을 수 있을 텐데.' 일단 당근이 목록에 기입되면, 그것은 절대 사라져서는 안 돼요. 부끄럽잖아요!

채소밭에 앉으면 주위에 먹을 것이 널려 있는데, 우리는 꾹 참아야 합니다. 정말 먹고 싶었어요. 한번은 나보다 나이가 많은 사내아이와 망을 봤답니다. 문득 그 아이의 머리에 어떤 생각이 떠올랐지요.

"봐, 암소가 풀을 뜯고 있어……"

"그런데?"

"바보! 개인 소유의 암소가 국유지에서 풀을 뜯으면, 그 암소가 몰수되거나 주인이 벌금을 물어야 해. 그런 법규가 있다는 걸 정말 몰랐니?"

"하지만 저 소는 목초지에서 풀을 뜯고 있잖아."

"저 소를 저기에 묶어둔다면?"

그러더니 그 애는 자신의 계획을 말합니다. 암소를 붙잡아와서 고아원 정원에 묶어두고는 주인을 찾자고요. 우리는 그렇게 했습니다. 암소를 고아원 정원에 끌어와서 묶어두었죠. 내 짝은 마을로 달려가 주인을 찾아내고는, "이 집 암소가 국유지에 있어요. 법규를 알고 계시죠?" 하며 이러쿵저러쿵 이야기했지요……

암소 주인인 아주머니가 우리 말을 믿고 겁을 냈다고는 생각하지 않습니다…… 아주머니는 우리를 불쌍히 여겼고, 또 우리가 굶주린 것도 알아차렸을 거예요. 아주머니와 우리는 이렇게 하기로 약속했답니다. 우리가 아주머니의 암소에게 풀을 뜯기고, 아주머니는 그 대신 우리에게 감자 몇 알을 주기로요.

우리 고아원의 한 여자아이가 앓기 시작했습니다. 그 아이는 수혈을 받아야 했어요. 그런데 고아원 전체에서 피를 뽑을 만한 아이가 없었어요. 이해하시겠습니까?

꿈이요? 전선으로 가는 것이었죠. 가장 무모한 사내아이 몇 명이 의기투합해서 도망치기로 했습니다. 운 좋게도, 고르제예프라는 군악대 대장이 고아원으로 왔어요. 그 사람은 음악적 재능이 있는 사내아이를 네 명 뽑았는데, 나도 그 가운데 들었답니다. 그래서 난 전장으로 가게 되었죠.

고아원 전체가 우리를 배웅했습니다. 나에게는 걸칠 만한 것이 하나도 없었지요. 그러자 한 여자아이가 나에게 자신의 세일러복을 주었습니다. 또 구두를 두 켤레 가진 여자아이는 한 켤레를 나에게 선물로 주더군요.

그렇게 해서 나는 전선으로 떠났습니다. 내 신발이 여아용 신발이었다는 점이 가장 당혹스러웠죠⋯⋯

"난 계속 소리를 질렀어요⋯⋯ 도저히 멈출 수가 없었어요⋯⋯"

류다 안드레예바—다섯 살
현재—검사관

내 기억에 남은 전쟁에 대한 인상은, 장작불이⋯⋯ 불이 타고 또 탔어요. 끝도 없이요……

어린아이들이 모이면 무슨 이야기를 하는지 알아요? 전쟁이 일어나기 전에 흰 빵과 달콤한 차를 좋아했다, 그보다 더 맛있는 것은 절대로 없을 것이다, 그런 이야기를 한답니다.

우리 엄마들은 종종 울었어요. 매일같이 울었죠…… 그래서 우리는 평화로운 시절보다 덜 울려고 애썼어요. 투정도 덜 부리고요.

난 알았어요. 우리 엄마는 젊고 아름다운데 다른 아이들의 엄마는 나이가 좀 더 많다는 걸요. 하지만 다섯 살 되던 해, 엄마가 젊고 아름답다는 것이 우리에게 좋은 게 아니라는 사실을 깨닫게 되었죠. 그것은 위험해요. 다섯 살에 난 그 사실을 알아차렸어요…… 심지어 내가 어리다는 사실이 좋은 점이라는 것도 깨달았고요. 아이가 어떻게 그런 것을 헤아릴 수 있었을까요? 아무도 나에게 설명해주지 않았는데……

그토록 많은 세월이 흘렀는데도…… 그 일을 떠올리기가 두려워요…… 건드리는 것조차도요……

우리 집 옆에서 독일군 차가 멈췄어요. 딱히 일부러 멈춘 것은 아니고 고장난 것이었어요. 군인들이 집으로 들어와, 할머니와 나를 다른 방으로 내쫓고, 엄마에게는 자기들을 돕도록 시켰어요. 물을 끓이고 저녁을 준비했죠. 그자들이 어찌나 큰 소리로 떠들어대던지, 내가 생각하기에, 그자들은 서로서로 이야기를 나누며 웃는 것이 아니라, 우리 엄마를 향해 외치는 것 같았어요.

주위가 어둑해졌어요. 어느새 저녁이 되고, 또 어느새 밤이 되었어요. 갑자기 엄마가 방으로 뛰어 들어와서 나를 안아 올리더니 길거리로 달려나가요. 우리 집에는 정원이 없었고, 안마당은 휑했어요. 우리는 계속 달리면서도 어디로 숨어야 할지 몰라요. 차 밑으로 기어들어갔어요. 그자들이 안마당으로 나와서, 등불을 비추며 우리를 찾아요. 엄마가 내 위에 엎드려요. 엄마의 이가 딱딱 부딪치는 소리가 들려요. 엄마의 몸이 차가워졌어요. 온몸이 차가웠어요.

아침에 독일군이 떠난 뒤 우리가 집으로 들어가자…… 우리 할머니가 침대에 누워 있었어요…… 끈으로 침대에 묶인 채…… 알몸으로 말이에요! 할머니…… 나의 할머니! 무서워서, 끔찍해서 난 소리를 질렀어요…… 엄마가 나를 길거리로 떠밀었어요. 난 계속 소리를 질렀어요…… 도저히 멈출 수가 없었어요……

오랫동안 차를 무서워했어요. 차 소리를 듣기만 해도 바들바들 떨었죠. 이미 전쟁은 끝났고, 우리도 학교에 들어갔어요…… 노면전차가 지나가는 게 보이기라도 하면, 난 아무것도 할 수 없었어요. 몸이 떨려서 이가 딱딱 소리를 내요. 우리 반에는 점령을 경험한 아이가 셋 있었어요. 한 사내아이는 비행기 소리를 무서워했어요. 따뜻한 봄이 되면, 선생님이 창문을 열어요…… 비행기 소리…… 어쩌면 차가 가까이 오는 것인지도 모르고요…… 그럼 나와 그 사내아이는 눈이 커다래지고 동공이 커지면서 패닉 상태에 빠져요. 하지만 피란을 갔다가 돌아온 아이들은 우리를 쳐다보며 깔깔거렸죠.

첫 번째 축포…… 사람들이 길거리로 달려나갔어요. 하지만 엄마와 난 구덩이에 숨었죠. 사람들이 돌아올 때까지 그곳에 계속 있었어요. "나와요. 전쟁이 일어난 게 아니에요. 오늘은 승전일이 잖아요."

장난감이 얼마나 갖고 싶었던지! 어린 시절을 누려보고 싶었어요…… 벽돌 조각을 놓고, 그것이 인형이라고 상상해요. 아니면 가장 작은 아이를 보면서, 그 아이가 인형이라고 상상하기도 하고요. 요즘도 모래 속의 색유리를 보면, 그것을 줍고 싶어한답니다. 지금도 내 눈에는 그것이 예뻐 보여요.

내가 자라자…… 누군가 말했어요. "넌 참 예쁘구나. 네 엄마도 아주 예쁘고." 난 기쁘지 않았어요. 무서웠죠. 그 말을 듣고 좋아해본 적이 한 번도 없었어요……

"아이들 모두 서로의 손을 잡고……"

안드레이 톨스치크―일곱 살
현재―경제학 석사

난 작은 사내아이였어요……

엄마를 기억해요…… 엄마가 구운 빵이 마을에서 가장 맛있었고, 엄마의 밭이랑이 가장 보기 좋았지요. 집 앞의 작은 정원과 안마당에는 가장 커다란 달리아 꽃이 피었답니다. 엄마는 우리 모두에게 멋진 셔츠를 떠주었지요. 아빠, 두 형, 그리고 나한테요. 옷깃에는 자수도 놓아주었고요. 빨간색, 파란색, 초록색 십자가 문양을요……

엄마가 총살당했다고 나에게 가장 먼저 알려준 사람이 누구인지는 기억나지 않아요. 이웃 아주머니들 가운데 한 명이었는데…… 난 집으로 달려왔어요. "집 안이 아니라 마을 밖에서 총살을 당했어." 사람들이 이렇게 말하더군요. 아버지는 없었어요. 파르티잔이었거든요. 형들도 없었지요. 역시 파르티잔이었으니까요. 사촌형도 없었어요. 그 형도 파르티잔이었어요. 이웃에 사는 카르프 할아버지에게로 갔어요.

"엄마가 죽었대요. 데려와야 해요."

할아버지와 난 암소에 마구를 채우고(우리 집에는 말이 없었어요) 출발했어요. 숲 옆에 이르자, 카르프 할아버지가 날 남겨두고 가더군요.

"넌 여기에 서 있어. 나 같은 늙은이는 죽임을 당해도 무섭지 않단다. 하지만 넌 꼬맹이잖아."

난 기다려요. 아버지에게 뭐라고 말하지? 엄마가 살해됐다는 말을 어떻게 하지? 그런 온갖 생각이 머리에 떠올랐어요. 어린아이다운 생각도 떠올랐지요. 죽은 엄마를 봐버리면, 살아 있는 엄마를 다시는 못 볼 것이다. 내가 죽은 엄마를 보지 않고 집으로 돌아가면, 엄마는 집에 있을 것이다.

엄마의 가슴에는 온통 자동소총의 연발 사격 자국이 있었어요. 블라우스에는 줄무늬 자국이…… 그리고 관자놀이에서는 검은 구멍이…… 그 검은 구멍을 보지 않기 위해 하얀 손수건을 엄마 머리에 얼른 동여매어주고 싶었어요. 엄마가 아직도 아플 것 같아서요.

수레에 타지 않고 옆에서 걸었어요……

마을에서는 날마다 누군가를 땅에 묻었답니다…… 파르티잔 네 명을 매장한 일이 기억나요. 남자 세 명과 여자 한 명이었죠. 파르티잔을 묻는 일은 종종 있었어요. 하지만 여자를 묻는 것은 처음 봤죠. 그 여자를 위해서는 따로 묘를 팠어요…… 여자는 배나무 고목 아래 풀밭에 누워 있었어요…… 할머니들이 그 옆에 앉아 여자의 손을 어루만지더군요……

"왜 저 사람은 따로 두었나요?" 내가 물었어요.

"젊은 여자라……" 아주머니들이 그렇게 대답했어요.

가족도, 친척도 없이 혼자 남게 되자 무서웠어요. 어떻게 살아야 할까? 사람들이 나를 잘레시예 마을에 사는 마르파 친척 아주머니에게로 데려다주었어요. 아주머니에게는 자식이 없었고, 남편은 전선에서 싸우고 있었지요. 우리가 지하실에 숨어 있을 때면, 아주머니는 내 머리를 꼭 끌어안으며 "아들아……" 하고 말해요.

마르파 아주머니가 티푸스를 앓기 시작했어요. 아주머니를 뒤따라 나도 앓기 시작했죠. 제니카 할머니가 나를 자기 집으로 데려갔어요. 할머니의 두 아들은 전선에서 싸우고 있었답니다. 밤에 눈을 뜨면, 할머니가 내 침대 옆에서 꾸벅꾸벅 졸며 "아들아……" 하고 중얼거렸어요. 마을의 모든 사람이 독일군을 피해 숲으로 도망가는데, 제니카 할머니는 내 옆에 있었죠. 할머니는 한 번도 날 저버린 적이 없었어요. "아들아. 같이 죽자꾸나."

티푸스를 앓고 난 뒤, 난 오랫동안 걸을 수가 없었어요. 길이 평탄

하면 걸어가는데, 야트막한 오르막길이 나타나면 제대로 서 있지도 못했지요. 이제 곧 아군이 올 터였어요. 여자들은 숲으로 가서 나무 딸기를 땄답니다. 그것 말고는 딱히 다른 것이 없었어요.

군인들이 지쳐갔어요. 제니카 할머니는 군인들 철모에 나무딸기를 채워주었어요. 군인들은 나무딸기를 전부 나에게 권하더군요. 하지만 난 땅바닥에 주저앉은 채 일어나지도 못했어요.

아버지가 파르티잔 부대에서 돌아왔어요. 내가 아프다는 것을 알고는, 나에게 빵 한 조각과 손가락 두께의 살로 한 조각을 가져왔지요. 살로와 빵에서 마호르카 담배 향이 나더군요. 그 모든 것에서 아버지의 체취가 풍겼답니다.

풀밭에서 괭이밥을 모으고 있는데 "승리다!"라는 말이 들리더군요. 아이들 모두 서로의 손을 잡고 마을로 달려갔답니다. 그렇게 손을 맞잡은 채로 계속⋯⋯

"우리도 사람을 어떻게 매장해야 하는지 몰랐어요.
그런데 그때는 어째서인지 기억이 나더군요⋯⋯"

미하일 신카료프—열세 살
현재—철도원

우리 이웃 가운데 귀 먹은 여자아이가 있었습니다⋯⋯

다들 "전쟁이다! 전쟁이다!"라고 고함을 치는데, 그 아이는 인형을 들고 내 여동생에게 달려와 노래를 부릅니다. 하지만 이제는 아이들도 웃지 않았습니다. '좋겠다. 저 애는 전쟁에 대해 아무것도 듣지 않았을 테니.' 난 그렇게 생각했습니다.

우리는 소년단원의 빨간 배지와 빨간 스카프를 방수포에 싸서 시냇가 덤불 밑에 묻었습니다. 모래땅에요. 우리 역시 모반자였던 것이죠! 매일같이 그곳을 찾아갔답니다.

다들 독일군을 무서워했습니다. 심지어 아이들과 개들까지도요. 엄마는 집 옆의 벤치에 달걀들을 올려놓곤 했죠. 길거리에요. 그무렵에는 독일군도 집 안까지 들어오지는 않았습니다. "유대인이냐?"라고 묻지도 않았죠. 여동생과 내 머리칼은 검은 곱슬머리였어요……

시냇물에서 헤엄을 치던 중이었습니다…… 바닥에서 무언가 시커먼 것이 올라오는 게 보였습니다. 바로 그 순간이었습니다! 물속에 가라앉은 통나무인 줄 알았는데, 그것이, 그 무언가가 기슭으로 떠밀려오더군요. 손과 머리를 봤습니다…… 우리는 그것이 사람이라는 것을 깨달았지요. 아무도 놀란 것 같진 않았습니다. 비명도 지르지 않았어요. 우리는 어른들이 나누던 이야기를 떠올렸습니다. 바로 그 자리에서 아군의 기관총 사수가 죽었고 자신의 '젝차르'와 함께 물속에 가라앉았다고 했습니다.

전쟁이 일어난 지 불과 몇 개월 되지도 않았는데…… 하지만 우리는 시체를 봐도 더 이상 무섭지 않았습니다. 기관총 사수를 기슭으로 끌어내어 매장해주었지요. 누군가는 삽을 가지러 뛰어갔다 와서 구덩이를 팠습니다. 시신을 묻고는 잠시 묵묵히 서 있었어요. 한 여자아이는 성호도 그었지요. 그 아이의 할머니가 한때 교회에서 예배를 드렸기 때문에 그 아이도 기도문을 알고 있었습니다.

우리가 모든 것을 직접 했습니다. 어른 없이 우리끼리요. 전쟁이 일어나기 전에는, 우리도 사람을 어떻게 매장해야 하는지 몰랐어요. 그런데 그때는 어째서인지 기억이 나더군요.

이틀 동안, 우리는 물속으로 뛰어들어 기관총을 찾았답니다……

"광주리에 주워 모았습니다……"

레오니트 시바코프—여섯 살

현재—공구 제작자

해는 이미 떠올랐습니다……

양치기들이 암소를 모았습니다. 징발대원들은 가축 떼를 그레자 개울 건너편으로 몰고 갈 시간을 주고는 농가들을 돌기 시작했습니다. 명단을 들고 찾아다니며, 명단에 적힌 대로 사람들을 총살했지요. 그자들이 명단을 읽습니다. 엄마, 할아버지, 그토록 어린 아무개 아이들…… 명단을 훑다가, 한 사람이라도 없으면 찾기 시작합니다. 침대 밑에서, 페치카 밑에서 아이들을 찾아내지요……

모두 찾아내면, 그때 총살합니다……

우리 집에는 여섯 명이 모여 있었습니다. 할머니, 엄마, 누나, 나, 두 남동생. 그렇게 여섯 명이요…… 창문을 통해 놈들이 이웃집으로 향하는 모습을 봤습니다. 난 막내 남동생을 데리고 현관방으로 달려가 문고리를 걸었습니다. 우리는 궤짝 위에 앉았지요. 엄마 옆에요.

문고리가 약해서, 독일군이 금방 뜯어냈습니다. 군인 한 명이 문지방을 넘더니 자동소총으로 연발 사격을 했습니다. 그 군인이 나이가 많은 사람인지 젊은 사람인지 미처 분간할 수도 없었습니다. 우리는 모두 쓰러졌고, 난 궤짝 뒤로 넘어졌습니다……

처음으로 정신을 차렸을 때, 난 무언가가 내 위로 똑똑 떨어지는 소리를 들었습니다…… 물처럼 계속 똑똑 떨어집니다. 고개를 들어보니, 엄마의 피가 떨어지고 있습니다. 엄마는 죽은 채 쓰러져 있었고요. 침대 밑으로 기어들어갔더니, 주위에 온통 피가 흥건하게 괴어 있습니다…… 난 마치 물속인 양 피 속에 빠져 있었지요…… 축축하게 젖은 채로……

두 명이 들어오는 소리가 들립니다. 몇 명이 죽었는지 셉니다. 한 사람이 말합니다. "여기 한 명이 부족한걸. 찾아내야 해." 그자들이 집 안을 수색하다가 침대 밑으로 허리를 숙였습니다. 그런데 그곳에는 엄마가 숨겨둔 곡물 자루가 있었고, 난 그 뒤에 누워 있었지요. 그자들은 자루를 끄집어내고는 흡족해했습니다. 명단에 적힌 숫자보다 한 명이 부족하다는 사실마저 잊었지요. 그자들은 떠났고, 난 의식을 잃었습니다……

두 번째로 의식을 회복했을 때는 우리 집이 불타고 있었습니다……

견딜 수 없이 뜨거웠고 심한 구역질이 일었습니다. 내가 피 웅덩이에 빠져 있다는 것은 알았지만, 내가 다쳤다는 사실은 깨닫지 못했지요. 아픔도 느끼지 못했고요. 집 안이 연기로 가득 찼습니다…… 간신히 채소밭으로 기어나간 후, 옆집 정원으로 향했습니다. 그제야 깨달았습니다. 다리를 다쳤고 팔도 부러졌다는 사실을요. 통증이 엄습하더군요! 한동안 다시 의식을 잃었습니다……

세 번째로 의식을 회복했을 때, 여자의 무시무시한 비명 소리가 들렸습니다…… 난 그쪽으로 기어갔습니다……

비명 소리가 계속 허공을 떠돌았습니다. 실을 따라가듯 그 비명 소리를 향해 기어가다가, 콜호스의 차고에 이르렀습니다. 아무도 보이지 않습니다…… 땅속 어딘가에서 비명 소리가 들려옵니다…… 그 순간, 나는 감시용 구덩이에서 누군가가 비명을 지르고 있다는 것을 알아차렸지요……

난 일어설 수 없어서 구덩이 쪽으로 기어가 아래로 몸을 구부렸습니다…… 구덩이는 사람들로 가득했습니다…… 다들 스몰렌스크에서 피란을 와 우리 학교에서 지내던 사람들이었습니다. 스무 가정의 사람들이…… 전부 구덩이에 쓰러져 있었습니다. 그런데 몸을 다친 한 소녀가 몸을 일으키다가 털썩 주저앉더군요. 그러고는 비명을 질렀습니다. 난 뒤를 돌아봤습니다. 이제 어디로 기어가지? 이미 온 마을이 불타고 있는데…… 산 사람도 없고…… 이 여자아이 한 명뿐이야. 난 그 여자아이 쪽으로 떨어지고 말았습니다…… 얼마나 누워 있었는지도 모르겠어요……

난 여자아이가 죽었다는 사실을 깨닫습니다. 밀어도 보고, 불러도 보지만, 여자아이는 반응을 보이지 않습니다. 나만 홀로 살아 있고, 다른 사람들은 전부 죽었습니다. 햇볕이 공기를 덥히자, 뜨듯한 피에서 김이 납니다. 머리가 핑글핑글 돌았습니다……

아주 오랫동안 쓰러져 있었습니다. 의식이 들어왔다가 나갔다가 하더군요. 우리 가족은 금요일에 총살되었습니다. 그런데 토요일에 다른 마을에서 할아버지와 이모가 왔답니다. 두 분은 구덩이에서 나를 찾아내어 외바퀴 손수레 위에 태웠지요. 외바퀴 손수레가 덜컹거릴 때마다 몸이 아파서 비명을 지르고 싶었지만, 목소리가 나오지 않았습니다. 겨우 훌쩍거리기만 할 뿐이었죠…… 오랫동안 말도 못 했습니다. 일곱 살이었어요…… 뭐라고 조금 소곤거려보지만, 아무도 내 말을 이해하지 못했습니다. 7년이 지난 뒤에야 한 단어를 입 밖에 낼 수 있게 되었고, 뒤이어 두 번째 단어를…… 내 귀에 내가 하는 말이 들렸습니다……

우리 집이 있던 곳에서, 할아버지는 광주리 안에 뼈들을 주워 모았습니다. 광주리 하나도 다 채우지 못했지만요……

다 이야기했습니다…… 이게 전부냐고요? 그 끔찍한 공포로부터 남은 전부냐고요? 그저 몇십 마디에 불과합니다……

"그자들은 고양이와 함께 밖으로 나갔죠……"

토냐 루다코바—다섯 살

현재—유치원 원장

전쟁 첫해에 대해서는…… 거의 기억나지 않네요……

아침에 독일군이 들이닥쳤어요. 밖은 아직 어슴푸레했죠. 놈들은 머리를 짧게 깎은 사람들을 전부 풀밭에 정렬시키고는 이렇게 말했어요. "해산!" 머리를 짧게 깎은 사람들은, 고국으로 끌려온 전쟁 포로였답니다. 독일군은 포로들을 숲 근처로 끌고 가서 총살시켰어요.

그 전까지만 해도 우리는 마을 밖으로 달려나가 숲 옆에서 놀곤 했어요. 하지만 그때는 공포가 엄습하더군요.

엄마가 빵을 굽던 일이 기억나요. 많은 빵을 구웠죠. 긴 의자 위에도, 테이블 위에도, 마룻바닥의 타월 위에도, 현관방에도 빵이 놓여 있었어요. 난 깜짝 놀랐죠.

"엄마, 우리에게 이렇게 많은 빵이 왜 필요해요? 아저씨들은 총살 당했잖아요. 그 빵들을 누구에게 주려는 거예요?"

엄마는 나를 길거리로 쫓아냈어요.

"애들한테 가봐……"

난 독일군이 엄마를 죽일까봐 무서워서, 항상 엄마 뒤를 졸졸 따라다녔어요.

밤이 되면 파르티잔이 빵을 가져갔어요. 그리고 더 이상은 그렇게 많은 빵을 볼 수 없게 되었답니다. 독일군이 집집마다 돌아다니면서 모든 것을 싹싹 긁어가는 바람에, 우리도 굶주리게 되었거든요. 난 이해할 수 없었어요…… 엄마에게 졸랐어요.

"페치카에 불을 지펴서 빵을 구워주세요. 많이, 많이요."

이 정도가 전쟁 첫해에 대해 내가 기억하는 전부예요……

이후의 일은 더 많이 기억하는 걸 보면, 아마도 내가 좀 더 자랐나 봐요. 우리 마을이 어떻게 불살라졌냐면…… 처음에는 우리에게 사격을 퍼붓고, 그다음엔 불을 질렀지요. 난 저승까지 갔다가 돌아왔답니다……

그자들은 길거리에서 총을 쏘지 않고 집 안으로 들어갔지요. 우리는 창가에 계속 서 있어요.

"아니시카를 총살하러 갔어……"

"아니시카 집을 끝내고 안피사 아주머니 댁으로 가는데……"

그렇게 우리는 서서 기다려요. 그자들이 와서 우리를 총살하기를…… 아무도 울지 않고, 아무도 소리치지 않아요. 그냥 서 있어요. 어린 아들과 함께 사는 이웃집 아주머니가 이렇게 말해요.

"길거리로 가자. 길에서는 총을 쏘지 않잖아."

그자들이 안마당으로 들어와요. 병사가 먼저 들어오고, 장교가 뒤따라와요. 장교는 키가 커요. 그자의 부츠는 높다랗고, 군모도 높다래요. 생생히 기억해요……

그자들이 우리를 집 안으로 몰아넣기 시작했어요. 이웃집 아주머니가 풀 위에 털썩 엎드려 장교의 부츠에 입을 맞춰요.

"가지 않을 거예요. 알아요. 저기서 우리를 쏠 거잖아요."

그자들은 "추뤼크! 추뤼크!*" 하고 말해요. '뒤로, 뒤로'라는 뜻이죠.

집 안에서 엄마는 테이블 옆 긴 의자에 앉아 있었어요. 기억해요. 엄마는 우유가 든 컵을 쥐고 동생에게 먹이기 시작했어요. 그런데 주위가 어찌나 조용하던지, 동생이 할짝거리는 소리가 우리 모두에게 들릴 정도였죠.

난 구석에 앉은 뒤 마당비를 내 앞에 놓았어요. 테이블 위에는 긴 테이블보가 깔려 있고, 테이블 밑에는 이웃집 소년이 숨어 있었어요. 테이블보 밑에요. 오빠는 침대 밑으로 기어들어갔죠. 하지만 이웃집 아주머니는 문지방 옆에 무릎을 꿇고 모두를 위해 애원해요.

"나리, 우리 집 아이들은 어려요. 나리, 우리 집 아이들은 콩알만한데……"

그 아주머니가 어떻게 애원했는지를 기억해요. 한참 동안 빌었죠.

장교는 테이블로 다가가 테이블보를 들추더니 총을 쏘았어요. 그곳으로부터 비명이 들렸죠. 장교는 한 번 더 총을 쏘았어요. 이웃집 소년이 비명을 질러요…… 다섯 발의 총소리가……

나를 쳐다봐요…… 마당비 뒤에 몸을 감추려고 아무리 애를 써도, 도무지 몸을 숨길 수가 없어요. 그 장교의 눈이 얼마나 아름답던지…… 물론 기억나요…… 난 어찌나 무서웠던지, 겁에 질려 이렇게 물었어요. "아저씨, 날 죽일 거예요?" 하지만 장교는 나에게 아무

---

* 독일어 'zurück'을 음가로 표현한 것이다.

런 대꾸도 하지 않더군요. 마침 그때 다른 방에서 한 병사가 나와요. 어떻게 나오느냐 하면…… 방들 사이에 걸린 커다란 커튼을 홱 뜯어요. 그 병사가 장교를 부르더니, 침대에 누운 작은 새끼 고양이들을 보여줘요. 어미 고양이는 없고, 새끼들만 있어요. 그자들은 새끼 고양이들을 품에 안고 빙그레 웃더니, 고양이들과 놀아주기 시작했어요. 잠시 놀아주던 장교는 고양이들을 병사에게 넘겨주며 집 밖으로 데려가라고 했어요. 그자들은 고양이와 함께 밖으로 나갔죠.

죽은 엄마의 머리칼이 불에 타던 것을 기억해요…… 엄마 옆에 있던 막냇동생의 기저귀도…… 오빠와 난 엄마와 막냇동생을 타넘으며 이리저리 기어다녔어요. 난 오빠의 바지 자락을 꽉 붙잡았죠. 처음에는 안마당으로 나갔고, 그다음에는 채소밭으로 갔어요. 저녁이 될 때까지 감자 틈에 숨어 있었지요. 저녁에는 덤불 속으로 기어들어갔고요. 그제야 난 한없이 눈물을 흘렸답니다……

어떻게 우리가 살아남았냐고요? 기억나지 않아요…… 오빠와 나, 그리고 새끼 고양이 네 마리만 살아남았어요. 강 건너에 사는 우리 할머니가 찾아왔죠. 할머니가 우리를 전부 데려갔어요……

"기억해. 마리우폴, 파르코바야 6번지……"

사샤 솔라닌―열네 살

현재―상이군인 제1그룹

얼마나 죽기 싫던지…… 특히 새벽에는 죽고 싶지 않아요……

독일군이 우리를 총살하기 위해 끌고 갑니다. 빠른 속도로요. 독일군이 어딘가를 향해 서둘러 가고 있습니다. 난 놈들의 대화를 들으며 그 사실을 포착했습니다. 전쟁이 일어나기 전에는 독일어 수업을 좋아했습니다. 심지어 하이네 시를 몇 편 암송할 정도였죠. 우리는 셋이었습니다. 두 명의 전쟁 포로, 즉 두 명의 소위와 어린 사내아이인 나, 이렇게 셋이요…… 난 숲에서 무기를 수거하다가 붙잡혔습니다. 몇 번 도망쳤지만, 세 번째에는 결국 잡히고 말았죠.

죽고 싶지 않습니다……

소위들이 내 귀에 속삭입니다.

"뛰어! 우리가 호송대에게 덤벼들 테니, 넌 덤불 속으로 뛰어."

"달아나지 않겠어요……"

"왜?"

"아저씨들과 함께 있겠어요."

난 그분들과 함께 죽고 싶었습니다. 군인답게.

"명령이다. 뛰어! 그리고 살아!"

다닐라 그리고리예비치 이오르다노프는 마리우폴 출신이고……

알렉산드르 이바노비치 일리인스키는 브랸스크 출신입니다……

"기억해. 마리우폴, 파르코바야 6번지…… 기억했냐?"

"브랸스크…… 기억했니?"

총소리가 났어요……

뛰었어요…… 난 뛰었어요…… 머릿속에서 두드리는 소리가 났어요. 딱-딱…… 입력 완료…… 딱-딱-딱…… 입력 완료. 그러고는 공포에 질려 잊어버렸죠.

브랸스크의 거리 이름과 집 번지수를 잊고 말았습니다……

"난 점차 멎어가는 그 사람의 심장 소리를 들었어요……"

레나 아로노바―열두 살

현재―법률가

우리 도시가 갑자기 전쟁에 휩쓸렸어요. 우리의 조용하고 푸르른 고멜이……

부모님은 나를 모스크바로 보내기로 결정했어요. 오빠가 그곳 군사대학에서 공부를 하고 있었거든요. 부모님이 모스크바는 절대 점령되지 않을 거라고, 그곳은 무적의 요새라고 생각하신 거죠. 난 떠나고 싶지 않았어요. 하지만 부모님이 강하게 밀어붙였죠. 폭격이 시작된 후로, 내가 며칠 동안 아무것도 먹지 않아서, 부모님이 내 입에 억지로 음식을 쑤셔넣곤 했거든요. 난 눈에 띄게 야위어갔어요. 엄마는 모스크바라면 평화로울 것이다, 모스크바는 괜찮을 것이다, 그곳에 있으면 딸의 건강도 회복될 것이다, 라고 판단했죠. 전쟁이 끝나는 대로, 엄마와 아빠도 모스크바에 오기로 했어요. 빠른 시일 내에요.

기차가 모스크바에 도착하기도 전에, 승객들은 말로야로슬라베츠에서 하차하게 되었어요. 기차역에는 장거리 전화기가 있었죠. 난 계속 허둥지둥 뛰어다녔어요. 내가 앞으로 무엇을 하면 될지 알아보기 위해 오빠와 통화를 하고 싶었어요. 마침내 전화 연결이 됐어요. 오빠는 "거기서 꼼짝 말고 기다려. 내가 널 데리러 갈게"라고 말했어요. 불안 속에서 하룻밤을 보내고 나자 사람이 무척 많았어요. 갑자기 "30분 뒤에 모스크바행 기차가 출발할 예정이니 승차해주십시오"라는 안내가 들렸어요. 난 짐을 주섬주섬 모아 기차로 달려갔고, 위쪽 침대칸에 기어오른 뒤 잠에 빠져들었어요. 눈을 뜨자 기차는 작은 개울 부근에 멈춰 있고, 여자들이 빨래를 하고 있어요. "모스크바는 어디예요?" 난 깜짝 놀랐죠. 우리가 탄 기차는 동쪽으로 가는 중이라는 대답이 들렸어요⋯⋯

난 객차에서 내려, 울분과 절망으로 하염없이 울었어요. 그런데, 아! 지나가 나를 발견했어요. 그 애는 내 친구였죠. 우리는 고멜 시를 함께 떠났고, 엄마들도 우리를 함께 배웅했어요. 그런데 말로야로슬라베츠에서 서로를 놓치고 만 거예요. 이제 우리는 다시 둘이 되었어요. 그러자 더 이상 그렇게 무섭지는 않더군요. 기차가 역에 설 때마다, 사람들이 기차로 먹을 것을 가지고 왔어요. 양철통에 든 우유와

샌드위치를 수레에 싣고 왔지요. 한번은 수프도 날라왔고요.

우리는 쿠스타나이 주州의 자르쿨 역에서 내렸어요. 처음에 지나와 난 첼레가를 타고 갔답니다. 목적지에 도착하면 곧바로 집에 편지를 쓰자며 서로를 위로했죠. 난 말했어요. "집이 폭격을 당하지 않았다면, 부모님이 우리 편지를 받을 거야. 하지만 폭격을 당했다면, 우리는 어디로 편지를 보내야 하지?" 나의 엄마는 소아과 병원 주임 의사였고, 아빠는 직업학교 교장이었어요. 아빠는 온화한 분이고, 외모가 완전히 선생님다웠지요. 처음으로 권총을 가지고 퇴근하던 (아버지는 피스톨을 지급받았어요) 날, 아버지는 상의에 권총 가죽 케이스를 차고 있었어요. 난 깜짝 놀랐지요. 아빠도 총이 무서웠던지, 저녁에 조심조심 총을 끌러 테이블 위에 올려놓더군요. 우리는 큰 건물에서 살았는데, 그 건물에는 군인이 한 명도 살지 않았어요. 일찍이 무기를 본 적도 없었지요. 권총 스스로 발포할 것 같고, 전쟁이 이미 우리 집에서 살고 있는 것 같았어요. 아빠가 권총을 끄르면, 그제야 전쟁이 끝나요.

지나와 난 도시에서 자란 여자아이여서, 아무것도 할 줄 몰랐어요. 그곳에 도착한 이튿날부터 우리는 온종일 허리를 구부리고 선채로 밭에서 일을 해야 했지요. 머리가 핑글핑글 돌아서, 난 그만 쓰러지고 말았어요. 지나는 날 내려다보며 울었지만, 어떻게 도와야 할지 몰랐죠. 부끄러웠어요. 그 지방의 여자아이들은 할당량을 채우거든요. 우리가 밭의 절반 정도까지 왔나 싶으면, 그 아이들은 어느새 저 멀리에 있어요. 가장 무서웠던 것은, 소젖을 짜라며 착유기를 줄 때였어요. 난 한 번도 소젖을 짜본 적이 없었고, 소에게 가까이 다가가기만 해도 무서웠거든요.

어느 날 누군가가 역에서 돌아오는 길에 신문을 가져왔어요. 지나와 난 고멜 시가 점령되었다는 소식을 신문에서 읽고 많이 울었어요. 고멜 시가 점령되었다는 사실은, 곧 우리 부모님들이 죽었다는 것, 이제 우리는 고아원으로 가야 한다는 것을 뜻했으니까요. 난 고아원에 대해 듣고 싶지도 않아서 오빠를 찾아보자고 생각했어요. 하지만 지나의 부모님이 우리를 데리러 왔고, 기적 같은 사건 덕분에 우리를 찾아냈지요. 지나의 아버지는 치칼롭스카야 주의 사락타샤 시에서 주임 의사로 근무했답니다. 병원의 구역 안에 작은 집이 있었는데, 우리는 그곳에서 지냈어요. 판자로 만든 침상에서 잤고, 매트리스에는 짚을 채워넣었죠. 무릎 아래까지 땋아 내린 긴 머리 때문에 무척 힘들었어요. 난 엄마의 허락 없이는 땋은 머리를 자를 수 없었어요. 엄마는 어쨌든 살아 있다, 엄마가 나를 찾을 것이다, 라는 희망이 있었으니까요. 엄마는 내 땋은 머리를 좋아했으니, 내가 머리를 자르면 나를 야단칠 거예요.

어느 날…… 새벽에…… 옛날이야기에나 나올 법한 일이 일어나요. 아직 전쟁이 끝나지 않았을 때였어요. 창문을 두드리는 소리가 났어요…… 난 일어났어요. 엄마가 서 있어요. 난 그만 의식을 잃어요…… 엄마는 곧 나의 땋은 머리를 자르고는, 석유로 머리를 비벼 이를 없앴어요.

아빠의 학교가 노보시비르스크로 소개되었다는 사실을 엄마는 이미 알고 있었어요. 그래서 엄마와 난 아빠가 있는 곳으로 떠났죠. 그 곳에서 난 학교를 다니게 되었답니다. 우리는 아침부터 공부를 했고, 점심 식사 후에는 병원 일을 도우러 다녔어요. 시내는 전선에서 후방으로 이송된 부상자로 넘쳐났어요. 우리는 위생병으로 등록되었고, 나는 가장 힘든 부서인 외과에 소속되었지요. 우리는 붕대를 만들었어요. 낡은 시트를 넘겨받아 그것을 찢어서 돌돌 감고는, 상자에 담아 소독하러 가져가요. 낡은 붕대를 세탁하기도 하고요. 하지만 이따금 전선으로부터 오는 붕대 가운데에는 광주리에 담아 밖으로 가져가서 소독해야 하는 것도 있었어요. 피와 고름으로 더러워져서……

난 의사 집안에서 자랐어요. 전쟁이 일어나기 전까지만 해도 나중에 크면 꼭 의사가 되겠다고 생각했죠. 외과의사요. 다른 여자아이들은 무서워했지만, 난 병원 일을 도우면서 나 자신이 꼭 필요한 존재라고 느낄 수만 있다면 아무래도 상관없었어요. 수업이 끝나면, 지각하지 않고 제시간에 가기 위해 얼른 병원으로 뛰어가요. 몇 번정도 기절했던 일이 기억나요. 가장 견디기 힘든 것은, 상처가 벌어져 비명을 지르는 부상자들이 생길 때예요…… 붕대 냄새 때문에 몇번 구역질을 일으킨 적도 있어요. 붕대에서 강한 냄새가 풍겼거든요. 약품이 아니라…… 어떤…… 친숙하지 않고 숨 막히는…… 죽음의 냄새가…… 난 이미 죽음의 냄새를 알았어요. 병동에 들르면, 아직 살아 있는 부상자들에게서 이미 그 냄새가 느껴져요…… 많은 여자아이가 그 냄새를 견디지 못하고 떠났지요. 그 아이들은 전선에 보낼 장갑을 만들었어요. 뜨개질을 할 줄 아는 아이들은 뜨개질을 하고요. 난 병원을 떠날 수 없었어요. 내 엄마가 의사라는 사실을 모두 아는데, 내가 어떻게 떠나겠어요?

하지만 부상자들이 죽어갈 때, 난 많이 울었어요. 부상자들은 죽어가면서 "선생님! 선생님! 빨리요!" 하고 불러요. 의사가 달려가도 그 사람들을 구하지는 못해요. 외과의 환자들은 중상자들이죠. 한 중위가 기억나요…… 그 사람은 나에게 보온기를 부탁했어요. 내가 보온기를 올려주자, 그 사람이 내 손을 잡더군요…… 차마 그 손을 뿌리칠 수 없었어요…… 중위가 내 손을 자기 몸에 갖다 대요. 날 붙잡고 있어요. 온 힘을 다해서. 난 점차 멎어가는 그 사람의 심장 소리를 들었어요. 팔딱, 팔딱, 그렇게 뛰다가 서서히 멎었어요……

나는 전쟁 동안 정말 많은 것을 알게 되었답니다…… 평생에 걸쳐 깨달은 것보다 더 많은 것을……

"누나인 베라 레지키나 상사와 함께 전선으로 떠났습니다……"

니콜라이 레지킨―열한 살
현재―기계 기사

집 안이 조용해졌습니다…… 가족이 줄었거든요……

형들은 곧바로 군대에 소집되었습니다. 베라 누나는 군사동원부에 계속 들락거리더니, 1942년 3월에 전선으로 떠났습니다. 나와 여동생만 집에 남았지요.

우리는 오룔 주에 사는 친척 집으로 피란을 갔습니다. 난 콜호스에서 일했어요. 남자 어른은 더 이상 없었고, 나 같은 십대 아이들이 남자의 일을 전부 어깨에 짊어졌지요. 남자 어른 대신, 아홉 살에서 열네 살 사이의 우리가요. 처음으로 밭을 갈러 갔습니다. 여자들이 자기 말 옆에 서더니, 밭을 갈기 시작했습니다. 나는 가만히 선채, 누가 와서 가르쳐주기를 기다립니다. 하지만 여자들은 밭이랑한 줄을 갈면서 갔다가, 다음 밭이랑을 갈며 돌아왔습니다. 그런데 난혼자예요. 혼자 힘으로 해보자. 그렇게 생각하며, 때로는 밭이랑 옆에서, 때로는 밭이랑을 따라 그렇게 말을 몰았습니다. 난 아침부터 밭일을 하고, 밤에는 사내아이들과 함께 야간 방목을 하러 갑니다. 말들을 방목장에 데려가야 해요. 첫째 날도, 둘째 날도 그렇게 하고…… 사흘째에는 밭을 갈고 또 갈다가 그만 쓰러지고 말았지요.

1944년, 베라 누나가 부상 때문에 병원에 있다가 딱 하루 우리를 찾아왔습니다. 누나는 아침에 첼레가를 타고 역으로 떠났습니다. 난걸어서 누나를 뒤따라갔죠. 기차역에서 병사들이 날 객차 안으로 들여보내주지 않았습니다. "꼬마야, 누구와 같이 가니?" 난 당황하지 않고 말했죠. "베라 레지키나 상사요."

그렇게 해서 나는 전장으로 가게 되었답니다……

"해가 뜨는 쪽으로……"

발랴 코자놉스카야—열 살

현재—노동자

어린 시절의 기억…… 어린 시절의 기억에는 공포, 아니면 뭔가 좋은 것만 남아 있어요…… 우리 집은 군 병원에서 멀지 않은 곳에 있었죠. 병원이 폭격을 당했을 때, 난 목발을 짚은 부상자들이 창문 밖으로 떨어지는 것을 봤어요. 우리 집도 불타올랐죠…… 엄마가 불 속으로 뛰어들었어요. "아이들 옷을 가지고 올게."

우리 집이 타고 있었어요…… 우리 엄마가 타고 있었어요…… 우리도 엄마를 뒤따라 뛰어들려고 했지만, 사람들이 우리를 쫓아와서 붙잡았어요. "얘들아, 이제는 엄마를 구할 수 없단다." 모두가 달려가는 쪽으로 우리도 따라갔어요. 죽은 사람들이 너부러져 있어요…… 다친 사람들이 신음하며 도움을 청하고 있어요. 누가 도와줄 수 있겠어요? 난 열한 살, 여동생은 아홉 살이었어요. 여동생과 나는 서로를 놓치고 말았죠……

우리가 다시 만난 곳은 민스크 근교에 있는 오스트로시츠크 시의 고아원이었어요. 전쟁이 일어나기 전에는 아버지가 우리를 이곳의 피오네르 캠프로 데려다주었는데…… 아름다운 곳이에요. 독일군은 피오네르 캠프를 고아원으로 만들었어요. 모든 것이 친숙하면서도 낯설더군요. 며칠 동안 훌쩍거리고 눈물을 흘리기만 했어요. 부모님 없이 우리만 남았고, 우리 집도 불타버렸잖아요. 선생님들은 나이가 많았고, 체계는 독일식이었어요. 1년 후…… 1년이 지났을 때라고 생각하는데…… 우리를 독일로 데려가기 위한 선별 작업이 시작되었어요. 선별 기준은 나이가 아니라 키였죠. 난 불행히도 아버지를 닮아 키가 컸고, 여동생은 엄마를 닮아 키가 작았어요. 차가 가까이 다가왔고, 주위에서 자동소총을 들고 있던 독일군들이 나를 차 쪽으로 몰고 갔어요. 동생이 소리를 질러요. 독일군은 동생을 밀치며 발아래에 총을 쏘아대요. 동생이 내 쪽으로 오지 못하게 하려고요. 그렇게 우리는 헤어지게 되었죠……

빽빽하게 들어찬 객차…… 객차는 아이들로 가득했고, 열세 살을 넘긴 아이는 한 명도 없었어요. 기차가 바르샤바에서 처음으로 정차했지요. 마실 것과 먹을 것을 가져다주는 사람은 아무도 없었어요. 그저 어떤 할아버지가 호주머니에 돌돌 감은 종잇조각을 잔뜩 채운 채 우리에게 다가와 그 종잇조각을 한 사람 한 사람에게 나누어주었을 뿐이에요. 그 종이에는 '주기도문'이 러시아어로 적혀 있었어요.

바르샤바를 떠난 후 이틀을 더 갔어요. 우리는 보건소 같은 곳으로 끌려갔어요. 남자아이와 여자아이들이 한자리에서 모두 발가벗어야 했어요. 난 수치스러워서 울었죠. 여자아이들은 한쪽으로, 남자아이들은 다른 쪽으로 모이려 했지만, 놈들은 우리를 한자리에 몰아넣고 소방 호스를 집중적으로 퍼부었어요…… 차가운 물이었죠…… 어떤 이상야릇한 냄새가 났어요. 그 뒤로 다시는 그 물을 만난 일이 없었어요. 거기에 살균제가 있었는지는 모르겠어요. 그자들은 배려를 보이지 않았어요. 눈은 눈이 아니고, 입은 입이 아니며, 귀는 귀가 아니었어요. 조심성 없이 마구 검사를 했어요. 그러고 나서 우리는 파자마처럼 생긴 헐렁한 줄무늬 바지와 상의를, 그리고 발에 신을 나무 샌들을 받았어요. 가슴에는 'Ost'*라고 적힌 노란색 명찰을 꽂았고요.

우리는 길로 내몰렸고, 마치 행렬하듯 정렬했어요. 나는 우리가 어디론가, 어떤 막사로 끌려가나보다라고 생각했어요. 뒤에서 아이들이 소곤거려요. "우리를 팔아버릴 건가봐." 나이 든 독일 남자가 다가오더니, 나와 세 명의 여자아이를 고르고 돈을 지불한 후, 짚단을 실은 첼레가를 가리켜요. "타!"

우리는 어느 장원으로 실려갔어요…… 커다랗고 높다란 집이 있고, 주위에 쇠락한 공원이 있더군요. 우리는 헛간에서 살게 되었어요. 헛간의 반쪽에서는 개 열두 마리가, 또 다른 반쪽에서는 우리가 살았지요. 우리는 곧 일을 하라며 밭으로 내몰렸어요. 쟁기와 파종기가 부서지지 않도록 돌을 고르는 일이었죠. 돌은 한곳에 평평하게 쌓아야 했어요. 이런 나무 샌들을 신었던 우리 발에는 온통 물집이 잡혔죠. 우리는 형편없는 빵과 탈지분유를 배급받았어요.

한 여자아이는 버티지 못하고 죽었어요. 사람들이 그 아이를 말에 싣고 숲으로 가더니, 아무것도 없이 땅에 바로 묻었죠. 나무 족쇄와 줄무늬 파자마는 장원으로 다시 가져왔더군요. 그 애의 이름이 올랴

---

* 독일어 'Ost'는 '동쪽'이라는 뜻이다.

였던 것을 기억해요.

그곳에는 나이가 아주 많은 독일인 할아버지가 있었어요. 개에게 밥을 주는 사람이었죠. 러시아어를 잘 못 했지만, "얘들아, 히틀러 망한다. 러시아군 온다"라고 말하며 우리를 지탱해주려고 애썼어요. 할아버지는 닭장에 가서 달걀을 모자에 숨겨와서는 자기 공구함에 감춰둬요. 그러고는 도끼를 들고 일하러 가는 척하다가 우리 옆에 공구함을 내려놓고는, 양옆을 살피며 얼른 먹으라고 두 손을 흔들어요. 우리는 달걀을 다 먹어치운 뒤 껍질을 땅에 파묻고요.

그 장원에서 일하던 세르비아 사내아이 두 명이 우리를 불렀어요. 우리처럼 종살이하는 아이들이었죠. 그 아이들이 비밀을 이야기했어요…… 자기들한테 계획이 있다고 털어놓더군요. "달아나야 해. 그렇지 않으면 올랴처럼 우리도 죽을 거야. 그러면 놈들이 우리를 숲에 파묻고, 족쇄와 파자마를 가지고 돌아오겠지." 우리는 무서웠지만 그 아이들의 설득에 넘어갔어요. 그래서…… 장원 너머에는 늪지가 있었어요. 우리는 아침에 그곳으로 몰래 숨어들었다가 나중에 도망쳤답니다. 해가 뜨는 쪽으로, 동쪽으로 달렸죠.

저녁에 우리는 관목 덤불 속에 픽 쓰러져 녹초가 되어 잠이 들었어요. 아침에 눈을 뜨자 주위가 조용하더군요. 두꺼비들만 울어댔죠. 우리는 일어나 이슬로 세수를 하고 길을 떠났어요. 얼마 가지 않아 앞쪽에 포장도로가 있는 것을 봤죠. 우리는 그 도로를 건너 무성하고 아름다운 숲을 향해 가야 했어요. 그곳이 바로 우리의 피할 곳이었죠. 한 사내아이가 살금살금 기어가 도로를 살피더니 "뛰어!"라고 말했어요. 우리가 길을 건너는데, 숲으로부터 자동소총 병사들을 태운 독일 차 한 대가 우리를 향해 나왔어요. 군인들이 우리를 포위하더니, 사내아이들을 때리고 짓밟았죠.

군인들은 죽은 아이들을 차 안으로 휙 던져넣고는, 우리를 한 여자아이와 나란히 앉혔어요. 그놈들은 "잘됐어. 너희에겐 더 좋은 일이 있을 거야, 러시아 돼지들아"라고 말했어요. 명찰을 보고, 우리가 동유럽에서 왔다는 사실을 안 거죠. 우리는 너무 무서워서 울지도 못했어요.

우리는 강제수용소로 끌려갔어요. 그곳에서 봤죠. 짚 위에 앉은 아이들의 몸 위로 이가 기어다니는 걸요. 전류가 흐르는 철조망 바로 너머의 들판에서 베어온 짚이었어요.

아침마다 쇠빗장을 두들기는 소리가 났고, 낄낄거리는 장교와 아름다운 여자가 안으로 들어왔어요. 그 여자는 러시아어로 우리에게 이렇게 말했어요.

"죽을 먹고 싶은 사람은 빨리 두 명씩 줄을 서. 데려가서 먹을 것을 줄 테니……"

아이들은 이리저리 넘어지며 서로를 밀쳤어요. 다들 죽이 먹고 싶었던 거죠.

"스물다섯 명만 가야 해." 여자가 아이들을 셌어요. "싸우지 마. 나머지 사람들은 내일까지 기다려."

나도 처음에는 그 말을 믿고 어린아이들과 함께 달려가서 서로를 밀치곤 했지만, 나중에는 두려운 마음이 들었어요. '저 사람들이 죽을 주겠다며 데려간 아이들은 왜 돌아오지 않을까?' 나는 입구의 쇠 문 옆에 앉아 있곤 했어요. 우리 아이들의 수가 적어지자, 그 여자도 나에게 신경 쓰지 않더군요. 그 여자는 언제나 나에게 등을 보인 채 서서 수를 셌죠. 그 일이 얼마나 오랫동안 계속되었는지는 말하지 않겠어요. 난 그때 기억을 잃은 것 같아요……

강제수용소에는 새 한 마리도, 심지어 딱정벌레 한 마리도 보이지 않았어요. '구더기라도 찾을 수 있다면……' 하고 상상했죠. 그러나 그곳에는 구더기도 살지 않았답니다……

어느 날, 수런거리는 소리, 비명 소리, 사격 소리가 들려요. 누군 가 쇠빗장을 두들겨요. 조국의 군인들이 "얘들아!"라고 외치면서 우 리가 있는 막사로 뛰어 들어와요. 군인들이 우리를 몇 명씩 어깨 위 에 태우거나 양팔로 안아주었어요. 우리는 이미 너무도 가벼웠거든 요. 다들 입을 맞추고 얼싸안고 소리 내어 울어요. 군인들이 우리를 길거리로 데리고 나가요……

화장터의 검은 굴뚝이 보여요……

우리는 몇 주 동안 치료를 받고 영양을 보충했어요. 사람들이 나 에게 "몇 살이니?"라고 물어요. 난 "열세 살……"이라고 대답하고 요. "여덟 살인 줄 알았는데." 우리가 통통하게 살이 오르자, 사람들 이 우리를 데리고 해가 뜨는 쪽으로 떠났어요.

집으로요……

"어둠 속에서도 하얀 루바시카는 멀리까지 빛난답니다……"

예핌 프리들란트―아홉 살

현재―이산화규소 제조 콤비나트 책임자

어린 시절은 끝났습니다…… 첫 사격과 함께. 내 안에는 여전히 어린아이가 살고 있었지만, 이미 다른 누군가가 그 옆에 나란히 있었습니다……

전쟁이 일어나기 전까지만 해도 나는 혼자 아파트에 남는 것을 무서워했습니다. 그런데 그때 두려움이 사라져버렸습니다. 엄마가 들려준, 페치카 뒤에 산다는 '집의 요정' 따위는 더 이상 믿지 않았습니다. 엄마도 그 요정들에 대해 기억하지 못했고요. 우리는 짐수레를 타고 호침스크를 떠났습니다. 엄마는 사과 한 바구니를 사서 나와 여동생 옆에 두었죠. 우리가 그것을 먹으려 하는데, 폭격이 시작되었습니다. 동생의 손에는 빨간 사과가 두 개 있었습니다. 우리는 사과 때문에 싸웠지요. 동생이 사과를 주지 않았거든요. 엄마가 "잘 숨어 있기나 해!" 하고 욕을 합니다. 하지만 우리는 사과를 나누었답니다. 둘이서 싸우다가, 내가 동생에게 이렇게 부탁했죠. "하나만이라도 줘. 그렇지 않으면 먹어보지도 못하고 죽겠어." 동생이 하나를 건넸습니다. 새빨간 사과였죠. 그런데 그때 폭격이 끝나더군요. 난 차마 그 행운의 사과를 먹을 수 없었습니다.

우리가 짐수레를 타고 갈 때, 그 앞에서는 소 떼가 이동하고 있었습니다. 우리는 아버지(전쟁이 일어나기 전에 아버지는 호침스크에서 가축조달국의 책임자를 맡고 있었습니다)로부터, 그 소들은 보통 소가 아니라 번식용 소라고, 큰돈을 들여 외국에서 들여온 소라고 들었습니다. 지금도 기억합니다. 아버지는 그 돈이 얼마나 큰 금액인지 설명할 수 없어서 이렇게 예를 들었지요. 암소 한 마리는 트랙터 한 대, 탱크 한 대와 맞먹는다고요. 일단 탱크라고 하면, 그것은 곧 아주 많다는 뜻이죠. 사람들은 그 소들 한 마리 한 마리를 소중히 여겼답니다.

축산학 전문가의 가정에서 자랐기 때문에 나는 동물을 좋아했습니다. 연이은 폭격 후 우리 가족이 첼레가마저 잃게 되자, 난 황소인 바시카 옆에 달라붙어 소 떼 앞에서 걸었습니다. 바시카의 코에는 쇠코뚜레가 꿰여 있고, 그 쇠코뚜레에는 새끼줄이 매여 있었지요. 소들은 폭격에 오랫동안 익숙해지지 못했습니다. 몸이 무거워서 먼 거리를 이동하는 데에도 적합하지 않았고요. 발굽이 갈라지면, 소들은 몹시 지쳤습니다. 사격이 있고 난 뒤에는 그 소들을 모으기도 쉽지 않았죠. 하지만 황소 한 마리가 길로 나서면, 다른 소들도 전부 그 뒤를 따라 걸었답니다. 그런데 황소는 내 말만 들었어요.

밤이 되면 어머니는 내 하얀 루바시카를 어딘가에서 빨아옵니다…… 새벽녘에 "오르막이다!"라고 투르친 중위가 큰 소리로 외칩니다. 그 사람은 수송 대열의 인솔자입니다. 난 루바시카를 입고는 황소를 잡고 걷습니다. 내가 그 시기 내내 하얀 루바시카만 입었던 것이 기억납니다. 어둠 속에서도 루바시카는 환하게 빛났고, 내 모습은 멀리에서도 모두에게 보였습니다. 난 황소의 앞다리 밑에 누워—그렇게 하면 더 따뜻했지요—황소와 나란히 잤습니다. 바시카는 절대로 먼저 일어나지 않고, 내가 일어날 때까지 기다렸습니다. 자기 옆에 어린아이가 있다는 것, 자기 때문에 그 아이가 아플 수도 있음을 느꼈던 것이죠. 난 늘 바시카 옆에 누워서 잤지만 한 번도 걱정해본 적이 없었습니다.

걸어서 툴라까지 갔습니다. 1000킬로미터가 넘는 거리였지요. 석 달 동안 걸었습니다. 다들 이미 맨발인 채였고, 옷가지는 전부 너덜너덜해졌습니다. 목동이 몇 명밖에 남지 않았습니다. 소들의 젖통이 부어오르는데, 그 젖을 전부 짜줄 새도 없었습니다. 젖통이 아프면, 소들은 내 옆에 서서 물끄러미 쳐다봅니다. 난 소들의 젖을 짜주었습니다. 하루에 열다섯에서 스무 마리의 젖을 짰습니다. 지금도 눈에 선합니다. 뒷다리가 부러진 소가 길바닥에 누워 있고, 파래진 젖통에서 젖이 뚝뚝 떨어집니다. 소는 사람들을 쳐다보며 기다립니다. 군인들은 걸음을 멈췄습니다. 그러고는 소가 괴로워하지 않도록 총으로 쏘려 합니다. 난 군인들에게 애원했습니다. "기다려주세요……"

난 소에게 다가가서 땅바닥을 향해 젖을 짜줍니다. 소는 고맙다는 표시로 내 어깨를 핥습니다. "자." 나는 일어섭니다. "이제 쏘세요." 그러고는 난 그 장면을 보지 않기 위해 다른 곳으로 달려갑니다……

툴라에 도착한 뒤, 우리가 몰고 간 번식용 소들이 어디에도 있을 곳이 없어서 육류콤비나트로 보내졌다는 사실을 알게 되었습니다.

독일군이 시내로 접근하고 있었습니다. 난 하얀 루바시카를 입고는 바시카와 작별 인사를 하러 갔습니다. 황소는 내 얼굴을 향해 숨을 헐떡였습니다.

1945년 5월…… 우리는 집으로 돌아왔습니다. 기차가 오르샤 부근을 지나치는 바로 그 순간, 난 창가에 서 있었습니다. 엄마가 다가왔습니다. 난 창문을 열었습니다. "우리 습지의 냄새가 느껴지니?" 난 좀처럼 울지 않았지만, 그때는 큰 소리로 울부짖고 말았습니다. 피란을 떠난 동안 꿈에도 나타날 정도였습니다. 사람들이 습지의 풀을 베고 그것을 작은 더미로 모으던 광경, 살짝 시든 풀이 햇볕에 마를 때 풍기는 향. 우리 나라에서만, 벨라루스에서만 풍기는 향기, 습지의 건초가 풍기는 그 알싸한 향기는 어디를 가든 날 따라다니는 것 같습니다. 난 꿈에서도 그 향기를 느낀답니다.

승전의 날, 이웃에 사는 콜랴 아저씨가 거리로 달려나와 위를 향해 총을 쏘기 시작했습니다. 사내아이들이 아저씨를 에워쌌지요.

"콜랴 아저씨, 저한테도 쥐보세요!"

"콜랴 아저씨, 저에게도요……"

아저씨는 모든 아이가 총을 쏠 수 있게 해주었습니다. 나도 처음으로 총을 쏘게 되었죠……

"내가 막 물청소를 끝낸 깨끗한 마룻바닥에……"

마샤 이바노바—여덟 살

현재—교사

우리는 단란한 가족이었어요. 다들 사랑이 넘치는 사람들이었답니다……

아버지는 내전에 참가했어요. 그 뒤로 지팡이를 짚고 다녔죠. 하지만 아버지는 콜호스 의장으로서 콜호스를 탁월하게 운영하고 있었어요. 내가 읽기를 배우자, 아버지는 『프라브다』 신문에서 우리 콜호스에 관한 기사를 오려내어 나에게 보여주기도 했지요. 전쟁 전에 아버지는 우수한 콜호스 의장으로서 모범 콜호스 대회와 모스크바의 농업박람회에 파견되곤 했어요. 아버지는 그런 대회와 박람회에 갈 때마다 아름다운 어린이 책과 양철통에 든 초콜릿을 가지고 돌아왔지요.

엄마와 난 우리 아빠를 사랑했어요. 난 아버지를 숭배했고, 아빠는 엄마와 나를 열렬히 사랑했지요. 혹시 내가 자신의 어린 시절을 미화하는 걸까요? 하지만 전쟁 이전의 모든 것은 기억 속에 즐겁고 환한 것으로 남아 있어요. 왜냐하면…… 그것은 어린 시절, 진정한 어린 시절이었으니까요……

노래가 떠올랐어요. 여자들은 밭에서 그 노래를 부르며 돌아오곤 했죠. 태양이 지평선 아래로 가라앉으면, 산 너머에서 느릿느릿 노랫소리가 들려와요.

어느새 집으로 돌아갈 때라네. 때가 되었다네.
어느새 저녁노을이……

난 노래가 들려오는 곳을 향해 달려가요. 그곳에 엄마가 있어요.
엄마 목소리가 들려요. 엄마가 날 번쩍 들어올려 목을 꼭 껴안아주
면, 난 폴짝 뛰어내려 앞에서 달려가요. 노래가 날 쫓으며 주위 온
세상을 가득 채워요. 너무나도 즐겁게, 너무나도 아름답게!

그토록 행복한 어린 시절이 지나고…… 느닷없이…… 곧바로 전
쟁이 터졌어요!

전쟁 초기에 아버지는 집을 떠났어요…… 아버지는 당의 명령으
로 지하활동을 하기 위해 점령지에 남았지요. 집에서는 지내지 않았
어요. 우리 아버지를 모르는 사람이 없었으니까요. 아버지는 밤에만
우리를 찾아왔어요.

어느 날, 아빠와 엄마가 나누는 이야기를 들었어요.

"인근 도로에서 독일군 차를 폭파했어."

내가 페치카 위에서 기침을 하는 바람에 부모님은 깜짝 놀랐어요.

"딸, 아무도 이 사실을 알아서는 안 돼." 부모님이 나에게 신신당
부했어요.

난 밤을 무서워하게 되었어요. 아버지가 우리에게 오면, 파시스트
들이 내가 무척 사랑하는 우리 아빠를 찾아내서 체포해갈까봐요.

난 줄곧 아버지를 기다렸어요. 커다란 페치카의 가장 구석진 곳에 앉아서 할머니를 끌어안았지만, 잠이 들까봐 무서웠어요. 어쩌다 잠이 든다 해도 걸핏하면 눈을 뜨곤 했죠. 굴뚝 안에서 눈보라가 윙윙거리는 소리가 들리고, 페치카의 바람문이 바르르 떨리며 희미한 울음소리를 내요. 난 머릿속으로 '아빠를 놓치지 말아야 할 텐데' 하는 생각을 해요.

문득 거센 바람이 윙윙거리는 게 아니라 엄마가 우는 것 같다는 생각이 들기 시작해요. 내 몸에서 열이 나요. 티푸스예요.

밤늦게 아버지가 왔어요. 아버지의 기척을 가장 먼저 눈치 챈 사람은 나였어요. 난 할머니를 불렀죠. 아버지의 몸은 차가웠지만, 내 몸은 불타는 것처럼 뜨거웠어요. 아버지는 내 옆에 앉아서 자리를 뜨지 못했답니다. 피로에 지치고 늙어버렸어도, 그런 사람이 바로 내 가족, 내 혈육이지요. 갑자기 누군가 문을 두들겼어요. 요란하게 쾅쾅 두들겼지요. 아버지는 미처 외투를 걸치지도 못했는데, 독일군 앞잡이가 집 안으로 억지로 들어왔어요. 놈들은 아버지를 길거리로 끌어냈고, 난 아버지를 뒤따라갔어요. 아버지가 내게 손을 뻗자, 놈들이 아버지의 팔을 자동소총으로 후려쳤어요. 머리도 때렸고요. 난 눈밭을 따라 맨발로 개울까지 아버지를 쫓아가며 외쳤어요. "아빠! 아빠!" 할머니는 집에서 통곡하고 있었어요. "하느님은 도대체 어디에 계시나? 어디로 숨으셨나?"

아버지는 죽임을 당했어요.

할머니는 그 슬픔을 견뎌내지 못했어요. 울음소리가 점점 잦아드나 싶더니, 두 주가 지난 어느 밤에 페치카 위에서 숨을 거두었답니다. 난 그 옆에 나란히 누워 죽은 할머니를 끌어안고 있었지요. 집에는 이제 더 이상 아무도 없었어요. 엄마와 남동생은 이웃집에 숨어 있었지요.

아버지가 죽은 뒤, 엄마도 완전히 다른 사람이 되고 말았어요. 집 밖으로 절대 나가지도 않았지요. 아빠에 대해서만 이야기했고, 또 금방 지쳤어요. 전쟁이 일어나기 전에는 스타하노프 노동자*였고 무엇을 하든 1등이었는데 말이에요. 엄마는 내 존재를 알아차리지 못했어요. 그래도 난 엄마의 주의를 끌려고, 무엇으로든 엄마를 기쁘게 하려고 애썼죠. 하지만 엄마는 아빠를 떠올릴 때만 생기를 띠었어요.

아낙들이 행복한 모습으로 달려오던 것을 기억해요.

"이웃 마을 사람들이 사내아이를 말에 태워 보냈구나. 전쟁이 끝났대. 이제 곧 우리 마을의 농부들도 돌아올 거야."

엄마는 내가 막 물청소를 끝낸 깨끗한 마룻바닥에 털썩 쓰러지고 말았어요……

---

* 알렉세이 스타하노프는 돈바스 지역의 광산 노동자였는데, 1935년에 독자적으로 개발한 채탄공정 방식으로 1일 노동 기준량의 14배에 달하는 석탄을 채굴했다고 언론에 보도되었다. 소련은 스타하노프를 '새로운 인민'으로 꼽으며, 노동생산성 향상을 위한 '스타하노프 운동'을 벌였다. 생산 목표량을 초과 달성한 노동자들은 '스타하노프 노동자'라는 칭호를 받았다. 훗날 스타하노프의 사례는 소련 지도부에 의해 조작된 것으로 밝혀졌다.

"하느님이 그것을 봤을까? 만약 보셨다면 무슨 생각을 했을까?"

유라 카르포비치—여덟 살

현재—운전기사

봐서는 안 될 것을 보고 말았습니다…… 인간이 봐서는 안 될 것을…… 그때 난 어린아이였어요……

한 병사가 달리다가 무언가에 발이 걸린 듯 넘어지는 것을 보았습니다. 그 사람은 오랫동안 땅바닥을 할퀴며 흙을 품에 끌어안더군요……

독일군이 아군의 전쟁 포로들을 몰아대면서 우리 마을을 지나는 것을 봤습니다. 긴 종대였습니다. 찢기고 불에 탄 외투를 입고 있었죠. 포로들이 밤에 머물던 자리에 가보면 나무에 껍질을 갉아먹은 흔적이 있었습니다. 그들 앞에는 먹을 것 대신 썩은 말이 던져졌습니다. 그 사람들은 말을 갈기갈기 찢었죠.

밤에 독일군 군용열차가 비탈 아래로 전복되어 불타는 모습, 철도에서 일하던 사람들이 아침에 전부 레일 위에 눕히고 그 위로 기관차가 달리는 모습을 봤습니다……

사람들이 브리치카*에 매이는 것을 봤습니다. 그 사람들의 등에는 노란색 별이 있었습니다. 독일군이 채찍으로 그 사람들을 몰았습니다. 브리치카를 타고 즐겁게도 쏘다니더군요.

독일군이 총검으로 어머니들 품에서 아이들을 낚아채어 불에 던지는 것을 봤습니다. 우물에도요…… 엄마와 내 순서까지는 오지 않았습니다……

이웃집 개가 우는 것을 봤습니다. 이웃집이 불타고 재만 남은 자리에 앉아 있었습니다. 혼자서요. 노인의 눈을 한 개였습니다……

그때 난 어린아이였습니다……

난 이런 기억들을 간직한 채 어른이 되었습니다…… 침울하고 의심 많은 어른이 되었죠. 내 성격은 어두웠습니다. 누군가가 울면, 난 그 사람이 불쌍하다고 생각하기는커녕 더 편안한 기분을 느꼈습니다. 난 울 줄을 몰랐으니까요. 두 번 결혼했는데, 두 번 다 아내에게 버림받았습니다. 오랫동안 날 견뎌낼 수 있는 사람은 없었습니다. 나 같은 사람을 사랑하기는 어렵죠. 압니다…… 나도 안다고요……

오랜 세월이 흘렀습니다…… 지금 나는 묻고 싶습니다. 하느님은 그것을 봤을까? 만약 보셨다면 무슨 생각을 했을까?

---

* brichka. 접이식 포장이 달린 사륜마차다. 스프링이 없어 승차감도 떨어지고 차체도 작지만, 단단한 내구성을 갖추고 있어 여행용 승용마차로 흔히 사용되었다. 폴란드어로 'bryczka', 프랑스어로 'calèche'에 해당되는 마차다.

"이 세상, 아무리 봐도 싫증나지 않나니……"

류드밀라 니카노로바—열두 살
현재—기술자

기억해내고 싶어요…… 전쟁이 일어나기 전에도 우리가 전쟁에 대해 이야기했던가?

우리는 라디오에서 나오는 노래를 따라 불렀어요. '내일 전쟁이 온다면'이라든지, '장갑裝甲은 튼튼하고 탱크는 빠르다'와 같은 노래를요. 아이들은 편안히 잠들 수 있었어요……

우리 가족은 보로네시에 살았어요. 내가 어린 시절을 보낸 도시…… 학교에는 인텔리겐차 출신의 나이 든 선생님이 많았지요. 음악 문화의 수준도 높았고요. 내가 속한 학교 합창단은 그 도시에서 매우 인기가 있었어요. 내가 생각하기에는 모든 시민이 연극을 좋아했던 것 같아요.

우리 건물에는 군인 가족들이 살고 있었어요. 4층짜리 건물은 복도식이었고, 여름이면 안마당에 향기로운 아카시아 꽃이 피었죠. 우리는 종종 건물 앞의 작은 공원에서 놀았어요. 그곳에는 숨기 좋은 장소가 있었죠. 우리 부모님 같은 분들을 만나다니, 난 정말 운이 좋은 아이였어요. 아빠는 직업 군인이에요. 어린 시절 내내 군복이 눈앞에 있었죠. 엄마는 성품이 온화하고 손재주가 뛰어난 분이었답니다. 난 외동딸이에요. 사람들이 외동에 대해 흔히 생각하듯, 난 고

297

집 세고 변덕스러운, 그러면서도 부끄러움이 많은 아이였어요. 나는 '적군회관'에서 음악과 무용을 배워요. 일요일—아빠가 쉬는 유일한 날—마다 아빠는 우리와 함께 시내 산책하는 것을 좋아했어요. 엄마와 난 왼쪽에서 걸어야 했어요. 이따금 아빠가 길에서 만난 군인들과 인사를 했거든요. 군모 챙에 손을 올리고서요.

아빠는 나와 함께 시를 읽는 것도 좋아했지요. 특히 푸시킨의 시를요.

배워라, 아들아, 학문은 우리를 위해 요약해준다,
빠르게 흘러가는 인생의 경험을⋯⋯

그 유월의 날⋯⋯ 난 예쁜 원피스를 입고 친구와 함께 적군회관에 공연을 보러 갔어요. 공연은 정오에 시작될 예정이었죠. 다들 기둥에 달린 확성기에 귀를 기울이고 있는 것이 보여요. 당황한 얼굴들.

"들어봐, 전쟁이야!" 친구가 말해요.

난 집으로 쏜살같이 달려가요. 문을 힘껏 열었어요. 아파트는 고요하고, 엄마는 집에 없고, 아빠는 한쪽 뺨에 비누 거품을 칠한 채 거울 앞에서 찬찬히 면도를 하고 있어요.

"아빠, 전쟁이에요!"

아빠는 나를 향해 돌아서더니 계속 면도를 해요. 난 낯선 표정이 어린 아버지의 눈동자를 바라봤어요. 벽에 붙은 확성기가 꺼져 있어요. 그것이 엄마와 나를 위해 무서운 소식을 전해야 하는 순간을 늦추고자 아빠가 할 수 있는 전부였어요.

생활이 순식간에 바뀌었어요…… 이 무렵에 아버지를 집에서 본 기억이 없어요. 일상이 달라졌어요. 세입자들의 전체 회합이 열리곤 했지요. 건물에 화재가 나면 불을 어떻게 끌 것인가, 밤에 창문을 어떻게 가릴 것인가 하는 문제로요. 시내에서는 불빛이 보이지 않도록 했어요. 판매대에서 식료품이 사라지고 식권이 등장했어요.

마침내 그 마지막 저녁이 찾아왔지요. 그 저녁의 풍경은 내가 요즘 영화에서 보는 것과 완전히 달랐어요. 눈물, 포옹, 달리는 기차로 뛰어오르기, 이런 것은 우리에게 없었어요. 모든 것은 마치 아빠가 기동 훈련을 준비하듯 흘러갔어요. 엄마는 아빠의 물건을 챙겼어요. 옷깃과 행군용 금장襟章은 이미 꿰매놓았고, 단추와 양말과 손수건도 확인했지요. 아빠는 외투를 돌돌 말았고, 난 그렇게 하지 못하도록 막았던 것 같아요.

셋이서 다 함께 복도로 나왔어요. 늦은 시간이었어요. 그 시간에는 안마당으로 나갈 수 있는 정문만 제외하고 건물의 문이 전부 닫히기 때문에 우리는 1층에서 2층으로 올라가 긴 복도를 지난 뒤 다시 아래층으로 내려가야 했어요. 거리는 깜깜했고, 언제나 신중한 우리 아빠는 이렇게 말했죠.

"더 이상은 나오지 않는 게 좋겠어."

아버지는 우리를 끌어안았어요.

"전부 잘될 거야. 걱정하지 마, 우리 아가씨들."

그러고는 떠났어요.

아빠는 전선에서 몇 통의 편지를 보내왔어요. "이제 곧 승리할 거야. 그때는 새로운 생활을 시작하자. 우리 류드밀로치카*는 반듯하게 생활하고 있니?" 내가 9월 1일까지 무엇을 했는지는 기억나지 않아요. 물론 허락도 받지 않고 오랫동안 친구 집에 가 있는 바람에 엄마를 슬프게 만들기도 했어요. 공습경보는 말하자면 일상적인 일이 되었어요. 다들 공습경보에 금방 익숙해졌죠. 방공호에 내려가지도 않고 그냥 집에 있기도 했고요. 나도 중심가에서 여러 번 폭격을 만난 적이 있어요. 그럴 때면 상점이나 출입구로 뛰어들곤 했죠. 그냥 그뿐이었어요.

많은 소문이 떠돌았어요. 하지만 기억에 남아 있진 않아요. 어린 내 머릿속에는…… 엄마는 병원에서 당직 근무를 했어요. 날마다 부상병을 실은 기차가 도착했죠.

놀랍게도 판매대에 다시 상품들이 나타나고 사람들이 그것을 구입했어요. 엄마와 난 새로운 피아노를 살지 말지 망설였어요. 결국 당분간 사지 말고 아빠를 기다리기로 결정했죠. 어쨌든 아주 비싼 물건을 사는 것이니까요.

정말 이해하기 힘든 일이지만, 언제나 그랬듯이 9월 1일에 새 학기가 시작되었어요. 아빠로부터는 8월 내내 아무런 연락도 없었어요. '포위'라느니 '파르티잔'이라느니 하는 그런 용어에 대해 이미

---

* 류드밀라의 애칭이다.

알고는 있지만, 우리는 믿고 기다려요. 9월 말에, 언제라도 피란을 갈 수 있도록 준비하라는 공고가 났어요. 엄마는 많은 고생을 했어요. 어쨌든 우리는 몇 개월 정도 사라토프나 다른 어딘가에서 지내다가 돌아올 거라고 확신했죠. 한 보따리에는 침구를, 또 한 보따리에는 옷이 든 여행용 가방과 식기를 꾸렸어요.

도중에 기억에 남는 장면은 이런 것들이에요. 우리 기차가 기적을 울리지도 않고 역을 떠나면, 우리는 모닥불을 끌 새도 없이 냄비를 움켜쥐고 기차에 올라타요. 그러면 노반路盤을 따라 작은 불꽃들이 가느다란 쇠사슬처럼 떨어져요. 수송 열차는 알마-아타까지 갔다가, 그 후 침켄트로 돌아갔어요. 그런 식으로 여러 번 여기저기를 이동했죠. 마침내 우리는 수레에 매인 느릿한 수소를 타고서 캅카스 지방의 마을로 가게 되었어요. 처음으로 키비트카*를 보게 되었죠…… 동방의 옛날이야기 속에 나오는 것처럼…… 모든 것이 다채롭고 특이했답니다. 난 재미있었어요.

하지만 엄마에게서 처음으로 흰머리를 발견했을 때, 난 벙어리라도 된 듯 아무 말도 할 수 없었어요. 난 빠르게 어른으로 자라기 시작했어요. 엄마의 손재주라니! 엄마의 손이 못 하는 게 무엇일지 난 모르겠어요. 마지막 순간에 재봉틀(케이스는 없이 받침대만 달린)을 잡아 수송 열차로 떠나는 차 안에 던지다니, 엄마의 판단력은 정말 대단해요! 그 재봉틀은 우리의 유모였어요. 엄마는 밤마다 바느질을

---

* 아치형 나무틀에 천, 또는 가죽으로 포장을 씌우거나 목재로 지붕을 얹은 여행용 사륜마차다. 한두 마리의 말이 끈다.

했죠. 엄마가 잠을 자기나 한 걸까요?

지평선에는 눈으로 덮인 탸니-샤니 산맥이 보이고, 봄에는 튤립으로 붉게 물든 초원, 가을에는 포도송이와 참외가 보였어요. 하지만 어떻게 그것을 사겠어요?! 게다가 전쟁 중인데! 우리는 아빠를 계속 찾았어요! 3년 동안 서른 통의 문의 편지를 써 보냈죠. 군 사령부, 야전 우체국 116호, 방위대 인민위원회, 적군인원 총감독국, 부구루슬란의 적군…… 어디에서나 똑같은 답변만 받았어요. "사상자 명단에는 없습니다……" 일단 아빠의 이름이 명단에 없다고 하면, 우리는 희망을 잃지 않은 채 기다리고 또 기다렸어요.

라디오에서 기쁜 소식이 들리기 시작했어요. 아군이 도시들을 잇달아 해방했어요. 오르샤도 해방되었고요. 그곳은 엄마의 고향이랍니다. 외할머니와 이모들이 그곳에 살아요. 보로네시도 해방되었지요…… 하지만 아빠가 없는 보로네시는 우리에게 낯설기만 해요. 우리는 외할머니에게 편지로 연락을 하고는 외가댁으로 가요. 어디서 무엇을 타든 계속 승강대에만 있었어요. 객차 안으로 들어가려면 요령이 있어야 했어요. 우리는 승강대에서 닷새를 보냈지요……

외갓집에서 내가 가장 좋아한 장소는 러시아식 페치카의 따뜻한 뒤쪽이었어요. 학교에서는 코트를 입고 있었죠. 많은 여자아이가 군인 외투로 지은 코트를 입었고, 사내아이들은 그냥 군인 외투를 입었어요. 이른 아침, 확성기에서 "승리했습니다!"라는 소리가 들려요. 나는 열다섯 살이에요…… 난 전쟁 전에 아빠에게서 받은 선물을 입어요. 모직 블라우스를 입고 새 구두를 신고서 학교로 가요. 그

때까지 우리는 그 물건들을 잘 보관해왔어요. 넉넉한 치수로 샀는데, 이제 그 치수가 나에게 꼭 맞더군요.

저녁이면 우리는 테이블 앞에 앉아요. 테이블 위에 놓인 아빠 사진과 너덜너덜해진 푸시킨의 책 한 권이 우리와 함께 있어요…… 푸시킨의 책은 아빠가 약혼녀, 즉 우리 엄마에게 준 선물이랍니다. 아빠와 내가 함께 시를 읽던 것, 무언가 특별히 마음에 들면 "이 세상, 아무리 봐도 싫증나지 않나니"라고 읊조리던 것을 기억해요. 아빠는 좋은 순간에는 언제나 그 말을 되뇌었죠.

그토록 사랑하던 아빠가 이 세상에 살아 있지 않다고는 도저히 생각할 수 없어요……

"색연필처럼 생긴 막대 사탕을 받아왔어요……"

레오니다 벨라야—세 살

현재—다림질 노동자

세 살 먹은 어린아이가 과연 뭔가를 기억할까요? 내가 당신에게 대답해주죠……

나는 서너 장면을 아주 또렷하게 기억해요.

농가 뒤쪽 풀밭에서 어떤 아저씨들이 체조를 하고 개울에서 멱을 감아요. 마을의 사내아이들처럼 물을 튕기고 소리를 지르고 큰 소리

로 웃고 서로의 뒤꽁무니를 쫓지요. 엄마는 사내아이들이 있는 곳
으로 날 그냥 보내주곤 했는데, 이 경우에는 겁에 질린 모습으로 소
리를 지르면서 날 집 밖으로 내보내주지 않아요. "그 아저씨들은 누
구야?"라는 내 질문에, 엄마는 두려운 표정으로 "독일군"이라고 대
답해요. 다른 아이들은 개울로 달려가서 길쭉한 사탕을 받아왔어
요…… 나에게도 그 사탕을 나누어주었지요……

낮이면 그 아저씨들은 마을의 거리에서 행진을 해요. 모든 개를
쏘아 죽이면서 개들을 향해 짖기도 했고요.

그런 일이 있고 난 뒤, 엄마는 내가 낮에 길거리로 나가지 못하게
했어요. 우리는 며칠 동안 고양이 한 마리와 함께 집 안에 틀어박혀
있었죠.

우리가 어딘가로 달려가요…… 이슬이 차요. 할머니의 치마는 허
리까지 젖었고, 내 원피스며 머리도 젖었어요. 우리는 숲에 숨어요.
난 할머니의 웃옷을 입고 몸을 말려요. 원피스도 말라가고 있어요.

한 이웃이 숲으로 숨어들었어요. 내 귀에 이런 말이 들려요. "불타
요…… 불타요…… 불타요……" 똑같은 말뿐이에요……

우리는 마을로 돌아와요…… 집이 있던 자리에는 검게 탄 장작더
미만 있어요. 우리 이웃이 살던 곳에서 빗을 발견해요. 난 그 빗이
아뉴타라는 이웃집 여자아이의 빗이라는 것을 알아봐요. 아뉴타가
그 빗으로 내 머리를 빗겨주었거든요. "아뉴타는 어디에 있어요? 아
뉴타의 엄마는 어디에 있는데요? 왜 돌아오지 않아요?"라는 내 질
문에, 엄마는 아무런 대답도 하지 못해요. 엄마는 가슴을 움켜쥐고

있어요. 기억해요. 개울에서 즐겁게 멱을 감던 아저씨들에게서 아뉴타가 막대 사탕을 받아 나에게 갖다주던 것을요. 색연필처럼 아주 기다란 사탕이었어요…… 정말 맛있었어요. 그런 건 처음 먹어봤죠…… 아뉴타는 예뻤어요. 그 애는 늘 많은 사탕을 받아왔죠. 어느 누구보다 더 많이요.

밤이면 우리는 몸을 따뜻하게 하고 잠을 이루기 위해 잿더미 속에 다리를 쑤셔넣어요. 재가 따뜻하고 부드러워요……

"궤짝의 길이가 마침 그 아이에게 딱 맞더군요……"

두냐 골루베바―열한 살
현재―낙농업 농장의 노동자

전쟁…… 하지만 밭을 갈아야 해요……

엄마와 언니와 오빠는 밭으로 갔어요. 아마를 심으려고요. 가족들이 떠난 지 한 시간 정도 지나 여자들이 달려와요.

"두냐, 네 가족이 총살을 당했어. 밭에 쓰러져 있단다……"

엄마는 자루 위에 쓰러져 있고, 자루에서 쏟아진 낟알들이 사방에 흩어져 있었어요. 그곳에는 포연이 자욱했어요……

어린 조카와 나만 남았어요. 형부는 파르티잔 부대에 있고 언니는 얼마 전 아기를 낳았는데, 바로 그 아기가 이곳에 나와 함께 있어요……

　난 소젖을 짤 줄 몰랐어요. 소가 우리에서 음매 음매 하고 울어요. 주인이 없다는 것을 느낀 거죠. 개가 밤새도록 짖어요. 그리고 소는……

　아기가 나에게로 기어와요…… 가슴에 매달리려 해요…… 젖이 먹고 싶은 거죠…… 언니가 조카에게 젖을 물리던 모습이 떠올랐어요…… 내가 아기 쪽으로 젖꼭지를 잡아당기자, 아기가 쪽쪽 소리를 내다가 잠이 들어요. 내 가슴에서는 젖이 나오지 않지만, 아기는 지친 나머지 축 늘어져 잠이 들어요. 어디에서 아기가 감기에 걸렸을까요? 어쩌다 앓게 되었을까요? 그런 것을 깨닫기에는 나도 너무 어렸어요. 기침을 하고, 또 기침을 해요. 먹을 것이 아무것도 없어요. 소는 이미 독일군 앞잡이가 끌고 가버렸어요.

　아기도 죽었어요. 끙끙거리고 또 끙끙거리다가 죽고 말았죠. 숨소리가 잦아드는 것이 느껴져요. 난 누더기에 싸인 아기를 들어올렸어요. 검게 변한 아기가 누워 있어요. 얼굴만 하얗고 깨끗하게 남아 있었어요. 얼굴은 하얀데, 온몸이 검었죠.

　밤. 검은 창문. 난 어디로 가지? 아침을 기다려보자. 아침이 되면 사람들을 불러야지. 난 앉아서 울어요. 집에 아무도, 심지어 그 갓난 아기도 없다는 사실 때문에요. 날이 밝아왔어요. 난 아기를 궤짝에 넣었어요…… 우리 집에는 할아버지의 공구가 들어 있는 궤짝이 있었어요. 보따리처럼 작은 궤짝이었죠. 난 고양이나 쥐가 와서 아기를 갉아먹을까봐 두려웠어요. 그렇게나 자그마한 아기는 살아 있을 때보다 더 조그맣게 되어 누워 있었어요. 난 깨끗한 수건으로 아기를 쌌어요. 리넨 수건으로요. 그러고는 입을 맞췄지요.

궤짝의 길이가 마침 그 아기에게 딱 맞더군요……

"그 꿈을 꿀까봐 무섭기도 했어요……"

레나 스타로보이토바—다섯 살
현재—미장공

잊히지 않는 꿈이 있어요…… 한 가지 꿈이요……

엄마는 녹색 외투를 입고 부츠를 신은 뒤, 생후 6개월인 여동생을 따뜻한 담요로 감쌌어요. 그러고는 집을 떠났지요. 난 창가에 앉아 엄마가 돌아오기를 기다렸어요. 문득 보니, 몇 사람이 길을 따라 끌려가고 있었어요. 그 가운데에는 여동생을 안은 엄마도 있었고요. 우리 집 부근에 이르자, 엄마가 고개를 돌리고 창문을 쳐다봤어요. 엄마가 나를 봤는지 못 봤는지는 모르겠어요. 파시스트는 총 개머리판으로 엄마를 때렸어요…… 엄마의 몸이 꺾일 정도로 두들겨 팼죠……

저녁에 이모가 왔어요…… 이모는 머리칼을 쥐어뜯으며 울부짖었고, 나를 '어린 고아, 가엾은 고아'라고 불렀죠. 처음 들어본 말이었어요……

밤에 꿈을 꾸었어요. 꿈속에서 엄마가 페치카에 불을 떼고, 불이 밝게 타오르고, 여동생이 울어요. 엄마가 나를 불러요…… 난 어딘가 멀리 있어서 그 소리를 듣지 못해요. 난 겁에 질려 눈을 떴어요. 엄마가 나를 부르는데 내가 대답을 하지 않다니. 꿈속에서 엄마가 울었어요…… 엄마를 울리다니, 난 스스로를 용서할 수 없었어요. 오랜 세월 그 꿈을 꾸었어요…… 언제나 똑같은 꿈이죠. 난 그 꿈을 꾸고 싶기도 하고 꿀까봐 무섭기도 했어요……

나에게는 엄마 사진이 한 장도 없어요. 오직 그 꿈만이…… 난 더 이상 어디에서도 엄마를 볼 수 없어요……

"나는 엄마의 귀여움을 받을 수 있게 외동딸이 되고 싶었어요……"

마리야 푸잔—일곱 살

현재—노동자

미안해요. 그 일을 떠올릴 때면…… 도저히…… 상대방의 눈을 쳐다볼 수가 없어요……

그자들이 헛간에서 콜호스의 소들을 몰아내고 사람들을 그곳에 밀어넣었어요. 우리 엄마도요. 두 살짜리 남동생과 난 덤불 속에 앉아 있었어요. 동생은 울지 않았어요. 우리 개도 우리와 함께 앉아 있었죠.

아침에 집으로 돌아왔더니, 집은 그대로 있는데 엄마가 없어요. 아무도 없어요. 우리만 남았어요. 난 물을 길러 가요. 페치카에 불을 떼야 했어요. 동생은 먹을 것을 달라고 보채요. 우물의 두레박을 걸어두는 막대에 우리 이웃이 매달려 있었어요. 마을 반대편 끝으로 발길을 돌렸어요. 그곳에 우물이 있었는데, 그곳의 물은 마을에서 가장 깨끗하고 가장 맛있는 물이었어요. 그곳에도 사람들이 매달려 있어요. 나는 빈 양동이를 들고 돌아왔어요. 동생이 배가 고파 울었어요. "빵 줘. 빵 껍질 줘." 한번은 동생이 울지 않도록 내가 그 애를 깨물기도 했어요.

그렇게 우리는 며칠을 지냈어요. 마을에서 우리끼리요. 사람들은 죽은 채로 쓰러져 있거나 매달려 있었어요. 우리는 죽은 사람들을 무서워하지 않았어요. 전부 우리가 아는 사람들이었으니까요. 나중에 어느 낯선 여자와 마주쳤을 때, 우리는 울음을 터뜨리고 말았죠. "아줌마와 살래요. 우리끼리 있는 건 무서워요." 그 여자는 우리를 작은 썰매에 태워 자기 마을로 데려갔어요. 그 여자 집에는 다른 사내아이 두 명과 우리 두 남매가 있었죠. 아군이 올 때까지 그렇게 살았어요.

고아원에서 난 조그만 호주머니가 달린 오렌지색 원피스를 받았어요. 그 옷이 어찌나 마음에 들었던지, 난 모든 사람에게 "내가 죽으면, 이 원피스를 입혀서 묻어주세요"라고 부탁하곤 했죠. 엄마도 세상을 떠났고, 아빠도 세상을 떠났어요. 이제 나도 곧 죽겠죠. 난 내가 죽는 순간을 아주 오랫동안 기다려왔답니다. '엄마'라는 말을 들을 때마다 늘 울음을 터뜨리곤 했어요. 어느 날 난 어떤 이유로 야단을 맞고 그 벌로 구석에 서 있다가 고아원에서 도망쳐버렸어요. 이미 여러 차례 엄마를 찾으러 도망간 적이 있었죠.

난 내 생일을 기억하지 못해요…… 사람들이 "좋을 대로 아무 날이나 골라봐"라고 말하더군요. 그런데 당신은 어떤 날을 좋아해요? 난 5월 연휴*를 좋아했어요. '하지만 내가 5월 1일에 태어났다고 말하면, 아무도 믿지 않을 거야.' 난 생각에 잠겨요. '2일에 태어났다고 말해도 사람들은 믿어주지 않겠지. 하지만 5월 3일이라고 하면, 그럴듯하게 보일 거야.' 생일을 맞은 아이들은 구역별로 한꺼번에 축하를 받았어요. 우리는 사탕과자와 차가 차려진 생일상을 받았고 선물도 받았어요. 여자아이들은 원피스 같은 것을, 남자아이들은 루바시카를 받았죠. 한번은 낯선 할아버지가 고아원에 왔어요. 삶은 달걀을 많이 가져와서 모두에게 나누어주더군요. 우리에게 즐거움을 준 것을 무척 기뻐했어요. 마침 내 생일에 맞춰 오게 된 것을 기뻐했죠……

난 이미 다 컸지만 장난감이 없으면 따분했어요. 난 잠자리에 누웠다가, 다들 잠이 들면, 베개에서 작은 깃털들을 뽑아 찬찬히 살펴보곤 했죠. 그것이 내가 가장 좋아하는 놀이였답니다. 몸이 아프면,

---

* 러시아에서는 5월 1일을 노동절로 기념하여 1일과 2일을 휴일로 지내고, 5월 9일을 전승기념일로 기념하여(독일이 제2차 세계대전에서 항복을 선언한 5월 8일은 모스크바 시간으로 5월 9일에 해당된다) 9일과 10일을 휴일로 지낸다. 이날이 주말과 겹칠 경우, 월요일이 대체 휴일로 인정된다.

난 침상에 누워 엄마에 대한 공상을 펼치곤 했어요. 난 엄마의 외동딸이고 싶었어요…… 엄마의 귀여움을 받기 위해서요.

내 몸은 오랫동안 성장하지 않았어요…… 고아원에 있는 동안, 우리는 모두 발육이 느렸어요. 아마도 슬픔 탓이겠죠. 우리가 자라지 않았던 것은 다정한 말을 별로 듣지 못했기 때문이에요. 엄마 없이 자랐잖아요……

"아이들은 공처럼 가라앉지 않았어요……"

발랴 유르케비치—일곱 살

현재—연금 생활자

엄마는 사내아이를 기대했어요…… 아빠도 사내아이를 원했고요. 그런데 여자아이가 태어난 거예요……

하지만 다들 사내아이를 간절히 원했죠…… 그래서 난 여자아이라기보다 남자아이처럼 자랐어요. 부모님은 나에게 사내아이 옷을 입히고 머리도 사내아이처럼 깎았어요. 난 '코사크*-강도 놀이' '전쟁놀이' '칼싸움' 같은 사내아이들 놀이를 좋아했죠. 특히 내가 좋아했던 것은 '전쟁놀이'였어요. 난 내가 용감하다고 생각했답니다.

스몰렌스크 부근에서 우리 피란민을 실은 기차가 완전히 폭파됐어요. 우리는 어쩐 일인지 무사히 살아남았고 잔해 밑에서 구출되었지요. 시골 마을에 도착했는데, 그곳에서 전투가 시작되었어요. 우리는 어느 집 지하실에 숨어 있다가, 집이 무너지는 바람에 매몰되고 말았죠. 전투가 잠잠해지고 나서, 우리는 가까스로 지하실에서 기어 나왔어요. 가장 먼저 기억나는 것은 자동차예요. 지나가는 승용차 안에, 번쩍이는 검은 방수망토를 걸친 사람들이 싱글싱글 웃으며 앉아 있었어요. 그 감정을 표현할 수가 없네요. 공포도 있었고, 어떤 병적인 호기심도 있었어요. 그 사람들은 마을을 지나 자취를 감췄어요. 아이인 우리는 마을 밖에서 무슨 일이 일어나고 있는지 보러 갔어요. 우리가 밭으로 가서 본 광경은 끔찍했어요. 시신들이 호밀밭을 빽빽하게 덮었더군요. 아마 나에게는 여자아이다운 성격이 없었나봐요. 왜냐하면 처음 보는 장면인데도 그 모든 것을 보면서 전혀 무서움을 느끼지 않았거든요. 시신들은 검게 그을린 채

---

* 코사크는 러시아인과 우크라이나인 등 슬라브인으로 이루어진 일종의 자치 공동체로서, 대부분 러시아 정교를 믿고 슬라브계 언어를 사용한다. 러시아어로는 '카자크kazak', 우크라이나어로는 '코자크kozak', 폴란드어로는 '코자크kozak'라 칭한다. 코사크는 폴란드-리투아니아 연합 왕국이나 모스크바 대공국에서 이탈한 농민들이 러시아의 돈 강 유역과 우랄 지역, 우크라이나의 자포로제 지역 등에 형성한 공동체에 기원을 둔다.

코사크는 슬라브권에 뿌리를 둔 고유한 문화를 가진 부족이지만, '민족'이나 '국민' 등의 통상적인 범주로 이들 집단을 정의하기는 어렵다. 코사크의 주요 근거지는 러시아 남부와 우크라이나 남부였으나, 러시아와 우크라이나와 폴란드-리투아니아 연합 왕국과의 정치적 관계에 따라 그들의 거주 지역과 생활 방식이 다양하게 변했기 때문이다. 심지어 2014년 러시아가 우크라이나를 침공하던 당시에 우크라이나의 코사크인들이 러시아 침공에 항의하던 모습은, 슬라브계 국가들의 역사적 상호관계와 갈등 속에서 '코사크' 집단을 정의한다는 것이 얼마나 어려운지 단적으로 보여준다. 그래서 옮긴이는 러시아, 우크라이나, 폴란드 등 한 특정 나라의 언어로 이 집단을 지칭하기보다, 이 집단을 단일하게 'cossack'라고 칭한 영어 음가를 빌려 '코사크'라는 명칭을 번역어로 택했다.

쓰러져 있었어요. 그 수가 무척 많았기에, 인간이 쓰러져 있는 것이라고는 믿기지 않을 정도였어요. 그것이 전쟁으로부터 내가 받은 첫인상이에요…… 검게 탄 아군 병사들이요……

엄마와 함께 비텝스크의 우리 집으로 돌아갔어요. 우리 집은 파괴되었지만, 할머니가 우리를 기다리고 있었어요…… 유대인 가족이, 매우 병약하지만 무척이나 선한 두 노인이 우리에게 머물 곳을 제공해주었죠. 우리는 그 사람들 때문에 늘 두려웠어요. 시내 곳곳에 유대인은 게토로 출두하라는 공고가 나붙었거든요. 우리는 그분들에게 집 밖으로 절대 나가지 말라고 부탁했답니다. 어느 날 우리가 집을 비운 적이 있었어요…… 난 여동생과 함께 어딘가에서 놀고 있었고, 엄마는 어디론가 잠시 외출을 했죠. 그런데 할머니가…… 집으로 돌아온 우리는 주인 부부가 남긴 쪽지를 발견했어요. 우리 때문에 걱정이 된다면서, 또 자신들은 늙었지만 우리는 살아야 한다면서 자신들이 게토로 떠나겠다고 적혀 있었어요. 시내에 이런 훈령이 붙었어요. '유대인이 어디에 숨어 있는지 안다면, 러시아인은 그 유대인을 게토로 넘겨야 한다. 그렇게 하지 않으면 그 러시아인도 총살형에 처해질 것이다.'

동생과 나는 그 쪽지를 읽고 드비나 강으로 달려갔어요. 그곳에는 다리가 없었고, 보트가 사람들을 게토로 나르고 있었어요. 독일군이 강가를 포위하고 있었죠. 눈앞의 보트들에는 노인과 아이가 가득 실려 있었는데, 독일군이 경비선으로 보트를 강 한가운데로 끌고 가서 확 뒤집어버리더군요. 우리는 주인집 노인들을 찾았지만, 그분들은 그곳에 없었어요. 한 가족이 보트에 앉는 것을 봤어요. 남편과 아내, 그리고 두 아이가 탔지요. 보트가 뒤집히자, 어른들은 금방 강바닥으로 가라앉는데 아이들은 계속 떠올랐어요. 파시스트들은 낄낄거리면서 노로 아이들을 팼지요. 그놈들은 한곳에서 아이들을 두들겨 패다가, 그 아이들이 다른 곳에서 떠오르면 그곳으로 쫓아가 또다시 때려요. 하지만 아이들은 공처럼 가라앉지 않았어요⋯⋯

정적이 깔렸어요. 어쩌면 내 귀가 먹먹해졌던 것인지도 몰라요. 모든 것이 그대로 얼어붙은 듯 고요하게 느껴졌어요. 그런데 갑자기 이 정적을 뚫고 웃음소리가 울려 퍼졌어요. 어쩐지 젊게 느껴지는, 배에서 나오는 듯한 웃음소리였어요⋯⋯ 옆에 젊은 독일군들이 서 있었는데, 그자들이 그 모든 광경을 지켜보며 웃고 있었던 거예요. 동생과 내가 어떻게 집으로 왔는지, 내가 동생을 어떻게 끌고 왔는지 기억나지 않아요. 그때는 아이들이 아주 빨리 어른이 되었던 것 같아요. 동생은 겨우 세 살이었지만 그 모든 것을 이해했어요. 아무 말도 하지 않고 울지도 않았죠.

난 길거리를 다니는 것이 무서웠어요. 어째서인지 폐허 속에서 돌아다닐 때가 한결 마음이 편안하더군요. 어느 날 밤, 집으로 독일군이 난입해서 우리를 흔들어 깨우며 일으켰어요. 난 동생과 함께, 엄마는 할머니와 함께 자고 있었죠. 겨울이 시작되려는 시기에, 우리는 모두 아무것도 없이 길거리로 쫓겨났어요. 차는 우리를 태우고 기차를 향해 출발했지요.

알리투스. 몇 주 뒤 우리가 도착한 리투아니아의 도시는 그런 이름으로 불렸어요. 독일군이 우리를 기차역에 정렬시킨 후 어디론가 끌고 가더군요. 길에서 우리는 리투아니아인들을 만났어요. 그 사람들은 우리가 어디로 끌려가는지 아는 것 같았어요. 한 여자가 엄마에게로 다가와 말해요. "당신들은 죽음의 수용소로 끌려가고 있어요. 딸을 주세요. 내가 그 애를 구해줄 테니. 살아남는다면 찾게 될 거예요." 여동생은 예뻤어요. 그래서 다들 그 애를 불쌍히 여겼지요. 하지만 어떤 엄마가 자기 자식을 남한테 넘기겠어요?

수용소에 도착하자마자 할머니는 놈들에게 끌려갔어요. 노인들은 다른 막사에 수용된다고 하더군요. 우리는 할머니가 안부를 알려주기를 기다렸지만, 할머니는 사라지고 말았어요. 그 후 어떤 경로를 통해, 노인들은 수용소에 들어온 지 얼마 지나지 않아 전부 가스실로 보내졌다는 사실을 알게 되었죠. 할머니 다음으로, 어느 날 아침 여동생이 끌려갔어요. 그 일이 있기 전에 독일군 몇 명이 막사 주위를 돌아다니면서 아이들의 명단을 만들고 예쁜 아이들, 특히 옅은 금발의 아이들을 물색하더군요. 동생은 연한 금발에 하늘색 눈동자를 지녔지요. 난 데려가지 않았어요. 내 머리칼은 검은색이었거든요. 독일군은 동생의 머리를 쓰다듬었어요. 동생을 몹시 마음에 들어했죠.

동생은 아침부터 끌려갔다가 저녁에 돌아오곤 했어요. 날마다 여위어갔죠. 엄마는 동생에게 이것저것 캐물었지만, 동생은 아무런 이야기도 하지 않았어요. 겁을 먹었거나, 그곳에서 어떤 알약을 받았겠죠. 어쨌든 동생은 아무것도 기억하지 못했어요. 그 후 우리는 아이들이 피를 뽑혔다는 사실을 알게 되었어요. 아마 많은 피를 뽑혔나봐요. 몇 달 후 동생은 죽고 말았어요. 동생은 아침에 죽었죠. 독일군이 또 아이들을 데리러 왔을 때, 그 애는 이미 죽어 있었어요.

난 할머니를 무척 좋아했어요. 아빠와 엄마가 일하러 가면 늘 할머니와 함께 있었거든요. 하지만 할머니의 임종을 보지 못했기 때문에 우리는 할머니가 여전히 살아 계실 거라고 기대했어요. 그런데 동생의 죽음은 가까이에서 일어났잖아요…… 그 애는 산 사람처럼 누워 있었어요…… 예쁜 모습으로 누워 있었단 말이에요……

옆 막사에는 오룔 주의 여자들이 지내고 있었어요. 그 여자들은 아랫단이 넓게 퍼진 모피 외투를 입고 다녔죠. 여자들에게는 저마다 많은 아이가 딸려 있었어요. 독일군은 그 여자들을 막사에서 내몰아 여섯 명씩 정렬시키고는 아이들과 함께 행진하도록 시켰어요. 아이들은 엄마에게 옹기종기 매달려 있었죠. 그자들은 심지어 어떤 음악을 틀기도 했어요…… 여자들은 나머지 사람들과 발을 맞추지 못하면 짧은 채찍으로 맞았어요. 여자들은 맞아도 계속 걸어요. 자신이 쓰러지면 그 자리에서 총살을 당한다는 것, 자기 자식들도 총살을 당한다는 것을 아니까요. 여자들이 일어서서 걸어가는 모습을 지켜보노라면, 내 가슴속에서 무언가 치밀어 올랐어요. 그렇게 무거운 외투를 입고서……

독일군은 어른들을 작업장으로 몰았어요. 어른들은 네만 강으로부터 통나무를 운반해와서 강가로 날랐어요. 그곳 물속에서 많은 사람이 죽었죠. 한번은 수용소 소장이 날 붙잡더니, 작업장으로 가야 하는 무리 속에 세웠어요. 그때 무리에서 한 할아버지가 뛰어나오더니 나를 밀어내고 내 자리에 서더군요. 저녁에 엄마와 난 감사 인사를 하려고 했지만 그 할아버지를 찾지 못했어요. 우리는 사람들로부터, 그 할아버지가 강에서 돌아가셨다는 말을 들었지요.

엄마는 선생님이었어요. "인간으로 남아야 해." 엄마는 이 말을 몇 번이고 되풀이했죠. 그 지옥에서도 엄마는 우리 집의 규칙 같은 것을 지키기 위해 애썼어요. 엄마가 언제 어디에서 빨래를 했는지는 모르겠어요. 하지만 내가 입은 것들은 언제나 깨끗하게 세탁된 것이었답니다. 겨울이면 엄마는 눈으로 빨래를 했어요. 엄마가 내 옷을 전부 벗기면, 난 판자 침상 위에 이불을 뒤집어쓰고 앉아 있어요. 엄마는 빨래를 하고요. 우리에게 있는 것이라고는 몸에 걸친 것뿐이었죠.

그래도 우리는 우리의 축일을 기념하기도 했답니다…… 그날을 위해 뭔가 먹을 것을 모으기도 했죠. 삶은 사탕무 몇 조각이나 당근 같은 것을요. 그런 날이면 엄마는 미소를 지으려고 노력했어요. 엄마는 아군이 올 거라고 믿었답니다. 그 믿음 덕분에 우리는 살아남을 수 있었죠.

전쟁이 끝난 후, 난 1학년이 아닌 5학년으로 곧장 들어갔답니다. 난 이미 다 커버렸으니까요. 하지만 남들과 잘 어울리지 못했고, 오랫동안 사람들을 피했어요. 평생 혼자 있기를 좋아했지요. 난 사람들이 부담스러웠고 타인과 함께 있는 것을 힘들어했어요. 다른 사람과 공유할 수 없는 나만의 어떤 것을 내 안에 간직하고 있었죠.

물론 엄마는 내가 변한 것을 눈치 챘어요. 엄마는 내 주의를 다른 곳으로 돌리기 위해 애썼답니다. 축일에 대해 궁리하기도 하고, 내 생일도 잊지 않고 챙겨주었죠. 우리 집에는 언제나 손님들이 있었어요. 엄마 친구들이었죠. 엄마는 내가 아는 여자아이들을 집으로 부르곤 했어요. 나로서는 그런 점을 이해하기가 힘들었어요. 엄마는 사람들을 좋아했지요. 그런데 난 엄마가 나를 얼마나 사랑하는지 헤아리지 못했어요.

사랑이 또다시 날 구원해요……

"기억나는 것은 푸르디푸른 하늘, 그리고 그 하늘에 있던 아군의 비행기예요……"

표트르 칼리놉스키—열두 살

현재—건축기사

전쟁이 일어나기 전에……

우리가 전쟁에 대해 배웠던 것이 기억납니다. 대비를 했죠. 우리는 총 쏘는 법과 수류탄 던지는 법을 배웠답니다. 여자아이들도요. 다들 보로실로프*의 사수가 쏜 신호탄에 맞춰 몸을 던지길 원했고

---

* 클리멘트 예프레모비치 보로실로프Kliment Yefremovich Voroshilov(1881~1969). 1903년부터 볼셰비키 당원으로 활동하며 혁명과 내전에 참가했다. 내전 기간에 탁월한 지도력을 발휘했고, 스탈린 정권 아래서 국방 부문의 실권자가 되었다.

열망에 불타올랐죠. '그레나다'*라는 노래를 부르기도 했어요. 그 노래에는 "그레나다의 대지를 농민들에게 돌려주기 위해" 남자 주인공이 전쟁을 하러 떠난다는 아름다운 가사가 있었답니다. 혁명의 과업, 세계 혁명의 과업을 이어가는 것! 그래요, 그것은 바로 우리였어요. 우리 꿈이었다고요.

어린 시절에 난 직접 동화를 짓기도 했습니다. 읽고 쓰는 것을 일찍 배웠죠. 재능 있는 소년이었습니다. 내가 생각하기에, 엄마는 나를 예술가로 만들고 싶으셨던 것 같습니다. 하지만 내 꿈은 비행술을 배워 비행사 제복을 입는 것이었죠. 그런 모습에도 역시 우리 시대가 반영되어 있어요. 예를 들어, 전쟁이 일어나기 전에는 비행사나 해군이 되고 싶어하지 않는 소년을 한 번도 본 적이 없었답니다. 우리에게는 하늘이나 바다가 필요했어요. 아니, 지구 전체가요!

한번 상상해봐요. 나에게, 우리 동향인들에게 무슨 일이 일어났을지…… 우리가 고향땅에서, 고향의 길거리에서 독일군을 보았을 때, 우리에게 무슨 일이 일어났을지…… 난 울었습니다. 밤이 찾아오면, 사람들은 덧창을 닫고는 닫힌 창문 뒤에서 울었어요.

아빠는 파르티잔 부대로 떠났습니다…… 길 건너편에 사는 이웃 가족이 자수가 놓인 하얀 셔츠를 입고서 빵과 소금으로 독일군을 맞

---

* 중앙아메리카 카리브 해에 있는 섬나라. 1974년까지 영국의 식민 지배를 받았고, 독립 후에는 독재 정권 때문에 사회적 혼란을 겪었다. 그 후 좌파 정권이 수립되었으나 군부 쿠데타와 미국의 무력 침공(1984)으로 대중의 혁명적 요구가 좌절되었다. 현재 대내적으로는 입헌군주제, 대외적으로는 비동맹 외교를 근간으로 한 체제를 유지하고 있다.

이하더군요. 독일군은 영화용 필름으로 그들의 모습을 촬영했죠.

교수형을 당한 동향인들을 처음 본 순간, 난 집으로 달려갔습니다. "엄마, 우리 마을 사람들이 하늘에 매달려 있어요." 처음으로 난 하늘이 무섭다고 생각했습니다. 그 사건이 있은 뒤, 하늘에 대한 내 태도가 변했지요. 난 경계심을 품은 채 하늘을 대하게 되었습니다. 사람들이 아주 높이 매달려 있던 것이 기억납니다. 어쩌면 공포심 때문에 그렇게 보였나봅니다. 난 땅바닥에서 쓰러진 시신도 봤어요. 하지만 그 광경은 그렇게 무섭지 않았습니다.

얼마 안 있어 아빠가 우리를 데리러 돌아왔어요…… 우리는 함께 떠났답니다……

파르티잔 초소를 하나둘 지나치는데…… 문득 숲 전체에 울려 퍼지는 러시아 노랫소리가 들려요. 난 그 소리가 루슬라노바*의 목소리라는 것을 깨달았지요. 부대에는 축음기와 완전히 망가진 서너 장의 음반이 있었습니다. 난 어리둥절해하며 서 있었어요. 파르티잔 부대에서, 이런 곳에서 노랫소리가 울리다니, 믿을 수 없었습니다. 독일군이 침공한 도시에서 두 해를 사는 동안 사람들이 어떻게 노래를 부르는지 잊고 있었어요. 사람들이 죽어가는 모습, 두려워하는 모습은 봤지만……

1944년 민스크에서 열린 파르티잔 사열식에 참가했습니다. 오른쪽 대열의 가장자리에서 행진했어요. 내가 연단을 볼 수 있도록 부

* Ruslanova. 소련의 유명한 대중가요 가수다. 제2차 세계대전 당시 전선에서 위문 공연을 했다.

대원들이 그렇게 날 배치해준 것이죠. 파르티잔들이 내게 말했습니다. "넌 아직 덜 자랐잖니. 우리 가운데 묻히면 아무것도 보지 못할 거야. 하지만 넌 이날을 기억해야 한단다." 우리 중에는 사진사가 없었습니다. 아쉬워요. 내가 그 시절에 어떤 모습이었는지 떠올릴 수가 없어요, 알 수만 있다면…… 내 얼굴을 볼 수 있다면 좋을 텐데……

연단은 기억나지 않습니다. 기억나는 것은 푸르디푸른 하늘, 그리고 그 하늘에 있던 아군의 비행기예요. 우리가 그 비행기를 얼마나 기다렸는데요. 전쟁 내내 얼마나 기다렸는데요……

"익은 호박처럼……"

야코프 콜로진스키—일곱 살

현재—교사

전쟁 초기의 폭격들……

폭격이 시작됩니다…… 우리는 정원의 벚나무 아래로 쿠션이며 이불이며 커다란 베개를 날랐습니다. 그 안에 있으면 우리 모습은 보이지 않고, 발만 삐죽 나왔죠. 비행기들이 떠나면, 우리는 그것들을 전부 다시 집으로 들여놓았습니다. 그런 일은 하루에도 몇 번씩 되풀이되었죠. 나중에는 더 이상 아무것도 아쉽지 않았습니다. 어머니는 그저 아이였던 우리만 챙기고 나머지는 전부 버렸답니다.

그날…… 내가 아버지의 이야기에서 들은 내용을 덧붙인 것 같기도 하지만, 상당 부분이 나 자신의 기억에서 나온 것입니다.

아침…… 채소밭에 안개가 깔려 있었습니다. 소들은 이미 방목장으로 나가고 없었습니다. 엄마는 나를 깨워 따뜻한 우유를 한 잔 줍니다. 우리는 곧 밭으로 가야 합니다. 아버지는 낫의 구부러진 부분을 두드려 펴고 있습니다.

"볼로자." 한 이웃이 창문을 두드리며 아버지를 부릅니다.

아버지가 길거리로 나갑니다.

"도망치자…… 독일군이 명단을 들고 마을을 돌아다녀. 누군가 전체 공산당원의 명단을 만들었어. 여선생도 체포됐다니까……"

아버지와 아저씨는 단둘이 채소밭을 따라 기면서 숲으로 향합니다. 얼마 후 독일군 두 명과 앞잡이 한 명이 우리 집으로 옵니다.

"네 애비는 어디 있냐?"

"풀을 베러 갔어요." 어머니가 대답했습니다.

그 사람들은 집 안에 들어와서 이리저리 둘러보고는, 우리는 건드리지 않고 나갔습니다.

아침의 푸른빛이 아직 안개처럼 퍼져 있습니다. 추워요. 엄마와 함께 쪽문 뒤에서 바라봅니다. 한 이웃이 두 손을 결박당한 채 길거리로 쫓겨났습니다. 선생님이 끌려갑니다…… 놈들이 모든 사람의 손을 뒤에서 묶어 두 명씩 세웁니다. 난 결박된 사람을 한 번도 본 적이 없었어요. 소름이 돋았습니다. 엄마가 날 쫓아내며 "집으로 가.

웃옷을 입어"라고 말합니다. 난 속옷 차림으로 선 채 바들바들 떨면서도 집으로는 가지 않습니다.

우리 집은 마침 마을 한복판에 있었습니다. 독일군이 모든 사람을 우리 집 쪽으로 내몰았어요. 모든 것이 빠르게 진행됐습니다. 손을 묶인 사람들은 고개를 떨어뜨린 채 서 있었죠. 독일군은 명단을 보면서 사람들을 세고는 마을 밖으로 내몰았습니다. 마을의 많은 남자와 여자 선생님 한 명이 있었죠.

여자와 아이들이 그 뒤를 따라 뛰어갔습니다. 독일군이 사람들을 빠른 속도로 몰아댔기 때문에 우리는 뒤처지고 말았지요. 맨 끝에 있는 헛간까지 달려갔더니, 총소리가 들립니다. 사람들이 쓰러지기 시작합니다. 엎어진 사람도 있고 몸을 일으키는 사람도 있어요. 독일군은 얼른 총살을 끝내고 떠날 채비를 합니다. 한 독일군이 오토바이의 방향을 바꾸더니 그 죽은 사람들 주위를 빙빙 돕니다. 그 사람의 손에 무언가 묵직한 것이 들려 있어요…… 곤봉 같기도 하고 오토바이 핸들 같기도 한 것이…… 기억이 안 나요…… 그 사람이 오토바이에서 내려오지 않은 채 조용히 앞으로 나아가며 모두의 머리통을 가격합니다…… 다른 독일군이 피스톨의 탄환을 전부 쏘려 했지만, 그 사람이 한 손을 내저으며 필요 없다고 말합니다. 다른 독일군은 전부 떠났는데도, 오토바이에 탄 독일군은 사람들의 머리통을 전부 깨부술 때까지 가지 않았습니다. 나는 그 전에는 인간의 뼈가 부서지는 소리를 한 번도 들어본 적이 없었습니다…… 인간의 뼈가 잘 익은 호박처럼 빠지직 부서지던 것을 기억합니다. 아버지가 잘 익은 호박을 도끼로 쪼개고 내가 씨를 발라낼 때 그랬던 것처럼요.

난 어찌나 무서웠던지, 엄마와 모든 사람을 버리고 어딘가로 달려갔습니다. 혼자서요. 난 집 안이 아니라 어째서인지 헛간에 숨었지요. 엄마는 한참 동안 날 찾았습니다. 난 이틀 동안 한마디도 하지 못했어요. 소리조차 낼 수 없었지요.

길거리로 나가기가 무서웠습니다. 창문 너머로 봤어요. 한 사람은 판자를, 또 한 사람은 도끼를 들고 갑니다. 또 다른 사람은 양동이를 들고 뛰어가고요. 사람들이 판자를 대패로 깎습니다. 막 대패질을 끝낸 판자에서 풍기는 향기가 어느 집의 안마당에나 떠돌고 있었지요. 거의 모든 집의 안마당에 관이 있었거든요. 지금도 그 향을 맡으면, 답답한 느낌이 목구멍으로 치밀어 오릅니다……

관 속에는 내가 아는 사람들이 누워 있었습니다. 머리가 붙어 있는 사람은 아무도 없었어요. 머리가 있어야 할 자리에는 하얀 손수건에 싸인 무언가가 있었죠…… 손으로 주워 모은 것들이……

아버지가 파르티잔 대원 두 명과 함께 돌아왔습니다. 조용한 저녁이었고, 소들도 집으로 돌아왔지요. 이제 잠자리에 들어야 하는데, 엄마가 우리에게 길 떠날 채비를 시키더군요. 우리는 옷을 입었습니다. 나에게는 남동생이 두 명 더 있었는데, 한 명은 네 살, 또 한 명은 생후 9개월이었습니다. 내가 맏이였지요. 대장간에 이르렀을 때, 우리는 그곳에서 걸음을 멈췄습니다. 아버지가 뒤를 돌아보더군요. 나도 뒤를 돌아봤죠. 마을은 이미 마을이 아니라 낯선 검은 숲처럼 보였습니다.

엄마 품에는 막냇동생이 안겨 있었고, 아버지는 보따리를 든 채 가운데 동생을 업고 갔지요. 난 부모님 뒤에서 뒤처져 걷고 있었습니다. 젊은 파르티잔이 "이 아이를 내 등에 업혀주세요"라고 말합니다.

그 파르티잔은 나를 업은 채 기관총을 들고 갔습니다……

"우리는 공원을 먹었어요……"

아냐 그루비나―열두 살

현재―화가

그 일에 대해 이야기할 때면, 내 목소리가 약해져요. 목소리가 사라지려 해요……

전쟁이 끝난 후 우리는 민스크로 왔어요. 난 레닌그라드의 아이였죠. 그곳에서 봉쇄*를 경험했어요. 레닌그라드 봉쇄를요…… 도시 전체가, 나의 사랑하는 아름다운 도시가 기아로 죽어가던 때 말이에요. 우리 아빠도 돌아가셨죠…… 엄마가 아이들을 구했어요. 전쟁이 일어나기 전에 엄마는 '등불'이었답니다. 1941년에 남동생 슬라비크가 태어났어요. 봉쇄가 시작되었을 때 그 아이가 몇 살이었게

---

* 제2차 세계대전 중 레닌그라드(현재의 상트페테르부르크)는 1941년 9월 8일부터 1944년 1월 27일까지 약 900일(정확히 872일) 동안 독일군의 포위로 봉쇄되었다. 외부와의 모든 통로가 차단된 이 기간에 굶주림과 추위로 사망한 시민만 약 100만 명에 이른다.

요? 생후 6개월이었어요. 이제 막 6개월이 되었는데…… 엄마는 그 꼬맹이까지 구해냈어요…… 우리 삼남매 모두를…… 우리는 아빠를 여의었어요. 레닌그라드의 모든 가정이 아빠를 잃었어요. 아빠들은 좀 더 일찍 죽었고, 엄마들은 살아남았죠. 아마도 엄마들은 죽을 수도 없었던 걸 거예요. 우리를 누구에게 맡기겠어요?

봉쇄의 고리가 뚫리자, 당국은 우리를 레닌그라드로부터 생명의 길을 따라 우랄 지역의 카르핀스크 시로 이주시켰어요. 아이들을 가장 먼저 구했지요. 우리 학교는 전부 소개되었어요. 이동하는 도중, 아이들은 다 함께 음식에 대해서 쉬지 않고 떠들었답니다. 음식과 부모님에 대해서요. 카르핀스크에 도착한 우리는 곧장 공원으로 달려갔어요. 공원에서 산책을 한 것이 아니라 공원을 먹었죠. 특히 낙엽송을 좋아했답니다. 보드라운 소나무 잎사귀는 정말 맛있는 먹거리였어요! 작은 소나무에 움튼 어린 눈을 물어뜯고, 어린 풀을 뽑았지요. 봉쇄를 겪은 이후로 난 먹을 수 있는 풀은 모조리 알았어요. 시내에 살던 사람들은 푸른 것이라면 전부 먹어치웠지요. 공원과 식물원에는 이미 봄부터 잎사귀가 남아나질 않았어요. 그런데 카르핀스크 시의 공원에는 괭이밥풀, 이른바 '토끼의 양배추'가 많더군요. 그것은 1942년의 일이었어요. 우랄 지방의 사람들도 기아에 허덕이고 있었어요. 그래도 어쨌든 레닌그라드의 기아만큼 무섭지는 않았답니다.

내가 있던 그 고아원에는 레닌그라드에서 온 아이들만 모여 있었어요. 우리를 배불리 먹이는 것은 불가능했어요. 오랫동안 우리는 아무리 먹어도 배가 부르지 않았답니다. 수업 시간이면 우리는 책상 앞에 앉아 종이를 뜯어 먹었어요. 고아원 사람들도 우리를 신경 써서 먹였는데…… 난 식탁 앞에 앉아 있었어요. 아침 식사 때였어요. 난 고양이를 봤죠. 살아 있는 고양이를요…… 난 팔짝 뛰어내렸어요. "고양이다! 고양이!" 모든 아이가 고양이를 보고는 쫓기 시작했어요. "고양이다! 고양이!" 보육 선생님들은 현지 주민들이었는데, 우리를 정신 나간 아이들처럼 보더군요. 레닌그라드에서는 산 고양이가 남아나질 않았어요…… 산 고양이라니, 그건 간절한 꿈이었어요. 한 달 치 식량이었다고요…… 우리가 이야기를 해도, 사람들은 우리 말을 믿어주지 않았어요. 선생님들이 우리를 많이 어루만져주시던 것이 기억나요. 안아주기도 하셨죠. 이곳에 온 뒤 머리칼이 어느 정도 자랄 때까지는 아무도 우리를 향해 목소리를 높이지 않았어요. 레닌그라드에서 출발하기 전, 사내아이든 여자아이든 모든 아이가 머리를 빡빡 깎였죠. 그런데 몇몇 아이는 굶주림 때문에 머리칼이 아예 남아 있지도 않았어요. 우리는 장난도 치지 않고 뛰지도 않았어요. 그저 앉아서 가만히 보기만 했죠. 뭐든지 먹어치우면서요……

고아원에서 독일군 포로에 관하여 우리에게 이야기해준 사람이 누구인지 기억나지 않아요…… 처음으로 독일인을 봤을 때…… 난 이미 그 사람이 포로라는 것, 독일군 포로들이 도시 근교의 탄광에서 일하고 있다는 것을 알고 있었어요. 그 사람들이 왜 우리 고아원에, 다름 아닌 레닌그라드 아이들의 고아원에 도움을 청했는지, 지금까지도 잘 모르겠어요.

내가 그 사람을…… 그 독일인을 봤을 때…… 그 사람은 아무 말도 하지 않았어요. 부탁을 하지도 않았고요. 우리는 막 식사를 끝낸 참이라, 아마 내 몸에 아직 음식 냄새가 남아 있었나봐요. 그 사람은 내 옆에 서서 공기 냄새를 맡더니, 마치 무언가를 씹는 것처럼 자기도 모르게 턱을 움직였어요. 그 사람은 두 손으로 그 무언가를 잡으려고, 멈추게 하려고 애썼어요. 그 턱은 움직이고 또 움직였죠. 난 굶주림에 허덕이는 사람을 도저히 볼 수 없었어요. 도저히요. 우리 모두에게는 그런 병이 있었어요…… 난 뛰어가서, 빵 한 조각을 갖고 있던 여자아이를 불렀어요. 우리는 독일인 포로에게 그 빵 조각을 주었죠.

그 사람은 거듭 감사를 표했어요.

"당케 션……당케 션……"*

다음 날, 그 사람은 동료들을 데리고 우리를 찾아왔어요. 그러다가 그런 식으로 습관이 들어버렸죠…… 그 사람들은 무거운 나막신을 신고 다녔어요. 따각, 따각…… 그 소리가 들리면, 난 밖으로 달려나가요……

그 사람들이 언제 올지 우리는 이미 알았고, 심지어 기다리기까지 했어요. 뭐라도 가진 사람을 함께 데리고 나갔어요. 내가 음식 당번을 할 때는 그 사람들 몫으로 내 하루 치 빵 조각을 전부 남겼고, 저

---

* '고맙습니다'를 뜻하는 독일어 'Danke schön'의 음가다.

녁이면 스튜 냄비를 깨끗이 싹싹 긁어냈지요. 모든 여자아이가 그 사람들을 위해 무언가를 남겼어요. 남자아이들이 음식을 남겼는지는 기억나지 않아요. 우리 고아원의 남자아이들은 언제나 주려 있었어요. 그 애들에게는 늘 먹을 것이 부족했죠. 보육 선생님들은 우리를 나무랐어요. 여자아이들 중에는 제대로 먹지 못해 실신하는 아이도 있었거든요. 그래도 우리는 몰래 그 포로들을 위해서 먹을 것을 남겼죠.

1943년에는 독일군 포로들도 우리에게 오지 않았어요. 1943년에는 상황이 좀 더 좋아졌거든요. 우랄 지방은 이제 기아에 그리 허덕이지 않게 됐어요. 고아원에는 진짜 빵이 있었고, 죽도 얼마든지 받을 수 있었답니다. 하지만 지금까지도 나는 굶주린 사람을 보면 못 견디겠어요. 그 사람들의 눈길이 어떠냐 하면…… 그 사람들은 절대로 똑바로 응시하지 않고 언제나 어딘가를 비껴 봐요…… 얼마 전 텔레비전에 피란민들이 나오더군요…… 또 어딘가에서 전쟁이 벌어지고 있어요. 총을 쏴요. 굶주린 사람들이 빈 사발을 들고 줄을 서 있어요. 공허한 눈을 한 채로요. 난 그 눈을 기억해요…… 나는 다른 방으로 뛰쳐나갔어요. 히스테리를 일으킨 바람에……

레닌그라드에서 소개된 첫해에 우리는 자연의 존재를 알아채지 못했어요. 자연으로 존재하는 모든 것이 우리에게 한 가지 욕망, 즉 저것은 먹을 수 있는 것인지 시험해보고 싶다는 욕망만 자극했지요. 그러다가 1년이 지나서야 우랄 지방의 자연이 얼마나 아름다운지 보게 되었어요. 그곳의 야생 전나무, 높다랗게 자란 풀, 온전하게 보존

된 구름나무 숲이 얼마나 아름다운지요. 그곳의 해넘이는 또 어떻고 요! 난 그림을 그리기 시작했어요. 물감은 없었지만, 연필로 그렸답니다. 우리는 그림엽서를 그려서 레닌그라드에 계신 부모님께 보냈어요. 내가 가장 즐겨 그린 것은 구름나무였어요. 카르핀스크에서는 구름나무의 향기가 풍겼어요. 그곳으로 떠나고 싶다는 열망이 이미 몇 년 동안 머리에서 떠나지 않아요. 무척 보고 싶어요. 우리 고아원이 지금도 있는지…… 그 목조 건물이 새로운 시대 속에서도 무사히 살아남았을까요? 도시의 공원은 지금 어떤 모습일까요? 만물이 꽃을 피우는 봄에 가보고 싶었어요. 이제 구름나무 열매를 몇 움큼씩 먹을 수 있다는 것은 상상할 수도 없지만, 그때 우리는 그렇게 먹었어요. 심지어 아직 익지 않은 열매도 먹었죠. 맛이 썼어요.

봉쇄를 겪고 난 후…… 난 이제 알아요. 인간은 무엇이든 먹을 수 있다는 사실을요. 사람들은 심지어 흙도 먹었어요…… 부서지고 불에 탄 바다예프 식량 창고*가 있던 자리의 흙이 시장에서 팔렸어요. 특히 해바라기 기름이 스며든 흙이나 불에 탄 잼이 뒤섞인 흙이 고급품으로 여겨졌지요. 어느 것이든 다 비쌌어요. 우리 엄마는 가장 싼 흙, 즉 청어가 보관된 나무통이 있던 자리의 흙을 살 수 있었죠. 그 흙에서는 희미하게 소금 냄새가 풍기긴 했어요. 그 안에 소금은 없었지만요. 오직 청어 냄새만 났답니다.

* 레닌그라드의 주요한 식량 창고다. 독일군의 대규모 폭격에 바다예프 식량 창고가 파괴되고 이후 약 3년간 레닌그라드가 독일군의 포위로 봉쇄되면서, 레닌그라드 시민들은 식량 부족으로 인한 극한 참상을 겪었다.

꽃이며…… 어린 풀을 보며 즐거워하는 것…… 마냥 즐거워하는 것…… 그런 것을 금방 배우지는 못했어요……

전쟁이 끝나고 수십 년이 지나서야……

"우는 년은 쏴버리겠다……"

베라 지단—열네 살
현재—낙농장 노동자

나는 남자가 무서워요…… 전쟁을 겪은 뒤로……

독일군이 우리에게 총구를 들이댄 채 숲으로 끌고 가다가 숲속 빈터를 발견했어요. "아냐." 한 독일군이 고개를 절레절레 흔듭니다. "여기가 아니야……" 그러고는 계속 끌고 가요. 독일군 앞잡이들이 이렇게 말해요. "너희 같은 파르티잔 악당들을 이렇게 아름다운 곳에 묻는 것은 사치야. 진흙탕에 처넣겠어."

놈들은 가장 낮은 장소를 골랐어요. 그곳에는 언제나 물이 고여 있었죠. 놈들은 아버지와 오빠에게 구덩이를 팔 삽을 주었어요. 또 엄마와 날 나무 밑에 세워놓고 눈앞의 광경을 지켜보게 했지요. 우리는 두 사람이 구덩이를 파는 것을, 오빠가 마지막 삽을 파는 것을 봤어요. "어이, 베르카!"* 오빠는 겨우 열여섯 살이었어요…… 열여섯…… 겨우, 겨우……

엄마와 나는 두 사람이 총살당하는 광경을 지켜봤어요…… 고개를 돌리거나 눈을 감을 수가 없었어요. 앞잡이들이 감시하고 있었거든요…… 오빠는 구덩이 안에 쓰러지지 않았어요. 총알을 맞은 오빠는 몸을 푹 꺾더니 앞으로 몇 발짝 걷다가 구덩이 옆에 털썩 주저앉았지요. 놈들은 오빠를 군홧발로 진흙 구덩이 속에 밀어넣었어요. 가장 무서웠던 것은 아빠와 오빠를 총살한 것이 아니라, 끈끈한 진흙 구덩이 속에 집어넣은 것이었어요. 물속에요. 놈들은 우리에게 울지도 못하게 하고는 마을로 쫓아냈죠. 아빠와 오빠의 시신에 흙도 덮어주지 않고요.

엄마와 나는 이틀 동안 계속 울었어요. 집에서 소리 내지 않고 울었죠. 사흘째 되는 날, 바로 그 독일군 한 명과 앞잡이 두 명이 와요. "너희 악당들을 매장할 채비를 해." 우리가 그 장소로 가서 보니, 아빠와 오빠가 구덩이에 둥둥 떠 있어요. 그곳은 이미 묘지가 아니라 우물이었어요. 우리는 삽을 쥐고 그 위에 흙을 덮으며 울어요. 그러자 놈들이 말해요. "우는 년은 쏴버리겠다. 미소를 지어." 그자들은 우리에게 억지 미소를 짓게 했어요…… 내가 침울하게 있으면, 한 놈이 다가와 얼굴을 들여다봐요. 내가 웃고 있나, 울고 있나 보려고요.

놈들은 가만히 서 있어요…… 다들 젊고 잘생긴 남자들인데……

---

* 베라의 애칭이다.

싱글벙글 웃고 있어요…… 난 어느새 죽은 사람이 아닌 그 산 사람들에게 두려움을 느끼고 있었어요. 내가 젊은 남자들을 무서워하게 된 것은 그때부터예요……

난 결혼을 하지 않았어요. 사랑을 느껴본 적이 없어요. 갑자기 사내의 낯짝을 무서워하게 되었거든요……

"아빠와 엄마, 그건 황금 같은 말이잖아요……"

이라 마주르—다섯 살
현재—건축가

자신의 고독에 대해 꼭 말해야 하나요? 내가 어떻게 그것을 배우게 되었는지……

레노치카라는 한 여자아이에게는 빨간색 이불이 있었고, 나에게는 갈색 이불이 있었어요. 독일군 비행기가 날 때면, 우리는 땅바닥에 엎드려 이불을 뒤집어썼지요. 밑에 빨간색 이불을 깔고, 내 갈색 이불로 몸을 덮었어요. 비행사가 위에서 갈색을 보면 돌이라고 생각할 거야. 난 여자아이에게 이렇게 말했죠.

엄마에 대해 남은 기억은, 그저 내가 엄마를 잃을까봐 무서워했다는 것뿐이에요. 폭격 때 엄마를 잃은 여자아이 한 명을 알고 있었어요. 그 애는 계속 울었지요. 엄마는 나를 품에 안고 달래주었답니다.

그 후…… 나는 낯선 아주머니와 함께 마을에서 엄마의 장례를 치렀어요. 우리는 엄마를 씻겼죠. 엄마는 여자아이처럼 가냘픈 몸으로 누워 있었어요. 난 무섭지 않았기에 계속 엄마를 어루만졌죠. 평소 엄마의 머리칼과 품에서 어떤 냄새가 나는지, 엄마가 어디를 다쳤는지, 난 알아차리지 못했어요. 작은 총상이 있었던 것 같아요. 어째서인지 난 엄마의 몸에 있는 총상이 작다고 생각했어요. 딱 한 번 길에서 작은 총알을 본 적이 있어요. 그때도 놀랐죠. 어떻게 이런 총알이 큰 사람을 죽일 수 있지? 심지어 나도 총알보다 천 배, 백만 배는 더 큰데. 웬일인지 그 백만이라는 숫자가 기억나네요. 나에게는 그 숫자가 아주 큰, 셀 수도 없을 만큼 아주 큰 숫자로 여겨졌답니다.

엄마의 숨이 금방 끊어졌던 것은 아니에요. 엄마는 풀 위에 한참 동안 누워 있다가 눈을 떴어요.

"이라, 너에게 할 말이 있단다……"

"싫어, 엄마……"

엄마가 마음에 품은 말을 나에게 하고 나면 죽을 것 같다는 생각이 들었거든요.

깨끗하게 씻긴 엄마는 굵게 땋은 머리 위에 수건을 매고 있었어요. 아, 소녀나 다름없었답니다…… 지금의 나에게 엄마는 그렇게 보여요. 나는 어느새 엄마보다 두 배는 더 나이를 먹었어요. 엄마는 스물다섯 살이었죠. 이제 나에게는 그만한 딸이 있어요. 딸의 외모도 내 엄마를 닮았지요.

고아원 시절이 나에게 무엇을 남겼냐고요? 단호한 성격이요. 나는 사람들을 부드럽게 대할 수 없었고, 말도 조심스럽게 했죠. 난 용서를 못 하는 사람이에요. 가족들은 내가 별로 살갑지 않다고 불평하죠. 엄마 없이 다정한 성품으로 자란다는 게 가능한가요?

고아원에서 나는 나만의 개인 그릇을 갖고 싶었답니다. 어린 시절부터 쓰던 물건을 간직하고 있는 사람들이 부러웠어요. 나에게는 그런 것이 없었거든요. 그 어떤 것에 대해서도 "이것은 내가 어릴 때부터 간직해온 거야"라는 말을 할 수 없었어요. 그렇게 말해보고 싶었어요. 때로는 그런 이야기를 꾸며내고도 싶었죠……

다른 여자아이들은 여자 보육 선생님들에게 매달렸지만, 난 보모들을 좋아했어요. 그 사람들이 우리가 상상한 엄마의 모습과 더 많이 닮았거든요. 보육 선생님들은 엄격하고 깔끔했지만, 보모들은 늘 차림새가 단정치 않고 진짜 가족에게 하듯 퉁명스러웠어요. 우리를 때리기도 했는데, 전혀 아프지 않았죠. 엄마 같았어요. 그 보모들이 우리를 씻겨주고 목욕도 시켜주고 무릎에도 앉혀주었답니다. 우리의 작은 알몸을 쓰다듬어주기도 하고요. 그런 것은 엄마만이 할 수 있는 행동이었어요. 난 그것을 이해하고 있었죠. 보모들은 우리를 먹이고, 나름의 비법으로 우리의 코감기도 치료하고, 눈물도 닦아주었어요. 보모들의 품으로 뛰어드는 순간에는, 그곳이 더 이상 고아원이 아닌 집이었답니다.

사람들이 '나의 어머니'라든지 '나의 아버지'라고 말하는 것을 종종 듣게 돼요. 나는 '어머니'나 '아버지'라는 게 어떤 건지 잘 모르겠어요. 낯선 사람들 같아요. 그냥 '엄마'나 '아빠'라고 하면 되잖아요.

내 부모님이 살아 계신다면, 난 그분들을 '엄마' '아빠' 하고 부를 텐데요.

황금 같은 말이잖아요……

"그 개들은 너덜너덜하게 찢긴 그 애의 살점을 물고 나왔어요……"

발랴 즈미트로비치—열한 살

현재—노동자

떠올리기 싫어요…… 떠올리고 싶지 않아요. 정말로 싫어요……

우리 집에는 아이가 일곱 명이었어요. 전쟁이 일어나기 전, 엄마는 "해님은 빛나고, 아이들은 쑥쑥 자라는구나"라고 말하며 웃곤 했죠. 하지만 전쟁이 시작되자, "이렇게 괴로운 시기에 콩알만 한 아이들이 집에 있으니……" 하며 울었어요. 유지카는 열일곱 살, 나는 열한 살, 이반은 아홉 살, 니나는 네 살, 갈랴는 세 살, 알리카는 두 살, 사샤는 생후 5개월이었죠. 젖먹이는 아직도 젖을 빨면서 빽빽거리며 울었어요.

그때만 해도 나는 몰랐어요. 전쟁이 끝난 후 사람들이 우리에게 들려준 바로는, 우리 부모님이 낙농장에서 일하던 아군 포로들이며 파르티잔과 관련이 있었다고 해요. 이모도 그곳에서 일했었죠. 한

가지는 기억나요. 밤이면 우리 집에 어떤 남자들이 앉아 있었어요. 두꺼운 이불로 창을 가렸는데도 빛이 밖으로 비쳤나봐요. 총소리가 울리더군요. 그것도 창문을 향해 똑바로요. 엄마는 램프를 쥐고 테이블 밑에 숨겼지요.

엄마는 감자로 우리에게 무언가를 구워주었어요. 엄마는 감자로 무엇이든, 그야말로 백 가지 종류의 음식을 만들 수 있었어요. 어떤 축일을 준비하고 있었을 때예요. 집 안에서 맛있는 냄새가 나던 것을 기억해요. 아버지는 숲에서 토끼풀을 베고 있었죠. 독일군이 집을 에워싸고 "나와!"라고 명령해요. 엄마와 우리 세 아이가 밖으로 나갔어요. 독일군이 엄마를 구타하기 시작했어요. 엄마가 소리쳐요.

"얘들아, 집 안으로 들어가."

엄마는 창문 밑 벽에 세워지고, 우리는 창문 안쪽에 있었어요.

"큰아들은 어디 있어?"

엄마가 대답해요.

"토탄을 캐고 있어요."

"그곳으로 안내해."

그놈들은 엄마를 차 안에 밀어넣고 자기들도 함께 타요.

갈랴가 집 밖으로 달려나가 큰 소리로 외치며 엄마를 찾아요. 그놈들이 그 아이도 차 안의 엄마 곁으로 밀어넣어요. 하지만 엄마가 외쳐요.

"얘들아, 집 안으로 들어가……"

아버지가 들에서 달려오셨어요. 사람들에게서 이야기를 들었던 모양이에요. 아버지는 무슨 서류를 들고 엄마를 뒤따라 뛰어갔죠. 또 우리에게는 이렇게 소리쳤어요. "얘들아, 집 안으로 들어가." 마치 집이 우리를 구원할 거라는 듯, 혹은 그곳에 엄마가 있다는 듯 말이죠. 우리는 안마당에서 기다렸어요…… 저녁 무렵 대문가로, 사과나무 위로 어떤 사람들이 숨어들었어요. 우리 아빠와 엄마, 오빠와 여동생이 온 게 아닐까? 가만히 보니, 마을 반대편 끝에 사는 사람들이 뛰어온 것이었어요. "얘들아, 집을 버리고 도망가. 너희 가족은 이제 없어. 이제 너희를 잡으러 올 거야……"

감자밭을 지나 늪으로 숨어들었어요. 밤 동안 그곳에 머물렀죠. 해가 떠오르기 시작했어요. 뭘 해야 하지? 난 우리가 막냇동생을 요람에 두고 온 것이 떠올랐어요. 우리는 마을로 가서 막냇동생을 데려왔지요. 아기는 살아 있었는데, 다만 몹시 울어대서 얼굴이 파래졌더군요. 남동생인 이반은 "먹여봐"라고 말해요. 내가 이 아기에게 뭘 먹일 수 있겠어요? 나에게는 젖이 없는데요. 하지만 이반은 아기가 죽을까봐 무서워하며, "해봐"라고 졸라요.

이웃집 아주머니가 우리를 찾아왔어요.

"얘들아. 놈들이 너희를 찾을 거야. 이모한테로 가."

하지만 우리 이모는 다른 마을에 살았어요. 우리는 말해요.

"이모를 찾으러 갈게요. 하지만 말해주세요. 우리 엄마와 아빠, 오빠와 여동생은 어디에 있나요?"

아주머니는 전부 총살당했다고 우리에게 말해주었어요. 우리 가족이 숲에 쓰러져 있다고요……

"하지만 너희는 그곳에 가면 안 돼, 얘들아."

"우리는 마을을 떠나 작별 인사를 하러 들르겠어요."

"안 돼, 얘들아."

아주머니는 마을 밖으로 우리를 배웅해주었어요. 하지만 우리 가족이 쓰러져 있는 곳으로는 가지 못하게 했지요.

오랜 세월이 지난 뒤, 엄마의 눈이 찔리고 머리카락이 뽑히고 가슴이 도려내진 것을 알게 됐어요. 독일군의 셰퍼드들이 전나무 밑에 숨어 숨소리를 죽이고 있던 어린 갈랴를 덮쳤대요. 그 개들은 너덜너덜하게 찢긴 그 애의 살점을 물고 나왔어요. 아직 숨이 붙어 있었던 엄마는 모든 상황을 파악했죠…… 엄마의 눈앞에서……

전쟁이 끝난 후 여동생 니나와 나 단둘이 남았어요. 난 그 애를 낯선 사람들의 집에서 찾아내어 내 거처로 데려왔죠. 구역집행위원회에 가서 청했어요. "우리에게 방을 주세요. 우리 둘이서 살 거예요." 우리는 노동자 공동 숙소의 복도를 배정받았어요. 나는 공장에서 일하고, 니나는 학교에서 공부했죠. 난 그 애를 한 번도 이름으로 부른 적이 없어요. 언제나 '귀여운 동생'이라고 불렀죠. 그 애가 나에게는 단 한 명의 유일한 혈육이었거든요.

떠올리고 싶지 않아요. 하지만 자신의 불행을 사람들에게 이야기해야 해요. 혼자 우는 것은 괴로우니까……

"마침 우리 집 병아리들이 없어졌어요…… 병아리들이
죽을까봐 무서웠어요……"

알료샤 크리보셰이—네 살

현재—철도원

나의 기억…… 유일한……

때마침 우리 집 병아리들이 없어졌어요. 노란색 병아리들은 마루를 구르듯이 하며 내 손 위로 올라오곤 했죠. 폭격이 있을 때면, 할머니는 병아리들을 체에 모으곤 했어요.

"하필 이런 때 전쟁이라니, 병아리도 사라졌는데."

나는 병아리들이 죽을까봐 무서웠어요. 그 두려움 때문에 내가 울던 것이 지금도 기억나요. 포탄이 떨어지고…… 다들 숨으려고 지하실로 달려가지만, 날 데리고 집 밖으로 나갈 수 있는 사람은 아무도 없어요. 나는 병아리들을 안고 있어요…… 할머니가 병아리들을 담은 체를 들고 나를 데려가면, 그제야 나도 나가요. 가면서 세죠. 한 마리, 두 마리, 세 마리…… 전부 다섯 마리였어요……

난 포탄도 셌어요. 한 발이 떨어지고…… 두 발…… 일곱 발……
그렇게 난 셈을 배웠답니다……

"클로버 왕…… 다이아몬드 왕……"

갈리나 마투세예바—일곱 살

현재—연금 생활자

인간이 태어나면요……

그 옆에 천사 두 명이 앉아요. 두 천사는 인간에게 운명을 부여하죠. 얼마나 살지, 긴 여정을 걸을지 짧은 여정을 걸을지 정해요. 하느님은 위에서 내려다봐요. 새로운 영혼을 환영하도록, 신이 존재한다고 말하도록 천사를 보내신 분은 바로 하느님이에요.

내 사랑…… 행복한 사람인지 아닌지는 눈을 보면 알아요. 길거리에서 모든 사람에게 다가가 "잘생긴 청년, 물어봐도 될까요?" 하고 묻지는 않아요. 사람들은 계속 도망가겠지만, 나는 무리 속에서 한 남자를 고를 거예요. 난 아마 알아볼 거예요. 내 가슴속에서 무언가가 반응하고, 마음이 따뜻해지고, 말들이 나타날 거예요. 언어의 열기. 난 말을 하기 시작해요…… 운명을 읽어요…… 카드를 펼쳐요. 카드 안에는 모든 것이 있어요. 무엇이 일어났고 무엇이 일어날지, 영혼이 어떻게 안심하고 무엇과 함께 떠나는지 말이에요. 영혼은 떠나온 곳으로, 즉 하늘로 다시 돌아간답니다. 카드는 보여줘요…… 인간은 오만해요. 하지만 인간의 운명은 탄생에 앞서 천국에 기록된답니다. 그곳에 텍스트가 있어요…… 하지만 누구나 그것을 자기 식대로 읽죠……

우리는 집시예요…… 자유민이죠…… 우리에게는 집시만의 법이 있어요. 우리가 사는 곳, 우리 심장이 기뻐하는 곳, 그곳이 우리 조국이에요. 어디나 우리 조국이죠. 하늘 아래 어디나. 아버지는 나에게 그렇게 가르쳤고 엄마도 마찬가지였어요. 키비트카가 도로를 따라 흔들리고 덜거덕거리면, 엄마는 나에게 우리의 기도문을 낭송해줘요. 노래를 하고요. 회색빛…… 도로의 색, 흙먼지의 색…… 내 어린 시절의 색…… 내 사랑, 당신은 집시의 천막을 본 적이 있나요? 하늘처럼 둥글고 높죠. 난 그 안에서 태어났답니다. 숲에서, 별빛 아래에서요. 어릴 적부터 나는 밤의 새도, 짐승도 두려워하지 않았어요. 모닥불 옆에서 춤추고 노래하는 것도 배웠답니다. 노래 없는 집시생활은 상상도 할 수 없어요. 우리 집시들은 누구나 말을 하듯 노래하고 춤을 춘답니다. 우리의 노랫말은 부드러워요. 치명적이기도 하고…… 어린 나는 이해하지 못하면서도 울었어요…… 그런 말은…… 그런 말은 인간의 심장을 파고들어 마음을 희롱하죠. 어르기도 하고요. 여행, 자유, 커다란 사랑으로 자극하기도 해요…… '러시아인은 두 번 죽는다. 한 번은 조국을 위해, 또 한 번은 집시의 노래를 들으면서'라는 말도 괜히 나온 게 아니랍니다.

내 사랑, 왜 그렇게 많은 질문을 하나요? 내가 말해줄게요……

난 어린 시절에 행복을 봤어요. 내 말을 믿어줘요!

여름에 우리는 함께 야영생활을 했어요. 한 가족이었죠. 언제나 강가에서, 숲 옆에서, 아름다운 곳에서 머물렀어요. 아침이면 새들과 엄마가 노래로 나를 깨우죠. 겨울이면 아파트에 사는 사람들에게 간청해요. 그 시절의 사람들은 황금 같았어요. 선한 마음을 가진 이들이었죠. 우리는 그 사람들과 잘 지냈어요. 하지만 눈이 쌓인 동안에만 봄을 기다렸어요. 우리는 말들을 돌봤죠. 집시들은 말을 어린 아이처럼 돌본답니다. 4월이 오면…… 부활절에 선한 사람들에게 인사를 하고 길 떠날 채비를 했어요. 해, 바람…… 우리는 하루를 위해 살아요. 오늘이 곧 행복이에요. 누군가가 밤에 당신을 품거나 아이들이 건강하고 배부르면, 당신은 행복해요. 내일은 새로운 날이에요. 엄마 말이…… 엄마는 나에게 많은 것을 가르치지 않았어요. 신으로부터 태어난 아이는 오랜 가르침을 받지 않아도 스스로 배운대요.

난 그렇게 자랐어요…… 나의 짧은 행복. 집시의……

아침에 말소리와 고함 소리를 듣고 눈을 떴어요.

"전쟁이다!"

"무슨 전쟁?"

"히틀러가 쳐들어왔어."

"전쟁하라지. 우리는 자유민이야. 새라고. 숲에서 사는 사람들이란 말이야."

그때 비행기들이 날아와 풀밭 위의 소들에게 연발 사격을 했어요. 하늘까지 연기가 치솟았지요…… 저녁에는 엄마의 카드가 산산이 흩어져서, 엄마는 머리를 싸매고 풀밭을 뛰어다녀야 했답니다.

집시 무리는 그 자리에 눌러앉았어요. 움직이지 않아요. 따분해요. 난 여행을 좋아하는데.

어느 날 저녁, 늙은 집시 여자가 모닥불 곁으로 다가와요. 햇볕에 갈라진 마른 땅처럼 주름투성이에요. 난 그 집시 할머니를 몰라요. 다른 집시 무리에서 온 사람이에요. 멀리서요.

집시 할머니가 말했어요.

"아침에 놈들이 우리를 포위했단다. 살진 좋은 말을 타고서 말이야. 그 말들의 갈기는 빛나고, 편자는 단단했지. 독일군은 안장에 앉아 있었고, 앞잡이들은 집시들을 천막에서 끌어냈단다. 손가락에서 반지를 빼고 귀에서 귀걸이를 잡아챘지. 모든 여자의 귀에서 피가 흐르고, 손가락이 삐었단다. 놈들은 창검으로 깃털이불을 쑤셔댔어. 황금을 찾느라 말이지. 그리고 나서는 총을 쏘기 시작하더구나……

여자아이 한 명이 그자들에게 애원했어. '아저씨, 쏘지 마세요. 제가 집시의 노래를 불러드릴게요.' 그자들이 웃음을 터뜨렸지. 아이가 노래를 부르며 춤을 추고 나자, 놈들이 아이에게 총질을 하더구나…… 온 집시가, 집시 무리 전체가 쓰러졌지. 천막은 불타고. 말들만 남았어. 사람도 없이. 그자들은 말들을 끌고 갔단다."

모닥불이 타올라요. 집시들은 침묵해요. 난 엄마 옆에 앉아 있어요.

아침에 길 떠날 채비를 했어요. 매듭, 베개, 그릇이 키비트카 안으로 휙휙 날아갔죠.

"우리는 어디로 가요?"

"시내로." 엄마가 대답해요.

"왜 시내로 가요?" 나는 강을 떠나는 것이 아쉬웠어요. 햇빛도 아쉬웠고요.

"독일군이 명령했어……"

우리는 민스크의 세 거리에서만 살아야 했어요. 집시만의 게토가 있었죠. 일주일에 한 번 독일군이 나타나 명단을 대조하더군요. "아인 치고이너…… 츠바이 치고이너……"* 내 사랑……

우리가 어떻게 살았게요?

엄마와 난 시골 마을을 돌아다녔어요. 구걸을 했죠. 어떤 사람은 밀을, 어떤 사람은 옥수수를 주었어요. 저마다 우리를 자기 집으로 불렀답니다. "어이, 집시 아가야, 이리 와. 운명을 말해주렴. 남편이 전선에 있어." 전쟁은 사람들을 갈라놓았어요. 모두가 이별을 겪고 기다림 속에서 살았죠. 희망을 얻고 싶어했어요.

엄마가 점을 쳤어요. 나는 들었고요…… 클로버 왕, 다이아몬드 왕…… 죽음은 검은 카드에요. 스페이드 카드요. 7…… 열렬한 사랑은 하얀 왕이에요. 군인은 검은 스페이드 왕이고요. 가까운 장래에 하게 될 여행은 다이아몬드 6이에요.

엄마는 명랑한 모습으로 안마당을 나서지만, 길거리로 나오면 울어요. 인간에게 진실을 말한다는 것은 무서운 일이에요. 당신의 남편은 죽었어요. 당신의 아들은 이미 산 사람들의 세상에 없어요. 대지가 그들을 삼켰어요. 그들은 그곳에 있어요. 카드가 그렇게 증언하고 있어요……

어느 집에서 숙박을 한 적이 있어요. 나는 자지 않았어요…… 한밤중에 여자들이 땋은 긴 머리를 풀어헤치고 점치는 것을 봤죠. 여

---

* '집시 한 명, 집시 두 명'을 뜻하는 독일어 'ein Zigeuner, zwei Zigeuner'를 소리 나는 대로 표기한 것이다.

자들은 저마다 창문을 열고 깜깜한 바깥으로 낟알을 던지고는 바람 소리를 들었어요. 바람이 불지 않으면, 점괘 대상이 살아 있다는 뜻이고, 바람이 윙윙거리며 창문을 치면, '그 사람을 기다리지 마라. 돌아오지 않는다'라는 뜻이에요. 바람이 울부짖고 통곡했어요. 유리를 마구 두들겼어요.

전쟁 때만큼, 그 괴로운 시간만큼 사람들이 우리를 사랑해준 적도 없었답니다. 엄마는 주문을 알았어요. 사람과 동물을 도와줄 수도 있었죠. 소와 말을 구하기도 했고요. 엄마는 모든 동물과 그들의 언어로 말했어요.

소문이 돌았어요. 어떤 집시 무리는 총살을 당했고, 또 어떤 무리는…… 또 어떤 무리는 강제수용소로 끌려갔고……

전쟁이 끝났어요. 우리는 서로를 보며 기뻐했죠. 만나는 사람마다 얼싸안았어요. 집시들 가운데는 살아남은 사람이 별로 없었어요. 하지만 사람들은 다시 점을 쳤어요. 집 안의 이콘 아래 전사통지서가 놓여 있는데도 여자가 애원을 해요. "아, 집시 아줌마, 점을 좀 쳐줘. 내 남편이 살아 있을 수도 있잖아. 혹시 서기가 실수한 게 아닐까?"

엄마는 점을 쳤어요. 난 들었고요……

나는 시장에서 처음으로 한 여자아이를 위해 직접 점을 쳤답니다. 그 아이가 큰 사랑을 만나리라는 점괘가 나왔어요. 행복의 카드였죠. 그 애는 나에게 1루블을 쳤어요. 난 그 아이에게 단 한순간이라도 행복을 선사했고요.

내 사랑, 행복해지길! 하느님과 동행하길! 우리 집시의 운명에 대해 사람들에게 이야기해줘요. 사람들은 잘 몰라요……

행복해지길…… 하느님의 가호가 함께하길!

"커다란 가족사진……"

톨랴 체르뱌코프—다섯 살

현재—사진사

기억 속에 무언가가 남아 있다면, 그것은 한 장의 커다란 가족사진일 겁니다……

맨 앞에 라이플총을 들고 장교 군모를 쓴 아버지가 있어요. 아버지는 겨울에도 그 군모를 썼지요. 그 군모와 라이플총이 아버지의 얼굴보다 더 또렷하게 떠오릅니다. 나는 군모도, 라이플총도 모두 갖고 싶었답니다. 사내아이잖아요!

아버지 옆에 엄마가 있습니다. 그 시절의 엄마는 잘 기억나지 않고, 엄마가 하던 일이 더 선명히 기억납니다. 엄마는 늘 하얀 무언가를 빨았습니다. 엄마에게서는 약품 냄새가 났지요. 엄마는 파르티잔 부대의 간호사였습니다.

그 사진 어디쯤에 남동생과 나도 있습니다. 동생은 언제나 아픕니다. 그 애의 모습이 기억나네요. 자그마한 온몸이 벌겋게 옴으로 덮인 그 모습이요. 밤이면 엄마와 동생이 둘이서 웁니다. 동생은 아파서, 엄마는 동생이 죽을까봐 두려워서요.

계속 눈앞에 떠오릅니다. 엄마의 병원이 차지한 커다란 농가 쪽으로 아낙들이 손잡이 달린 컵을 들고 옵니다. 컵 안에는 우유가 있어요. 아낙들이 한 양동이 안에 우유를 쏟습니다. 엄마는 그 안에서 동생을 목욕시킵니다. 그날 밤 동생은 처음으로 울지 않고 잤답니다…… 아침에 엄마가 아빠에게 말합니다.

"사람들에게 이 신세를 어떻게 갚죠?"

커다란 사진…… 한 장의 커다란 사진……

"그래서 말인데, 너희 주머니에 감자라도 채워줄게……"

카차 자야츠—열두 살
현재—'클리쳅스키' 국영집단농장의 노동자

할머니가 우리를 창문가에서 쫓아내요……

그러면서 할머니는 창문을 내다보며 엄마에게 이야기를 해요.

"호밀밭에서 토도르 영감을 찾았다는구나…… 그곳에 아군 부상병들이 있었대…… 영감이 부상병들에게 자기 아들들의 옷가지를 가져가서 갈아입히려 했단다. 독일군이 구별하지 못하게 하려고 말이야. 부상병들은 호밀밭에서 총살당했고, 토도르 영감은 자기 집 안마당으로 끌려와서, 집 옆에 구덩이를 파라는 명령을 받았지. 지금 저렇게 파고 있구나……”

토도르 할아버지는 우리 이웃이에요. 할아버지가 구덩이를 파는 모습이 창문 너머로 보여요. 마침내 다 팠어요…… 독일군이 할아버지에게서 삽을 빼앗더니, 독일어로 뭐라고 소리를 질러요. 할아버지는 이해를 하지 못했거나 듣지 못했을 거예요. 오래전부터 귀가 안 들렸거든요. 그러자 독일군이 할아버지를 구덩이 속으로 밀어넣고는 무릎을 꿇으라는 뜻을 전달했어요. 그렇게 산 사람을 묻더군요…… 무릎 꿇은 사람을요……

모두가 두려워하게 됐어요. 어떤 놈들일까요? 과연 인간이기는 한 걸까요? 전쟁 초기……

사람들은 토도르 할아버지의 집 주위를 오랫동안 돌았어요. 다들 땅속에서 할아버지가 부르짖는 것 같다고 느꼈지요.

독일군은 우리 마을을 완전히 태워버렸어요. 남은 것이라고는 땅뿐이었어요. 안마당에는 돌밖에 없었어요. 그것도 검은 돌이요. 우리 채소밭에는 풀 한 포기 남아 있지 않았죠. 싹 다 타버렸어요. 우리는 구걸을 하며 살았어요. 여동생과 나는 낯선 마을로 가서 사람들에게 애원해요.

“뭐라도 주세요……”

엄마는 아팠어요. 엄마는 우리와 함께 다닐 수 없었고, 또 부끄러워했지요……

우리가 농가에 도착해요.

“얘들아, 어디에서 왔니?”

"야드료나야 마을에서요. 우리 마을이 불에 타버렸어요."

사람들은 보리 한 사발, 빵 한 조각, 달걀 한 개 등을 주었답니다…… 그 사람들에게 정말로 고마움을 느꼈죠. 다들 무언가를 주었어요.

언젠가는 문지방을 넘으려는데, 아낙들이 큰 소리로 울어요.

"오, 얘들아, 너희 같은 애들이 도대체 얼마나 있니! 아침에도 두 쌍이 왔단다", 혹은 "방금 사람들이 우리 집에서 나갔단다. 빵은 남아 있지 않아. 그래서 말인데, 내가 너희 주머니에 감자라도 채워줄게"라고 말해요.

그처럼 아주머니들이 빈손으로는 내보내지 않았어요. 우리는 아마를 한 움큼 받기도 했고, 하루 동안 아마 한 단을 모으기도 했어요. 엄마는 직접 실을 잣고 베를 짰지요. 또 늪지의 토탄을 가지고 검은색으로 염색했어요.

아버지가 전선에서 돌아왔어요. 우리는 집을 짓기 시작했죠. 마을 전체에 소 두 마리만 남았어요. 우리는 목재를 소에 싣고 운반하기도 하고, 직접 짊어지기도 했어요. 내 키보다 더 큰 장작개비는 나도 다룰 수 없었어요. 하지만 나와 키가 같은 것이라면 끌어서 운반했죠.

전쟁은 금방 끝나지 않았어요…… 사람들은 흔히 이런 식으로 생각해요. 4년. 4년 동안 사람들이 총살을 당했구나…… 그런데 잊고 있었네. 몇 명이었더라?

"마—마 밀—라 라—무……"

페자 트루치코—열세 살

현재—석회石灰 공장 감독관

이런 이야기가……

전쟁이 일어나기 이틀 전, 우리는 엄마를 병원으로 데려갔습니다. 엄마가 중병에 걸렸거든요. 병원은 브레스트에 있었습니다. 우리는 그 후로 엄마를 보지 못했지요.

이틀 후 독일군이 시내로 진입했습니다. 그들은 병원에서 환자들을 쫓아냈고, 걷지 못하는 사람들을 트럭에 실어 어디론가 끌고 갔습니다. 사람들이 말하길, 그 가운데 우리 엄마도 있었답니다. 독일군은 어딘가에서 환자들을 총살해버렸습니다. 하지만 어디에서, 어떻게, 언제 그랬을까요? 나는 알아내지 못했습니다. 아무런 흔적도 남아 있지 않았거든요.

여동생과 아빠와 나는 베료자 시에 있는 집에서 전쟁을 맞닥뜨렸습니다. 볼로쟈 형은 브레스트 철도기술학교를 다녔지요. 알렉산드르 형은 핀스크 시에 있는 적군 수병학교*를 졸업한 뒤 그곳에서 증기선의 엔진 기술자로 근무하고 있었고요.

우리 아버지 스테판 알렉세예비치 트루치코는 베료자 지구 집행

---

* 현재의 수상운송학교다.

위원회 부의장이었습니다. 아버지는 공문 서류를 스몰렌스크로 소개시키라는 명령을 받았지요. 아버지는 집에 잠깐 들렀습니다.

"페쟈, 동생을 데리고 오고로드니키에 있는 할아버지 댁으로 가렴……"

아침에 우리는 할아버지가 사는 마을에 도착했습니다. 밤에 볼로쟈 형이 창문을 두들기더군요. 브레스트에서 이틀 밤낮을 쉬지 않고 걸어왔다고 했습니다. 10월이 되자, 알렉산드르 형도 마을에 나타났습니다. 형이 탄 드네프로페트롭스키행 증기선이 폭격을 당했다고 하더군요. 무사히 살아남은 사람은 포로가 되었다고 합니다. 몇 명은 도망갔는데, 그 가운데 우리 형 사샤도 있었던 거지요.

파르티잔들이 할아버지 집에 들렀을 때는 다들 기뻐했습니다. 저 사람들과 함께 떠나자! 복수를 하자!

"몇 학년까지 마쳤냐?" 우리가 지휘관 앞에 서자, 지휘관이 나에게 이렇게 물었습니다.

"5학년이요."

지휘관의 지시가 들렸습니다.

"가족 막사에서 지내라."

형들은 라이플총을 지급받았지만, 나는 공부를 하라며 연필을 받았습니다.

난 이미 피오네르였단 말입니다. 내가 이미 피오네르라는 사실이 나의 으뜸패였지요. 전투부대에 들어가게 해달라고 요청했습니다.

"우리 부대에서는 라이플총보다 색연필이 더 구하기 힘들단다."

지휘관이 껄껄거리며 웃었어요.

주위에서는 전쟁이 벌어지고 있는데, 우리는 공부를 했지요. 우리 학교는 '녹색 학교'라 불렸습니다. 걸상이 붙은 책상도, 교실도, 교과서도 없이, 학생과 교사만 있었지요. 모두가 이용할 수 있는 것이라고는 초등독본 한 권, 역사 교과서 한 권, 산수 문제집 한 권, 문법 교과서 한 권뿐이었습니다. 숲속의 공터를 청소하고 모래를 뿌렸습니다. 그것이 우리의 '칠판'이었지요. 우리는 가느다란 나뭇가지로 그 위에 필기를 했습니다. 공책 대신, 파르티잔들이 우리에게 독일군의 삐라며 낡은 벽지와 신문을 가져다주었습니다. 어디에선가 학교 종도 구해왔어요. 우리는 무엇보다 학교 종에 가장 기뻐했지요. 종이 울리지 않으면, 어디 그게 진짜 학교인가요? 우리에게는 빨간 넥타이도 있었답니다.

"공습이다!" 당직자가 외칩니다.

공터는 휑하니 빕니다.

하지만 폭격 뒤에는 수업이 계속되죠. 1학년생들은 모래 위에 나뭇가지로 마저 쓰고요.

"마—마 밀—라 라—무……"*

작은 나뭇가지와 쇠붙이로 커다란 주판을 만들었습니다. 나무를 깎아 몇 벌의 철자를 만들기도 했고요. 체육 수업도 있었지요. 철봉, 트랙, 장대, 투포환—수류탄을 던지는 데 필요했습니다—을 갖춘 작

---

* 'ma-ma myl-la ra-mu'는 '엄마가 창틀을 닦는다'를 뜻하는 구문이다.

은 운동장도 만들어졌고요. 수류탄 던지기는 내가 가장 잘했답니다.

6학년을 마친 뒤, 나는 분명하게 말했습니다. 전쟁이 끝나면 7학년으로 올라가겠다고요. 난 라이플총을 받았어요. 나중에는 직접 벨기에 카빈총을 구했습니다. 작고 가벼운 총이었죠.

난 사격은 쉽게 익혔지만…… 수학은 잊어버리고 말았답니다……

"지휘관은 빨간 리본이 달린 코사크 모자를 나에게 주었어요……"

조야 바실리예바—열두 살

현재—기술 변리사

전쟁이 일어나기 전, 나에게 기쁜 일이 얼마나 많았는데요! 행복! 그리고 그것이 구원했어요……

나는 우리 오페라 발레 극장의 부속 무용학교에 들어갔어요. 실험적인 시도를 많이 하는 이 학교는 가장 재능 있는 아이들을 뽑았죠. 나에게 추천서를 써준 사람은 모스크바의 유명한 연출가인 갈리좁스키였답니다. 1938년 모스크바에서 체육학교의 퍼레이드가 있었어요. 나도 그 자리에 있었죠. 우리는 민스크 피오네르 궁전에서 파견을 나온 것이었어요. 빨갛고 파란 풍선을 날리면서…… 종대를 지어 행진하는데…… 이 퍼레이드의 연출을 맡은 갈리좁스키가 나를 알아봐준 거예요.

1년 후 그 사람이 민스크로 와서 나를 찾아냈고, 인민 배우인 지나이다 아나톨리예브나 바실리예바 앞으로 추천서를 써주었어요…… 우리 벨라루스의 유명 인사 앞으로요…… 그 무렵 바실리예바는 무용학교를 설립했어요. 나는 편지를 들고 가면서 그 안에 뭐라고 적혔는지 몹시 읽어보고 싶었지만 차마 그럴 순 없었죠. 지나이다 아나톨리예브나는 음악원에서 그리 멀지 않은 '예브로파'* 호텔에서 지냈어요. 난 이 모든 일을 부모님 몰래 하느라, 집에서 떠날 때 무척 서둘렀죠. 맨발로 길거리를 달리면서 겨우 샌들만 발에 꿰었을 뿐 옷은 갈아입지도 못했어요. 내가 축일에 입는 좋은 옷을 입기라도 하면, 엄마가 "어디 가니?"라고 물을 테니까요. 부모님은 발레에 대해 전혀 듣고 싶어하지 않았고 한사코 반대했어요. 단호하게요.

나는 지나이다 아나톨리예브나에게 편지를 전했어요. 그분은 편지를 읽고 나서 이렇게 말하더군요. "옷을 벗어보렴. 팔과 다리를 좀 보자." 난 두려움으로 숨이 멎을 것 같았어요. 발이 진흙투성이인데 어떻게 그 자리에서 샌들을 벗을 수 있겠어요? 아마 내 표정으로 그분은 모든 것을 이해한 듯했어요. 그분은 나에게 수건을 주고는 세면대 앞으로 의자를 끌어다놓았죠……

나는 무용학교에 등록했어요. 스무 명 가운데 다섯 명만 남았죠.

---

* '유럽'을 뜻하는 러시아어다.

새로운 생활이 시작되었어요. 고전, 율동학, 음악…… 얼마나 기뻤던지요! 지나이다 아나톨리예브나는 날 사랑했어요. 우리도 모두 그분을 사랑했죠. 그분은 우리의 우상이자 우리의 신이었어요. 그분보다 더 아름다운 사람은 이 세상에 없었어요. 1941년에 난 이미 크로시네르의 발레 「나이팅게일」에 출연했답니다. 2막에 등장하는 코사크 춤을 연기했죠. 모스크바에서 '벨라루스 예술 10일제' 때도 그것을 공연할 수 있었어요. 성공적이었죠. 난 우리 학교의 발표회에서 상연된 발레 「병아리」에서도 작은 병아리를 연기했어요. 그 발레에는 큰 어미 암탉이 나오는데, 난 가장 작은 병아리였죠.

모스크바에서 10일제가 끝난 후 우리는 보브루이스크 부근에 있는 피오네르 캠프의 이용권을 상으로 받았어요. 그곳에서도 우리는 「병아리」를 공연했죠. 우리는 선물로 거대한 토르트를 구워주겠다는 약속을 받았어요. 6월 22일에 그 토르트가 구워졌죠.

에스파냐와의 연대를 상징하는 표시로, 우리는 내가 가장 좋아하는 모자인 조종사 모자를 썼답니다. 내가 그것을 막 쓰자마자, 아이들이 "전쟁이다!"라고 외치더군요. 민스크로 가는 도중에 나는 그 조종사 모자를 잃어버렸어요……

민스크로 돌아오자 엄마가 문지방에서 나를 얼싸안았어요. 우리는 역으로 달려갔어요. 우리는 폭격 때문에 어찌할 바를 몰랐어요. 난 엄마와 여동생을 찾지 못한 채 기차에 올랐죠. 아침에 기차는 크룹키에서 정차하더니, 더 이상 나아가지 않았어요. 사람들은 마을의 이런저런 집으로 들어가는데, 난 엄마도 없이 혼자여서 쑥스럽더군요. 어쨌든 저녁 무렵 한 집에 들어가 뭐라도 마실 것을 달라고 애원했어요. 그곳 사람들이 나에게 우유를 주더군요. 컵에서 시선을 떼어 벽을 올려다보니, 혼례복을 입은 나의 젊은 엄마가 있어요. 난 무심결에 "엄마!"라고 외쳤어요. 할아버지와 할머니가 나에게 이것저것 캐묻기 시작했죠. "어디에서 왔니? 누구네 아이니?" 전쟁에서나 일어날 법한 일이었어요. 난 우연히 이제껏 한 번도 본 적 없는 종조부, 즉 친할아버지의 형제를 만나게 된 거예요. 물론 종조부는 날 어디에도 보내지 않았어요. 그런 기적이!

민스크에서는 「병아리」를 춤추었지만, 이제 난 까치들이 병아리들을 채가지 않도록 망을 봐야 했어요. 병아리는 괜찮았지만, 거위는 무서웠답니다. 난 모든 것이 무서웠어요. 심지어 수탉조차 무서웠죠. 내가 처음으로 용기를 발휘한 것은 거위들을 목초지로 몰 때였어요. 영리한 수거위는 내가 자기를 무서워하는 것을 알고는 쉭쉭거리기도 하고 뒤에서 치마를 잡아당기려 하기도 했어요. 어릴 때부터 거위도, 수탉도 무서워해본 적이 없던 나의 새 친구들 앞에서 난 꾀를 부려야 했지요. 난 아직 뇌우를 몹시 무서워했어요. 뇌우가 다가오는 것을 보면, 곧바로 무슨 변명거리를 생각해내거나 가장 먼저 눈에 띄는 집으로 뛰어 들어가곤 했죠. 천둥보다 더 무서운 소리는 없었어요. 난 이미 폭격을 목격했잖아요……

나는 시골 사람들이, 그 선량함이 좋았어요. 다들 날 '꼬맹이'라고 불렀죠. 기억나요. 난 말에 몹시 끌렸고 직접 타보고 싶었어요. 할아버지는 허락했죠. 말은 콧김을 푸르르 내뿜고는 꼬리를 흔들어요. 무엇보다 말은 내 마음을 알아들어요. 내가 오른손으로 잡으면, 말은 이쪽으로 돌아야 한다는 것을 알고, 왼쪽으로 돌리면 왼쪽으로 돌아야 한다는 것을 알죠.

난 할아버지에게 부탁했어요.

"말을 타고 날 엄마에게 데려다주세요."

"전쟁이 끝나면 그때 데려다주마."

할아버지는 울적하고 엄해 보였어요.

나는 도망갈 계획을 세웠고, 친구가 날 마을 밖으로 안내해주었죠.

기차역에서 난방 화차에 숨어들었지만, 그곳에서 쫓겨났답니다. 어떤 트럭에 기어 올라가 가장자리에 걸터앉았어요. 기억하는 것조차 끔찍해요. 차 안에 독일인 남자와 여자, 그리고 독일군 앞잡이가 타고 있었는데, 하필이면 내가 거기에 들어간 거예요. 하지만 그 사람들은 날 건드리지 않았어요. 도중에 이런저런 질문을 던지더군요. "어느 학교를 다녔니? 몇 학년까지 마쳤니?"

내가 발레학교에도 다녔다는 말에 그 사람들은 믿으려 하지 않았어요. 난 그 자리에서 그들에게 「병아리」의 안무를 보여줬죠. 내가 외국어를 배웠냐고요?

우리는 5학년 때 이미 프랑스어를 배우기 시작했어요. 그 모든 것이 아직 기억에 생생히 남아 있었죠. 독일 여자가 나에게 프랑스어로 뭐라고 물었고, 난 그녀에게 대답했어요. 5학년까지 공부를 마치고 발레학교에도 다니고 심지어 프랑스어도 할 줄 아는 여자아이를 시골에서 줍게 되자 그 사람들은 크게 놀랐죠. 내 생각에, 그 사람들은 의료 종사자들이었고 교양인이었어요. 그 사람들은 우리가 야만인이고 미개인이라는 생각을 주입받았더군요.

지금 생각하면 우스워요. 수탉도 무서워하는 주제에, 파르티잔―높은 털모자를 쓰고 멜빵을 메고 별 모양 훈장을 달고 자동소총을 든―을 보고는 이렇게 말했죠. "아저씨, 나는 용감해요. 날 데려가주세요." 결국 파르티잔 부대의 취사장에 앉아 감자를 깎게 되었고, 내 모든 꿈은 그것으로 완전히 끝나버렸어요. 내 마음속에 얼마나 분이 차올랐는지 상상할 수 있겠죠! 일주일 동안 취사장에서 당번으로 일하다가, 부대 지휘관에게 다시 말했죠. "진짜 병사가 되고 싶어요." 지휘관은 나에게 빨간 리본이 달린 코사크 모자를 주었지만, 난 그 자리에서 라이플총을 원했어요. 죽는 것은 두렵지 않았죠.

'대조국전쟁 파르티잔 2급 메달'을 달고 엄마에게 돌아왔어요. 학교에 들어갔어요. 난 모든 것을 잊고, 여자아이들과 공치기도 하고 자전거를 타기도 했죠. 한번은 자전거를 타고 가다가 포탄 때문에 생긴 구멍에 처박혀 다치고 말았어요. 피를 보자, 전쟁이 아니라 나의 발레학교가 떠오르지 뭐예요. 이제 난 어떻게 춤을 추지? 곧 지나이다 아나톨리예브나 선생님이 올 텐데, 이렇게 무릎을 다치고 말았으니……

하지만 발레학교로 돌아갈 필요가 없었어요. 공장에 일하러 갔거든요. 엄마를 도와야 했어요. 하지만 공부를 하고 싶었답니다…… 내 딸이 1학년일 때, 그 애의 엄마인 나는 10학년이었어요. 야간학교에서요.

남편은 나에게 오페라와 발레를 상연하는 극장의 티켓을 선물해주었어요. 공연 내내 난 앉은 채로 울었지요……

"허공으로 총을 쏴요……"

아냐 파블로바—아홉 살

현재—요리사

아, 마음이 아플 거예요…… 다시 아파오네요……

독일군이 날 헛간으로 끌고 갔어요…… 엄마가 머리카락을 쥐어뜯으며 뒤에서 달려와요. 엄마는 "날 당신들 마음대로 해요. 다만 아이만은 건드리지 말아요"라고 부르짖었어요. 나에게는 두 남동생이 더 있었는데, 그 아이들도 울부짖었죠……

우리는 오를로프 주의 메호바야 마을 출신이에요. 독일군이 우리를 내몰아 그곳에서 벨라루스까지 끌고 갔어요. 우리는 도보로 이동했지요. 놈들은 우리를 이 수용소에서 저 수용소로 몰아댔어요…… 독일군이 날 독일로 끌고 가려고 하자, 엄마는 임신한 것처럼 배를 불룩하게 하고는, 내 품에 막냇동생을 건넸어요. 그렇게 난 살아남았어요. 내 이름은 명단에서 지워졌죠.

아! 오늘은 하루 종일 마음이 아프고 밤새도록 진정되지 않을 거예요. 건드리니까 다 터져나오네요……

개들이 아이들을 물어뜯었어요…… 우리는 갈기갈기 찢긴 아이를 내려다보며 그 아이의 심장이 멎을 때를 기다렸다가 눈으로 아이를 덮어요… 그러면 그것이 봄까지 그 아이의 무덤이 되죠……

1945년…… 승전 후에…… 엄마는 즈다노비치로 요양소를 지으러 파견되었고, 나도 엄마와 함께 떠났어요. 그러다가 그곳에 남아 40년 동안 요양소에서 일하게 되었죠…… 첫 번째 돌을 놓을 때부터 난 그곳에 있었고, 모든 것이 내 눈앞에서 세워졌어요. 난 라이플총을 받아 독일군 포로 열 명을 일터로 데려가는 일을 했어요. 내가 처음으로 포로들을 데려갔을 때 아낙들이 우리를 에워싸더군요. 어떤 이는 돌을, 어떤 이는 삽을, 어떤 이는 몽둥이를 든 채로요. 난 라이플총을 들고 포로들 주위를 뛰어다니며 외쳐요. "아줌마들! 포로들을 건드리지 마세요…… 아주머니들, 내가 이 사람들을 책임지고 있다고요. 발포하겠어요!" 그러고는 허공으로 총을 쏴요.

아낙들이 울고, 나도 울어요. 독일군들은 가만히 서 있고요. 그자들은 눈을 들지 못해요.

엄마는 전쟁박물관에 날 한 번도 데려간 적이 없어요. 한번은 내가 총살된 사람들의 사진이 실린 신문을 읽는 것을 보고는, 신문을 빼앗고 야단을 쳤지요.

우리 집에는 지금까지도 전쟁에 대한 책이 한 권도 없답니다. 벌써 오래전부터 엄마 없이 살아가고 있는데 말이죠……

"1학년 때는 엄마가 날 안고 학교에
데려다주었답니다……"

인나 스타로보이토바—여섯 살

현재—농학자

엄마는 우리에게 입을 맞추고 길을 떠났어요……

막사에는 남동생, 사촌 남동생, 여동생, 그리고 나, 이렇게 우리 넷만 남았죠. 가장 큰 아이인 나는 일곱 살이었어요. 우리만 남게 된 것이 처음은 아니었기에, 우리는 울지 않고 조용히 처신하는 법을 터득하고 있었어요. 정찰대원인 엄마가 임무 수행을 위해 파견되었다는 점, 우리는 엄마를 기다려야 한다는 점도 알고 있었고요. 그때는 엄마가 우리를 마을로부터 데리고 나와주어서, 드디어 우리도 엄마와 함께 파르티잔 가족 막사에서 지내게 된 참이었어요. 그것은 우리의 오랜 꿈이었죠! 이제는 행복을 누리게 된 거예요.

우리는 앉아서 소리를 들어요. 나무들이 사락사락 소리를 내고, 여자들이 가까운 곳에서 빨래를 하며 자기 아이들에게 욕을 퍼부어요. 그런데 갑자기 "독일군이다! 독일군!"이라는 외침이 들려요. 다들 저마다 막사에서 뛰쳐나와 아이들을 부르고 숲속으로 멀리 달아나기 시작했어요. 엄마도 없이 우리끼리 어디로 도망가지? 혹시라도 엄마가 독일군이 막사로 온 걸 알고 우리한테 달려오지 않을까? 나이가 제일 많은 사람이 나였기 때문에 지시를 내려요. "다들 입 다

물어! 이곳은 어두우니까, 독일군이 우리를 찾지 못할 거야."

우리는 숨어 있었어요. 완전히 잠잠해졌어요. 누군가 막사 안을 엿보며 러시아어로 말했어요.

"누구 있니? 나오렴!"

목소리가 차분했어요. 우리는 막사에서 기어 나왔죠. 녹색 군복을 입은 키 큰 사람이 보였어요.

"아빠 있니?" 그 남자가 내게 물었어요.

"네."

"어디에 있니?"

"멀리 전선에 계세요." 난 숨김없이 털어놓았어요.

"엄마는 어디 있니?" 그 남자가 연이어 질문을 던졌어요.

"엄마는 파르티잔들과 함께 정찰을 나갔어요……"

다른 독일인이 다가왔어요. 검은 옷을 입고 있더군요. 그 사람들은 무언가 서로 이야기를 나누더니, 그 검은 옷의 남자가 한 손으로 우리에게 어디로 가야 할지를 가리켰어요. 그곳에는 미처 달아나지 못한 여자들과 그 자녀들이 서 있더군요. 검은 옷의 독일인이 우리 쪽으로 기관총을 돌렸어요. 그 사람이 이제 무엇을 하려는 것인지 깨달았어요. 난 미처 소리를 지를 새도 없이 어린 동생들을 끌어안았죠……

엄마의 울음소리에 눈을 떴어요. 그래요. 잠을 잔 것 같았어요. 몸을 약간 일으켜보니, 엄마가 구덩이를 파며 울고 있어요. 엄마가 내게 등을 돌린 채 서 있는데, 난 엄마를 부를 힘도 없어 겨우 바라보기만 했어요. 엄마는 숨을 돌리려 허리를 펴고는, 날 향해 고개를 돌리다가 소리를 질렀어요. "이노치카!"* 엄마는 내 쪽으로 몸을 던지며 날 얼싸안았어요. 한 팔로는 나를 안고, 다른 팔로는 나머지 아이들을 더듬었죠. 혹시 아이들 가운데 살아 있는 아이가 또 있지는 않을까? 아니요, 다른 아이들의 몸은 차갑게 식어 있었어요……

내가 어느 정도 치료를 받고 난 후, 엄마와 난 내 몸에 있는 아홉 개의 총상을 세었어요. 난 수를 셀 수 있었어요. 한쪽 어깨에 두 개, 다른 쪽 어깨에 두 개. 그럼 네 개가 되겠죠. 한쪽 다리에 두 개, 다른 쪽 다리에 두 개. 그럼 벌써 여덟 개죠. 그리고 목에 상처가 하나 있었어요. 그것으로 이제 아홉 개가 될 테죠.

전쟁이 끝났어요…… 1학년 때는 엄마가 날 안고 학교에 데려다주었답니다……

"사랑스러운 개야, 용서해다오, 사랑스러운 개야, 용서해다오……"

갈리나 피르소바—열 살

현재—연금 생활자

나에게는 꿈이 있었어요. 참새를 잡아먹는 꿈이었죠……

---

* 인나의 애칭이다.

드물긴 하지만 새들이 시내에 나타날 때가 가끔 있었어요. 심지어 봄에는 다들 참새를 쳐다보며 한 가지 생각만, 나와 똑같은 생각만 했죠. 똑같은 생각…… 어느 누구도 먹을 것에 대한 생각을 떨칠 수가 없었어요. 굶주림 때문에 나는 내면에서 언제나 한기를 느꼈죠. 끔찍할 정도로 차가운 내면의 한기를요. 맑은 날에도 그랬어요. 아무리 옷을 걸쳐도 추웠어요. 도무지 몸을 녹일 수가 없었죠.

정말 살고 싶었어요……

그 당시 우리가 살던 레닌그라드에 대해, 레닌그라드 봉쇄에 대해 들려줄게요. 기아가 우리를 죽였어요. 오랜 시간에 걸쳐 계속 죽였죠. 900일의 봉쇄…… 900일…… 하루가 영원처럼 느껴지던 때였어요. 배고픈 사람에게 하루가 얼마나 길게 느껴지는지 당신은 상상도 할 수 없을 거예요. 한 시간, 1분…… 오랫동안 점심을 기다리고, 그러고 나면 저녁을 기다려요. 봉쇄 시기의 배급 기준은 하루에 빵 125그램이었어요. 노동하지 않는 사람들을 위한 기준이었죠. 피부양자 배급표로…… 그 빵에서는 물이 흘러나왔어요…… 그것을 아침, 점심, 저녁을 위해 삼등분으로 나누어야 했죠. 마실 거라고는 끓인 물밖에 없었어요. 끓인 맹물 말이에요.

겨울에는(겨울이 가장 기억에 남아요) 어둠 속에서…… 오전 6시부터 빵가게 앞에서 줄을 섰어요. 몇 시간 동안 서 있었죠. 기나긴 시간이었어요. 내 순서가 다가오는 동안, 거리에는 다시 어둠이 깔려요. 촛불이 타고, 상인이 빵을 썰어요. 사람들은 서서 그 남자를 눈으로 쫓아요. 동작 하나하나를…… 광기에 찬 이글거리는 눈으로…… 그리고 그 모든 것이 침묵 속에서 이루어져요.

노선전차가 다니지 않아요. 물도 없고, 난방 장치도 없고, 전기도 없어요. 하지만 가장 끔찍한 것은 배고픔이에요. 난 단추를 씹고 있는 사람을 본 적이 있어요. 큰 단추, 작은 단추 가릴 것 없이요. 사람들이 굶주림으로 미쳐갔어요……

더 이상 소리를 들을 수 없게 된 때가 있었어요. 그때 우리는 고양이를 잡아먹었죠…… 우리가 그 고양이를 어떻게 잡아먹었는지 이야기해줄게요. 그 후에는 눈이 멀었어요…… 누가 우리에게 개를 끌고 왔죠. 그것이 나를 살렸답니다.

기억나지 않아요…… 자기 집 고양이나 개를 먹어도 좋다는 생각이 정상적인 것처럼, 평범한 것처럼 여겨진 게 언제부터인지 기억나지 않아요. 언제부터 일상이 되었을까? 그 순간을 되짚을 수가 없네요…… 비둘기와 제비에 이어, 갑자기 시내에서 고양이와 개가 사라지기 시작했어요. 우리 집에는 고양이도, 개도 없었어요. 어쩌다보니 우리는 그런 동물들을 집에 들이지 않았어요. 동물을, 특히 커다란 개를 집 안에 들이는 데에는 큰 책임이 따른다는 것이 엄마의 생각이었거든요. 그런데 엄마 친구가 자기 집 고양이를 차마 잡아먹을 수 없어 우리 집으로 데려왔어요. 우리도 먹었어요. 내 귀가 다시 들리기 시작하더군요…… 내 청력은 갑자기 사라졌어요. 아침에는 들렸는데, 저녁에는 엄마가 나에게 뭐라고 말하는데도 내가 아무런 반응을 보이지 않은 거예요.

시간이 흘렀어요…… 우리는 다시 죽어가고 있어요…… 엄마

친구는 우리에게 자기 집 개를 데려왔어요. 우리는 그 개도 먹었답니다. 그 개가 없었더라면 우리는 살아남지 못했을 거예요. 당연히 살아남지 못했겠죠. 그것은 분명한 사실이에요. 우리는 이미 굶주림 때문에 부어 있었어요. 여동생은 아침에 일어나려 하지 않았어요…… 개는 크고 귀여웠어요. 이틀 동안 엄마는 차마 손을 대지 못했죠…… 어떻게 하겠어요? 사흘째 되는 날, 엄마는 개를 부엌의 방열기에 묶더니, 우리를 길거리로 쫓아냈어요……

그 커틀릿이 기억나요…… 기억나요……

정말 살고 싶었어요……

우리는 종종 아빠의 사진 주위에 모여 앉곤 했어요. 아빠는 전선에 있었죠. 드물게 아빠로부터 편지가 오곤 했어요. "내 딸들아……" 아빠는 그렇게 편지를 썼죠. 우리는 답장을 보냈지만, 아빠의 마음을 어지럽히지 않기 위해 애썼어요.

엄마는 설탕 몇 조각을 보관했어요. 작은 종이봉투. 그것은 우리의 황금이었지요. 한번은…… 도저히 참을 수가 없지 뭐예요. 설탕이 어디에 있는지 난 알았어요. 나는 살금살금 기어들어가서 한 조각을 집었어요. 며칠 뒤 또 한 조각…… 그러고 나서…… 얼마의 시간이 흘러 또다시…… 엄마의 종이봉투에는 곧 아무것도 남지 않게 되었어요. 텅 빈 봉투……

엄마가 병을 앓았어요…… 엄마에게는 포도당이 필요했죠. 설탕이요…… 엄마는 더 이상 일어나지도 못했어요…… 가족회의에서 신성한 봉투를 꺼내기로 결정했어요. 우리의 보물을! 우리가 그것을 보관해온 것도 바로 이런 날을 위해서잖아! 엄마는 반드시 건강해질 거야. 맏언니는 봉투를 찾기 시작했지만, 설탕은 나오지 않았어요. 다들 온 집안을 샅샅이 뒤졌죠. 나도 모두와 함께 찾는 시늉을 했어요.

하지만 저녁에 솔직히 털어놓았죠.

언니가 날 때리고 깨물고 할퀴었어요. 난 언니에게 애원했죠. "날 죽여줘! 죽여! 이제 내가 어떻게 살겠어?" 난 죽고 싶었어요.

내가 당신에게 들려준 이야기는 불과 며칠간의 일이에요. 하지만 그런 날들이 총 900일이었다고요.

900일 동안 그런 나날들을 보낸 거예요⋯⋯

내 눈앞에서 한 여자아이가 어떤 여자의 막사에서 작은 흰 빵을 하나 훔친 적이 있어요. 조그마한 여자아이였죠⋯⋯ 사람들이 그 애를 쫓아가 땅바닥에 쓰러뜨리고는 때리기 시작했어요⋯⋯ 무서울 정도로 때렸어요. 사투를 벌이는 것 같았죠. 그런데 그 여자아이는 서둘러 빵을 먹어치우고는 꿀꺽 삼키더군요. 맞아 죽기 전에 삼켜버린 거죠.

900일 동안 그런 나날을⋯⋯

우리 할아버지는 몹시 쇠약한 나머지 한번은 길거리에서 쓰러지고 말았어요. 할아버지는 이미 생에 작별을 고했지요. 그런데 한 노동자가 그 옆을 지나갔어요. 노동자들의 식량배급표는 조금 더 좋았어요. 잠시 동안이긴 했지만 더 좋았죠⋯⋯ 어쨌든⋯⋯ 그 노동자가 걸음을 멈추고, 할아버지의 입안에 해바라기 기름을 흘려넣은 거예요. 자신이 배급받은 것 전부를요. 할아버지는 집까지 걸어와 우리에게 그 일을 들려주며 울었어요. "그 사람의 이름도 모르다니!"

900일……

사람들은 유령처럼 느릿느릿 시내를 돌아다녔어요. 꿈속인 양…… 깊은 잠에 빠진 양…… 그러니까 내 말은, 당신이 그 모습을 보면 자신이 꿈을 꾸는 것 같다고 생각할 거라는 얘기예요…… 그 느릿느릿한…… 마치 헤엄을 치는 듯한 그 움직임…… 마치 지면이 아닌 물속을 걸어가는 듯 보이죠……

굶주림으로 목소리가 변하거나 아예 사라지기도 했어요. 목소리로 남자와 여자를 구분하는 건 불가능했죠. 옷으로도 구분할 수 없었어요. 다들 누더기를 싸매고 다녔으니까요. 우리의 아침 식사는…… 우리의 아침 식사는 벽지 한 조각이었어요. 낡은 벽지이긴 해도, 거기에는 풀이 남아 있으니까요. 그 벽지와…… 끓인 물이 바로……

900일 동안……

나는 빵집에서 나와요…… 하루 치 배급량을 받았어요. 그 빵 부스러기, 그 초라한 양이라니…… 개 한 마리가 맞은편에서 달려와요. 내 옆에 이르자 킁킁거리며 냄새를 맡아요. 빵 냄새를 느낀 거죠.

난 우리에게 행운이 찾아왔다는 것을 깨달았어요. 이 개는…… 우리의 구세주였어요! 난 개를 집으로 데려왔답니다……

나는 그 개에게 빵 조각을 주었고, 개는 내 뒤를 졸졸 따라왔어요. 집 근처까지 와서도 계속 빵을 조금씩 뜯어주었어요. 개가 내 손을 핥더군요. 우리는 우리 집 대문으로 들어섰어요…… 하지만 개는 마지못해 계단을 올라갔고, 한 계단 오를 때마다 멈춰 섰어요. 나는 우리의 빵을 전부 개한테 주었죠…… 한 조각 한 조각 차례차례…… 우리는 4층까지 그렇게 올라갔어요. 우리 집은 5층이었죠. 그런데 그때 개가 고집스럽게 버티고 서서 더 이상 가려 하지 않고 날 쳐다봐요…… 뭔가를 느낀 것 같아요. 상황을 파악한 것 같아요. 난 개를 끌어안으며 용서를 구해요. "사랑스러운 개야, 용서해다오…… 사랑스러운 개야, 용서해다오……" 그러자 개가 떠났어요.

정말 살고 싶었어요……

들었어요…… 라디오에서 "봉쇄가 뚫렸습니다! 봉쇄가 뚫렸습니다!"라는 뉴스가 나왔어요. 우리보다 더 행복해한 사람은 없었어요. 이보다 더 행복할 수는 없었죠. 우리는 버텨낸 거예요! 봉쇄가 뚫렸다고요……

아군 군인들이 우리 거리를 돌아다녔어요. 난 그 군인들에게로 달려갔죠…… 하지만 기운이 없어서 부둥켜안을 수는 없었답니다.

레닌그라드에는 많은 기념비가 있어요. 하지만 반드시 있어야 할 한 가지가 없답니다. 그것에 대해 다들 잊고 있어요. 그것은 바로 봉쇄 시기의 개에게 바치는 기념비예요.

사랑스러운 개야, 용서해다오……

"엄마가 피했어요. '내 딸이 아니라고요! 내 딸이
아—니—란—말—이—에—요!'"

파이나 류츠코—열다섯 살

현재—영화 관계자

매일같이 기억을 떠올리면서도, 이렇게 살아가고 있네요…… 어떻게 내가 살아 있을 수 있죠? 설명 좀 해줘요……

기억나요. 징벌대원들은 전부 검은색이었어요. 새까만 색…… 높은 군모를 쓰고…… 놈들의 개조차 검었지요. 번쩍거렸어요.

우리는 저마다 자기 엄마에게 바싹 달라붙었어요…… 놈들은 모두를, 마을 전체를 죽이지는 않았어요. 오른쪽에 서 있던 사람들만 붙잡아갔죠. 엄마와 우리도 그곳에 서 있었어요…… 놈들은 우리를 갈라놓았어요. 아이와 부모들을 따로따로 세웠죠. 우리는 이런 식으로 이해했어요. 놈들이 이제 우리 부모님들을 총살하고 우리는 살려두겠구나, 라고요. 그곳에 내 엄마도 있었어요…… 하지만 난 엄마 없이 살고 싶지 않았답니다. 난 엄마한테 보내달라고 애원하며 울었어요. 어떻게든 그 속으로 비집고 들어갔죠……

그런데 엄마는 나를 보자 소리쳤어요.

"이 아이는 내 딸이 아니에요!"

"엄마! 엄……"

"이 아이는 내 딸이 아니에요! 내 딸이 아니라고요! 내 딸이 아—

니—란—말—이—에—요!"

"어—엄—마!"

엄마 눈에는 눈물이 아니라 피가 가득 고여 있었어요. 피가 가득 고인 눈이라니……

"이 아이는 내 딸이 아니에요!"

난 어디론가 끌려갔어요…… 그러고는 봤죠. 놈들이 먼저 아이들을 쏘는 것을요. 그렇게 총을 쏘다가, 부모들이 고통스러워하는 모습을 구경하더군요. 내 여동생 두 명과 남동생 두 명도 총살을 당했어요. 놈들은 아이들을 죽이고 난 후, 부모들을 죽이기 시작했어요. 이미 엄마는 보이지 않았어요…… 아마도 쓰러진 것이겠죠……

한 여자가 선 채로 젖먹이를 안고 있었어요. 아기는 작은 병에 든 물을 빨고 있었죠. 놈들은 처음에는 병을, 그다음에는 아기를 쐈어요…… 그러고 나서야 아기 엄마를 쏴 죽이더군요……

그 모든 일을 겪은 후에도 내가 살아 있다는 것이 놀라워요. 난 아이의 몸으로 살아남았어요…… 하지만 어떻게 어른이 되고도 이렇게 살아갈 수 있을까요? 내가 어른이 된 건 이미 오래전인데……

"과연 우리가 아이였나요? 우리는 어엿한 남자고 여자였습니다……"

빅토르 레신스키—여섯 살

현재—에너지 전문학교 교장

나는 손님이었습니다. 이모가 여름에 나를 집으로 초대했죠……

우리는 비호프에, 이모는 비호프 근교의 코무나 마을에 살았습니다. 마을 한가운데에는 기다란 건물이 있었어요. 스무 세대가 사는 공동 주택이었죠. 그것이 내가 기억해낼 수 있는 전부입니다.

"전쟁이다!"라는 말이 들려요. 부모님에게 가야 해요. 이모는 날 보내주지 않았습니다.

"전쟁이 끝나면 가."

"전쟁이 금방 끝날까요?"

"물론, 곧 끝날 거야."

얼마 후 부모님이 이모 집까지 걸어서 왔습니다. "비호프에 독일 군이 들어왔단다. 사람들은 이 마을 저 마을로 흩어져 달아났어." 우리는 이모 집에 남았습니다.

겨울에 파르티잔이 집을 찾아왔습니다…… 나는 라이플총을 만져보게 해달라고 졸랐죠. 그 사람들은 엄마의 조카로, 나의 이종사촌 형들이었습니다. 형들은 큰 소리로 웃더니, 내가 라이플총을 쥐어볼 수 있게 해주었습니다. 무겁더군요.

집 안에서는 계속 가죽 냄새가 났습니다. 따뜻한 아교풀 냄새도요. 아버지는 파르티잔들에게 부츠를 지어주었습니다. 나도 아버지에게 부츠를 지어달라고 졸랐죠. 아버지는 "기다려. 지금은 할 일이 많단다"라고 말했어요. 기억납니다. 난 주장했죠. 내 발은 작으니 작은 부츠가 필요하다고요. 아버지는 약속했답니다……

아버지에 대한 마지막 기억은, 아버지가 길거리로 내몰려 큰 트럭으로 가는 모습입니다…… 몽둥이로 머리를 맞았지요……

전쟁이 끝났습니다. 우리에게는 아버지도, 집도 없었어요. 열한 살인 내가 맏이였지요. 다른 두 동생, 즉 남동생과 여동생은 아직 어렸습니다. 엄마는 대출을 받아서 낡은 농가를 한 채 샀습니다: 그런데 지붕이 무척 허술해서, 비가 오면 몸을 피할 곳도 없이 온통 비가 샜지요. 물을 들이붓는 것 같았습니다. 열한 살이던 내가 직접 창문을 달고, 지붕의 짚도 갈았어요. 헛간도 짓고……

어떻게 했냐고요?

첫 번째 통나무는 내 손으로 직접 굴려와서 터에 놓았습니다. 두 번째 때는 엄마가 도왔고요. 그 이상 쌓는 것은 우리 힘만으로는 어려웠습니다. 나는 이런 식으로 했답니다. 땅바닥에서 통나무를 대패로 깎고 각을 낸 후, 여자들이 밭으로 일하러 갈 때를 기다립니다. 아침에는 여자들이 동시에 달라붙어 그 통나무를 올려줍니다. 그러면 내가 그것을 더 뾰족하게 깎고 각을 냅니다. 저녁까지 통나무를 하나 더 대패로 깎습니다. 여자들이 저녁에 일을 끝내고 집으로 돌아가다가 들어올려줍니다…… 그렇게 해서 벽이 점점 더 높아집니

다······

마을에는 농가가 일흔 세대 있었는데, 전선에서 돌아온 남자는 고작 두 명뿐이었습니다. 한 명은 목발을 짚었고요. "애야! 애야!" 엄마가 나를 내려다보며 슬피 울었습니다. 저녁이면 난 앉은 자리에서 그대로 잠이 들었답니다.

과연 우리가 아이였나요? 열 살, 열한 살이던 우리는 어엿한 남자고 여자였습니다······

"아빠 옷을 낯선 아저씨에게 주지 마세요······"

발레라 니치포렌코―여덟 살

현재―버스 운전기사

그때는 이미 1944년이었습니다······

아마 난 벌써 여덟 살이었을걸요? 여덟 살이었을 거라고 생각합니다······ 우리는 아버지가 없다는 사실을 이미 알았어요. 다른 집 사람들은 기다렸지요. 전사통지서를 받는 경우도 있었지만, 어쨌든 기다렸습니다. 하지만 우리에게는 확실한 표식이 있었어요. 증거요. 아버지의 친구가 아버지 시계를 보내주었거든요. 아들인 나에게······ 아버지가 임종을 앞두고 친구 분에게 그렇게 해달라고 부탁한 것이죠.

우리는 엄마의 적은 임금으로 셋이서 살았습니다. 물과 빵으로 하루하루 근근이 살아갔죠. 여동생이 앓기 시작했습니다. 개방성 결핵*이라는 진단이 내려졌어요. 의사들이 엄마에게 말했죠. 영양 섭취를 잘 시켜야 한다, 버터와 꿀을 먹여야 한다, 그것도 매일 버터를 먹여야 한다고요. 우리에게 버터는 황금이나 다름없었어요. 황금 한 조각…… 있음 직하지 않은 어떤 것…… 시장의 가격에 비춰보면, 엄마의 임금으로는 흰 빵 세 개를 살 수 있었어요. 그 돈으로는 버터도 200그램밖에 살 수 없었죠.

　우리에게는 아직 아빠의 옷이 남아 있었습니다. 멋진 옷이었어요. 엄마와 난 그 옷을 들고 시장으로 갔죠. 사려는 사람이 나타났습니다. 그것도 빨리요. 그 옷은 근사했거든요. 아버지는 전쟁 직전에 그 옷을 사서 미처 입어보지도 못했습니다. 옷은 옷장 안에 걸려 있었지요…… 새 옷인 채로요…… 사려는 사람은 값을 묻고 흥정을 하더니, 엄마에게 돈을 건넸습니다. 나는 시장 전체가 쩌렁쩌렁 울리도록 큰 소리로 외쳤지요. "아빠의 옷을 낯선 아저씨에게 주지 마세요!" 경찰까지 우리에게 다가올 정도였답니다……

　이후에 아이들은 전장에 없었다고 누가 말할 수 있겠어요? 누가……

---

* 환자의 가래와 같은 배출물 속에 균이 섞여 있어 전염될 우려가 있는 결핵이다.

"밤마다 난 울었어요. 나의 명랑한 엄마는 어디에 있을까?"

갈랴 스판놉스카야—일곱 살

현재—설계기사

기억에는 색이 있답니다……

전쟁이 일어나기 전의 것은 전부 움직임으로 기억에 남아 있어요. 그것은 움직이면서 색채를 바꿔요. 색채는 언제나 선명하고요. 하지만 전쟁과 고아원에 대한 기억은 전부 멈춰 있는 것 같아요. 색채도 회색이고요.

우리는 후방으로 소개되었어요. 아이들만요. 엄마도 없이. 오랫동안, 어째서인지 아주 오랫동안 이동했죠. 비스킷과 초콜릿 버터로 끼니를 때웠어요. 아마 여정 도중이라 다른 것은 전혀 구할 수 없었나봐요. 전쟁 전에 난 비스킷과 초콜릿 버터를 좋아했어요. 그건 정말 맛있답니다. 하지만 한 달의 여정을 끝낸 후에는 그것들을 평생 싫어하게 되었죠.

전쟁 내내 나는 엄마가 얼른 와서 날 데리고 민스크로 돌아가주기만 바랐답니다. 거리, 우리 집 부근의 영화관이 꿈에 보였어요. 노면전차의 종도 꿈에 나왔죠. 우리 엄마는 정말 좋은 분이었답니다. 무척 명랑했어요. 엄마와 난 친구처럼 지냈죠. 아빠는 기억나지 않아요. 우리 아빠는 일찍 돌아가셨거든요.

그런데 엄마가 날 찾아 고아원으로 왔어요. 전혀 예상하지 못한 일이었어요! 얼마나 기뻤던지! 엄마에게 달려가요…… 문을 열어요…… 어떤 군인이 서 있어요. 부츠를 신고 승마바지를 입고 조종사 모자를 쓰고 군복 상의를 걸쳤어요. 이 사람은 누구지? 그런데 알고 보니, 그 사람은 바로 내 엄마였어요. 기쁨으로 가슴이 터질 것 같았어요! 게다가 엄마가 군인이에요!

엄마가 어떻게 떠났는지는 기억나지 않아요. 난 정말 많이 울었거든요. 그래서 기억나지 않나봐요.

다시 엄마를 기다리고 또 기다려요. 3년 동안 기다려요. 엄마는 원피스를 입고 구두를 신은 차림으로 왔어요. 엄마가 날 데리러 와주었다는 그 기쁨 때문에 내 눈에는 아무것도 보이지 않았어요. 엄마만 있어도 얼마나 기뻤던지! 난 엄마를 보면서도, 엄마에게 한쪽 눈이 없다는 것을 알아차리지 못했어요. 엄마라는 존재는 기적 같은 것이랍니다…… 엄마에게 아무 일도 일어나지 않았을 리 없는데…… 엄마! 하지만 엄마는 몹시 아픈 몸으로 전선에서 돌아왔어요. 이제 전혀 다른 엄마가 되어버렸지요. 엄마는 거의 웃지 않았어요. 예전처럼 노래도, 농담도 하지 않고 많이 울었죠.

우리는 민스크로 돌아온 뒤로 몹시 힘들게 살았어요. 내가 그토록 좋아하던 우리 집도 찾지 못했죠. 우리 영화관도 없고…… 우리 거리도 없었어요…… 그 모든 것 대신 오로지 돌만 있었죠……

엄마는 언제나 우울해했어요. 농담도 하지 않고, 말도 거의 하지 않았어요. 대체로 침묵에 잠겨 있었죠.

밤마다 난 울었어요. 나의 명랑한 엄마는 어디에 있을까? 하지만 아침이면, 엄마가 내 눈물을 눈치 채지 못하게 생글생글 웃었답니다……

"그자가 나를 날아가게 내버려두지 않습니다……"

바샤 사울첸코—여덟 살
현재—사회학자

전쟁이 끝난 후 똑같은 꿈이 오랫동안 나를 괴롭혔습니다……

처음으로 죽인 독일인에 대한 꿈입니다. 그 독일인을 죽인 사람은 바로 나입니다. 하지만 그 시체는 보지 않았지요. 내가 날고 있습니다. 그런데 그 남자가 날 놓아주지 않아요. 공중으로 떠올라서…… 드디어 날려고 하는데…… 날아가려는데…… 그자가 쫓아옵니다. 그러다가 난 그자와 함께 땅에 곤두박질칩니다. 구덩이 같은 곳에 빠지죠. 난 일어나고 싶은데, 일어서고 싶은데…… 그자가 그렇게 하도록 내버려두지를 않습니다…… 그자 때문에 난 날아갈 수가 없어요……

똑같은 꿈…… 그 꿈이 수십 년 동안 날 떠나지 않고 괴롭혔습니다……

내가 그 독일인을 죽였을 즈음, 난 이미 많은 것을 목격했지요……

나의 할아버지가 길거리에서, 나의 할머니가 우리 우물 옆에서 총살당하는 것을 봤습니다…… 엄마는 내 눈앞에서 개머리판으로 머리를 맞았고요…… 엄마의 머리칼이 핏빛이 되었습니다…… 하지만 내가 그 독일인을 총으로 쐈을 때는…… 나에게는 미처 생각할 틈도 없었어요. 그 사람은 부상병이었습니다…… 난 그의 자동소총을 손에 넣고 싶었습니다. 그 자동소총을 빼앗으라는 지시도 받았고요. 난 열 살이었고, 파르티잔은 이미 나에게 이런저런 임무를 맡기고 있었습니다. 독일인에게 가까이 달려가는데, 내 눈앞에서 피스톨이 춤추는 게 보입니다. 독일인이 두 손으로 그 총을 움켜쥐고 내 얼굴 앞에 들이댑니다. 하지만 그는 미처 쏘지 못합니다. 먼저 총을 쏘는 데 성공한 쪽은 나였거든요……

난 내가 사람을 죽였다는 사실에 놀라지 않았습니다…… 또 전쟁 동안에는 그 일을 떠올리지도 않았습니다. 주위의 많은 사람이 죽임을 당했고, 또 우리는 살해된 사람들 틈에서 살아가고 있었습니다. 심지어 익숙해지기까지 했죠. 단 한 번 무서움을 느낀 적이 있었습니다. 어느 마을에 들렀습니다. 불살라진 지 얼마 안 된 마을이었습니다. 아침에 불타버린 마을로, 저녁 무렵에 우리가 들어간 것이죠. 난 불에 탄 여자를 봤습니다…… 온통 새까맣게 타버린 여자가 누워 있었는데, 손이 하얀 겁니다. 그 손은 살아 있는 여자의 손이었어요. 그때 처음으로 난 무서움을 느꼈습니다. 비명을 지르고 싶었지만 간신히 참았지요.

아뇨, 난 아이가 아니었습니다. 내가 아이였던 때가 기억나지 않습니다. 비록 죽은 사람은 무섭지 않았지만, 밤이나 저녁에 묘지를 지나치는 것은 무서웠습니다. 땅 위에 있는 시신은 무섭지 않았지만, 땅속에 있는 시신은 무서웠지요. 어린아이다운 공포…… 그것은 남아 있었습니다. 비록 어린아이들은 아무것도 두려워하지 않는다고 생각하긴 합니다만……

벨라루스가 해방되었습니다…… 어디에나 독일인 시체가 널려있었죠. 동포들의 시신은 거두어져 합장合葬되었습니다만, 그 독일인들 시체는 오랫동안 너부러져 있었습니다. 특히 겨울에는 더 오래 있었죠. 아이들은 시체를 구경하러 들판으로 달려갔습니다…… 그리고 별로 멀지 않은 곳에서 곧바로 '전쟁놀이'며 '코사크-강도놀이'를 했지요.

오랜 세월이 흘러 죽은 독일인에 대한 그 꿈을 다시 꾸었을 때, 난 깜짝 놀랐습니다…… 나로서는 전혀 예상치 못한 일이었습니다……

그러나 그 꿈은 수십 년 동안 날 괴롭혔습니다……

나에게는 이미 성인이 된 아들이 있습니다. 아들이 어렸을 때는 다름 아닌 이런 생각이 날 괴롭혔지요. '이야기를 해보자. 아들에게 전쟁에 대해 이야기해보자'라는 생각이요. 아들이 이것저것 물으면, 난 대화를 피했습니다. 난 아들에게 옛날이야기를 읽어주는 것을 좋아했습니다. 아들에게만큼은 어린 시절이 있기를 바랐습니다. 아들은 성인이 되었습니다. 하지만 난 여전히 아들과는 전쟁에 대해 이야기하고 싶지 않습니다. 어쩌면 언젠가 내 꿈에 대해 아들에게 이야기할지도 모르겠습니다. 어쩌면…… 확신할 수는 없지만……

그 이야기는 분명 아들의 세계를 파괴할 겁니다. 전쟁 없는 세계
를…… 인간이 인간을 죽이는 모습을 보지 않은 사람, 그는 전혀 다
른 부류의 사람이니까요……

"다들 '승리' 라는 말에 입을 맞추고 싶어했답니다……"

아냐 코르준―두 살
현재―축산 기사

전쟁이 어떻게 끝났는지 기억해요…… 1945년 5월 9일……
아주머니들이 유치원으로 달려왔어요.

"얘들아, 이겼어! 우리가 이―겼―어!"

다들 웃다가 울어요. 울다가 웃기도 하고요.

모두가 우리에게 입을 맞추기 시작해요. 모르는 아주머니들
이…… 입을 맞추며 울어요…… 또 입을 맞추고…… 확성기를 켰
어요. 다들 귀를 기울였어요. 어린 우리는 거기서 나오는 말을 알아
들을 수 없었지만, 기쁨이 위에서, 검은 원반 모양의 확성기에서 흘
러나오고 있다는 것을 이해했답니다. 어른들이 번쩍 들어올려준 아
이들도 있었고…… 직접 기어 올라간 아이도 있었어요…… 서로의
등을 계단처럼 밟고 올라가는 아이들도 있었는데, 세 번째나 네 번
째로 올라가는 아이만 겨우 검은 확성기에 키가 닿아 입을 맞출 수

있었죠. 그런 다음에는 교대했어요…… 다들 '승리'라는 말에 입을 맞추고 싶어했답니다……

저녁에는 축포도 울렸죠. 하늘이 환했어요. 엄마는 창문을 열고 울음을 터뜨렸어요.

"딸, 평생 이날을 기억하렴……"

전선에서 아버지가 돌아왔을 때, 난 아버지가 무서웠어요. 아버지는 나에게 사탕을 주며 애원해요.

"아빠라고 해봐."

난 사탕을 집어들고는 테이블 밑에 숨어요.

"아저씨……"

전쟁 기간 내내 나에게는 아빠가 없었어요. 난 엄마, 외할머니, 이모 틈에서 자랐죠. 아빠가 우리 집에서 무엇을 할지 도무지 상상조차 할 수 없었어요.

그런데 아빠가 라이플총을 들고 돌아온 거예요……

"아버지의 군복 상의로 지은 루바시카를 입고……"

니콜라이 베료스카—1945년 출생

현재—택시 기사

나는 1945년에 태어났습니다. 하지만 전쟁을 기억한답니다. 나도 전쟁을 알아요.

어머니는 다른 방에서 자신의 몸으로 나를 가리거나…… 길거리에 있는 사내아이들 쪽으로 나를 보내곤 했습니다…… 그래도 내 귀에는 아버지가 지르는 비명이 들렸습니다. 아버지는 오랫동안 비명을 질렀죠. 난 두 문짝 사이의 틈새에 달라붙어 있었습니다. 아버지는 두 손으로 아픈 다리를 움켜쥔 채 흔들었습니다. 때로는 마루 위를 데굴데굴 구르며 주먹으로 마룻바닥을 쿵쿵 치기도 했고요. "전쟁! 저주받을 전쟁 같으니!"

통증이 가시면 아버지는 날 안아주었습니다. 그러면 나는 아버지의 다리를 만지작거리며 물었죠.

"전쟁이 아파요?"

"전쟁은 말이다! 그건 저주받을 것이란다." 아버지는 이렇게 대답했답니다.

또…… 이웃집에 어린 사내아이 둘이 있었는데…… 난 그 아이들과 친했지요…… 그 아이들은 마을 밖에서 지뢰를 밟고 죽었습니다. 그 일은 아마도 1949년에 일어났을 겁니다……

그 아이들의 어머니인 아냐 아주머니는 묘지 속으로 뛰어들었지요…… 사람들이 아주머니를 밖으로 끌어냈습니다…… 아주머니는 울부짖었습니다…… 인간이 부르짖는 것 같지 않았어요……

나는 아버지의 군복 상의로 지은 루바시카를 입고 학교에 다녔습니다. 얼마나 행복했다고요! 아버지가 전쟁에서 돌아온 집의 사내아이들은 누구나 아버지의 군복 상의로 지은 루바시카를 갖고 있었죠.

전쟁 후 아버지는 전쟁 때문에 죽었습니다. 부상 때문에요.

나로서는 전쟁에 대해 생각해내려고 애쓸 필요도 없습니다. 전쟁을 봤으니까요. 지금도 전쟁에 대한 꿈을 굽니다. 꿈속에서 난 엉엉 울며 이렇게 말합니다. 내일 그 사람들이 와서 우리 아빠를 잡아갈 거야. 집에서는 새 군복 냄새가 납니다……

전쟁! 그것은 저주받을 것이랍니다……

"나는 빨간 카네이션으로 장식했어요……"

현재—기술자

나는 전쟁 기간에 태어났어요. 그리고 전후에 성장기를 보냈고요.

그리고 우리는…… 전쟁터에서 아버지가 돌아오기를 기다리고 있어요……

엄마는 날 위해 온갖 방법을 다 썼어요. 내 머리를 까까머리로 깎기도 하고, 석유를 문지르기도 하고, 연고를 바르기도 했죠. 하지만 난 스스로가 못 견디게 싫었어요. 부끄러웠어요. 심지어 안마당으로도 나가지 않았죠. 전후 첫해의 이와 부스럼…… 그것들을 피할 길이 없었어요……

그때 그 전보가, 아버지가 제대한다는 전보가 온 거예요. 우리는 역으로 아버지를 맞이하러 갔어요. 엄마는 날 예쁘게 입혔어요. 정수리에 빨간 나비 리본도 묶어주었고요. 그 리본이 어떻게 붙어 있었는지 이해할 수 없어요. 게다가 그것이 계속 내 머리를 쿡쿡 찔렀어요. "긁지 마. 긁지 마." 참을 수 없을 정도로 가려웠어요! 빌어먹을 리본이 이제 곧 벗겨져 떨어질 것 같았어요. 머릿속에서 생각이 뱅글뱅글 맴돌았어요. '갑자기 아버지가 날 싫어하게 되지 않을까? 날 아직 한 번도 본 적이 없잖아.'

하지만 그보다 훨씬 더 나쁜 일이 일어났어요. 아버지는 날 보고는 내가 있는 곳으로 먼저 달려오려고 했어요. 하지만 바로 그때…… 일순간이었지만, 아주 짧은 순간이었지만…… 난 금방 그것을 느꼈어요…… 살갗으로, 온몸으로…… 아버지는 마치 피하는 것 같았어요…… 한순간…… 그것은 너무도 모욕적이었어요. 어찌나 견딜 수 없이 비참했던지, 아버지가 날 안아올렸을 때, 난 온 힘을 다해 아버지의 가슴을 밀치고 말았답니다. 불현듯 석유 냄새가 코를 찔렀어요. 그 냄새는 벌써 1년 동안 언제 어디서나 날 따라다녔기 때문에 나조차 느끼지 못했는데. 이미 익숙해져버렸는데. 그런데 그 자리에서 그 석유 냄새를 느낀 거예요. 아마 아버지에게서 무척 근사하고 낯선 향기가 풍겼기 때문일 거예요. 쇠약해진 엄마나 나에 비해 아버지는 아주 잘생겨 보였어요. 그 점이 내 마음을 아프게 찔렀어요. 난 리본을 잡아떼어 땅바닥에 내동댕이쳤답니다. 그러고는 발로 짓밟아버렸죠.

"무슨 짓이야?" 아버지가 깜짝 놀랐어요. "당신의 성격을 쏙 빼닮았잖아요." 모든 것을 헤아린 엄마는 소리 내어 웃으며 이렇게 말했어요.

엄마는 두 팔로 아빠에게 매달렸고, 두 사람은 그렇게 집으로 걸어왔어요.

밤이면 나는 엄마를 부르며, 날 엄마의 침대에 데려가달라고 졸랐죠. 난 언제나 엄마와 잔걸요…… 전쟁 내내…… 하지만 엄마는 마치 자는 것처럼 아무 대꾸도 하지 않았어요. 나에게는 울분을 털어놓을 사람이 없었어요.

난 잠에 빠져들면서 고아원으로 달아나겠다고 굳게 결심했답니다……

아침에 아버지는 나에게 인형 두 개를 선물했어요. 나는 다섯 살까지 진짜 인형을 가져본 적이 없었어요. 헝겊 인형밖에 없었죠. 할머니가 손수 만들어준 것들이었어요. 아버지가 가져온 인형들은 눈을 떴다 감았다 했고, 손발도 움직였어요. 한 인형은 '엄마'처럼 들리는 말을 쫑알거리기도 했어요. 나에게는 그 모습이 마법처럼 보였지요. 나는 그 인형들을 무척 소중히 여겼고, 길거리에 들고 나가는 것조차 두려워했죠. 하지만 작은 창문 틈으로는 보여줬죠. 우리는 1층에서 살았는데, 안마당에 있던 아이들이 전부 내 인형들을 보러 모여들곤 했어요.

난 허약하고 병치레가 잦았어요. 늘 운이 좋지 않았죠. 이마가 찢어지기도 하고, 못에 찔려 다치기도 했어요. 걸핏하면 정신을 잃고 쓰러졌고요. 그래서 아이들도 나를 놀이에 좀처럼 끼워주지 않았어요. 나도 할 수 있는 한 아이들의 환심을 사려고 해봤지만, 그렇게 하지 못했어요. 결국 청소부 아주머니의 딸인 두샤에게 아첨을 하기에 이르렀지요. 두샤는 착실하고 명랑해서, 다들 그 아이와 노는 것을 좋아했어요.

두샤는 나에게 인형을 들고 나오라며 졸랐고, 난 버텨낼 수 없었어요. 사실 금방은 아니고 얼마 동안 저항하긴 했지만요.

"너랑 안 놀아." 두샤가 위협했어요.

그 말은 나에게 곧바로 영향력을 발휘했죠.

나는 '말하는' 인형을 들고 나갔어요. 하지만 우리는 그다지 오래 놀지 못했답니다. 어떤 이유로 다툼이 생겼고, 사태는 한바탕 요란한 싸움으로 번졌어요. 두샤는 내 인형의 다리를 잡고 벽을 쾅쾅 쳤어요. 인형의 머리가 떨어지고 배에서 단추가 뜯겨나갔죠.

"두샤, 너 미쳤니?" 모든 아이가 울기 시작했어요.

"쟤는 뭔데 자기 맘대로 하니?" 두샤의 뺨이 눈물로 얼룩졌어요. "쟤한테는 아빠도 있고, 뭐든지 해도 돼. 인형도, 아빠도 전부 가진 아이는 이 애뿐이야."

두샤에게는 아빠도, 인형도 없었어요……

우리는 테이블 밑에 첫 번째 크리스마스트리를 놓았어요. 그 무렵에는 할아버지 집에서 비좁게 지냈어요. 어찌나 옹색했던지, 빈자리라고는 큰 테이블 아래밖에 없었어요. 우리는 그곳에 작은 전나무를 세워놓았죠. 난 빨간 카네이션으로 전나무를 장식했어요. 그 전나무가 얼마나 신선하고 깨끗한 향기를 풍겼는지 지금도 생생하게 기억나요. 그 향기는 그 무엇에도 묻히지 않았어요. 할머니가 끓이던 옥수수죽도, 할아버지가 부츠를 지을 때 쓰던 밀랍 먹인 실도 그 향기를 지우지 못했답니다.

나에게는 유리구슬이 있었어요. 내 보물이었죠. 전나무에는 구슬을 얹어놓을 마땅한 자리가 없었어요. 난 어느 방향에서나 볼 수 있도록 그 구슬을 얹고 싶었답니다. 구슬은 반짝반짝 빛났어요. 난 그것을 나무 꼭대기에 달았어요. 하지만 잠자리에 들었다가 다시 그것을 떼고 숨겨두었지요. 없어질까봐 겁이 났거든요.

난 빨래통에서 잤어요. 아연으로 만들어진 빨래통에는 서리 무늬가 있고 푸른빛이 돌았지요. 세탁 후에 아무리 빡빡 씻어도, 속옷이나 시트를 빨 때 사용한 양잿물 냄새가 가시질 않았어요. 그 시절에는 비누가 귀했거든요. 난 그 통이 마음에 들었어요. 특히 아플 때면, 빨래통의 차가운 가장자리에 이마를 대고 있는 것을 좋아했지요. 그것을 요람처럼 흔드는 것도 무척 좋아했고요. 그럴 때면 통은 밀고자처럼 시끄럽게 소리를 내기 시작했고, 난 야단을 맞았어요. 우리는 빨래통을 몹시 소중히 여겼어요. 그것은 우리 집에서 전쟁이 일어나기 전부터 있던 유일한 물건이었거든요.

그러다 갑자기 우리는 침대를 사요…… 등받이에 반짝이는 구슬이 있어요…… 이 모든 것에 난 말로 표현할 수 없는 큰 기쁨에 휩싸였어요! 난 침대 위로 기어 올라가 곧장 마룻바닥으로 쿵 떨어져봤어요. 이럴 수가! 과연! 난 그렇게 예쁜 침대에서 잘 수 있다는 것을 믿기 어려웠죠.

아빠는 마룻바닥에 주저앉은 날 보고는, 날 일으켜 품에 꼭 안아주었답니다. 나도 아빠에게 착 달라붙었고요…… 엄마처럼 아빠의 목에 팔을 두르고 안아주었어요.

아빠가 얼마나 행복하게 웃음을 터뜨렸는지 기억나요……

"오랫동안 아빠를 기다렸습니다…… 평생……"

아르세니 구친―1941년 출생
현재―전기 기술자

승전의 날, 나는 네 살이 되었습니다……

아침부터 난 모두에게 말했죠. 난 이미 다섯 살이라고요. 다섯 번째 해를 맞은 게 아니라 진짜 다섯 살이 되었다고요. 어른이 되고 싶었답니다. 아빠는 전쟁에서 돌아올 겁니다. 하지만 난 이미 어른이랍니다.

그날 의장이 여자들을 불렀습니다. "우리가 승리했습니다!" 그러고는 모든 사람에게 입을 맞추었답니다. 한 사람 한 사람 모두에게요. 난 엄마와 함께 있었습니다…… 난 기뻤는데, 엄마는 울더군요.

모든 아이가 모였습니다…… 마을 밖으로 나가 독일군 차에서 빼낸 타이어를 불태웠습니다. "우라! 우라―아! 승리다!" 숲속에서 타이어 앞에 쌓아올린 독일군 철모를 두들겼어요. 북을 치듯 두들겼죠.

우리는 움집에서 살았어요…… 난 움집으로 달려갔지요…… 엄마가 웁니다. 엄마가 이런 날에 기뻐하지 않고 왜 우는지 이해할 수 없었습니다.

비가 내리기 시작했습니다. 난 가느다란 나무줄기를 꺾어서 움막 주위에 있는 웅덩이들의 깊이를 잽니다.

"뭐 하니?" 사람들이 나에게 물었습니다.

"웅덩이가 깊은지 아닌지 재보려고요. 아빠가 우리 집으로 오다가 빠질지도 모르니까요."

이웃도 울고, 엄마도 웁니다. 난 '행방불명'이 무슨 뜻인지 이해할 수 없었습니다.

오랫동안 아빠를 기다렸습니다. 평생……

"그 국경선의…… 그 지방의……"

발랴 브린스카야―열두 살

현재―기술자

인형들…… 가장 아름다운…… 그 인형들을 보면 늘 전쟁에 대한 기억을 떠올리게 돼요……

아빠가 살아 있던 시절에, 또 엄마가 살아 있던 시절에, 우리는 전쟁에 대해 이야기하지 않았어요. 두 분이 없는 지금, 난 노인들이 집

에 있는 시절이 얼마나 좋은가 종종 생각하곤 해요. 두 분이 살아 있
는 동안에는, 우리도 어린아이예요. 전쟁이 끝나고 난 후에도 우리
는 여전히 어린아이죠……

우리 아빠는 군인이었어요. 우리는 벨로스토크 시 근교에 살았죠.
우리가 전쟁을 처음 접한 것은 발발한 지 한 시간 뒤, 아니 처음 몇
분 뒤였어요. 잠결에 어떤 시끄러운 소리가 들려요. 마치 천둥 치는
소리 같아요. 익숙하지 않은 그 소리가 그치지 않고 계속 들려요. 눈
을 뜨고 창가로 달려가니, 나와 여동생의 학교가 있는 그라예보 지
역의 병영 위로 하늘이 붉게 타오르고 있었어요.

"아빠, 번개예요?"

아빠가 말했어요.

"창문에서 물러나라. 전쟁이 일어났단다."

엄마는 아빠에게 행군용 가방을 챙겨주었어요. 아버지는 경보 소
리에 자주 일어섰어요. 평소와 다를 것이 전혀 없는 듯했어요……
난 자고 싶었죠…… 아무것도 이해할 수 없었기에 난 침대로 가서
쓰러졌어요. 여동생과 늦게까지 잤죠. 전날 극장에 다녀왔거든요.
전쟁이 일어나기 전에 '영화를 보러 간다'는 것은 요즘과 완전히 달
랐어요. 영화 필름은 휴일 전날에만 운반되었고, 그 수도 많지 않았
죠. 「우리는 크론슈타트에서 왔다」 「차파예프」 「내일 전쟁이 일어
나면」 「명랑한 아이들」. 상영은 적군 식당에서 열렸어요. 우리 어린
아이들은 단 한 번의 상영도 놓치지 않았기에 모든 영화를 환히 꿰
뚫고 있었어요. 심지어 스크린 속의 배우들을 향해 소곤거리기도 하

고, 대사를 앞질러 말해 흐름을 끊기도 했지요. 마을에도, 부대에도 전기가 들어오지 않아서, 영사기는 소형 발동기를 사용해서 '돌렸어요'. 발동기 소음이 울리면, 우리는 모든 것을 집어던지고 자리를 잡으러 스크린 옆으로 달려가요. 그렇지 않으면 등받이 없는 의자를 끌고 가고요.

영화 상영에는 시간이 많이 걸렸어요. 일부가 끝나면, 상영 기사가 그다음 분의 릴을 되감을 때까지 다들 참을성 있게 기다려요. 필름이 새것일 때는 괜찮아요. 하지만 필름이 오래된 것일 때면 계속 끊어지죠. 그러면 필름을 이어 붙이고 말릴 때까지 기다려야 해요. 필름이 타버리면 더욱 나빠요. 발동기가 멈추면 완전히 끝이고요. 영화를 끝까지 보지 못한 적도 종종 있답니다. "제1중대, 출구로! 제2중대, 정렬!" 하는 구령 소리가 울리기도 했어요.

경보 소리 때문에 일어나보면, 영사 기사가 도망갔을 때도 있었어요. 중간 휴식이 지나치게 길어질 때면, 인내심이 바닥난 관객들이 동요하면서 휘파람 소리나 고함 소리를 냈어요. 여동생은 테이블 위로 올라가 "지금부터 콘서트를 열겠습니다"라고 선언하곤 했지요. 동생은 낭독을 무척이나 좋아했어요. 언제나 문장을 확실히 기억한 것은 아니지만, 테이블 위에는 겁 없이 올라갔답니다.

동생의 그런 기질은, 유치원 시절부터, 그러니까 우리가 고멜 시근교의 수비대에서 살 때부터 줄곧 있었어요. 시 낭독이 끝나면, 동생과 나는 노래를 불렀어요. 사람들이 우리에게 '장갑은 튼튼하고 탱크는 빠르다'라는 노래를 다시 불러달라며 '앙코르'를 외쳤죠.

군인들이 후렴구를 따라 부를 때면, 식당 창문이 바르르 떨렸어요.

> 포성을 울리며, 강철의 광채를 번득이며,
> 수송차들이 맹공에 나서네······

1941년 6월 21일에도 그랬어요······ 전쟁이 일어나기 전날 밤······ 아마 우리는 「내일 전쟁이 일어나면」을 열 번째 봤을 거예요. 상영이 끝난 후에도 다들 오랫동안 흩어지지 않아서 아버지는 우리를 간신히 집으로 몰았답니다. "너희, 오늘 안 잘 작정이구나? 내일이 휴일이라서."

잠에서 완전히 깨고 보니, 폭발음이 연이어 울리고 부엌 창문에서 유리가 떨어지고 있더군요. 엄마는 잠이 덜 깬 남동생 톨리크를 담요에 쌌어요. 여동생은 이미 옷을 입었고, 아빠는 집에 없어요.

"얘들아." 엄마가 재촉해요. "서둘러. 국경에서 도발이 있었단다."

우리는 숲으로 달려갔어요. 엄마는 숨을 헐떡였죠. 엄마는 남동생을 품에 안고 계속 똑같은 말만 되풀이했어요.

"얘들아, 뒤처지면 안 돼······ 얘들아, 머리를 숙여······"

어째서인지 햇빛이 몹시 강렬하게 눈을 찔렀던 것이 기억나요. 아주 맑은 날씨였어요. 새들이 노래했어요. 그리고 비행기들의 귀를 찢는 듯한 굉음······

난 바들바들 떨었어요. 그러나 그 후에는 내가 떨었다는 사실이 부끄럽게 느껴졌어요. 난 언제나 아르카지 가이다르의 『티무르와 그의 부대』에 나오는 용감한 주인공들을 본받고 싶었는데, 그때는 갑자기 몸이 떨리지 뭐예요. 난 남동생을 안고 얼렀어요. 심지어 '어린 소녀들도……'라는 노래를 부르기도 했죠. 영화 「골키퍼」에 나오는 이 노래를 난 무척 좋아했답니다. 엄마도 자주 불렀죠. 그 노래는 그 무렵 내 기분과 처지에 꼭 들어맞았어요. 난…… 사랑에 빠졌거든요! 학문이나 청소년 심리학의 관점에서는 어떻게 볼지 모르겠지만, 난 언제나 사랑에 빠져 있었어요. 몇 명의 남자아이를 동시에 좋아할 때도 있었죠. 하지만 그때는 한 아이만 좋아했어요. 그라예보 수비대의 비차로, 6학년이었죠. 그 6학년 반은 우리 5학년 반과 교실을 함께 썼어요. 첫 번째 줄의 걸상 달린 책상은 5학년 자리였고, 두 번째 줄은 6학년 자리였어요. 선생님이 어떻게 수업을 이끌어갈 수 있었을까요? 지금은 도무지 상상이 안 돼요. 난 공부할 겨를이 없었어요. 내 눈은 계속 비차만 향하고 있었거든요!

난 비차의 모든 것이 좋았어요. 키가 작다는 점─내 키와 비슷했죠─, 우리 아빠처럼 눈동자가 하늘색인 점, 아는 것이 무척 많다는 점─머리를 아프게 쥐어박는 알카 포두브냐크와는 정반대였죠. 그 애는 날 좋아했어요─등이요. 비차는 특히 쥘 베른을 좋아했답니다! 나처럼요. 적군 도서관에는 쥘 베른의 전집이 있었고, 난 전부 읽었지요……

우리가 숲속에 얼마나 있었는지는 기억나지 않아요…… 폭격 소리가 잦아들었어요. 정적이 찾아왔죠. 여자들은 안도의 숨을 내쉬었어요. "아군이 격퇴한 거야." 하지만 그때…… 그 정적 속에서……

갑자기 날아가는 비행기들의 굉음이 들리기 시작했어요. 우리는 길로 뛰쳐나갔죠. 비행기들이 국경선 쪽으로 날아가고 있었어요. "우라!" 하지만 그 비행기들에서 '아군과 다른' 무언가가 느껴졌어요. 날개도, 소리도 아군의 비행기와는 달랐어요. 그것은 독일군 폭격기였어요. 꼬리를 물고 천천히, 묵직하게 날았죠. 그것들이 하늘의 빛을 완전히 가린 것처럼 보였어요. 우리는 비행기 수를 세다가 헷갈리곤 했어요. 훨씬 더 나중에, 전쟁 시절의 영상물에서 그 비행기들을 봤는데, 인상이 전혀 다르더군요. 그 영상은 비행기 높이에서 찍힌 것이었어요. 하지만 밑에서, 울창한 나무 사이로 그 비행기들을 봤을 때는, 그것도 소녀의 눈으로 봤을 때는 소름끼치는 광경이었어요. 나중에 그 비행기들이 종종 꿈에 보였어요. 하지만 그 꿈에는 이어지는 장면들이 있어요. 그 강철색 하늘 전체가 천천히 내 위로 떨어지면서 날 짓누르고 짓눌러요. 식은땀을 흘리며 깨어나면 오한에 덜덜 떨었지요. 끔찍했어요!

누군가가 다리가 폭파되었다고 말했어요. 우리는 깜짝 놀랐어요. 아빠는 강을 건너지 못할 테니까요. 수영을 못 하거든요.

이제는 정확하게 말하지 못하겠어요…… 하지만 아빠가 "차로 피란시켜줄게"라고 말하며 우리에게 달려왔던 것은 기억나요. 아빠는 엄마에게 두툼한 사진첩과 따뜻한 누비이불을 건넸어요. "아이들을 싸. 감기 걸려." 우리가 가져간 것은 그것뿐이었어요. 몹시 서둘렀지요. 신분증명서도, 통행증도, 동전 한 푼도 없었어요. 엄마가 휴일을 위해 준비해준 커틀릿 한 냄비와 남동생의 단화를 가져가긴 했네요.

그런데 여동생은, 아, 대단하기도 하지, 마지막 순간에 어떤 꾸러미를 집어들었는데, 그 안에 축면사로 지은 엄마의 원피스와 구두가 들어 있지 않았겠어요! 어쩌다 우연히 그렇게 된 거지요. 어쩌면 아빠와 엄마는 휴일에 어느 집을 방문하려고 했던 걸까요? 하지만 아무도 기억하지 못했어요. 평화로운 세상은 순식간에 사라져 아득하게 멀어지고 말았어요.

그렇게 우리는 피란을 떠났답니다……

역까지는 빨리 갔어요. 하지만 역에서 오랫동안 대기했죠. 모든 것이 진동하며 덜컹덜컹 소리를 냈어요. 전기가 끊겨서 종이와 신문을 태우기 시작했어요. 등불을 발견했죠. 그 빛 때문에 앉아 있는 사람들의 거대한 그림자가 벽과 지붕에 드리워졌어요. 그 그림자는 가만히 멈춰 있기도 하고 움직이기도 했어요. 바로 그때 내 상상력이 활기를 띠기 시작했어요. 독일군은 성벽 안에 있고, 아군은 포로가 되었다고 생각했죠. 난 내가 고문을 견딜 수 있을지 없을지 시험해보기로 결심했어요. 그래서 서랍들 사이에 손가락을 끼워넣고 세게 눌렀죠. 아픔 때문에 비명을 지르고 말았어요. 엄마가 깜짝 놀랐죠.

"얘, 무슨 일이니?"

"심문받을 때 고문을 참지 못할까봐 무서워요."

"바보, 무슨 소리야, 심문이라니? 아군이 독일군을 막을 거야."

엄마는 내 머리를 쓰다듬어주고는 정수리에 입을 맞춰주었어요.

수송 열차는 줄곧 폭격의 위험 속에서 나아갔어요. 일단 폭격이 시작되면, 엄마는 우리를 몸으로 덮으며 이렇게 말했죠. "죽어야 한다면, 다 함께 죽는 거야. 아니면 나만……" 내가 본 최초의 시신은 어린 사내아이였어요. 바닥에 쓰러진 그 아이의 시선은 위를 향하고 있었죠. 난 그 아이를 깨웠어요. 계속 깨웠지만…… 그 아이가 살아 있지 않다는 것을 나는 납득할 수 없었어요. 나에게는 설탕 한 조각 이 있었는데, 그 아이가 벌떡 일어나도록 그 설탕 조각을 건넸죠. 하 지만 그 아이는 일어나지 않았어요……

폭격이 시작되면, 여동생은 나에게 조그만 목소리로 소곤거리곤 했어요. "폭격이 끝나면, 난 엄마 말을 잘 들을 거야. 항상 엄마를 고 분고분 따를 거야." 실제로 전쟁이 끝난 후 토마는 무척 온순해졌답 니다. 엄마는 전쟁 전에 토마를 말썽꾸러기라고 불렀던 것을 떠올리 곤 했지요. 하지만 우리 어린 톨리크는…… 전쟁 전에는 잘 걷고 말 도 잘했어요. 하지만 그때부터 더 이상 말을 하지 않았어요. 계속 머 리통만 부여잡고 있었죠.

난 여동생의 머리가 하얗게 세는 것을 봤어요. 그 아이의 길게 늘 어뜨린 검은 머리칼이 하얗게 세더군요. 하룻밤 사이에요……

기차가 움직이기 시작했어요. 그런데 타마라*는 어디에 있지? 객 차 안에는 없어요. 타마라가 수레국화 한 묶음을 들고 객차 뒤에서 달려오는 것이 보여요. 그곳에는 넓은 밭이 있었어요. 밀은 우리 키 보다 높이 자랐고, 그 속에는 수레국화가 있었어요. 타마라의 얼굴 은…… 지금까지도 그 얼굴이 눈앞에 선해요. 검은 눈동자를 크게

---

* 토마는 타마라의 애칭이다.

뜬 채 소리도 못 내고 달리기만 해요. 심지어 '엄마'라고 소리치지도
못해요. 소리도 못 내고 달리기만 해요.

엄마는 제정신을 잃은 것 같았어요…… 달리는 기차에서 뛰어내
리려 했죠…… 난 톨리크를 잡고, 둘이서 함께 소리쳐요. 그런데 그
자리에 군인 한 명이 나타났어요. 그 사람이 엄마를 문가에서 밀치
고 껑충 뛰어내리더니, 토마를 붙잡아 객차 안으로 힘차게 던졌어
요. 아침에 우리는 토마의 머리가 하얗게 된 것을 봤지요. 며칠 동안
우리는 그 아이에게 아무것도 말해주지 않고 거울을 숨겼어요. 그런
데 토마가 우연히 다른 사람의 거울에서 자기 모습을 보고는 울음을
터뜨렸죠.

"엄마, 내가 벌써 할머니가 된 거예요?"

엄마는 토마를 달랬어요.

"머리를 깎자꾸나. 그러면 다시 검은 머리가 자랄 거야."

그 사건 후 엄마는 말했어요.

"다들 기차 밖으로 절대로 나가면 안 된다. 죽일 테면 죽여보라그
래. 살아남는다면, 그것이 우리 운명인 거야!"

"비행기다! 다들 기차 밖으로 나와요!"라고 외치는 소리가 들리
면, 엄마는 우리를 짚으로 만든 매트리스 밑에 밀어넣고는, 엄마를
기차 밖으로 내보내려는 사람에게 이렇게 말했어요.

"아이들은 달아났어요. 하지만 난 걸을 수 없어요."

솔직히 말해서, 엄마는 그 '운명'이라는 수수께끼 같은 말을 자주
사용했답니다. 난 어떻게든 엄마 입을 통해 그 의미를 들으려 했지요.

"운명이 뭐예요? 신이에요?"

"아니, 신은 아니야. 나는 신을 믿지 않아. 운명이란 생명선이란
다." 엄마는 이렇게 대답했어요. "얘들아, 난 언제나 너희의 운명을
믿어."

폭격이 있을 때면 난 무서웠어요······ 소름끼치도록 무서웠어
요. 나중에 시베리아에 있는 동안, 난 이 겁 많은 성격 때문에 스스
로를 미워했답니다. 우연히 엄마의 편지를 곁눈질로 읽은 적이 있어
요······ 엄마는 아빠에게 편지를 썼죠. 우리도 난생처음 편지라는 것
을 쓰게 되었어요. 그래서 난 엄마가 뭐라고 쓰는지 엿보기로 했죠.
엄마는 마침 이렇게 쓰고 있었어요. '폭격이 시작되면, 타마라는 입
을 꼭 다물고, 발랴는 울면서 무서워해요.' 나로서는 그것으로 충분
했어요. 1944년 봄 아빠가 우리를 찾아왔을 때, 난 아빠를 똑바로 쳐
다볼 수 없었어요. 지독하게 부끄러웠거든요! 하지만 아빠와의 만남
에 대해서는 나중에 말할게요. 거기까지는 아직 갈 길이 멀어요······

야간 공습을 기억해요······ 보통 밤에는 공습이 없어서 기차가 빠
르게 달렸어요. 그런데 갑자기 공습이 시작된 거예요. 극심한 공습
이었어요······ 총알이 객차 지붕을 두드려요. 비행기의 울부짖음.
날아가는 탄환과 유산탄이 그리는 빛나는 꼬리······ 내 옆에 있던 여
자가 죽어요. 그 여자가 죽었다는 것을 난 나중에야 깨달아요······
하지만 그 여자는 쓰러지지 않아요. 쓰러질 만한 곳이 어디에도 없
어요. 객차가 사람으로 빽빽했거든요. 여자가 우리 틈에 서서 목 쉰
소리를 내고, 그 피가 내 얼굴에 확 끼쳤어요. 따뜻하고 끈끈한 피

가…… 어느새 내 속옷까지 피에 젖었어요. 엄마가 한 손으로 날 건드리며 외쳤어요.

"발랴, 너, 죽은 거니?" 난 아무런 대꾸도 할 수 없었어요.

그 후 나에게 어떤 위기가 닥쳤어요. 난 알아요. 그 후로…… 그래요, 난 더 이상 떨지 않게 되었어요. 이제는 어떻게 되든 상관없었어요…… 무섭지도, 아프지도, 슬프지도 않았어요. 무기력 같은 것이, 무심함이 생겼어요.

기억나요. 우리가 우랄까지 금방 도착한 것은 아니었어요. 기차는 사라토프 주의 발란다 마을에서 한동안 정차했어요. 저녁에 기차가 그곳에 도착했을 때, 우리는 자고 있었어요. 오전 6시, 목동이 휘두르는 채찍 소리에, 모든 여자가 벌떡 일어나 자기 아이들을 붙잡고는 통곡하면서 길거리로 뛰쳐나가요. "폭격이다!" 여자들이 계속 소리를 지르자, 촌장이 와서 "이 목동이 소를 몬 겁니다"라고 말했어요. 그제야 다들 정신을 차렸죠……

양수 펌프가 윙윙거리며 돌아가기 시작하자, 우리 톨리크가 겁을 먹고 떨었어요. 톨리크는 단 1초도 자기 옆에서 아무도 놓아주지 않았어요. 그 애가 잠이 들 때만 겨우 우리는 그 애를 떼어놓고 길거리로 나갈 수 있었죠. 엄마는 아버지에 대해 알아보고 도움을 청하기 위해 우리를 데리고 군사동원부에 갔어요. 군사위원이 엄마에게 물어요.

"당신 남편이 적군의 지휘관이라는 증명서를 보여주십시오."

우리에게는 서류가 없고, 단지 아빠 사진만 있었어요. 사진 속 아빠는 군복을 입고 있었죠. 군사위원은 사진을 집더니 의심을 드러냈어요.

"이 사람이 당신 남편이 아닐 수도 있죠. 어떻게 증명할 겁니까?"

그 사람이 사진을 들고 돌려주지 않는 것을 본 톨리크가 이렇게 말해요.

"아빠를 돌려줘……"

군사위원이 웃음을 터뜨렸어요.

"아무튼 난 이 '증명서'를 믿을 수 없습니다."

여동생의 머리는 아직 얼룩덜룩했고, 엄마는 그 애 머리카락을 깎았어요. 매일 아침 모두가 그 애의 머리카락을 검사했어요. 새로 자라는 머리칼은 어떤 색일까? 검은색일까, 흰색일까? 남동생은 누나를 위로했어요. "울지 마, 토마…… 울지 마, 토마……" 여전히 하얀 머리칼이 자랐어요. 사내아이들이 토마를 괴롭히고 약 올렸지요. 토마는 절대로 머릿수건을 벗지 않았어요. 심지어 수업 시간에도요.

학교에서 돌아왔더니, 집에 톨리크가 없어요.

"톨리크는 어디 있어요?" 토마와 난 엄마의 일터로 달려갔어요.

"톨리크는 병원에 있단다."

여동생과 난 하늘색 화환을 들고 길을 걸었어요…… 아네모네 꽃으로 엮은…… 남동생의 해군복도 들었답니다. 엄마가 우리와 함께 걸어요. 엄마 말로는 톨리크가 죽었대요. 엄마는 시체 안치실 주변에 서서 그 안으로 들어가지 못하고 주저해요. 난 혼자 들어가서 곧바로 톨리크를 확인했어요. 톨리크는 벌거벗은 채 누워 있었어요.

내 눈에서는 눈물 한 방울 나오지 않았어요. 나는 나무처럼 무감각한 아이였거든요.

아빠의 편지가 시베리아에 있는 우리에게로 날아들었어요. 엄마는 아들이 죽었다는 사실을 아빠에게 어떻게 편지로 알리냐며 밤새 울었어요. 아침에 우리 셋이 다 함께 우체국으로 가서 전보를 보냈어요. "딸아이들은 살아 있어요. 토마는 머리가 하얗게 셌어요." 아빠도 톨리크가 없다는 것을 짐작했을 거예요. 내 친구 가운데 아버지가 죽은 아이가 있었어요. 난 편지 끝에 언제나 이렇게 덧붙여 썼죠. 친구가 부탁하기도 했고요. "아빠. 나와 친구 레라가 아빠에게 안부를 전해요." 모두가 아빠를 갖고 싶어했죠.

곧 아빠로부터 편지가 도착했어요. 아빠는 편지에, 특별 임무로 오랫동안 후방에 있다가 병에 걸렸다고 썼어요. 병원에서 말하길, 가족들만이 아빠를 고칠 수 있다고 했대요. 아빠가 가족을 보게 되면 건강이 좋아질 거라고 했대요.

우리는 몇 주 동안 아빠를 기다렸어요. 엄마는 여행용 가방에서 소중한 보물을 꺼냈어요…… 축면사 원피스와 구두를요. 우리는 아무리 어려워도 그 원피스와 구두를 팔지 말자고 약속했어요. 미신 때문인데…… 우리가 그것을 팔면 아빠가 돌아오지 않을까봐 무서웠거든요.

창문 너머로 아빠의 목소리가 들려요. 정말 우리 아빠인가? 믿을 수가 없어요. 아빠를 볼 수 있게 되리라고는 믿지 않았어요. 우리는 아빠를 기다리는 데 익숙했죠. 우리에게 아빠란 기다려야 할 사람,

오로지 기다려야 할 사람이었어요. 그날 학교 수업은 엉망이 되었어요. 우리 집 주위에 학교 아이 전체가 모였거든요. 다들 우리 아빠가 언제 밖으로 나올지 기다렸죠. 전장에서 돌아온 최초의 아빠였으니까요. 여동생과 나는 그 후 이틀 동안 공부를 할 수 없었어요. 사람들이 끝없이 우리 집을 찾아와서 이것저것 물어보기도 하고, '아빠는 어떠시니?' 하고 쪽지를 쓰기도 했어요. 우리 아빠는 특별했어요. 다름 아닌 소련의 영웅 안톤 페트로비치 브린스키였으니까요……

아빠는 언젠가 우리 톨리크가 그랬던 것처럼 혼자 있으려 하지 않았어요. 아니, 혼자 있을 수가 없었어요. 아빠 혼자 있는 것은 좋지 않았어요. 아빠는 어디를 가든 날 데리고 다녔지요. 한번은 아빠가 누군가에게 하는 이야기를 들었어요…… 파르티잔들이 마을로 다가가는데, 파헤친 지 얼마 안 된 땅이 많더래요. 파르티잔들은 걸음을 멈췄어요. 그렇게 땅 위에 서 있는데…… 한 소년이 밭을 가로질러 달려오더니, 바로 그 자리에서 자기 마을 사람 전부가 총살을 당해 파묻혔다고 소리치더래요.

아빠는 주위를 둘러보다가 내가 쓰러지는 것을 봤죠. 그 후로는 우리 앞에서 절대로 전쟁에 대한 이야기를 하지 않았어요……

우리는 전쟁에 대해서는 거의 이야기하지 않았어요. 아빠와 엄마는 그런 무서운 전쟁은 앞으로 더 이상 일어나지 않을 거라고 확신했어요. 두 분은 오랫동안 그렇게 믿었죠. 전쟁을 겪으면서 나와 여동생에게 남은 유일한 후유증은 인형을 사는 것이었어요. 나도 이유를 모르겠어요. 아마 우리에게 어린 시절이, 어린아이의 행복이 부족했기 때문인가봐요. 난 대학에 다니게 되었어요. 여동생은 날 위한 최고의 선물이 인형이라는 것을 알았지요. 여동생에게 딸이 태어났을 때, 난 동생 집을 찾았어요.

"무슨 선물을 해줄까?"

"인형……"

"네 딸이 아니라 너에게 무슨 선물을 줄지 묻는 거야."

"그래서 대답하잖아. 인형을 선물해줘."

우리 아이들은 무럭무럭 자랐어요. 우리는 아이들에게 인형을 선물했죠. 우리는 모두에게, 우리의 모든 지인에게 인형을 선물했어요.

먼저 세상을 떠난 분은 우리의 멋진 엄마였어요. 그 후에 우리 아빠가 돌아가셨죠. 우리는 느꼈어요. 우리가 마지막 목격자라는 것을 곧 깨달았죠. 그 국경선의…… 그 지방의…… 우리는 마지막 목격자예요. 우리의 시대가 끝나가고 있어요. 우리는 말해야 해요……

우리의 말이 마지막 증언이 될 거예요……

1978~2004

기억해! 마리우폴, 파르코바야 6번지……

넌 아이니까 작은 구멍에 숨어서 지켜보면 돼.
기억해두고 잊어버리지 않는 것,
그게 아이들이 싸우는 방법이야……
— 오에 겐자부로, 『'나의 나무' 아래서』 가운데

2015년의 노벨문학상은 '러시아어로 글을 쓰는 벨라루스의 논픽션 작가' 스베틀라나 알렉시예비치에게 돌아갔다. 독특한 이력의 알렉시예비치를 문학상 수상자로 선정한 노벨위원회의 결정은 당시에 놀라움과 의아함, 혹은 반가움 속에서 받아들여졌다. 그녀의 작품을 벨라루스 문학으로 봐야 할지 러시아 문학으로 봐야 할지, 혹은 논픽션이라는 장르를 문학의 범주 안에 포함시킬 수 있을지 등의 문제가 제기되기도 했고, 소련을 비판해온 우크라이나 태생 작가에게 문학상을 수여함으로써 당시 우크라이나를 침공한 러시아에 노벨위원회가 항의의 뜻을 내비치려는 것은 아닌가라는 정치적 해석이 제기

되기도 했다. 어쨌든 알렉시예비치의 저작들이 지고한 가치를 성취한 걸작이라는 점은 당연시되면서도, 그녀의 노벨문학상 수상 소식만큼은 문학계의 이변으로 받아들여지는 분위기였다. 알렉시예비치조차 자신이 수상자로 선정되었다는 소식에 "그 상은 즉각 부닌이나 파스테르나크 같은 위대한 이름을 떠올리게 하죠. 환상적인 기분이 들기도 하지만 다소 충격적이네요"라며 당혹감을 토로했다고 한다. 자신의 글쓰기는 다큐멘터리나 역사가 아니라 문학이라고, 더 좁게는 '소설-코러스'라고 주장해온 알렉시예비치조차 말이다.

*

알렉시예비치는 1948년 구소련의 우크라이나에서 태어나 구소련의 벨라루스에서 성장했고(아버지는 벨라루스인이고 어머니는 우크라이나인이다), 루카셴코 독재 정권의 탄압으로 2000년에서 2011년까지 외국에서 망명생활을 하던 기간을 제외하면 지금까지 줄곧 벨라루스에서 살고 있다.

알렉시예비치는 10년의 망명생활을 접고 글쓰기가 자유롭지 않은 독재 치하의 벨라루스로 돌아온 것에 대해 오직 벨라루스에서만, "거리에서, 카페에서, 이웃집에서 사람들이 말하는 것을 들을 수 있는" 벨라루스에서만 글을 쓸 수 있기 때문이라고 설명했다(이곳에서는 벨라루스어와 러시아어를 공용어로 사용하는데, 약 70년간 소련에 속했던 영향으로 국민 대다수가 아직 러시아어를 쓴다). 이 말만 들으면, 그녀는 영락없이 벨라루스인이고, 그녀의 세계는 무척 협소해 보인다(벨라루스는 인구가 1000만도 채 되지 않는 작은 나라다). 그러나 그녀 자신이 "커다란 귀"가 되어 사람들의 말소리에 가만히 귀를 기울이는 순간, 그녀의 세상은 지금은 사라진 '소련'이라는 거대한 국가로 별안간 확장된다.

벨라루스는 1922년에 소비에트사회주의연방국(소련) 가운데 하나가 되었고 1991년에 소련의 해체와 더불어 공화국으로 독립했다. 따라서 알렉시예비치 자신도 43년 동안 '소련인'이었을 뿐 아니라, 그녀가 목소리를 수집한 사람들 역시 거의 평생을 '소련인'으로 산 사람들이었다. 그녀는 수천 명의 '소련인'으로부터 사연을 녹취하여 이제까지 여섯 권의 책을 펴냈다. 제2차 세계대전에 참전한 소련 여성들과의 인터뷰를 담은 『전쟁은 여자의 얼굴을 하지 않았다』(1984), 제2차 세계대전 당시 어린 시절을 보낸 소련 어린이들의 목격담을 담은 『마지막 목격자들』(1985), 소련의 아프가니스탄 침공에 참전했다가 아연 관에 실려 돌아온 앳된 소련 병사들과 그 가족을 그린 『아연 소년들』(1989), 소련 해체 후 가치관의 붕괴로 자살을 시도한 사람들의 이야기를 담은 『죽음에 홀리다』(1993), 체르노빌 핵발전소의 폭발 이후 자연과 인간에 닥친 변화를 추적한 『체르노빌의 목소리』, 1991년 소련의 해체 이후 탈소비에트 시대의 급격한 변화를 다룬 『세컨드핸드 타임』(2013)이다. 이 가운데 『죽음에 홀리다』의 내용은 20년 뒤에 출간된 『세컨드핸드 타임』에 상당 부분 흡수되었다. 2013년에 알렉시예비치는 『죽음에 홀리다』를 제외한 다섯 권의 책을 '유토피아의 목소리'라는 시리즈로 묶었다. 그녀는 노벨문학상 수상 연설에서 이렇게 말한다. "나는 다섯 권의 책을 썼습니다. 하지만 나에게는 그것이 전부 한 권의 책인 것처럼 느껴집니다. 어느 유토피아의 역사에 대한 한 권의 책……"

30년 동안 그녀는 이렇듯 벨라루스 및 구소련권의 평범한 사람들을 프리즘으로 삼아, 공산주의라는 인류의 오랜 유토피아적 이상을 현실화한 소련의 '생애'를 생생하고 풍성하게 비추었다. 동시에 소련이라는 좀 더 큰 프리즘을 통해서는 인간과 영원을 보여주고자 했다. 알렉시예비치는 말한다. "한편으로는 구체적인 시간 속에 살고 구체적인 사건을 겪은 구체적인 인간을 연구하면서, 다른 한편으로는 영원한 인간을 들여다봐야만 한다. 영원의 떨림을, 인간의 내면에 항상 존재하는 그것을……" 특히 『체르노빌의 목소리』는 벨라루스인들이 과거에 겪은 고통에 대한 보고서를 넘어 전 인류의 미래를 위한 예언서로 봐도 좋을 만큼 우주적인 시공간을 다룬다.

벨라루스, 우크라이나, 러시아, 혹은 소련…… 작가 알렉시예비치의 국적을 묻는 것에, 그녀의 저작들을 어느 나라의 유산으로 묻는 것에 무슨 의미가 있을까? 그러한 범주는 그녀를 담기에 너무 협소하다. 그녀는 그저 '러시아어를 표현 수단으로 선택한 보편적 인간'으로 불리기를 바라는지도 모르겠다.

*

한편 이제까지 대체로 '다큐멘터리' '다큐멘터리 산문' '논픽션'으로 소개되던 알렉시예비치의 작품이 노벨문학상을 받았다는 사실은, 우리에게 '문학이란 무엇인가'라는 물음을 새롭게 환기시킨다.

1901년에 첫 노벨문학상이 수여된 이후 지금까지 시나 소설 이외의 장르도 몇 차례 이 상을 받긴 했다. 로마 공화국을 연구한 역사학자 테오도어 몸젠(1902년 수상), 문학과 예술에 미친 영향력을 인정받은 철학자 앙리 베르그송(1927년 수상), 기호논리학을 집대성한 공로로 수상한 버트런드 러셀(1950년 수상), 제2차 세계대전 동안 불안에 떠는 영국인들에게 큰 용기를 불어넣은 연설을 문학적 성과로 인정받은 윈스턴 처칠(1953년 수상)이 그렇다. 그러나 노벨상 위원회는 100년이 훨씬 넘는 세월 동안 시와 소설(이른바 '픽션'으로 구분되는)에 대해, 특히 압도적으로 소설에 대해 문학상을 수여해왔다.

2014년 『뉴요커』지 10월호에 '논픽션에도 노벨상을 받을 가치가 있다'라는 제목으로 칼럼을 쓴 필립 구레비치는, "문학계에는 문학의 본류로부터 논픽션을 배제하려는 속물적인 모습이 있었다. 논픽션에는 픽션과 비교하여 예술성, 상상력, 창의력이 부족하다는 암시를 던지면서 말이다"라고 비판했다. 그는 2014년에도 노벨문학상의 유력한 후보자로 거론되던 스베틀라나의 문학적 성취를 언급하면서, 그녀는 자신의 저작을 관통하는 목소리를 지녔다고, 그 목소리는 트라우마를 고백하는 수많은 목소리의 총합 그 이상이라고 평가한다. 노벨상 위원회도 마치 장대한 합창을 연상시키는 듯한, '작은 사람들'이 스스로 말하게 하는 그녀의 '다성적'인 기법에서 문학적 성과를 찾는다.

스베틀라나의 저작에서 탁월한 문학성을 발견하고 논픽션도 픽션

못지않은 창조적 글쓰기임을 주장하는 구레비치의 지적은 문학 장르를 둘러싼 오랜 편견에 일침을 가한다. 한편 소설가 제임스 셜터는 구레비치의 주장을 뛰어넘어 '픽션'이라는 용어 자체의 부적절함을 꼬집기까지 한다. 셜터는 『파리 리뷰』와의 인터뷰(1994)에서 이렇게 말한다.

"전적으로 꾸며 만들 수 있는 것이 있다는 개념, 그리고 이처럼 꾸민 글을 픽션으로 분류하고 꾸미지 않은 듯한 글을 논픽션으로 부른다는 개념이 너무 독단적인 구분으로 느껴집니다. 우리는 위대한 장편소설과 단편소설이 대부분 전적으로 꾸며낸 게 아니라 완벽히 알고 자세히 관찰한 것에서 비롯되었음을 압니다. 그런 작품들이 가공의 것이라는 말은 부당한 표현입니다. …… 내가 알고 존경하는 모든 작가는 본질적으로 자신의 삶에서, 또는 삶에서 알아낸 것들에서 이야기를 끌어냈습니다. …… 거의 모든 위대한 책들에는 그 안에 실제 사람이 담겨 있지요."

알렉시예비치는 그녀의 글쓰기를 폄하하는 비판에 시달려왔다. 그녀의 저작은 역사도 문학도 아니며, 예술로 승화되지 못한 이야기의 재료만 그 안에 넘쳐난다고 말이다. 그러나 그녀는 자신이 '영혼의 역사'에 관심이 있었다고, 그래서 감정과 생각과 말의 일상을 수집했다고, 아울러 세계를 바라보는 자신의 시각에 가장 적합한 장르를 오랫동안 찾아왔다고, 그렇게 해서 찾아낸 장르가 '소설-코러스'라고 말한다. 러시아어 문학은 작가들이 문학 장르에 대한 통념을 깨고 자신만의 장르를 찾으려는 필사적인 추구와 실험 속에서 '문

학'의 경계를 확장해온 문학이다. 푸시킨, 레르몬토프, 고골, 도스토
옙스키, 톨스토이, 체호프가 모두 그러했다. '러시아어로 쓰인 문학'
을 또 하나의 조국으로 꼽는 알렉시예비치는 이미 주어진 범주를 거
부하고 끝없이 자신의 장르를 찾고자 하는 갈급한 탐구를 통해 그 위
대한 문학의 정신을 잇고 있는지도 모른다. 그녀는 말한다.

"난 종종, 심지어 지금도 듣습니다. 내가 쓰는 것은 문학이 아니라
다큐멘터리라고요. 오늘날 문학이란 무엇입니까? 누가 이 질문에
대답할 수 있습니까? 내용이 형식을 파열하고 깨뜨리고 변화시킵니
다. 모든 것이 그 둑 너머로 흘러넘칩니다. 사실과 직조물fabrification 사
이에는 경계선이 없습니다."

*

알렉시예비치의 두 번째 책 『마지막 목격자들』은 제2차 세계대
전 때 구소련의 벨라루스에서 전쟁을 경험한 어린이들(전쟁 당시
0~14세 연령에 해당되는)의 이야기를 묶은 책이다. 그녀는 '전쟁고
아 클럽'과 '고아원 출신 모임' 등을 방문하면서 어린이의 눈으로 전
쟁을 목격한 이들을 인터뷰했고, 그 가운데 101편을 골라 1985년에
『옥차브리』지를 통해 처음 발표했다. 그 후 이 작품은 단행본으로
출간되어 증쇄를 거듭했는데, 2013년에 '유토피아의 목소리' 시리
즈에 포함된 판본은 잡지에 발표된 판본과 많은 차이를 보인다. 사
연의 수는 여전히 101가지인데, 처음 판본에는 있었으나 새 판본에
서 사라진 것도 있고 새롭게 추가된 것도 있다. 또 동일 인물의 사연

이라 해도, 증언 가운데 일부는 생략되거나 축약되기도 하고 새로운 사연이 보태지기도 했다.

벨라루스는 우크라이나 및 리투아니아와 더불어 소련의 서쪽 경계선에 위치한 소연방 국가였던 까닭에 소련의 다른 어떤 지역보다 더 극심한 참상을 겪었다. 독일이 독소불가침 조약을 느닷없이 일방적으로 파기하는 바람에 벨라루스의 평온한 일상은 아무런 대비 없이 하루아침에 짓밟혔고, 나치 독일이 소련 전역을 공격하기 위한 전초지로서 벨라루스 공화국이라는 괴뢰 정부를 세운 이후로 벨라루스인의 삶은 1941년부터 1945년까지 4년 남짓 동안 지속적으로, 철저하게 파괴되었다. 이 기간에 벨라루스의 마을 628곳이 주민과 함께 불살라지고 인구의 4분의 1이 사라졌으며, 1945년 고아의 수는 2만5000명이었다고 한다. 그런데 전쟁이 끝난 후에는 나치 독일의 점령지에 있었다는 이유로 소련 정부로부터 배신자 취급과 온갖 차별까지 받았으니……『마지막 목격자들』은 이 참극 속에서 가장 작고 무기력한 존재였던 어린이들의 목소리에 귀를 기울인다.

'유토피아의 목소리' 시리즈 안에서『마지막 목격자들』은 대단히 독특한 울림을 갖는다. '유토피아의 목소리'는 다섯 악장으로 이루어진 교향곡과도 같다. 한 악장 한 악장이 고유한 테마를 표현하고, 수많은 목소리의 다채로운 음색이 각 악장을 채운다.『마지막 목격자들』역시 '전쟁을 목격한 어린이들의 시선과 감정'이라는 고유한 테마를 연주하며, 다른 악장에서처럼 숱한 개인의 목소리들이 합창처럼 울려 퍼진다. 그런데 이 책에만 유일하게 '솔로'라는 부제가 달려 있다.

『전쟁은 여자의 얼굴을 하지 않았다』에는 전쟁에 참전한 여성들이 알렉시예비치의 인터뷰에 강하게 거부하는 장면들이 자주 등장한다. 참혹한 기억으로부터 달아나기 위해, 그리고 전장에 있었다는 사실을 가족과 이웃에게 들키지 않기 위해 그들은 필사적으로 저항한다. 그러나 한번 입을 열기 시작하면, 가슴속에 묻어둔 말들이 그치지 않는 눈물과 함께 솟구쳐 오른다. 그들은 알렉시예비치에게 자신들의 이야기를 들으러 다시 오라며 부탁하고, 자신과 같은 아픔을 가진 친구들을 그녀에게 데려오기도 한다.

그러나 『마지막 목격자들』을 쓰기 위한 인터뷰는 성인의 이야기를 끌어낼 때와는 달랐으리라 추측된다. 전쟁 기간에 어린이였던 이들은 인터뷰 당시 대략 42세에서 58세 사이의 장년이었다. 이 책에는 부모들이 필사적으로 아이들의 눈을 감기며 '보지 마라'고 애원하는 장면, 아이들이 테이블이나 나무 밑에서, 혹은 이불 속에서 엿보는 장면이 자주 등장한다. 아이의 기억에는 타의로든 자의로든 이처럼 가리개가 드리워진 경우가 많다. 특히 아주 어린 아이에게는 감각 기관이 인식한 자극을 논리 정연하게 이해하고 기억할 능력이 없으며, 그런 자극을 표현할 어휘마저 충분하지 않다. 어떻게 표현해낸다 해도, 그 이야기를 듣는 어른들은 아이들의 기억을 의심하면서 누군가에게 들은 이야기가 아니냐며 흘려듣기도 한다. 또한 아이들의 유약한 기억은 수십 년이라는 시간의 압력 아래 부서져 사라지기도 하고, 그 기억이 주는 고통으로부터 벗어나려는 몸부림으로 심연 속에 묻히기도 한다. 따라서 스베틀라나는 화자들 본인에게조차 희미하고 아련한 기억을 불러내야 했던 것이다.

스베틀라나가 그 두터운 봉인을 뜯고 가까스로 끌어낸 기억들은 어렴풋한 인상이나 파편적인 장면으로 그치기도 한다. 그러나 놀라운 점은, 오히려 경험이 많지 않은 미숙한 시선을 가졌기에 어른의 눈보다 더 생생히 포착하는 부분들이 있다는 것이다. 스스로를 성찰하는 능력을 잃어버린 악의 추악함과 뻔뻔함 같은…… 아이들에게는 전쟁의 흐름을 지켜보고 헤아릴 사고력도, 그것을 위한 정보도, 또한 살아남기 위해 적극적으로 대처할 지혜도 부족하다. 이런 아이들조차 '왜?'라고 묻는다. 왜 독일군이 하필이면 엄마의 아름다운 얼굴에 총을 쏘았는지, 왜 독일군 조종사가 비행기를 그토록 낮게 몰며 즐거운 표정으로 총을 쏘아대는지, 왜 독일군과 앞잡이들이 온 마을 사람들을 숲속에 모은 뒤 총살당하고 생매장당하는 주민들에게 울음소리도 내지 말고 똑똑히 지켜보라며 윽박지르는지, 왜 하얀 옷을 입은 독일 사람들이 고아들의 피를 죽을 때까지 거듭 뽑아대는지, 왜 울부짖는 어머니의 품안에 있는 젖먹이 아기에게 먼저 총을 쏜 후 어머니를 죽이는지……

그렇다고 이 아이들이 그 납득할 수 없는 잔혹한 폭력을 의문에 찬 눈길로 지켜보기만 했던 것은 아니다. 아이들은 자신이 할 수 있는 일을 말 그대로 '목숨을 걸고' 해나간다. 한눈을 판 사이 엄마와 언니를 태우고 떠나버린 기차를 향해 공포로 가득한 눈만 크게 뜬 채 필사적으로 달리고, 너무 어려 전쟁에 나가지 못하는 미안함을 섭씨

150도의 모래가 사방으로 튀는 포탄 공장에서 온종일 일하는 것으로 갚고, 학살이 벌어지는 게토에서 부모도 없이 사흘 동안 다락방에 숨어 있고, 굶주림으로 교실에서 쓰러진 선생님을 위해 얼마 안 되는 자기 몫의 빵을 남겨 매일같이 몰래 전하고, 방과 후에 병원에서 구역질을 참으며 피고름으로 얼룩진 시트와 붕대를 빨고, 들판에서 몰살된 아군의 부패한 시신들을 살피며 신분증명서를 거둔다. 전쟁 포로로 붙잡힌 사샤는 자신을 탈출시켜주고 총살당한 소련군 소위의 마지막 말을 평생토록 되뇐다. "기억해! 마리우폴 파르코바야 6번지……" 아무도 알아주지 않지만 그 소위의 집 주소를 혼자 외우고 또 외우면서 그에 대한 기억을 지켜나간다. 그렇게 아이들은 저마다 자신만의 방법으로 싸운다. 어리지만 어린이로 머물 수 없었던, 아무 힘도 없지만 죽을힘을 다해 버텨야 했던 작은 사람들…… 알렉시예비치가 이 책에 '솔로' 파트를 배정한 것은, 바로 이 작디작은 이들의 가늘고 여린 목소리가 다른 네 악장을 채운 어른의 굵고 거친 소리에 묻히지 않도록 하기 위해서였으리라.

*

루벤스의 「애도」라는 그림에는 십자가에서 막 끌어내린 예수의 시신이 묘사되어 있다. 굵은 구멍이 뚫린 발바닥을 드러낸 채 화폭을 대각선으로 커다랗게 가로지른 그 시신의 근육 결을 따라 음산한 푸른색이 퍼져 있다. 육신을 잠식한 죽음의 가차 없음을, 예수와 그 옆에서 울부짖는 산 자들 사이의 아득한 심연을 웅변적으로 드러내는…… 그런데 죽은 자도 산 자도 아닌 듯한 자그마한 여인이 예수의 머리를 두 손으로 받친 채 내려다보고 있다. 메마른 눈은 핏빛으로 짓물러 있고 다문 입술에서는 신음소리조차 흘러나오지 않는다. 어머니 마리아의 얼굴은 죽은 예수보다 더 창백한 푸른빛을 띠고 있다. 마치 예수의 살과 근육을 따라 퍼져가는 그 죽음의 푸른 독을 자신의 온몸으로 빨아들이는 것처럼……

마리아의 모습에서, 30년 넘게 "작고도 위대한 사람들"의 죽음과 불행을 자신의 몸속으로 흡수해온 스베틀라나 알렉시예비치를 떠올린다. 수천 명의 사람을 찾아다니며 그 기억에 말의 통로를 대어주고 녹취된 목소리를 반복해 들으며 글로 옮긴 기나긴 나날들, 그 사람들의 고통이, 또한 그 목소리들이 증언하는 소름끼치는 악이, 그녀의 몸속으로, 마음속으로, 머릿속으로 스며들어 온통 납빛으로 물들였으리라. 그럼에도 그녀는 그 무거운 '목소리'들을 등에서 내려놓지 않은 채 쉼 없이 나아가며 말한다.

"과거를 잊어버리는 인간은 악을 낳습니다."

마지막 목격자들

초판 인쇄	2016년 11월 18일
초판 발행	2016년 11월 25일

지은이	스베틀라나 알렉시예비치
옮긴이	연진희
펴낸이	강성민
편집장	이은혜
편집	장보금 박세중 박은아 곽우정
편집보조	조은애 이수민
마케팅	정민호 이연실 정현민 김도윤 양서연
홍보	김희숙 김상만 이천희

펴낸곳	(주)글항아리	출판등록 2009년 1월 19일 제406-2009-000002호
주소	10881 경기도 파주시 회동길 210
전자우편	bookpot@hanmail.net
전화번호	031-955-8891(마케팅) 031-955-1936(편집부)
팩스	031-955-2557

ISBN	978-89-6735-397-1 03900

이 도서의 국립중앙도서관 출판예정도서목록(CIP)은 서지정보유통지원시스템 홈페이지(http://seoji.nl.go.kr)와 국가자료공동목록시스템(http://www.nl.go.kr/kolisnet)에서 이용하실 수 있습니다. (CIP제어번호 : CIP2016027092)